Von Dervla Murphy
sind als Heyne Taschenbuch erschienen:

Aus eigener Kraft · Band 19/2018
Unterwegs nach Katmandu · Band 19/2021
Im Land des Löwenkönigs · Band 19/2032

Über die Autorin

Dervla Murphy kam am 28. November 1931 in County Waterford/Irland zur Welt. Ihr Vater arbeitete dort als Bibliothekar. Er, wie die meisten seiner Familie, engagierte sich in der irisch-republikanischen Bewegung. Bis 1945 wuchs Dervla im Ursulinenkloster von Waterford auf, ehe sie in ihr Geburtshaus zurückkehrte, um sich um den Haushalt und die kranke Mutter zu kümmern. Sie bildete sich jedoch ständig weiter, las viel und reiste ab und zu mit dem Fahrrad durch Europa. 1963 bot sich ihr die Gelegenheit, mit dem Rad nach Indien zu fahren. Nach dieser Tour arbeitete sie mit tibetanischen Flüchtlingen in Dharamsala. Sie lebt noch heute in Lismore, County Waterford, wo sie auch aufgewachsen ist.

Dervla Murphy

Unter der Sonne von Coorg

Eine abenteuerliche Reise
durch Südindien

*Aus dem Englischen
von Karin Szpott*

WILHELM HEYNE VERLAG
MÜNCHEN

HEYNE SACHBUCH
Nr. 19/2038

Titel der englischen Originalausgabe:
ON A SHOESTRING TO COORG
Erschienen 1977 bei John Murray (Publishers) Ltd., London

Redaktion: Andrea Bubner

Copyright © 1994 der deutschen Ausgabe by Wilhelm Heyne Verlag
GmbH & Co. KG, München
Copyright © 1976 by Dervla Murphy
Printed in Germany 1994
Umschlagillustration: Silvestris Fotoservice, Kastl/Günther Klagner
Umschlaggestaltung: Atelier Adolf Bachmann, Reischach
Satz: Fotosatz Völkl, Puchheim
Druck und Verarbeitung: Pressedruck, Augsburg

ISBN 3-453-07816-0

*Für Rachel
und ihren Vater
in Liebe und Dankbarkeit*

*Es kann sich herausstellen,
daß derjenige, der an jeder Kreuzung eine Münze wirft,
als Erster das Ziel erreicht.*

Arland Usher, »The Thoughts of Wi Wong«

Inhalt

Prolog 9

1. Einführung in Bombay 16
2. Hippies in Goa 28
3. Tibetaner in Mundgod 52
4. Wir entdecken Coorg 69
5. Hinduismus in Mysore 92
6. Andanipura Farm 116
7. Das *Huthri*-Fest 129
8. Ein Blick auf Kerala: der Kathakali-Tanz von Cochin 146
9. Pilger am Cape Comorin und Familienleben in Tamil Nadu 164
10. An der Küste von Coromandel 187
11. Fieber in Madurai und die Tierwelt von Periyar ... 209
12. Verehrung der Vorfahren in Devangeri 238
13. Die Kasten von Coorg 265
14. Begräbnis im Wald 284
15. Eine Taufe und eine Hochzeit 306
16. Beten und Tanzen 329

Epilog 343
Danksagung 348
Glossar 349

Prolog

Im August 1973 war es genau fünf Jahre her, daß ich mich außerhalb Europas bewegt hatte. Daher juckte es mich regelrecht in meinen Füßen, mein Federhalter war gleichermaßen unruhig, und ich beschloß, daß der Moment gekommen sei, mit meiner Tochter Rachel eine inspirierende Reise außerhalb Europas zu unternehmen, bevor die Schule im Herbst wieder beginnen würde. Rachel hatte bereits zweimal auf europäischem »Versuchsgelände« bewiesen, daß sie für kurze Zeit an beschwerlichem Reisen durchaus Gefallen finden konnte. Aber mir war natürlich klar, daß man von einer Fünfjährigen nicht erwarten konnte, mit ihr genauso schnell voranzukommen wie mit meinem zuverlässigen Fahrrad oder mit meinem robusten äthiopischen Maulesel.

Es folgte eine Zeit voll glücklichen Zauderns. Ich konsultierte fast stündlich den Atlas und erhielt viele widersprüchliche Ratschläge. Ein befreundeter politischer Journalist war der Ansicht, daß die *International Harmony* dringend ein Buch von Dervla Murphy über China benötigte und drängte mich, an die chinesische Botschaft in London zu schreiben. Ich gehorchte und zitierte einen Mao-freundlichen Abschnitt aus meinem Buch über Nepal, um mich beliebt zu machen. Aber ich erhielt keine Antwort. Aus Australien schrieb ein anderer Freund, der in den gottverlassenen Minen arbeitet, daß das Outback viel mehr zu bieten hätte, als sich Europäer vorstellen könnten. Das Tierleben und die Landschaft seien phantastisch. Wenn ich alle Städte miede, würde ich das Land lieben lernen und könnte einen pornographischen Klassiker über die Subkultur des Lebens in den Minen verfassen. Der Tochter eines Freundes, die in Kuala Lumpur lebt und seit zwei Jahren in Malaysia unterrichtet, gelang es fast, mich davon zu überzeugen, daß Malaysia das *einzige* Land sei, das die Aufmerksamkeit eines intelligenten Menschen verdiene. Und ein weiterer Freund war der festen Überzeugung, daß jeder, der es versäumt habe, durch das Pindos-Gebirge zu wandern, keine Ahnung von den erhabeneren Freuden des Reisens hätte.

Am verlockendsten aber waren die Briefe eines charmanten und exzentrischen Millionärs, der uns wiederholt einlud, die Gebirge Zentral-Mexikos zu erkunden. Sein mexikanischer Besitz liegt mitten im urzeitlichen Dschungel, und der nächste, auch noch so kleine Ort ist viele Kilometer entfernt. Das hörte sich alles sehr gut an, und man muß kein niederträchtiges, berechnendes Weibsbild sein, um die Vorteile eines kultivierten Millionärs im Hintergrund schätzen zu können.

In der Zwischenzeit brachte mein Verleger (der Rachels Pate ist und seine Aufgaben ernst nimmt) zum Ausdruck, daß für mich nur ein Buch über Schottland in Frage käme. Mir selbst schwebte eher Madagaskar oder Neuguinea vor, aber ich wußte, daß keines dieser Länder ideal ist, um einer Fünfjährigen neue Erfahrungen zu vermitteln.

Letzten Endes entschied ich mich unter dem Einfluß herrlicher Fotos, die mindestens einmal im Monat per Post eintrafen, für Mexiko. Sie enthielten Ansichten eines Tempels in gotischem Stil, der vor kurzem inmitten eines Gebirgsstroms für eine Kolonie zahmer Enten errichtet worden war, die das umliegende Gelände für zu ungemütlich befunden hatten. Als ich diese Fotos eines Tages einer phantasiebegabten Freundin zeigte, meinte sie: »Wenn er das für seine Enten gebaut hat, was baut er dann für dich?«

Alle zeigten sich entsprechend beeindruckt, kritisch, neidisch oder ungläubig, als ich verkündete, daß ich bald nach Mexiko fahren würde, um mit einem Millionär im Dschungel zu leben. Aber dann kam ein Freund zu Besuch, der gerade aus Indien zurückgekehrt war, und als wir uns unterhielten, nahm ein ganz wunderbares Gefühl von mir Besitz.

Ich erkannte es sofort wieder, obwohl einige Jahre vergangen waren, seitdem ich es zuletzt gespürt hatte. Es war eine Erregung, die fast an Rausch grenzte, eine plötzlich ansteigende Ungeduld, die den Puls beschleunigte. Es war eine herrliche Ruhelosigkeit, ein Wachrütteln der Phantasie, eine Sehnsucht des Herzens, ein Dürsten des Geistes. Es bedeutete, daß ich weder nach Thailand, Griechenland, Kenia, Australien, Malaysia, Dagestan, Tansania, Schottland, Madagaskar, Neuguinea, Mexiko noch sonstwohin, sondern nur nach Indien fahren wollte. Es war absurd – und in diesem Stadium meiner Planung geradezu lästig. Aber ich begrüßte dieses Gefühl trotzdem.

Meine Entscheidung für Mexiko war eine eher zufällige gewesen. Alle anderen Möglichkeiten schienen genauso verlockend und hätten wahrscheinlich gleichfalls lesbare Früchte getragen. Diese innere Distanz war, wie ich jetzt feststellen mußte, ein schlechtes Omen. Wenn Reisen mehr sein soll als ein erholsamer Urlaub oder eine faszinierende Arbeit, müssen das Interesse, die Begeisterung und die Neugier eines Reisenden durch das Gefühl und die Überzeugung verstärkt werden, daß es zum gegenwärtigen Zeitpunkt nur einen Ort gibt, den zu besuchen es sich lohnt.

Zu Anfang fühlte ich mich verwirrt durch dieses überschäumende Etwas, das offenbar seit Jahren in meinen versteckten Gehirnwindungen gegärt haben muß. Ich war bei früheren Indien-Besuchen weit davon entfernt gewesen, mich in das Land zu verlieben. Einige Aspekte der Lebensweise der Hindus stießen mich ab, andere irritierten mich, die meisten verwirrten und beunruhigten mich und die wenigsten zogen mich bewußt an. Insgesamt fiel es mir weniger leicht, mit Indern gut auszukommen als mit Pakistanis und Nepalesen – ganz zu schweigen von Afghanen und Tibetanern. Weil diese Tatsache in meinem ersten Buch unmißverständlich zum Ausdruck gekommen war, hatte ich so einige Menschen tief verletzt.

Warum also dieser Zwang, wieder dorthin zurückzukehren? Ich hatte weder den gleichsam mystischen Ehrgeiz, durch die Berührung mit der Geistigkeit der Hindus meinen Seelenzustand zu bessern, noch hatte ich die schrecklichen Einzelheiten des indischen Alltags vergessen – die entmenschlichende Armut, die oft absichtlich verstümmelten Bettler, die kleinen Beamten mit ihren Ausflüchten sowie Hitze, Fliegen, Staub, Gestank und Diebstahl. Könnte es sein, daß wir auf einer bestimmten Ebene von Verwicklungen und Ausflüchten, Geheimnissen und Spitzfindigkeiten, Rätseln und Paradoxien,

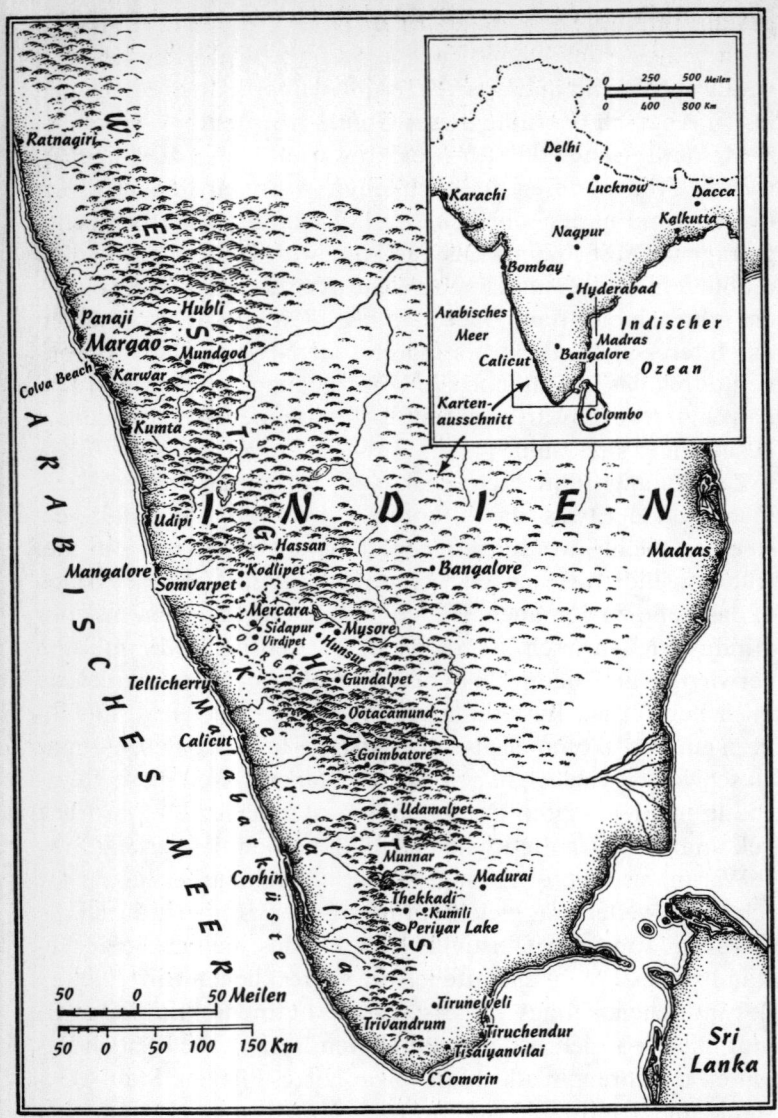

Unvorhersehbarkeiten und offensichtlichem Chaos mehr angezogen werden als von Einfachheit, Geradlinigkeit, Verläßlichkeit und offensichtlicher Ordnung? Möglicherweise erkennen wir in den erstgenannten Eigenschaften intuitiv die Realität und in den letztgenannten ein Maß an Künstlichkeit, das nötig ist, damit eine rationalistische und materialistische Gesellschaft reibungslos funktioniert.

Auch wenn ich nicht immer bereit war, dies zuzugeben, war mir sicherlich stets bewußt gewesen, daß meine wenig Mitgefühl zeigenden Reaktionen gegenüber der Hindu-Kultur eher eine persönliche Unzulänglichkeit als Mängel in der indischen Zivilisation offenbarten. Mit anderen Worten: Indien stellte eine Herausforderung dar, vor der ich, wie unzählige andere Europäer, davongelaufen war. Doch anders als die unerschütterlichen und selbstsicheren viktorianischen Imperialisten konnte ich mich selbst nicht davon überzeugen, daß die Unfähigkeit, Indien schätzen zu können, ein Zeichen von Tugend war. So ist es vielleicht nicht wirklich überraschend, daß sich in dem Maße, wie sich der zeitliche Abstand zwischen Indien und mir vergrößerte, der Drang, zum Schauplatz meiner Niederlage zurückzukehren und es noch einmal zu versuchen, wie ein Sog in meinem Unterbewußtsein wirkte – und immer stärker wurde, bis er an jenem Septemberabend die Kontrolle übernahm.

Am nächsten Tag war meine Euphorie jedoch etwas abgeebbt, und mir erschien diese Rückkehr nach Indien als eine doppelte Herausforderung. Abgesehen von der schwierigen, unpersönlichen Herausforderung, die Indien selbst darstellte, gab es eine persönliche Herausforderung. Sie bestand darin, zwei Rollen erfolgreich miteinander zu verschmelzen: Mutter und Reisende. Mir schien, daß diese Rollen unweigerlich aufeinanderprallen müßten, und es gab Momente, in denen ich daran zweifelte, daß sie sich je miteinander vereinbaren lassen würden. Dann wurde mir klar, daß ich gleich von Anfang an einer Rolle den Vorzug geben mußte. Andernfalls würde für beide von uns die ganze Erfahrung durch meine inneren Konflikte verdorben. Daher beschloß ich, unsere Reise als Rachels

Lehrzeit und Einführung in eine ernsthafte Reisetätigkeit zu planen.

In Wirklichkeit bedeutete diese Entscheidung, die Reise nicht durchzuplanen. Wir würden nach Bombay fliegen, langsam weiter südwärts zum Cape Comorin ziehen und dabei Tag für Tag unsere Route neu festlegen. Wie sich herausstellte, verschafften uns diese inkonsequenten Streifzüge die glücklichsten Erlebnisse. In Südwestindien, zwischen der Malabarküste und der Küste von Karnataka, verliebten wir uns beide in die wenig bekannte Provinz Coorg. Dort blieben wir zwei Monate lang.

In Heathrow stand ein fröhlicher Mann hinter der Gepäckwaage, und ich reagierte ziemlich blasiert, als er sagte: »So, und bei Ihnen geht es über's Wochenende nach Indien?«

Ich glaube, ich kann von mir behaupten, die Kunst, mit leichtem Gepäck zu reisen, perfektioniert zu haben. Weder mein Rucksack mittlerer Größe noch Rachels Minirucksack waren ganz voll, dabei hatten wir nichts Wesentliches zurückgelassen. Wir hatten sogar einige Luxusartikel dabei: sieben winzige Gummitiere in einer Blechschachtel, Buntstifte und Filzstifte, das geliebte Eichhörnchen aus Fell, ein Geschichtenbuch (ein Jahrbuch von Rupert Bear – nicht meine Wahl) und ein halbes Dutzend Schulbücher. Für vier Monate in Südindien braucht man viel weniger Gepäck als für vier Monate in Europa. Von November bis März ist es warm und trocken, und leichte Kleidung kostet in den Bazars so wenig, daß unsere Garderobe nur aus Unterwäsche zum Wechseln bestand. In Rachels Rucksack befanden sich das Buch *Squirrel Nutkin*, unser Kulturbeutel und unsere Erste-Hilfe-Ausrüstung, Tabletten, um Wasser zu reinigen, antiseptische Salbe, Pflaster, Multi-Vitamin-Kapseln und Tabletten gegen Ruhr. In meinem Rucksack befanden sich ein Badeanzug, unsere Schlafsäcke, Bücher, Notizbücher und Landkarten.

Als unser Flugzeug abhob, stürzte sich Rachel in eine Unterhaltung mit einem amüsierten Herrn aus Kerala. Mir wurde plötzlich klar, daß wir uns auf ein Abenteuer eingelassen hatten, das eher geistiges als körperliches Durchhaltevermögen erforderte. Dies sollte meine erste lange Reise in menschlicher Begleitung sein, und ich bin ein Mensch, der die Einsamkeit braucht. Doch es gab offensichtlich Entschädigung dafür. Ich betrachte andere Erwachsene – egal wie geistesverwandt – als eine Form der Isolierung gegen die unmittelbaren Eindrücke von Reiseerlebnissen. Kleine Kinder hingegen stellen eine Brücke dar, kein Hindernis. Und ich freute mich über ein herrliches »Feriengefühl«, weil ich wußte, daß dies nicht der Beginn eines Ausdauertests, sondern der Anfang einer sorglosen Reise war, »auf der wir uns von unserer Stimmung leiten ließen«.

Erstes Kapitel

Einführung in Bombay

16. November. Jugendherberge der Y.W.C.A., Bombay
Irgendwo hat sich Apa Pant dazu geäußert, daß Flugreisende in zwei Etappen ankommen – für mich ist das heute der sogenannte Entkörperlichte Tag, dieser traumähnliche Zeitraum, bevor der Kopf den Körper eingeholt hat. Und weil mich eine angeborene Sparsamkeit zwingt, alle Mahlzeiten zu essen, die unterwegs serviert werden, fühlt sich der betreffende Körper so überfüttert, daß ich wünschte, ich hätte auch ihn hinter mir gelassen.

Erstaunlicherweise ist Rachel gegen Jet-lag offenbar immun, obwohl sie weniger als drei Stunden geschlafen hat. Ich hatte beschlossen, ihretwegen in diesem Wohnheim zu bleiben, in der Annahme, es würde uns als ein nicht zu fremd erscheinendes Gasthaus auf halbem Weg zwischen Europa und Asien dienen. Aber diese Sorge stellte sich bald als unnötig heraus, ich sah sie zuletzt, wie sie mit zwei neuen indischen Freunden die Straße hinunter verschwand. Sie scheint mit irgend jemandem zum Mittagessen gegangen zu sein. Ich war zu erschöpft, um herauszufinden, mit wem oder wohin.

Natürlich war ich allein durch die Tatsache, wieder in Indien zu sein, in den ersten Stunden nach meiner Ankunft um sieben Uhr morgens in gehobener Stimmung. Als wir das kühle Flugzeug verließen und uns in die warme, dicke Luft (nach offiziellen Angaben herrschten 22 Grad Celsius) hinauswagten, war ich sofort von dem berühmten Wohlgeruch Indiens überwältigt, den ich zuletzt mehrere hundert Kilometer entfernt, in Delhi, gerochen hatte. Er schien die tiefe – wenn auch nicht immer sichtbare – Einheit dieses Landes zu symbolisieren. Und es ist nicht unpassend, daß der erste Eindruck von Indien diese sinnliche Erfahrung einschließt, die sich am wenigsten analysieren oder beschreiben läßt.

Außerhalb der Flughafengebäude machte die große Anzahl der Taxifahrer wenig Anstalten, uns einzufangen. Zweifellos hatten sie inzwischen erkannt, was ein Rucksack in puncto Finanzen bedeutete. Und so liefen wir die nächsten 40 Minuten – mit dem Lärm von Düsenflugzeugen im Hintergrund – vorbei an Armut, Schmutz und einem Elend, das man gar nicht übertreiben kann. Auf flachen Strecken des unfruchtbaren Landes verrichteten Dutzende von Männern ihre morgendliche Notdurft. Sie hockten dort unbefangen mit rostigen Dosen voll Wasser neben sich. Manchmal wartete ein Schwein erwartungsvoll im Hintergrund. Die Art und Weise, wie Hindus ihren Darm entleeren, muß die zahlenmäßig größte Bekundung der Vogel-Strauß-Mentalität der Welt darstellen. Der normale Hindu ist äußerst zurückhaltend, aber da er den anderen nicht sehen kann, weil seine Augen starr auf den Boden vor ihm gerichtet sind, wird er sich seelenruhig erleichtern, auch wenn Hunderte von Menschen dicht an ihm vorbeigehen.

Wir liefen weiter, inmitten herrlich blühender Bougainvilleen auf der einen Seite der Schnellstraße, und dem Gestank frischer Exkremente, der von der anderen Seite zu uns herübertrieb. Um uns herum lagen unzählige, ja Tausende von Behausungen – manche nicht größer als kleine Zelte. Sie waren aus Bambusmatten, Treibholz oder zerbeulten Kerosinkanistern errichtet worden. Zwischen und in diesen Unterkünften wimmelte es ameisengleich von Leuten, kranke streunende Hunde schnüffelten durch den stinkenden Unrat, ausgemergeltes Vieh wurde auf staubiges, graugrünes Ödland getrieben, um nur-Schiwa-weiß-was zu fressen. Nach einer Weile äußerte Rachel gelassen: »Ich muß sagen, dies scheint eine ziemlich heruntergekommene Gegend zu sein« – eine angemessene und anschauliche Beschreibung des Stadtrandes von Bombay. Trotzdem wurde ich nicht mehr überwältigt von der angeekelten Niedergeschlagenheit, die ähnliche Szenen zehn Jahre früher in mir hervorgerufen hatten. Vielleicht bin ich nicht mehr so sicher, daß die entsetzliche Armut in Indien schlimmer ist als der entsetzliche Überfluß in London, den wir zwölf Stunden früher passiert hatten.

Außerhalb einer durchhängenden Bambushütte am Straßenrand wusch sich eine anmutige, dunkelhäutige Frau die Füße mit Wasser aus einem stehenden, stinkenden Gewässer. Es war mit einer Schicht aus hellem, grünem Schaum bedeckt. Sie schaute auf, als wir vorbeigingen, sah mich an und lächelte uns zu: Ihr Lächeln hatte eine Ausstrahlung, die einem im modernen Europa selten begegnet. Es erinnerte mich an etwas, das ich im Flugzeug gelesen hatte, in Dr. Radhakrishnans Essay über »Ethik«: »Wenn die Seele in sich ruht, wird das größte Leid leicht ertragen. Das Leben wird natürlicher und zuversichtlicher. Veränderungen äußerer Umstände beunruhigen uns nicht. Wir lassen das Leben ganz von selbst fließen, so wie das Meer wogt oder die Blumen blühen.«

Bald darauf hielt ein Taxi neben uns und der Fahrer schlug vor: »Sie fahren Gateway of India für nur 40 Rupien[*].« Er ging sofort und keineswegs beschämt auf 10 Rupien herunter, als er merkte, daß ich kein Neuankömmling in Indien war. Als ich trotzdem den Kopf schüttelte, sah er uns mitleidig an und riet uns, einen näherkommenden Bus zu besteigen, der in die Stadt fuhr. Er sagte, daß der Fahrpreis nur 40 Paisa für mich und 20 für »das Baby« betragen würde.

Der Bus war überfüllt, und wir befanden uns nicht einmal in der Nähe einer regulären Haltestelle. Trotzdem hielt der Fahrer zuvorkommend, der Schaffner befahl in schroffem Ton einem barfüßigen, wahrscheinlich von seinem Stamm verstoßenen Jugendlichen mit schmutzigen, verfilzten Haaren, den Ausländern Platz zu machen. Der Jugendliche gehorchte zwar mürrisch, aber auf der Stelle. Sein wilder, ärgerlicher Blick war mir jedoch so peinlich, daß ich neben ihm stehen blieb, während Rachel sich hinsetzte. Dann bot mir ein anderer, ärmlich aussehender, aber sauber gekleideter junger Mann seinen Platz an. Er sagte mir seinen Namen, Ram, und fragte mich: »Wo ist Ih-

---

[*] Eine Rupie entspricht heute etwa 0,07 DM und ist in 100 Paisa unterteilt.

re Heimat?« Er dachte, Glasgow wäre die Hauptstadt von Irland, behauptete aber, er sei Reporter bei der *Times of India*.

Weil die Fenster im Bus kein Glas mehr hatten, erfrischte uns eine kühle Brise, als wir Kilometer um Kilometer an Slums, Beinahe-Slums und an dichtgedrängten Bazars vorbeiholperten. Rachel war fasziniert von Bananen, die auf Bäumen wuchsen, von Kühen, die auf dem Straßenpflaster lagen, und einer Krähe, die sich unerschrocken ein Stück Toast vom Stand eines Straßenverkäufers schnappte. Und ich war darüber erleichtert, daß ich mich so freuen konnte. Noch im Flugzeug war mir plötzlich der Gedanke gekommen, daß diese Rückkehr sich als ein schrecklicher Fehler entpuppen könnte. Aber als ich jetzt liebevoll auf die unattraktivsten städtischen Slums von Indien blickte, wußte ich, daß dies keineswegs der Fall war.

Ram folgte uns, als wir aus dem Bus stiegen. Er verbrachte zwei Stunden damit – »es ist meine Pflicht ...« – uns zu helfen, diese Jugendherberge zu finden. Ich kann mich nie mit diesem Typ des hartnäckig hilfsbereiten, aber stumpfsinnigen Inders abfinden. Uns erscheinen diese Menschen zu befangen und altruistisch, wenn sie Hilfe oder Gastfreundschaft anbieten, doch ist das eine große Fehleinschätzung ihrer Geisteshaltung. Trotzdem wird dem *Mleccha* – dem Ausländer – normalerweise von Indern wie Ram geholfen. Dies geschieht jedoch nicht, weil einem Inder an dem Schicksal eines einzelnen liegt. Er betrachtet den hilfsbedürftigen Fremden vielmehr als eine zufällige Quelle der religiösen Auszeichnung, als einen Boten der Götter, der, wenn ihm Hilfe gewährt wird, als Wegbereiter für die Aussicht auf wertvolle Belohnung gilt. Zugegeben, es ist eine nette Vorstellung, aber, vom Standpunkt des *Mleccha* aus betrachtet, behindert sie viele Beziehungen zu Indern. Wenige Menschen aus dem Westen finden es schön, daß ihnen als Individuum wenig Wert beigemessen wird, und die meisten Reisenden möchten gerne glauben können, daß jeder neue Bekannte ein möglicher neuer Freund ist.

An diesem Morgen hätte ich es vorgezogen, mir den Weg selbst zu suchen, und wahrscheinlich wären wir ohne einen Führer, der nicht zugeben wollte, daß wir wiederholt in die Irre geschickt wurden, eher dort gewesen. Jeder, den wir um Hilfe baten, machte eine Reihe verschiedener, aber falscher Richtungsangaben – dies aber auf sehr überzeugende Art und Weise. Ich hatte die Neigung der Inder vergessen, äußerst dogmatisch zu sein, auch wenn sie keine Ahnung haben, und an einem heißen Tag in einer Großstadt, mit einem kleinen Kind und nach einer schlaflosen Nacht, fand ich dies in höchstem Maße nervtötend. Weil Ram es so gut meinte, aber dabei dumm und halsstarrig war, ärgerte ich mich außerdem zunehmend und kam mir undankbar und schließlich schuldig vor. Es sind letztlich solche Nichtigkeiten, die im Alltag die Beziehungen zwischen Europäern und Indern meistens scheitern lassen.

Als wir endlich hier angekommen waren, streckte Ram seine Hand aus, um sich auf westliche Art zu verabschieden. Er richtete dabei seinen Blick starr auf eine Schachtel mit Zigarren, die aus der Tasche meines Buschhemdes hervorragte. »Geben Sie mir diese Zigarren«, verlangte er in einem merkwürdig gebieterischen Ton. Ich starrte ihn an, verblüfft, wie stark meine Abneigung war, ihn für all seine Mühen zu belohnen. Dann öffnete ich die Schachtel und gab ihm eine Zigarre. Er konnte sehen, daß noch vier weitere darin waren, aber er schien mir meinen Geiz nicht übelzunehmen. Als ich mich umdrehte, spürte ich, daß etwas nicht stimmte, aber ich konnte nicht definieren, was es war. Vielleicht, weil dies der sogenannte Entkörperlichte Tag war, machte mich dieser ganze Vorfall ein wenig ängstlich. Er schien irgendeine Warnung zu enthalten, vielleicht die, daß es gefährlich einfach für Inder und Europäer ist, sich wechselseitig von der schlechtesten Seite zu zeigen.

Es ist jetzt zwei Uhr nachmittags und Rachel sollte bald vom Mittagessen zurück sein. Ich hatte eigentlich schlafen wollen, während sie weg war, aber ich bin anscheinend mittlerweile so erschöpft, daß ich nicht mehr schlafen kann. Warum glauben die Leute bloß, Fliegen sei die *bequemste* Art zu reisen?

Später. Meine philosophische Billigung der Armut in Indien hat den nachmittäglichen Bummel durch Bombay nicht überlebt.

Männer ohne Arme und/oder Beine lagen zusammengesackt in den Ecken oder bewegten sich irgendwie über den Bürgersteig. Leprakranke fuchtelten mit ihren Stümpfen vor unseren Gesichtern herum oder zeigten dorthin, wo ihre Nase einmal gewesen war. Entstellte Kinder bettelten wie wild um Paisa. Sie hielten sich an meinen Knöcheln fest, so daß ihre federleichten Körper auf dem Boden mitgeschleift wurden, wenn ich weitergehen wollte. Aber auf ihre Art am schlimmsten waren die »perfekt« aussehenden Kinder, die wie Rachel hätten sein können, aber zusammengesunken an Wänden lehnten oder regungslos im Rinnstein lagen, zu hoffnungslos, um noch zu betteln. Ein dickbäuchiges, nacktes kleines Kind stand ziemlich verlassen an dem Pfeiler einer Arkade mit Geschäften. Sein verhärmtes, rotzverschmiertes Gesicht drückte schreckliche Resignation und ein Elendsbewußtsein aus, das dem Alter des Kindes in keiner Weise entsprach. Falls es überhaupt überleben sollte, wird es zweifellos wie das menschliche Wrack enden, an dem wir als nächstes vorbeikamen – einem uralten Mann ohne Arme, der nur einen Stoffetzen um die Lenden trug und mit verschränkten Beinen unter den Arkaden saß. Sein kahlgeschorener Kopf bewegte sich unaufhörlich – wie ein mechanisches Spielzeug – hin und her, dabei rollte er auf groteske Art und Weise mit seinen gefühllosen, blinden Augäpfeln.

Als wir um die nächste Ecke bogen, stießen wir auf ein kleines Mädchen, das überall an seinen Beinen schlimme, eiternde Stellen hatte und mit seinem (wie ich vermute) kleinen Bruder auf dem Schoß am Rand des Bürgersteigs saß. Er lag dort keuchend mit weit geöffnetem Mund, als ob er kurz vorm Sterben sei. Er wog vielleicht zehn oder zwölf Pfund, war aber, nach seinen Zähnen zu urteilen, mindestens ein Jahr alt. In der Nähe lag, ausgestreckt im Schatten einer Mauer, eine junge Frau mit der trockenen, faltigen Haut jener Menschen, die ständig Hunger leiden. Ihr skelettartiger Rumpf und ihre schlaffen Brüste wurden nur halb von einem schmutzigen Baumwollschal bedeckt, ihre Augen waren etwas geöffnet, obwohl sie zu schlafen schien. Vielleicht war sie die Mutter der Kinder. Eine 5-Paisa-

Münze lag in der Bettelschale neben ihr; ein Glas Tee kostet heutzutage mindestens 20 Paisa. Ich warf 50 Paisa in die Schale, aber die Nutzlosigkeit dieser Geste machte mich wütend. Natürlich hat man das schon überall gesehen, darüber gelesen, davon gehört und verzweifelt darüber nachgedacht. Vielleicht ist es schon zu alltäglich geworden, zu »abgenutzt«, als daß es wert wäre, erneut darüber zu sprechen oder zu schreiben. Vielleicht hat die Tragödie der Armut ihren Nachrichtenwert verloren. Doch sie hat noch nicht die Macht verloren, einen zu erschüttern, wenn man Mitmenschen Auge in Auge gegenübertritt, die niemals erfahren haben oder erfahren werden, was es heißt, genug zu essen zu haben.

An diesem Abend finde ich eine andere von Dr. Radhakrishnans Anmerkungen passender als die, die ich oben zitiert habe. »In Indien hat es nie ein nationales Ideal der Armut oder des Elends gegeben. Spirituelles Leben kann sich nur in den Gemeinschaften wirklich ausbreiten, die in einem gewissen Grad frei von Elend sind. Ein Leben, das starken Strapazen oder Hunger ausgesetzt ist, kann nicht religiös sein, außer auf eine ganz rudimentäre Weise. Wirtschaftliche Unsicherheit und die Freiheit des Individuums passen nicht zusammen.«

In dem Bett neben mir liegt eine junge irakische Journalistin, die ebenfalls heute angekommen ist, um über Indiens Reaktion auf die Ölkrise zu berichten. Eben hat sie mir gegenüber zugegeben, daß sie nicht weniger erschüttert ist als ich, obwohl sie während der sechziger Jahre vier Jahre lang in Bombay gearbeitet hat. Sie sagte: »Man vergißt es, weil man sich nicht daran erinnern will.«

»Und *warum* will man sich nicht daran erinnern?« fragte ich.

Sie zuckte mit den Schultern: »Es nützt nichts, sich den Kopf mit unlösbaren Problemen vollzustopfen. Heute abend sind wir, wie Sie sagen, erschüttert. Aber wird damit irgend jemandem geholfen? Es gibt nur unserem Ego Auftrieb und macht uns glauben, daß wir eine Spur von sozialem Gewissen besitzen. Nur wenn eine Mutter Teresa erschüttert ist, wird etwas getan. Ich muß jetzt schlafen. Gute Nacht.«

Eine kraftvolle Frau – und eine Realistin.

17. November. Jugendherberge der Y.W.C.A., Bombay
Die meisten jungen Frauen hier sind offenbar Christinnen aus Kerala oder Goa. Sie sprechen verständliches, aber kein fließendes Englisch und arbeiten als Lehrerinnen, Sekretärinnen, Büroangestellte, Empfangsdamen oder Verkäuferinnen. Nach unseren Maßstäben sehen die meisten außerordentlich gut aus, doch in zu vielen Augen kann man Verwirrung, Einsamkeit – und manchmal auch Ernüchterung – lesen. Aus einem behüteteten, geselligen Zuhause in diese riesige und gefühllose Stadt verpflanzt zu werden, muß ihr Leben trostlos genug erscheinen lassen. Eine Erziehung, die sie zu sehr beschützte, hat sie nicht darauf vorbereitet, das Beste aus ihrem Aufenthalt in der Stadt zu machen, die – so sehr ich sie ablehne – als Indiens Hauptstadt gilt, und die ein wichtiges Zentrum für jede Art von sozialen Kontakten und kulturellen Aktivitäten darstellt.

Keine, mit der ich gesprochen habe, hat irgendeinen Verwandten oder Freund in Bombay. Wenn sie jemanden hätten, würden sie nicht in der Jugendherberge wohnen. Trotzdem schätzen sie sich glücklich, im Y.W.C.A. untergekommen zu sein, und man kann sie verstehen. Es ist sauber und geräumig, wenn auch düster, wie die Atmosphäre solcher Einrichtungen eben düster ist. Die Preise sind angemessen. Wir bezahlen nur 25 Rupien pro Tag für vier Mahlzeiten pro Nase – man kann so viel essen wie man will – und zwei Betten in einem Schlafsaal voller Ratten, in dem insgesamt sechs Betten stehen. Sehr zur Freude von Rachel nisten zwei Tauben in den Dachsparren des Schlafsaals (daher die Ratten, sie mögen Taubeneier), und Dutzende frecher Spatzen hüpfen fröhlich auf dem Fußboden umher. Die Wände sind mit großen, schrillen Fotos der Lieblingsfilmstars der Mädchen dekoriert, vier Ventilatoren an der Decke sorgen für angenehme Temperaturen.

In Indien kann es mehrere Stunden in Anspruch nehmen, auch nur die einfachsten Dinge herauszufinden, und so war es heute Mittagszeit, bis ich einigermaßen sicher sein konnte, daß wir morgen früh um 8 Uhr einen Dampfer nach Panaji (Goa) nehmen konnten, der vom Ballard Pier ablegt. Doch unser fehlgeleitetes Umherirren auf der Suche nach dieser Auskunft war vergnüglich genug. Die Suche führte uns an einer Stelle durch die engen, gewundenen Gassen der Altstadt, wo viele der Gujarati-Häuser aus Holz geschnitzte Fassaden besitzen, die an Kathmandu erinnern. Rachel war begeistert von den Kunsthandwerkern, die hinter ihren Ständen bei der Arbeit waren: Sandelholz- und Schildpattschnitzer sowie Messing- und Kupferschmiede. Als wir schließlich an dem wenig aufregenden Mombadevi-Tempel aus dem 18. Jahrhundert vorbeikamen, sagte sie, sie wolle ihn »erforschen«. Aber ein ziemlich gehässiger Priester verlangte 10 Rupien als Eintritts-»Gabe«. Deshalb schlug ich vor, sie solle doch ihr Studium der Hindu-Architektur verschieben, bis wir eine mehr spirituelle Gegend erreicht hätten.

In dem riesigen, hohen Speisesaal der Jugendherberge nahmen wir unser Mittagessen am Tisch der Herbergsmutter an einem offenen Fenster ein. Als wir unseren Reis und den Fisch in Curry aßen, beobachteten wir, wie ein Roter Milan in den höchsten Ästen eines nahegelegenen Feigenbaums eine Ratte (aus der Jugendherberge?) verspeiste. Dann geriet Rachel in eine Unterhaltung mit zwei freundlichen Mädchen vom Peace Corps, die auf dem Weg von Äthiopien nach Hause waren. Sie luden Rachel ein, sie an den Juhu Beach zu begleiten. Sie nahm begeistert an und schlug dann nachträglich vor, daß auch ich mitkommen könne.

Juhu ist nur 16 Kilometer vom Stadtzentrum entfernt, aber wir brauchten zwei Stunden, um dorthin zu gelangen. Heute streiken in Bombay die Taxifahrer, aus Protest gegen den Vorschlag der Regierung, motorisierte Rikschas in der Stadt einzuführen, um Benzin zu sparen. Die Busse waren deshalb unglaublich überfüllt, und wir mußten zu Fuß zum Bahnhof laufen.

Selbst während der Vorortzug fuhr, sprangen kleine bewegliche Knirpse ständig in unseren Waggon hinein und wieder hinaus. Sie machten dabei Jagd auf eine ganze Reihe von Dingen, die entweder eßbar oder dekorativ waren. Die kleinen Mädchen waren nicht weniger wagemutig als die kleinen Jungen, und Rachel war ganz beunruhigt, weil sie befürchtete, daß jemand von ihnen unter den Zug geraten könnte. (Sie selbst ist von Natur aus äußerst vorsichtig und neigt zu Pessimismus, der einen ziemlich in Rage versetzen kann. Aber so muß ich mir wenigstens nie Sorgen machen, daß sie irgend etwas Leichtsinniges unternimmt.) Es gibt einen himmelweiten Unterschied zwischen den Kindern der wirklich Armen, die nichts mehr versuchen, und diesen zerlumpten, aber unternehmungslustigen Jungen mit ihren schelmischen Augen, ihrem breiten Grinsen und ihren blitzenden Zähnen.

Juhu Beach wird von hohen Palmen, teuren Hotels und den Häusern der Reichen gesäumt. Wir erreichten den Strand, indem wir durch eine Lücke zwischen den Häusern auf der Seeseite gingen. An dieser Stelle stand ein großes Schild mit der Aufschrift: »Gefahr! Baden verboten!«. Der Strand erstreckte sich kilometerweit und war erstaunlich leer, eine Ausnahme bildeten ein paar Bedienstete der Reichen, die deren Hunde ausführten. Doch schon wenige Sekunden, nachdem wir begonnen hatten, uns umzuziehen, hatte sich eine große Anzahl Jugendlicher um uns versammelt, die uns anstarrten.

Die Amerikanerinnen hatten sich angesichts der oberirdisch verlegten Abwasserrohre, an denen wir auf dem Weg vom Bahnhof vorbeigekommen waren, entschlossen, nur ein Sonnenbad zu nehmen. Um einer Gefährdung – wie immer sie aussehen möge – aus dem Weg zu gehen, blieb ich nah am Ufer, wo das Wasser flach, lauwarm und eher schmutzig war. Ich fühlte mich nicht einmal gereinigt, denn mein eigener purer Schweiß wurde ganz offensichtlich durch etwas weitaus weniger Wünschenswertes ersetzt. Ich verließ schnell wieder das Wasser, aber Rachel weigerte sich, herauszukommen, bevor der große rote Sonnenball hinter dem Horizont verschwunden war.

Auf dem Weg nach Hause machten wir an einem Imbißstand Halt, um köstlich knusprige, gewürzte Kartoffelkuchen zu kaufen, die mit Zwiebeln gefüllt waren. Sie wurden ganz frisch über einem Holzkohlenfeuer gebacken, welches wunderschön in der Dämmerung flackerte. Danach standen wir 35 Minuten an einer Bushaltestelle. Während dieser Zeit schlingerten sieben gefährlich überfüllte Busse an uns vorbei, ohne anzuhalten. Der achte und der neunte Bus hielten, nahmen aber nur die mehr kämpferischen Mitglieder des versammelten Mobs auf. Daher bat ich die Mädchen, bevor der zehnte Bus in Sicht kam, sich ihren Weg in den Bus zu erkämpfen, mir Rachel abzunehmen, und, falls ich zurückblieb, für sie zu sorgen, bis wir wieder vereint waren. Tatsächlich hielten weder der zehnte noch der elfte, aber den zwölften stürmten wir erfolgreich.

Die engen Straßen des Ville-Par-Bazars wurden durch den goldenen Schimmer von Hunderten von Öllampen erleuchtet, die über den Ständen baumelten. In den Ständen türmten sich alle Arten von Waren: Ballen mit schimmernder Seide und lebhaft gemusterter Baumwolle, Stapel glänzender Kupfertöpfe und Waren aus rostfreiem Stahl, runde Türme mit glitzernden Armreifen aus Glas, Pyramiden von Zuckerwerk in abscheulichen Technicolor-Farben, weite Flächen mit frischem Obst und Gemüse, Berge von Kokosnüssen, Maulwurfshügel von Cashewnüssen, kleine Hügel von Melonen, Wälder von Zuckerstangen und anmutig überquellende Körbe voller Jasminblüten. Mit dem traumhaften, schweren Duft des Jasmin verband sich der charakteristischste aller abendlichen Gerüche in Indien, der der Räucherstäbchen, die in unzähligen Unterkünften angezündet werden, um die Götter des Hausstandes zu ehren. (Schmutzige Rinnsteine und eiternde Wunden, Jasmin und Räucherstäbchen: Indien in aller Kürze?)

Es war eine drängende, lärmende Menge, die hemmungslos fluchte, scherzte, stritt, schwatzte, tadelte und Handel trieb. Hier war kein Anzeichen der indischen Trägheit zu spüren. Und durch diese pulsierende Menge bewegten sich knarrende Ochsenkarren und hupende Busse, singende Sadhus und brüllende Ballonverkäufer, gedankenschwer aussehende Kühe, überladene Handkarren, fluchende Radfahrer und verbeulte Lastwagen, heisere Lotterielos-Verkäufer und gesichtslose moslemische Hausfrauen, die so viele Einkäufe unter ihren Burkas trugen, daß es aussah, als wären sie an der falschen Stelle schwanger. »Es ist lustig hier«, sagte Rachel, »aber du mußt aufpassen, daß du mich nicht verlierst.« Sie war unterwegs eingeschlafen und mußte vom Bahnhof Churchgate huckepack nach Hause getragen werden.

Zweites Kapitel

Hippies in Goa

18. November. Auf See zwischen Bombay und Panaji
Das Deck unseres Dampfers ist nicht zu sehr überfüllt. Nach dem Aufenthalt in Bombay genießt man den Seewind, selbst wenn er mit Haschischwolken vermischt ist. Ungefähr 40 unserer Mitreisenden an Deck sind Hippies auf ihrer jährlichen Wanderung von Nepal oder dem Norden Indiens nach Goa.

Im reichen Europa fällt es mir relativ leicht, den Standpunkt eines einzelnen Hippies zu verstehen. Wenn ich sie aber in Massen vor dem indischen Hintergrund der ungewollten Armut sehe, verliere ich schnell die Geduld. Mehrere von ihnen, die sich in unserem Blickfeld befinden, sind ausgemergelte Wracks. Es sind die Hundertprozentigen, die allein reisen und keinen irgendwie gearteten Besitz mit sich führen. Bekleidet sind sie nur mit einem zerlumpten Lendentuch, ihr langes Haar im Stil der Sadhus ist verfilzt und schmutzig, die nackten Füße sind voller Schwielen und Risse, die Beine bedeckt mit offenen, schlimmen Wunden. Ihre Rippen und Schulterblätter scheinen sich durch die bleiche Haut schneiden zu wollen, die Augen sind glasig durch übermäßigen Genuß von Kali-wer-weiß-was, die Fähigkeit oder der Wille, sich mitzuteilen, sind lange verkümmert. Dies bedeutet, auszusteigen bis zum bitteren Ende – aber aussteigen, um wohin zu kommen und warum? Mit Sicherheit werden diese Wracks bald in einem namenlosen Grab enden, und um ihretwillen kann ich nur hoffen, je eher, desto besser. Ich bin mit den Hippies einer Meinung, wenn sie die im wesentlichen zerstörerische Wirkung einer materialistischen Gesellschaft kritisieren, aber was bieten sie als Ersatz?

Den ganzen Tag über fuhren wir unter einem kobaltblauen Himmel, in Sichtweite der gebirgigen Küste von Maharashtra, vorbei an Fischerbooten mit dunklen Segeln, die sich seit der

Vor-Arier-Zeit kaum verändert haben. Eine riesige Plane spendete Schatten an Deck, so daß es nie zu heiß wurde, und jetzt ist die nächtliche Brise herrlich kühl.

Heute nachmittag, als Rachel drei kleine schüchterne Jungen aus Goa herumkommandierte, damit sie ihr Spiel mitspielten, wurde ich von einem jungen Ingenieur aus Poona angesprochen, der, wie sich herausstellte, leidenschaftlich gern Statistiken zitierte. Er erzählte mir, daß Maharashtra ein Zehntel des indischen Gebietes ausmache. Zwei von fünf Industriearbeitern in Indien stammten von dort. Die indische Filmindustrie, der größte Teil der Rüstungsindustrie und zwei Drittel der Textil- und pharmazeutischen Industrie seien in Maharashtra angesiedelt. Außerdem zahle dieser Staat mehr als ein Drittel der indischen Steuern, und der pro-Kopf-Verbrauch an Elektrizität sei mehr als doppelt so hoch wie der des durchschnittlichen Verbrauchs in ganz Indien.

An dieser Stelle äußerte ein rundlicher und liebenswürdiger junger Mann aus Goa, der auf der anderen Seite neben mir saß und der Vater von Rachels gegenwärtigen Freunden war, nachdenklich: »Und in der Hauptstadt von Maharashtra schlafen mehr als 100 000 Menschen jede Nacht auf dem Bürgersteig.«

Die Augen des Mannes aus Maharashtra funkelten. »In Nhava Sheva wird bald ein neues Bombay gebaut«, sagte er kalt.

»Wie bald?« fragte der Goer sanft, seine Augen waren dabei auf die Westghats gerichtet.

»Eher, als daß irgend etwas in Goa gebaut werden wird«, gab der Mann aus Maharashtra bissig zurück.

Der Goer betrachtete weiter die Berge. »Aber ich glaube nicht, daß wir neue Gebäude *brauchen*«, sagte er. »Jedenfalls nicht viele. Wir sind zufrieden.«

»Zufrieden!« höhnte der Mann aus Maharashtra. »Wissen Sie nicht, daß noch 450 Jahre nach Beendigung der portugiesischen Herrschaft nicht ein Dorf Elektrizität hatte? Jetzt, nach elf Jahren unter indischer Herrschaft, haben die meisten Elektrizität.«

Der Goer sah von den Bergen zu mir herüber und lächelte

ganz leicht. »Aber während der meisten dieser 450 Jahre hatte kein Dorf auf der Welt Elektrizität«, stellte er fest.

Dann standen er und ich auf, um nachzusehen, ob unser jeweiliger Nachwuchs sich nicht gegenseitig über Bord geworfen hatte.

Gegen halb sechs änderten wir den Kurs und steuerten den Hafen von Ratnagiri an. Die Sonne ging schnell unter, während wir zwischen den hohen Landzungen hindurchfuhren, die von langem, rotgoldenem Gras bedeckt waren, das im schräg einfallenden Licht wie Kupfer leuchtete. Die romantischen Ruinen eines Forts und ein kleiner weißer Tempel zierten die Klippen auf der Steuerbordseite – einsam vor dem Hintergrund des Himmels blickten sie hinaus auf das Meer. »Es ist ein besonders heiliger Tempel«, hatte mir mein römisch-katholischer Freund aus Goa erzählt. Ein ausgesprochener Respekt für alle Religionen hat von den hinduistischen Nachbarn auf viele indische Christen abgefärbt.

In der breiten Lagune von Ratnagiri rasten kleine Schiffe wie Wasserkäfer auf uns zu, und für kurze Zeit war der Abendhimmel eine lodernde Fläche von Scharlachrot und Purpur, Orange und Violett. Die Sonne war untergegangen, aber ich stand da wie verzaubert und schaute über das dunkelgrüne Wasser der Bucht. Die entfernten Lichtflecken der Lagerfeuer markierten die vielen Strohdachhütten, die auf den flacheren Hängen der steilen Hügel standen, welche die Bucht umgaben.

Jeden Abend, außer während der Monsunzeit, legt ein Dampfer in Ratnagiri an. Trotzdem verursachte unsere Ankunft dieselbe Aufregung, als wären wir in Pitcairn gelandet. Das Löschen und Laden der Ware sowie das Aus- und Einsteigen der Passagiere dauerte über eine Stunde. Aber unglücklicherweise verpaßte Rachel den Spaß, sie war um vier Uhr buchstäblich im Stehen eingeschlafen. Eine spartanische Erziehung zahlt sich jetzt aus: Ihr macht es nichts aus, sich auf einem schmutzigen Deck hinzulegen, inmitten Hunderter von Indern, die reden, essen, beten oder miteinander schlafen. Allerdings kann sie nicht – und das wirklich nicht, ohne sich zu übergeben

– die Toilette der Deckklasse benutzen, so daß ich ihr den Weg zu den Toiletten der ersten Klasse zeigen mußte. Keine noch so spartanische »Gehirnwäsche« kann diese Art von ihr eigener Verwöhntheit ausrotten.

Eine Gefahr, die ich übersehen hatte, war das Ausmaß, in dem ein kleines Kind in Indien verwöhnt werden würde. Während dieser ersten Tage hat es Rachel vielleicht geholfen, selbstbewußt auf ihre neue Umgebung zu reagieren, aber ich darf gar nicht daran denken, was vier Monate davon bei ihr anrichten werden.

Die Reaktionen der Inder auf die ganz Kleinen können für Europäer extrem anstrengend sein. Beim Entladen in Ratnagiri schlief Rachel tief und ungestört, trotz Hunderter von Menschen – Passagiere, Besatzung und Tagelöhner –, die um sie herumliefen oder -sprangen oder laut riefen. Doch obwohl sie so offensichtlich erschöpft war, mußte ich mindestens ein Dutzend Frauen unter Einsatz meines Körpers davon abhalten, sie zu streicheln, mit ihr zu spielen oder mit ihr zu sprechen. Ich fürchte, ein paar haben meine Gründe mißverstanden und meinten, ich würde ein Tabu gemäß einer *Mleccha*-Kaste aussprechen. In einem Land mit überfüllten Behausungen, in denen mehrere Familien gleichzeitig leben, ist die Vorstellung undenkbar, daß ein Kind das Bedürfnis hat, lange ungestört zu schlafen. Auch in anderen Fällen neigt man dazu, Rachel mehr wie ein bewegliches Spielzeug zu behandeln als wie ein menschliches Wesen. Die meisten Inder, die wir bisher getroffen haben, schmeichelten ihr in ihrer Gegenwart, provozierten sie bedenkenlos, sich zur Schau zu stellen (es war wenig Provokation nötig) und ließen es zu, daß sie ihre Gespräche ungestraft unterbrach. All das verschlimmert ihr anmaßendes Gehabe, ein Charakterzug, der mir das Hauptkennzeichen kleiner weiblicher Wesen zu sein scheint. Aber vielleicht sollte ich sagen, »westlicher menschlicher Wesen«, da die meisten indischen Kinder dagegen immun sind. Die indische Tradition ermutigt bei Kindern die Entwicklung von Selbstvertrauen nicht und wirkt zweifellos dem entgegen, was wir als »verwöhnt« bezeichnen. Man kann es sich leisten, schlechte Manieren und das ständige Verlangen nach Aufmerksamkeit zu tolerieren oder überschwenglich auf die zugegeben gewinnende Art eines Kindes zu reagieren, wenn man es nicht als eine einzigartige menschliche Persönlichkeit betrachtet.

Ein anderes kleines Problem stellt zur Zeit die Frage dar, wie ich auf Rachels zum Teil strenge Kritik an dem Benehmen gewisser Inder reagieren soll. Heute früh, zum Beispiel, startete unser halbleerer Bus zweimal vorzeitig an einer Bushaltestelle und ließ mehrere Passagiere zurück, die einsteigen wollten. Sie fragte: »Warum hat der Fahrer ihnen nicht genug Zeit gelassen, um einzusteigen? Er ist gemein.«

Da ich nicht will, daß sie eine von den Reisenden wird, die immer alles verurteilen und die man zu oft in Indien trifft, murmelte ich etwas wie »eher gedankenlos als gemein«, aber ich merkte, daß das keinerlei Eindruck auf sie machte. Das Verhalten unseres Busfahrers resultierte aller Wahrscheinlichkeit noch daraus, daß er es genoß, seine Macht auszuüben. Aber der Versuch, Rachel zu erklären, daß junge Inder, die erst vor kurzem in eine Stadt gekommen sind, oft aufgrund komplexer Gründe, die mit der Struktur innerhalb einer Hindu-Familie zusammenhängen, zu Tyrannen werden, wäre absurd und unklug gewesen. Um ihre Schlußfolgerung, daß alle Inder gefühllose Flegel sind, nicht noch zu unterstützen, fing ich an zu schwafeln, was sie zu Recht nicht akzeptierte. Der Haken ist, daß kleine Kinder ihr eigenes Schwarzweiß-Raster besitzen. Versucht man zu früh, ihre Aufmerksamkeit auf die Graustufen zu lenken, würde man sie einer ungerechtfertigten Belastung aussetzen. Vor dem eigenen kulturellen Hintergrund bewältigt man diese Situation, ohne auch nur darüber nachzudenken, aber wenn sie dann durch ein fremdes Wertesystem zusätzlich kompliziert wird, kann es entschieden schwierig werden.

Um in Goa zu entspannen, wurde mir Colva Beach als bester und billigster Ort empfohlen. Dort ist die Hippie-Kolonie klein, der Strand lang, und die Abwesenheit von Insekten, die einen bei lebendigem Leib auffressen, ermöglicht das Übernachten im Freien. Obwohl Goa eine Menge zu bieten hat, habe ich nicht vor, es zu erforschen. Wir machen hier nur Halt, um Rachel ein paar Tage Ruhe zu gönnen, während sie sich an die Zeitumstellung gewöhnt.

19. November. Colva Beach
Wir sind mit zwei Stunden Verspätung in Panaji angekommen. Ich weiß nicht genau weshalb, aber wen stört das auch? Heute wurde ich ziemlich überwältigt von indischem Fatalismus in Verbindung mit europäischer Genußsucht. Dieser Strand ist wirklich jedermanns Traum vom tropischen Paradies.

Die Nacht auf dem Boot war nicht gerade ruhig verlaufen. In den frühen Morgenstunden legten wir zweimal an unbekannten Häfen an, und jedesmal folgte der übliche Höllenlärm, diesmal bei Mondlicht und ein paar Laternen. Kurz nach fünf Uhr gaben Rachel und ich den Versuch auf, zu schlafen. Wir saßen da und betrachteten über die Reling hinweg die zarte Schönheit des Mondlichtes auf dem Wasser. Dann färbte es sich im Osten langsam taubengrau, anschließend wurde hinter den Westghats ein See aus bronzegrünem Licht größer, und schließlich folgten eine plötzliche Röte und ein strahlender Bogen über der nachtblauen Masse der Hügel. Ein Sonnenaufgang, der uns in Erinnerung bleiben wird.

Wir fuhren die palmenbestandene, ruhige Flußmündung des Aquada hinauf, quer durch Gruppen herumtollender Tümmler. Doch trotz seiner wunderschönen Lage war ich von Panaji nicht gerade beeindruckt, da es mit mehr Eile als Geschmack ausgebaut wird.

Goa hat von jeher einen höheren Lebensstandard als der indische Durchschnitt genossen, aber seit kurzer Zeit haben neue Industriezweige, die von Delhi gefördert werden, Tausende von Bauern ohne Land aus Andhra Pradesh, Uttar Pradesh und Mysore angezogen. Und viele, die sich Arbeit erhofft hatten, haben keine bekommen. Als wir ankamen, war die Lage daher nicht so, wie sie uns die Reiseführerliteratur glauben macht, die von einem verträumten, leichtlebigen Goa der alten Zeit spricht. Ungefähr fünfzig oder sechzig Gepäckträger befanden sich in Gruppen auf dem Kai und bekämpften sich wie die Tiger, um sich Zugang zum Schiff zu verschaffen und sich eine halbe Rupie zu verdienen. In manchen Gebieten sind solche *mêlées* nicht mehr als ein örtlicher Sport, hier sah man an der Verzweiflung auf den Gesichtern der Männer, daß es eine Last zu tragen bedeuten konnte, ob man etwas zu essen bekam oder nicht.

Die schönsten Gebäude von Panaji säumen den Kai – das Alte Fort, das Regierungsgebäude und der Palast des Erzbischofs. Der Erzbischof ist das Oberhaupt der römisch-katholischen Kirche in Indien. (Seitdem ich Desmond Morris gelesen habe, kann ich diesen Satz nicht schreiben, ohne mir einen Gorilla im Kardinalsgewand vorzustellen.) Nachdem wir an diesen und anderen schönen Fassaden vorbeigegangen waren, liefen wir eine halbe Stunde durch die engen, aber erstaunlich gepflegten und sauberen Straßen des alten, portugiesisch geprägten Viertels Fontanhas. Während der portugiesischen Herrschaft waren alle Hausbesitzer der Stadt gesetzlich verpflichtet, jedes Jahr nach dem Monsun ihre Häuser von außen zu streichen. Es sieht so aus, als ob die Goer diese Angewohnheit noch nicht aufgegeben hätten.

Von Panaji aus kann man per Motorboot nach Rachol gelangen, auf direktem Weg nach Colva Beach, aber weil wir uns die Landschaft ansehen wollten, nahmen wir den Bus. Wegen der vielen Flüsse und Flußmündungen in Goa ist es eine Fahrt voller Umwege. Zwei Stunden lang fuhren wir langsam in holperiger Fahrt durch stille, von Palmen geschützte Reisfelder oder über steile Hügel, die in einen dichten grünen Dschungel gehüllt waren. Die Fahrt führte vorbei an sauberen Dörfchen mit rotbraunen Strohdachhütten oder über breite, langsam fließende Flüsse, in denen sich der tiefblaue Himmel spiegelte. Ich konnte nicht umhin, mir zu wünschen, zu Fuß gehen zu können, mit einem Lasttier für mein Gepäck. Aber es müssen noch ein Jahr oder mehrere vergehen, bevor ich dieses Leben wieder aufnehmen kann.

In viereinhalb Jahrhunderten haben die Portugiesen natürlich tiefere Spuren in Goa (ein Gebiet von 3800 Quadratkilometern mit 837 180 Einwohnern; Stand 1971) hinterlassen, als die Briten in weniger als der Hälfte der Zeit in ihrem unhandlichen Imperium hinterlassen konnten. Margao ist entschieden keine indische Stadt, nicht einmal in dem Maß, wie es heute die ehemaligen Garnisonen sind, welche die Briten in den Hügeln errichtet haben. Aber es ist auch keine portugiesische Stadt, trotz einiger imposanter Gebäude, die maurische Einflüsse aufweisen. Wie das restliche Goa hat es einen ganz eigenen, unverkennbaren Charakter.

Man spürt sofort die Auswirkungen, die der Zustrom der Hippies in der Einstellung der Bewohner hinterlassen hat. Die Goer sind von Natur aus einladend und warmherzig, und sie neigen nicht dazu, Touristen finanziell übermäßig auszunehmen. Viele halten es jedoch mittlerweile für nötig, bei Fremden höflich, aber auf der Hut zu sein. Viele Hippies beleidigen mit ihrem Verhalten fast jeden Inder auf das schwerste. Doch hindert das hohe Maß an Toleranz und Gastfreundschaft in diesem Land die Inder daran, den Missetäter dies spüren zu lassen, auf daß er sich unwohl fühlt oder merkt, daß er nicht willkommen ist. Ich hatte jedoch angenommen, daß in Goa, mit seiner starken christlichen Minderheit, die Menschen weniger gleichmütig auf Nacktheit und Drogenkonsum reagieren. Anscheinend ist dem nicht so.

Als wir aus dem Bus stiegen, war es zwei Uhr nachmittags, und es war heiß und still in den Straßen von Margao. Ich suchte nach einem Spirituosengeschäft. Doch da die meisten Läden geschlossen hatten, setzten wir uns unter eine zerfetzte Markise, tranken Tee und beobachteten, wie sich ein amerikanisches Hippie-Paar einen Joint drehte. Als jemand von der Tür des Teehauses winkte, sprang der junge Mann bereitwilliger auf, als man es sonst von Hippies zu sehen gewohnt ist, und verschwand schnell auf die Seite des Gebäudes. Seine Begleiterin sah uns daraufhin an, lächelte leise und fragte: »Wollt Ihr etwas Gras?«

»Nein danke«, erwiderte ich, »Meine Laster sind die einer anderen Generation. Ich suche einen Spirituosenladen. Aber es sieht so aus, als wären alle Geschäfte geschlossen.«

Das Mädchen stand auf. »Ich heiße Felicity«, sagte sie und schüttelte Kuchenkrümel aus den Falten ihres voluminösen Kleides, das bis zu den Knöcheln reichte. »Komm, ich zeige dir einen, hier unten ist immer einer geöffnet.« Und sie machte sich die Mühe, uns 800 Meter durch staubige, sonnenheiße Straßen zu führen. An der Tür des Ladens nickte sie und drehte sich um. Sie war ein perfektes Beispiel für die uneigennützige Freundlichkeit, die viele Hippies an den Tag legen, aber für die diese Klasse nicht genug Anerkennung erhält.

Colva ist eher eine verstreut angelegte Siedlung als eine Stadt oder ein Dorf, und mein Herz sank, als der Bus am Rand des Strandes neben einer Bude hielt, in der Cola und andere Sprudelgetränke verkauft wurden. Der Ort schien von Fremden überschwemmt zu sein. Auf Anhieb sah ich nicht weniger als zehn. Einer davon war ein Jugendlicher mit flachshellen Haaren, der unter den Palmen splitternackt umherschlenderte. Seine Augen waren starr auf den Horizont gerichtet, als ob dieser ihm eine Vision gewähren würde, die einem Menschen normalerweise nicht zuteil wird – sehr zweifelhaft. Rachel betrachtete ihn einen Moment lang sehr genau, gab einen nicht druckreifen Kommentar von sich und richtete dann ihre Aufmerksamkeit auf die Campingmöglichkeiten des Geländes.

Als wir den Strand entlanggingen, wurde deutlich, daß Colva trotz allem nicht ernstlich übervölkert ist. Heller, weicher Sand erstreckt sich über Kilometer ohne ein einziges Gebäude. Und weiter von der Bushaltestelle entfernt sieht man nur noch wenige Leute. Dicht am Meer gedeihen Palmen auf flachen Sanddünen mit viel Gestrüpp. Dort würden wir bequem campen können, dachte ich. Aber zuerst würden wir baden und dann zur Siedlung zurückkehren, um etwas zu essen. Erst danach würden wir uns einen Schlafplatz suchen. Als ich mich im klaren, grünen Wasser treiben ließ und der makellos weißen Brandung lauschte, die sich singend auf dem goldenen Strand unter einem azurblauen Himmel brach, fühlte ich mich so unwirklich wie eine Figur aus einem Reiseprospekt für Millionäre.

Die hiesigen Fischer – deren Boote und Netze über den ganzen Strand verstreut sind – scheinen sehr schüchtern zu sein, aber bereit, Freundschaft mit Rachel zu schließen. Sie haben dunkle, fast schwarze Haut, sind ziemlich groß und haben eine prächtige Figur. (Sie wären eine gute Reklame für eine Fisch- und-Kokosnuß-Diät.) Die Frauen tragen fröhlich gemusterte Blusen und wirbelnde Röcke, die Männer nur ein Stückchen Stoff, das an einem Faden oder manchmal einem Gürtel aus silbernen Kettengliedern um ihre Hüften befestigt ist. Während wir badeten, liefen sie ständig hin und her. Die Frauen und Mädchen trugen auf ihren Köpfen enorme, kreisrunde Weidenkörbe, Steingutgeschirr oder Messingkrüge. Zweimal sahen wir, wie eine Besatzung kunstvolle Netze in ihre schweren Boote lud und diese dann auf Rollen ins Meer geschoben wurden. Ich sah den Männern – ganz Anmut, Kraft und Geschicklichkeit – mit Vergnügen zu, wie sie ein Ritual zelebrierten, das seit Jahrtausenden unverändert abläuft. Während sie bei der Arbeit waren, sangen sie ein langsames eindrucksvolles Lied und genossen dies offenbar sehr. Diese Ureinwohner Goas haben sich nie mit den Eindringlingen vermischt.

Als wir wieder in der Siedlung waren, trafen wir auf einen bemitleidenswerten amerikanischen Jugendlichen namens Bob, der das unverkennbare Aussehen derjenigen bot, die unter chronischer Ruhr leiden. Als ich ihm erklärte, daß wir vorhatten, im Freien zu schlafen, sprang er auf wie von der Tarantel gestochen. Er erzählte uns, daß vor drei Nächten einem Hippie, der in den Dünen übernachtet hatte, die Kehle durchgeschnitten worden sei. Die nackte Leiche sei erst heute morgen entdeckt worden. Sie hätte weder identifiziert werden können, noch hätte die Polizei irgendeinen Hinweis auf den Mörder. Deshalb sind wir jetzt in einer typischen goischen Fischerhütte für 5 Rupien die Nacht untergebracht. Sie ist halb mit Netzen und anderen Ausrüstungsgegenständen vollgestopft. Das Dach und die Wände bestehen aus Palmwedeln, die mit Palmenstämmen verflochten sind, der Fußboden aus losem feinem Sand, die Betten darauf aus Kokosfasern. Da es keine Tür gibt, ist die Hütte nur bedingt geeignet, Halsaufschneider fernzuhalten. Aber die Hütte unseres Vermieters ist nur 300 Meter entfernt, und seine streunenden Hunde sind groß, aggressiv und laut.

Von unserer nicht vorhandenen Tür haben wir einen großartigen Blick auf das Meer. Ich warf einen Stein, um zu sehen, ob die Wellen nur einen Steinwurf weit entfernt sind; wenn ich besser werfen könnte, wären sie es. Rachel freut sich über die unzähligen kleinen schwarzen Schweine, die winzigen Ferkel, die braunweißen Ziegen und die räudigen streunenden Hunde (zuviel Fisch verursacht Räude), die in der Nähe umherstreifen. Der ganze Strand ist durchdrungen von einem strengen, aber angenehmen Fischgeruch: Eine Menge lärmender Möwen und Krähen sorgen dafür, daß kein Fisch verfault. Weitaus weniger angenehm riecht meine derzeitige Lichtquelle – ein Docht, der in einer kleinen Dose mit Haifischöl schwimmt.

20. November. Colva Beach
Heute hatten wir einen extrem faulen Tag: Mir fällt in meinem ganzen Leben kein vergleichbarer Tag ein. Doch meine Muskeln erinnern mich daran, daß »faul« nicht das richtige Wort dafür ist. Seit heute morgen muß ich 12 bis 13 Kilometer geschwommen sein, auf und ab, immer parallel zum Strand.

Ich schreibe dies, während ich bei einem Glas Feni (der hiesige Alkohol, der aus destillierten Cashewnüssen gewonnen wird) in der Türöffnung unserer Hütte sitze. Durch die Palmenblätter hindurch, die sich im Abendwind bewegen, kann ich eine Flotte uralter Fischerboote sehen, die in den goldenen und hochroten Sonnenuntergang segeln. Aber dieser Ort und dieser Augenblick verführen zu überschwenglicher Prosa, ich muß Zurückhaltung üben.

Ein Kokosnußpflücker hat mich gerade abgelenkt: Ich sehe ihm mit großem Vergnügen zu, wie er diese riesig hohen Bäume hinaufklettert und dann gewaltige Nüsse auf den Sand fallen läßt. Das einzige Hilfsmittel sind dabei ein paar flache Kerben für die Füße, die in den Stamm geschnitten werden. Die Nüsse kosten jetzt 75 Paisa pro Stück. Vor ein paar Jahren erhielt man für eine Rupie noch ein halbes Dutzend. Doch eine Nuß bedeutet eine volle Mahlzeit für zwei Personen.

Eine Welle krankhafter Aufregung lief heute durch die Siedlung, als die Polizei von Margao auf Verbrecherjagd ging. Offensichtlich haben sie herausgefunden, daß der ermordete Mann ein Deutscher war. Das ist sicher eine reife detektivische Leistung, da er unbekleidet war, keine Ausweise mit sich führte und im Verlauf der ungefähr 14 Tage, die er sich in den Dünen aufgehalten hatte, auch mit niemandem gesprochen hatte. Solch ein Rückzug ist in einem gewissen Stadium der Drogenabhängigkeit, in dem das Opfer kaum noch weiß, wer es ist, nicht ungewöhnlich. Aber das erkennt die Polizei von Goa nicht und verdächtigt die Ausländerkolonie in Colva eindeutig des verabredeten Stillschweigens, das ihnen nicht weiterhilft.

21. November. Colva Beach
Die Gefahren, die ein Leben in den Tropen mit sich bringt, haben uns eingeholt. Heute morgen ist Rachel auf einen gefährlichen toten Fisch getreten, der einen Kranz mit zehn Zentimeter langen Stacheln um den Hals trägt. Ein Stachel bohrte sich tief in ihren rechten Fuß, der daraufhin stark blutete, aber ausgiebiges Eintauchen in Salzwasser scheint ihn geheilt zu haben.

Als ich gerade aufschaute, sah ich eine Reihe von fünf jungen Frauen, die am Wasser entlanggingen und riesige, aus Weiden geflochtene Fischkörbe auf ihren Köpfen balancierten. Sie bewegten sich mit unglaublicher Anmut, und vor dem Hintergrund des türkisblauen Meers bauschten sich strahlend orange, blau, rosa, gelb, rot, grün und malvenfarbig ihre weiten Röcke. Das Leben am Strand von Colva ist voll von solchen Eindrücken, die die Häßlichkeit und das Leiden in Bombay nicht als Teil derselben menschlichen Existenz erscheinen lassen.

Aber die Schwierigkeit einer, wenn auch nur rudimentären Tourismusindustrie ist die, daß sie unerbittlich Schranken zwischen den Reisenden und den Einwohnern errichtet. Hier herrscht bereits eine Atmosphäre, die so stark zwischen »denen« und »uns« trennt, daß man die Einheimischen nur aus der Entfernung bewundern kann.

Es ist wieder ein fast unwirklich erscheinender Tag. Es ist einfach zu idyllisch, auf goldenem Sand in einer Hütte aus Palmwedeln aufzuwachen, in der Frühe durch die Türöffnung auf einen milchig blauen Himmel zu schauen und dabei das sanfte Rauschen der Brandung zu hören, welche das Kreischen der Papageien und den unvergeßlichen Gesang der Fischer untermalt, während sie ihre Boote an Land ziehen.

Später. Die erste Katastrophe der Reise: Trotz aller Sicherheitsvorkehrungen hat uns jemand 500 bis 600 Rupien gestohlen, als wir bei Sonnenuntergang schwimmen waren. Wie üblich hatte ich meinen Geldbeutel – der meine Uhr, Bargeld und Reiseschecks enthält – in die Tasche meiner Shorts gesteckt, die ich nah am Wasser ließ, mit meinen Stiefeln obenauf, damit ich den Kleiderstoß gut beobachten konnte. Ich hätte schwören können, daß ich das Häufchen keine 30 Sekunden aus den Augen gelassen hatte, und es war ein alptraumartiger Augenblick, als meine Hand in eine leere Tasche faßte. Fast 10 000 Kilometer von zu Hause entfernt, ohne eine Paisa dazustehen, ist nicht witzig. Sofort ertappte ich mich bei dem Gedanken: »Gott sei Dank ist es eine Hippie-Kolonie!«, denn in solchen Situationen erlebt man den Hippie, der sich noch nicht jenseits von Gut und Böse befindet, von seiner besten, seiner besorgten Seite.

Auf dem Weg zurück zu unserer Hütte fragte ich ein junges australisches Paar, das unter den Palmen in einem winzigen Zelt campierte, ob sie etwas Verdächtiges bemerkt hätten. Hatten sie nicht, aber sie boten mir sofort an, daß ich 10 Rupien leihen könne und daß sie auf Rachel aufpassen würden, während ich zur Polizei in Margao ging. (Hier am Ort gibt es weder Polizist noch Telefon.) Keiner glaubte, daß die Polizei auch nur versuchen würde, das Geld wiederzubeschaffen – selbst verantwortungsbewußte Inder geben zu, daß die Rechtsstaatlichkeit faktisch zusammengebrochen ist, seit die Briten Indien verlassen haben. Doch die erste Reaktion des Durchschnittseuropäers auf ein Verbrechen ist die, zur Polizei zu gehen. Auch wenn man weiß, daß dies zwecklos ist, hat es dennoch eine beruhigende Wirkung, wahrscheinlich, weil wir damit ein primitives Verlangen nach Rache befriedigen.

Ich ließ Rachel bei den Australiern und lief zwischen den Palmen zu unserer Hütte zurück – und sah meinen Geldbeutel in der Sekunde auf dem Boden liegen, als ich durch die Türöffnung trat. Mein erster Gedanke war, daß er mir aus der Tasche gefallen sein mußte, bevor wir zum Baden gingen, aber das ganze Bargeld, inklusive Kleingeld, war weg. Lediglich sämtliche Schecks und meine Uhr waren wieder da. Deshalb bin ich sicher, daß der Dieb kein Inder gewesen ist. Er hätte die Reiseschecks wie eine Schatzanweisung benutzen können, und die Schweizer Uhr wäre ein unbezahlbarer Besitz für ihn gewesen, für den ich vor acht Jahren in Kathmandu 30 Schillinge bezahlt habe. Es ist jedoch leicht, sich einen mittellosen Hippie vorzustellen, der zwischen den Palmen oder hinter einem Boot, das auf den Strand gezogen war, herumlungerte und nicht widerstehen konnte, seine dringenden finanziellen Probleme auf meine Kosten zu lösen. Mit dem Gewissen eines Hippies ist es so eine merkwürdige, unvorhersehbare Sache. Es wundert mich nicht, daß solch ein Dieb sich einige Mühe macht, unerwünschtes Diebesgut zurückzubringen. Es ist auch gut möglich, daß derselbe junge Mann – oder die junge Frau –, der oder die plötzlich ein Vermögen geerbt hat, das meiste davon wieder hergibt.

Das ist in Colva der dritte größere Diebstahl an einem Ausländer innerhalb von zehn Tagen. Letzte Woche wurden einem unglückseligen englischen Mädchen, das auf dem Rückweg von Arbeitsferien in Tokio war, 400 Pfund, eine goldene Uhr und ihr Paß gestohlen. (Britische Pässe bringen in Indien zur Zeit 300 Pfund.) Solch ein Unheil läßt unseren Verlust ziemlich gering erscheinen. Als ich davon erfuhr, vergingen mir deshalb meine Rachegefühle, und ich beschloß, mir die Reise zur Polizeistation von Margao und zurück zu ersparen.

22. November. Karwar

Gestern abend kamen vier mitfühlende Mitausländer zu unserer Hütte, um mich mit einer Mischung aus Feni und Arlem-Bier aufzumuntern, und das ist ihnen vollständig gelungen. Wir saßen glücklich im Sand, unter einem schwarzen Himmel, der durch das goldene Funkeln einer tropischen Sternennacht lebendig wurde. Es dauerte nicht lange, bis ich beschlossen hatte, daß ein Geldverlust unwichtig und ich wieder mit der Welt im reinen war. Aber als ich heute morgen aufwachte, fühlte ich mich schrecklich eigenartig. Ganz bestimmt war die oben genannte Mischung ungut gewesen, denn der Gedanke an unser gestohlenes Geld schien das letzte zu sein, an das ich mich erinnern konnte.

Dann kam die zahnlose Frau unseres Vermieters vorbei, wie üblich mit einem kleinen Geschenk zum Frühstück, einem dicken, kalten, feuchten Laib aus leicht gesüßtem Reisbrot mit Kokosnußgeschmack. Doch trotz der vielversprechenden Zutaten ist dieses Brot widerlicher als alles, was ich je gegessen habe. Aber weil die Köchin immer lächelnd in der Türöffnung saß, um zu beobachten, wie mir ihr Geschenk schmeckte, hatte ich mich bisher gezwungen, tapfer zu kauen, während ich so aussah, als würde ich ihrem Monolog in schnellem Konkani interessiert lauschen. Heute morgen jedoch war ich weit entfernt von derartigem Heroismus in gutem Benehmen und gab ihr zu verstehen, daß ich diesen köstlichen Leckerbissen für die Busfahrt aufheben wollte. Daraufhin verschwand unsere Freundin schnell, um eine halbe Stunde später strahlend mit zwei weiteren Laiben zurückzukehren.

Nach unserem morgendlichen Schwimmen ließ ich Rachel bei einem schwedischen Hippie, der mit ihr einen Kanal aushob, und machte mich auf die Suche nach einer großen Kanne

Tee in dem neuerbauten Touristenrestaurant, einem kleinen, unauffälligen Gebäude. Aus verständlichen Gründen zog ich mich in die dunkelste Ecke zurück, wurde aber schnell von dem einzigen anderen Frühstücksgast verfolgt. Dieser übereifrige Wunderknabe aus Bombay wäre selbst in meinen besten Zeiten meinem Gleichgewicht nicht gut bekommen. Er teilte mir mit, daß er »bei der Taj-Hotelgruppe« angestellt und nach Colva gekommen sei, um einen neuen Ausbau zu planen, ähnlich dem, der gerade in der Nähe des Strandes von Calangute gebaut würde, auf den einst großartigen Schutzwällen einer portugiesischen Festung. Er war voll Verachtung für die faulen Goer, die, wie er behauptete, einfach nicht an der profitablen Entwicklung ihres Landes interessiert seien. Doch versicherte er mir, daß die Verhältnisse sich bald bessern würden. Zusätzlich zu seinen eigenen gegenwärtigen Unternehmungen würde gerade ein Hotelkomplex (das hört sich wie das an, was ich habe, bedeutet aber sicher etwas ganz anderes) von einer Firma aus Goa in der Nähe von Colva errichtet. Und millionenschwere Minenbesitzer aus Goa planten ein Fünf-Sterne-Hotel in Siridao. Und ein Reisebüro aus Bombay plant ein weiteres Fünf-Sterne-Hotel am Strand von Bogmalo.

Wenn es in dem jetzigen Tempo weitergeht, wird die Menschheit nicht mehr lange brauchen, bis sie jede Spur von natürlicher Schönheit auf diesem Planeten verwischt hat. Danach werden die Menschen auf das Zeitalter der Landschaft zurückblicken wie wir auf die Eiszeit, von der wir glauben, daß sie existiert hat, aber die wir uns nicht vorstellen können.

Von Margao nach Karwar sind es nur 72 Kilometer, aber die Fahrt dauerte dreieinhalb Stunden. Die indischen Busse sind wahrscheinlich die verläßlichsten Motorfahrzeuge der Welt. Sie kommen immer an – es sei denn, sie verunglücken und alle Insassen sind sofort tot. Dabei fahren sie so langsam und halten immer so lange, daß man von einem gut gewählten Platz viele Einblicke in das hiesige Leben erhält.

Heute nachmittag fuhren wir zunächst zwischen gerade abgeernteten goldbraunen Feldern hindurch, auf denen Säulen aus blaugrauem Rauch Feuer anzeigten, in denen Maisstengel verbrannt wurden. Danach wand sich unsere Straße kilometerlang durch einsame Berge, die von dichtem, schattigem Dschungel, Teakholz- oder Eukalyptusplantagen bedeckt waren. Eukalyptus ist beliebt als schnell brennendes Feuerholz. Ein paar braune Rhesusaffen saßen oder strolchten am Straßenrand herum, aber Rachel verpaßte sie. Im Bus halte ich mich zurück, sie auf Dinge aufmerksam zu machen, weil ich glaube, daß sie diese in ihrem eigenen Tempo beobachten und aufnehmen muß. Es gibt so vieles – Details, die ich für selbstverständlich halte –, was sie entzückt und verwundert: ausgewachsene Bullen, die zahm zwischen den Bänken in dem Warteraum einer Bushaltestelle herumlaufen; Kühe mit bunt bemalten Hörnern, die silberne Halsketten oder Blumenkränze tragen; Scharen von hellgrünen Wellensittichen, die parallel zur Straße und mit dem Bus um die Wette fliegen und ihn, was nicht verwunderlich ist, überholen; kleinwüchsige weibliche Tagelöhner, die große Ladungen Erde, Ziegel oder Holzbalken auf ihren Köpfen und Babys auf ihren Hüften tragen; kunstvoll geschnitzte Tempel am Straßenrand; gigantische Feigenbäume, die wie verhinderte gotische, architektonische Gebilde aussehen; Kaskaden von Bougainvilleen und Weihnachtssternen; wahnsinnig aussehende *Sadhus*, die fast nackt sind und klagend *Mantras* singen, während sie einem ihre Bettelschale unter die Nase halten.

Eine Gruppe schlanker Stammesangehöriger mit ebenholzfarbener Haut stieg in den Bergen für kurze Zeit in den Bus, hielt sich aber abseits von den anderen Passagieren. Die Männer trugen nur winzige Lendentücher. Die barbusigen Frauen waren mit Halsketten aus kleinen schwarzen Perlen behangen – jede Halskette muß mindestens zwei Pfund gewogen haben – und trugen goldenen Schmuck in Nase und Ohren. Außerdem hatten sie unzählige klingelnde Glasreifen an ihren schmalen Armen und viele silberne Ringe an ihren Zehen.

An der Grenze des Bundesstaates bestiegen zwei bewaffnete

Militärpolizisten den Bus, um das ganze Gepäck zu kontrollieren. Dann nickten sie drei Männern zu, die den Bus daraufhin verließen und ihnen hinter einen kleinen Unterstand aus Palmwedeln folgten. Ein paar Augenblicke später kamen die Männer zurück und steckten ganz offen ihr Bündel Rupien wieder in die Hemdentaschen. Goa ist seit langem eine berüchtigte Schmugglerkolonie. Seit die indische Regierung die Einfuhr von Luxusgütern verboten hat, haben die Goer sowohl die Neureichen, die ihren neu erworbenen Reichtum auch zur Schau stellen wollen, als auch die von jeher Reichen, die ihren gewohnten Lebensstandard halten wollen, mit ausländischen Statussymbolen versorgt. Und die Staatspolizei auf beiden Seiten der Grenze übersieht keineswegs die Möglichkeiten, die sich dadurch (auch für sie) bieten. Außerdem wird Alkohol in ganz Goa für ungefähr die Hälfte des Preises verkauft, der im höher besteuerten Staat Mysore verlangt wird. Es war taktvoll von der Polizei, meinem Rucksack keine Beachtung zu schenken.

Jenseits der Grenze befanden wir uns immer noch in einem menschenleeren, dicht bewaldeten Gebiet, aber die gut gepflegte Straße von Goa wurde zu einer holperigen, staubigen Piste. Dann fuhren wir durch ein Dorf, dann durch eine Stadt, durch noch mehr Dörfer und kamen dann wieder in eine Gegend, in der es von Menschen wimmelt. Als die Sonne unterging, konnte ich die winzigen Lampen erkennen, die vor roh behauenen Schreinen in häuslichen Innenhöfen am Rand des dunkler werdenden Waldes brannten.

Endlich hielt der Bus. Nur wenige Meter von den Reifen entfernt plätscherte das Wasser der Flußmündung des Kalinadi. Als wir die uralte, überfüllte Fähre bestiegen hatten, nahm ich Rachel auf meine Knie und bewunderte das rosafarbene und goldene Wolkenband, das sich in dem weiten Gewässer spiegelte. Als ich mich umdrehte und auf das offene Meer schaute, bot sich mir ein unvergeßlich schönes Bild. Die dunkle Weite der Flußmündung fing auf ihren kleinen Wellen die letzten rotgelben und grünen Farbtöne des Sonnenuntergangs ein. Richtung Norden erschienen die Palmen wie schwarz gestochen vor dem Hintergrund des königsblauen Himmels, und Richtung Westen bildete ein einzelner schlanker Fischer, der mit gespreizten Beinen auf seinem beladenen Schiff stand und sich gegen eine lange Stange lehnte, um sich abzustoßen, die herrliche Silhouette vor dem letzten, glühenden Streifen am Horizont.

In Indien sieht man selten ein häßliches Gesicht, aber heute saß neben uns im Bus ein Vertreter dieser unschönen Minderheit. Der arme Kerl litt zu allem Überfluß auch noch unter schwerer Akne. Er vertrieb sich die Zeit damit, ständig an seinen Pickeln herumzudrücken und Pidgin-Englisch mit mir zu sprechen, obwohl eindeutig erkennbar war, daß ich ihn unmöglich über das Rattern und Dröhnen unseres Fahrzeugs hinweg verstehen konnte. Als wir an der Fähre ankamen, war er bemüht, uns an Bord und auf der anderen Seite wieder herunter zu helfen, und er bestand anschließend darauf, uns in einer Auto-Rikscha zu einem Dak-Bungalow zu bringen. Während ich mich bei ihm bedankte, murmelte er, wie vorauszusehen war: »Das ist meine Pflicht« und verschwand in der Nacht. Unglücklicherweise war der Dak-Bungalow ausgebucht. Da unser pickeliger Freund überzeugt gewesen war, daß ein Dak-Bungalow die einzig passende Unterkunft für Ausländer darstellte, waren wir gestrandet, drei Kilometer vom nächsten Hotel in der Stadt entfernt. Während wir berieten, was wir als nächstes tun sollten, stellte sich uns ein Ingenieur aus Bangalore vor. Da er sich in Karwar gut auskannte, schlossen wir uns ihm bei der Zimmersuche gerne an. Er war ein kleiner, stämmiger Mann mittleren Alters, der ausgezeichnet Englisch sprach. Ich fragte mich, ob er wohl anglisiert genug war, mir anzubieten, meine Wasserflasche oder meine Tasche mit Lebensmitteln zu tragen. Doch obwohl er nur eine dicke Aktentasche dabei hatte, machte er keine Anstalten, einer weißen Frau beim Tragen zu helfen.

Um Rachels willen hatte ich gehofft, solche Situationen vermeiden zu können, da ich glaube, daß ein kleines Kind nur dann ein spartanisches Leben mitmachen kann, wenn es regelmäßig genug Schlaf bekommt. Doch sie genoß es in vollen Zügen, draußen unter den Sternen zu sein, während wir uns unseren Weg durch die lauten, überfüllten Bazare von einem ausgebuchten Hotel oder einer überfüllten Absteige zur nächsten bahnten. Kinder schwelgen oftmals in derartigen Krisensituationen, weil diese beweisen, daß Erwachsene nicht immer in der Lage sind, alles genau so zu organisieren wie sie es wollen.

Schließlich gaben wir auf und gingen in ein vegetarisches Restaurant, in dem wir uns an die offenen Fenster in der Purdah-Abteilung setzten. Die Geschwindigkeit, mit der ich ein mittelscharfes Currygericht und einen riesigen Berg Reis wegputzte (weil ich den ganzen Tag nichts gegessen hatte), verursachte einiges Erstaunen. In Südindien wird das Essen entweder auf einem großen, runden Metalltablett – heutzutage normalerweise aus rostfreiem Stahl – oder, was vernünftiger ist, auf einem großen Stück Bananenblatt serviert. Es gibt kein Besteck, und jedes Restaurant ist mit Fingerschalen ausgestattet, in denen man Hände und Mund vor und nach dem Essen abspült. Ist kein fließendes Wasser vorhanden, werden ein Faß oder ein Wasserkrug sowie mehrere Schöpflöffel neben die Schalen gestellt. Die meisten südindischen Restaurants werden von Brahmanen geführt, da Essen, das von der höchsten Kaste gekocht wird, von der überwiegenden Zahl der Hindus gegessen werden darf. Normalerweise ist in diesen Lokalen der Fußboden nicht sehr sauber, die Tische sind ein wenig schmuddelig, die Wände benötigen dringend einen neuen Anstrich, die Fingerschalen sind reichlich abstoßend und die Toiletten unsagbar scheußlich – doch ist in der Küche alles bestens. Besser wahrscheinlich als in den meisten europäischen Hotelküchen.

Als wir aufstanden, um zu gehen, kündigte unser Freund plötzlich an, daß er beschlossen habe, uns zum Staatlichen Polytechnischen College zu bringen, wo der Rektor – ein Freund von ihm – uns bestimmt erlauben würde, dort zu übernachten. So schlängelten wir uns erneut in einer Rikscha hupend und holpernd durch die überfüllten Straßen, zurück zu dem Vorort, in dem sich nicht nur der Dak-Bungalow, sondern auch das schöne, von Briten gebaute College mit Blick auf das Meer befand.

Der Rektor war über Nacht weggefahren, aber sein Vertreter empfing uns sehr herzlich – als wären wir Gäste, die er erwartet hätte – und entschied sofort, daß die glücklosen Fremden das Zimmer des Rektors nehmen müßten. Kaum hatte sich Rachel auf das schmale Bett unter dem Moskitonetz gelegt, war sie innerhalb von Sekunden eingeschlafen. Ich kehrte zu dem riesigen, hohen und fast unmöblierten Raum zurück, in dem unser Gastgeber gerade sein Abendessen von einem stählernen Tablett einnahm, als wir ihn unterbrachen. Er bestellte mir Tee, und es schlossen sich uns mehrere seiner Mitarbeiter an, unter anderem drei Tamilen und ein Christ aus Madras. Alle trugen *Lunghis* und weite Hemden, und jeder brachte sich seinen eigenen leichten Stuhl mit, obwohl es sicherlich bequemer für sie gewesen wäre, auf dem Fußboden zu sitzen. Unser Gastgeber trägt eine dicke Hornbrille, was zu seinem langen, schmalen und sehr dunklen Gesicht paßt. Er ist ohne Zweifel ein Mann mit außerordentlichen Fähigkeiten. Stundenlang tranken wir fröhlich zusammen Tee und diskutierten über indische Sprachen, Bangladesch, Nordirland, das Kastensystem, die Verehrung von Kühen, Watergate und die indische Einstellung zur Geburtenkontrolle. Es sind immer die halbgebildeten Inder, die einen so deprimieren. Die gebildeten und ungebildeten Inder haben jeder ihre eigene Art von Charme und Anmut.

Als sich die Unterhaltung der Geburtenkontrolle zuwendete, erwähnte ich etwas, das mich die letzten Tage verfolgt hatte. Es war ein gewaltiges Werbeplakat im Bahnhof von Bombay, auf dem stand: »Sterilisation ›Die beste Methode‹. Viele attraktive Prämien und Belohnungen für Befürworter und Patienten, die sich zwischen dem 20. Januar '73 und dem 7. März '73 einer Vasektomie unterziehen.«

Der stellvertretende Rektor und die meisten seiner Mitarbeiter waren sich zwar darüber einig, daß eine solche Kampagne unumgänglich sei. Sie stimmten aber auch zu, daß Versuche, das Bevölkerungsproblem dadurch zu lösen, indem man Männer und Frauen auf ewig ihrer Fortpflanzungsmöglichkeiten beraubt, etwas Beunruhigendes, ja Bedrohliches haben. Ich fragte sie nach ihrer Meinung zu den etwa 60 Zentren, an die sich Männer wenden können, deren Kinder gestorben sind und die nun die Sterilisation rückgängig machen wollen. Aber es sieht so aus, als würden die Operationen keinen Erfolg garantieren und als ob die Zentren wenig mehr als nur ein Propagandamittel dafür sind, Eltern zu beruhigen, die wegen der hohen Kindersterblichkeit in Indien eine Sterilisation scheuen.

Ich bin immer gegen Sterilisation gewesen, weil ich hinter der Idee eine Beleidigung und eine Bedrohung der Menschenwürde vermutet habe. Doch wenn man sich in der Nähe der Bahnhöfe umsieht oder durch irgendeinen indischen Bazar geht, wird einem klar, daß es inzwischen nur *eine* Bedrohung von vielen ist. Und vielleicht ist eine Sterilisation dem gegenseitigen Niedermetzeln vorzuziehen.

Die Statistiken sind bekannt. Alle 1,5 Sekunden wird ein Inder geboren. Das bedeutet, an einem Tag kommen 55 000 Inder zur Welt. Dies wiederum bedeutet, daß zum gegenwärtigen Zeitpunkt ein Land mit 2,4 Prozent der Weltfläche und 1,5 Prozent des Welteinkommens 14 Prozent der Weltbevölkerung ernährt. Dies sind bedrohliche Zahlen, besonders wenn man persönlich einen Eindruck vom Leben in einer indischen Stadt gewonnen hat. Unsere Bemühungen, am Strand von Juhu den Bus zu besteigen, waren für uns lediglich etwas ärgerlich. Aber diejenigen, die keine Möglichkeit haben, den Folgen der Übervölkerung zu entkommen, welche in indischen Städten ständig fast alle fünf Sinne beleidigen, kann solch eine Erfahrung wütend machen. Vor allem bei hohen Temperaturen provoziert sie oft unkontrollierbare Gewalt bei den Menschen, deren Nerven bereits durch Hunger und Geldsorgen überreizt sind.

Vor zehn Jahren, als die Welt zum ersten Mal von der Sterilisierungskampagne der indischen Regierung erfuhr, waren viele Menschen sehr schockiert. Nun ist man fast geneigt, ihr Glück zu wünschen. Die Kampagne ist einigermaßen erfolgreich. Der stellvertretende Rektor erzählte mir, daß sich weit über zwei Millionen Männer zwischen 1971 und 1972 haben sterilisieren lassen. 1965 wurde dem Programm für Geburtenkontrolle

»oberste Priorität« eingeräumt, und es wurde generalstabsmäßig gestartet. In dem vierten Fünfjahresplan wurden 3000 Millionen Rupien für Werbung bereitgestellt. Daher kann niemand behaupten, die Inder hätten es nicht versucht. Trotzdem stieg die Bevölkerungszahl von 361 Millionen im Jahre 1951 auf 548 Millionen im Jahre 1971. Jetzt müssen es fast 600 Millionen sein, und wenn man wagt, in die Zukunft zu schauen, erkennt man am Horizont das Gespenst der Zwangssterilisation. Meine befreundeten Lehrer betonten, daß dies die meisten Inder abstoßen würde. Aber dann wurden wir uns trübsinnig darüber einig, daß auf der ganzen Welt wahrscheinlich viele ethische Skrupel vor dem Ende des 20. Jahrhunderts über Bord geworfen werden müßten.

Jetzt bin ich wieder im Zimmer des Rektors. Ich mußte das Fenster wegen der sonderbar laut summenden Insekten schließen und den Ventilator einschalten. Wenn man den Status seines Bewohners bedenkt, ist dieses Appartement sehr einfach. Die einzigen Möbel sind ein schmales Bett, ein langer, schmaler Tisch, beladen mit Büchern und Papier, sowie zwei Campingstühle und ein stählerner Aktenschrank. Über einem kleinen Regal in der Ecke hängt das Bild eines blaublütigen Schiwa – Vertreter der Lebensenergie in all ihren Erscheinungsformen – mit einem dritten Auge in der Stirnmitte und einer Kette von Schlangen um den Hals. Auf dem Regal befinden sich die Reste eines *Puja*, ein Rasierapparat sowie eine kleine Dose Nescafé.

Vor einigen Minuten schaute ein netter Student vorbei, um mir zu sagen, daß der Bus nach Mundgod morgen früh um halb neun abfährt. Als ich vorhin danach fragte, hatte keiner je von Mundgod gehört. Es ist ein kleiner Ort, ungefähr sechs Kilometer von der Siedlung für tibetanische Flüchtlinge entfernt, wo wir die nächsten Tage verbringen wollen. Diese Siedlung wird von einem außergewöhnlichen Anführer der tibetanischen Flüchtlinge, T. C. Tethong, und seiner kanadischen Frau Judy geleitet. Judy ist eine alte Freundin von mir. Um dorthin zu kommen, müssen wir einen Bus die Küste entlang nach

Kumta nehmen, dann einen, um die Hügel hinauf in die *Ghats* zu klettern, und einen dritten, um von Sirsi nach Mundgod zu gelangen. Meiner Karte nach gibt es eine direkte Route, die durch Kadra und Yellapur führt, aber ich vermute, daß es der Einheimische am besten weiß.

Drittes Kapitel

Tibetaner in Mundgod

23. November. Tibetanische Siedlung in Mundgod
Vor viereinhalb Monaten stand ich unter heißer Sonne auf einem steilen Hügel und blickte über ein tiefes grünes Tal. Hoch über mir zwischen den Pinien hingen lange Ketten frisch bemalter Gebetsfahnen. Und um mich herum schwatzten, lachten und beteten Hunderte von Tibetanern. Die Frauen sahen fröhlich aus in ihren knöchellangen *Chubas* und gestreiften Schürzen. Einige der älteren Männer hatten ihre Pferdeschwänze behalten und sie oben um den Kopf gewickelt. Ein paar trugen türkise und goldene Ohrgehänge am linken Ohr, die ihre Position als öffentliche Staatsoffiziere, auch wenn diese nur eine marionettenhafte war, zu erkennen gab. Grauhaarige Bauern mit ruhigen, markanten und faltigen Gesichtern drehten Gebetsmühlen. Schwaden von Weihrauch drangen aus dem Tempel, der auf halbem Weg unten am Hang lag, und eine Vier-Mann-Kapelle spielte mitreißende tibetanische Tanzmusik. Ab und zu bewegten sich Lamas in orangefarbenen und kastanienbraunen Gewändern durch die Menge und wurden ehrfürchtig begrüßt. Jeder sah glücklich und aufgeregt aus, denn wir waren zusammengekommen, um den 38. Geburtstag seiner Heiligkeit, des 14. Dalai-Lama, zu feiern.

Das war in der Schweiz gewesen, weitab von den Touristenpfaden und fünf Kilometer vom nächsten Dorf entfernt. Viele der wohlhabenderen, jungen Tibetaner waren mit dem Auto zum Kloster gekommen. Sie arbeiteten als Uhrmacher, Schreiner oder Fabrikarbeiter in nahegelegenen Städten. Sie bewegten sich unbeholfen in ihren langen Gewändern, die sie jetzt nur noch zu besonderen Gelegenheiten trugen, und die Frauen fütterten ihre Babys aus glänzenden, sterilisierten Fläschchen. Die älteren Kinder tranken Cola mit Strohhalmen und unterhielten sich auf Schweizerdeutsch. Fast jeder war reich mit Schmuck aus Silber, Jade und Türkisen geschmückt, doch die Schmuckstücke waren brandneu. Der alte Schmuck war in Indien für ein paar Rupien verkauft worden, als die Flüchtlinge am Verhungern waren.

Vor zehn Jahren lebte ich an einem anderen Berghang, der ebenfalls steil war, mit Pinien bewachsen und bedeckt von kreuz und quer aufgehängten Gebetsflaggen. Das war in Dharamsala, in den Ausläufern des Himalaja gewesen. Dort hatten in jenen Tagen die Tibetaner verlauste Lumpen getragen, und es hatte gestunken – der Grund waren die Behelfstoiletten. Es starben jede Woche so viele verwaiste Kinder an Ruhr, Bronchitis, Masern, Skorbut und Unterernährung, daß man sich nicht erlauben konnte, Mitgefühl mit ihnen zu haben.

Warum überfiel mich deshalb Traurigkeit, als ich mich in der gesunden, gut gekleideten, zufriedenen Gemeinschaft der Tibetaner in der Schweiz umsah? Sie waren in liebevollen Familien aufgehoben und abgesichert durch ihre gutbezahlten Berufe. Sie wurden von den Schweizern akzeptiert und bewundert. Wenigstens für diese 700 oder 800 Übersiedler war die Flüchtlingsgeschichte gut ausgegangen. Doch unter ihnen zu sein, bedrückte mich in einem fast unerträglichen Maß.

Gegen elf Uhr gingen wir in den Tempel, und eine sehr lange Schlange bildete sich, um feierliche weiße Musselinschals vor dem Porträt Seiner Heiligkeit niederzulegen. Der Altar war beladen mit Butterlampen (in der Schweiz ein kostspieliger Ausdruck von Verehrung), kleinen Reishügeln und Opferkuchen. Als ich beobachtete, wie die Tibetaner in einem Ritual ihre Schals präsentierten, fragte ich mich, was das alles für die Jungen bedeutete – wenn es überhaupt etwas bedeutete –, die fast ihr ganzes Leben in der Schweiz verbracht hatten und nie woanders leben würden. Es lag ein auffälliger Gegensatz zwischen dem Ausdruck und dem allgemeinen Auftreten der jungen Tibetaner, die in der Schweiz aufgewachsen waren, und den älteren, die in Tibet aufgewachsen waren. Es hört sich oberflächlich an, wenn ich sage, daß die Gesichter der Älteren von einer Gelassenheit geprägt waren, die über das europäische Verständnis hinausgeht, doch ist das simpel die Wahrheit.

Die Schlange mit den Schaltträgern war immer noch lang, als mir plötzlich klar wurde, daß ich es nicht länger ertragen konnte. Das Gefühl, das ich den ganzen Morgen zu unterdrücken versucht hatte, besaß die Kraft und die Eigenschaft von Gefühlen, die man am Totenbett eines geliebten Freundes empfindet. Als wir den Tempel verließen, fragte mich Rachel mit dem animalischen Instinkt einer Viereinhalbjährigen: »Warum bist du heute so traurig? Das ist doch eine Geburtstagsfeier.« Aber natürlich konnte ich ihr das nicht erklären.

An all das erinnerte ich mich heute, als wir von Mundgod hierherliefen. Ich fürchtete mich fast davor, in dieser Siedlung anzukommen. Ich bin lächerlich empfindlich, was Tibetaner betrifft. Eine sentimentale Närrin vielleicht, aber ich befinde mich in guter Gesellschaft. Viele namhafte Wissenschaftler beklagen den Verfall der traditionellen tibetanischen Kultur genauso wie ich.

Wir sahen auf unserer schmalen Straße keinen Autoverkehr und nur sehr wenige Menschen. Um uns herum erstreckten sich kilometerweit goldfarbene Getreidestoppeln, grüne Hülsenfrüchte sowie dunkles Ackerland, das in der Ferne von taubenblauem Gebirge umgeben war. Die Stille wurde nur durchbrochen von den Rufen der schillernden Vögel, dem gelegentlichen Knarren der strohbeladenen Ochsenkarren oder dem Läuten der Kuhglocken.

Plötzlich hielt ich an und zeigte zu einem der wilden Mangrovenbäume, die am Straßenrand wachsen. Rachel sah hin und wurde vor Aufregung ganz rot im Gesicht.

»Affen!« flüsterte sie aufgeregt. »Millionen und Abermillionen von Affen!«

»Ungefähr ein Dutzend«, korrigierte ich trocken.

Etwa einen Kilometer später bogen wir um eine Ecke, und weit entfernt in einem Stoppelfeld sah ich eine Gruppe von Menschen, unzweifelhaft Tibetaner. Ihr Körperbau und ihre

Art, sich zu bewegen, sind so verschieden von denen der Inder, daß man sie auf Anhieb erkennt. Als wir näherkamen, hörte ich ihren vertrauten und wunderschönen Erntegesang, es sind außerordentlich ergreifende Klänge. Vom Rand des Feldes konnten wir drei ältere Männer und zwei junge Frauen erkennen, die Korn droschen. Sie trugen Lumpen, und ihre dunklen, sonnenverbrannten Gesichter offenbarten, was die Tibetaner in der Schweiz verloren haben. Als sie uns bemerkten, winkte ich und rief »*Tashi Dele!*«*,* und sie winkten zurück, lachten, verbeugten sich und streckten ihre Zunge heraus. (Die Entstehung dieser Sitte mußte ich hastig einer entsetzten Rachel erklären.) Als wir weitergingen, war mein Herz voller Hoffnung. Es schien so, als ob in Mundgod alles in Ordnung sein könnte.

Ich fand Judy trotz ihrer Heirat und der Tatsache, daß sie inzwischen die dreißig überschritten hatte, erstaunlich unverändert vor. Groß und schlank sah sie in ihrer *Chuba* immer noch wie eine achtzehnjährige aus. Es ist schwer zu glauben, daß sie vor zehn Jahren das erste Mal nach Indien kam, um als Freiwillige unter zermürbenden Bedingungen, die ich in einem anderen Buch beschrieben habe, für *C.U.S.O.* zu arbeiten.

Kurz darauf saßen wir auf der breiten Veranda eines reizvollen Gästebungalows, der in leuchtenden Farben in tibetanischem Stil eingerichtet ist, und tranken Tee. Dieses Haus wird irreführenderweise »Der Palast« genannt, da es in erster Linie für den Dalai-Lama gebaut wurde, damit er während seiner Besuche in Südindien darin wohnen kann. Judy und ihr Mann, der als T. C. bekannt ist, wohnen in einem winzigen Bungalow mit drei Zimmern, der nicht einmal halb so groß ist wie »Der Palast«. Beide Gebäude liegen auf demselben ansteigenden Gelände, mit Aussicht auf das administrative Herz der Siedlung, welches das Büro des Repräsentanten Seiner Heiligkeit (T. C.), das Büro der Konsumgenossenschaft (dessen Vorsitzender T. C. ist) und eine Zweigstelle der örtlichen Bank umfaßt. In der Nähe befinden sich Werkstatt, Schule, Krankenhaus, Geschäft und Altersheim für diejenigen, die keine Angehörigen mehr haben. Und überall drumherum liegen anstelle des dichten Waldes, der hier vor sieben Jahren noch wuchs, die ebenen, übersichtlichen Felder, die jetzt den Flüchtlingen gehören. Ihre Dörfer, neun an der Zahl, können wir nicht alle von unserer Veranda aus sehen.

Bei einem herrlichen Sonnenuntergang sahen wir, wie achtzehn Traktoren zum Werkstattgelände zurückfuhren. Tibetanische Lieder und Gelächter drangen schwach über Ackerland und Stoppelfelder zu uns herüber. Und mir wurde bewußt, daß diese Siedlung erfolgreicher ist, als ich mir dies je hätte träumen lassen. Danach war ich noch gespannter darauf als zuvor, T. C. kennenzulernen. Er ist einer der wenigen tibetanischen Aristokraten, der, als Flüchtling unter Flüchtlingen, von *noblesse oblige* geprägt ist. Seit der ersten Fluchtwelle nach Indien vor vierzehn Jahren, die dem tragischen Aufstand in Lhasa im März 1959 folgte, hat er sein Leben seinen Landsleuten gewidmet. Er verbrachte lediglich drei Jahre in Deutschland, um auf Wunsch des Dalai-Lama einen Abschluß in Politikwissenschaft zu machen.

Als wir uns beim Abendessen trafen, verstand ich sehr schnell, warum Seine Heiligkeit Tsewang Choegral Tethong als einen seiner verläßlicheren Statthalter schätzt. Der Leiter von Mundgod hat nichts Nachgiebiges an sich. Selbst seine muskulöse, gedrungene Statur, die ihn kleiner aussehen läßt als er ist, besitzt eine entschiedene Ausstrahlung. Dennoch hat er diese gewisse Art von Charme, die auf Aufrichtigkeit beruht. Er ist nie überschwenglich, aber gleichbleibend freundlich. Nach ein paar Stunden stellt man fest, daß er außerdem nicht nur gerecht, geduldig und wenn nötig hartnäckig ist. Er ist außerdem fromm, im Sinne des tief empfundenen Glaubens, der charakteristisch für gebildete tibetanische Laien ist, über den sie jedoch wenig Worte verlieren.

Jetzt will ich aber Mundgod erforschen und Tethongs Werk gründlich unter die Lupe nehmen. T. C. hat meinen Verdacht bestätigt, daß wir heute über Yellapur hätten kommen sollen. Aber ich bin froh um die Fahrt nach Kumta, durch die hohen, grünen Ausläufer der Westghats, die kilometerlang steil abfallen zu einsamen, goldenen Stränden, die von einem saphir blauen Meer umspült werden.

24. November. Tibetanische Siedlung in Mundgod
Als das Indische Ministerium für Auswärtige Angelegenheiten 1965 den Tibetanern 20 000 Quadratkilometer unberührte Wälder in der Nähe von Mundgod anbot, kam T. C. mit einem kleinen Team in den Süden, um die Entwicklungsmöglichkeiten zu prüfen. Aus verschiedenen Gründen – die meisten waren bürokratischer Natur – begann die Urbarmachung nicht vor Dezember 1966. Swiss Aid, das Flüchtlingskommissariat der Vereinten Nationen und Oxfam liehen vier Bulldozer, und die indische Regierung stiftete das nötige Benzin sowie Fahrer und Mechaniker. Von den 300 Tibetanern, die im November 1966 aus den Straßenlagern des Himalaja hierher kamen, waren 75 Prozent Bauern. Alle waren begierig, hart und gewissenhaft zu arbeiten. Ein von der Regierung finanziertes Durchgangslager mit Zelten wurde errichtet, und die Arbeiter erhielten zusätzlich zur Verpflegung 1,25 Rupien am Tag. In den folgenden drei Jahren wurde planiert, gerodet und gebaut, bis Ende 1969 die Urbarmachung abgeschlossen war und die Felder eingesät werden konnten. (Obwohl Urbarmachung, so scheint es, nicht gerade der richtige Ausdruck für die Zerstörung unberührter Wälder ist.)

In der Zwischenzeit hatte Ende 1967 der Weltkirchenrat sechzehn in England hergestellte Traktoren gestiftet, und es waren dreihundert Bauern aus dem Kulu-Tal eingetroffen. Ein paar Monate später kamen über das Häftlingslager in Uttar Pradesh noch einmal ungefähr dreihundert aus der Region Kailasa in Westtibet. (Es wurde nichts dagegen unternommen, daß die Furcht der Inder, chinesische Spione könnten als tibetanische Flüchtlinge in das Land eindringen, in eine Art Phobie ausartete. Dies ist schon vorgekommen, und es könnte wieder vorkommen. Den Tibetanern ist selbst daran gelegen, daß alle sorgfältig kontrolliert werden, um zu verhindern, daß auf Seine

Heiligkeit ein Anschlag verübt wird, während er neu angekommenen Flüchtlingen eine Massenaudienz gewährt.) Im April 1968 kamen weitere 700 Männer, Frauen und Kinder aus den Straßenlagern bei Simla. Und im November 1968 trafen über 500 Nomaden aus Ladakh ein, unter ihnen ein paar faule Unruhestifter. Nach dem zu urteilen, was über sie erzählt wurde, ähnelten sie den problematischen Nomaden aus Dolpo, mit denen ich einmal in Nepal Ärger hatte. Anfang 1969 kam eine zweite Gruppe gerade entflohener Tibetaner aus dem Westen über die Häftlingslager hierher, und das ganze Jahr lang trafen weitere kleinere Gruppen aus Bhutan, Rajput und Delhi ein. Ende 1970 war die Bevölkerung der Siedlung offiziell vollzählig: Über 3000 Tibetaner waren auf neun Dörfer verteilt. Aber es machen sich noch immer einzelne Flüchtlinge auf den Weg nach Süden, und es wird niemand abgewiesen, der wirklich in Not ist.

Die Dörfer unterscheiden sich erheblich in ihrer Größe, aber es gibt insgesamt 397 Doppelhäuser für fast 800 Familien. Jede Familie hat einen Küchengarten von 360 mal 180 Metern Größe. Hier gedeihen Bananen- und Papayabäume sowie Gemüse und Blumen, wenn die Bewohner genügend Energie haben und der Wasservorrat ausreicht. Jedes Dorf hat seinen eigenen Tank für den Wasservorrat. Das saubere Wasser kommt aus tiefliegenden Quellen. Aber es gibt keine sanitären Einrichtungen – nur die Felder. Judy versucht, die vernünftige Methode, die in Tibet traditionell üblich ist, nämlich menschlichen Kot haltbar zu machen, einzuführen. (Obwohl sie sicherlich für das heiße Klima hier abgewandelt werden müßte.)

Zum Zeitpunkt der Landverteilung wurden je fünf Erwachsenen 16 000 Quadratmeter und zusätzlich pro Kind 2000 Quadratmeter zugewiesen. Daraus wird bereits die wirtschaftliche Ungleichheit deutlich, da Haushalte mit größer werdenden Familien zunehmend ärmer werden. Über viele Jahre haben die kultivierteren Tibetaner ihre Familien bewußt klein gehalten. In Tibet hat eine unwillkürliche Form der Geburtenkontrolle, die wahrscheinlich mit den Auswirkungen zusammenhängt, welche die große geographische Höhe auf den Hormonhaushalt hat, offensichtlich die Geburtenrate unter den Bauern klein gehalten. Hier ist man hingegen sehr zurückhaltend mit Operationen, Pillen, Spiralen und Diaphragmen. Dies gilt sogar für Kondome, die man in ganz Indien fast überall für den geringen Betrag von fünf Paisa kaufen kann und die in der letzten Zeit bei indischen Männern relativ populär geworden sind. Unglücklicherweise scheinen die tibetanischen Bauern zu denken, daß Geburtenkontrolle irgendwie anstößig oder »unheilvoll« sei. Da sie besonders lebhafte Klatschbasen sind, ist die Furcht vor dem, was die Nachbarn sagen könnten, groß genug, um sie von den Kliniken für Familienplanung fernzuhalten. Nichts in ihrer Religion unterstützt dieses Vorurteil. Es ist daher gut möglich, daß sie unter dem Einfluß eines tiefsitzenden Selbsterhaltungstriebes stehen. Niemand möchte, daß sie in den indischen Teufelskreis von Unterernährung und verkümmerter Intelligenz geraten. Doch ist es in dieser Phase ihrer Geschichte tatsächlich wünschenswert, zu verhindern, daß die unzähligen, während der letzten 15 Jahre zu Zehntausenden »eliminierten« Tibetaner ersetzt werden?

Bevor die Landverteilung stattfand, wurden die bereits gerodeten Morgen Land kollektiv bestellt, aber der Ertrag war gering. Die Tibetaner sind keine geborenen Anhänger des Kollektivismus. Als jedoch ab Mai 1971 jede Familie ihr eigenes Land bestellte, stieg die Produktion schlagartig an. Seitdem lag der Ertrag pro Siedler und pro Quadratmeter weit über dem örtlichen Durchschnitt, und das, obwohl die Qualität des Bodens zu wünschen übrig läßt und ein chronischer Mangel an Düngemitteln herrscht. Im November 1967 wurde die Konsumgenossenschaft gegründet, um den Verkauf der Ernte abzuwickeln und um Samen und Düngemittel zu kaufen. Sie blüht und gedeiht, und nur sehr wenige Mitglieder versuchen, sich um ihre Schulden zu drücken.

T. C. betreibt außerdem eine Werkstatt, in der alle maschinellen Reparaturen der Siedlung ausgeführt werden. Die nötigen Ersatzteile werden aus Eisenschrott hergestellt. Obwohl ihr kultureller Hintergrund nicht technologisch geprägt ist, haben die meisten jungen Tibetaner ein ausgesprochenes Gespür für diese Art von Arbeit. Die Werkstatt dient außerdem als Ausbildungszentrum für Jungen aus den Siedlungen von Mundgod und Bylekuppa. T. C. würde gern alle überzähligen Schulabgänger von Mundgod einstellen können, damit sie kleinere Ersatzteile als Auftragsarbeiten fertigen. Wenn ihre Anführer nicht etwas unternehmen, wird den jüngeren Flüchtlingen bald nichts anderes übrig bleiben, als zu betteln. Dabei sind Gelder für Ausbildungsprogramme leicht von den Spenden der Refugee-Year(Jahr der Flüchtlinge)-Kampagne zu haben. Natürlich können die jungen Tibetaner als Händler oder Handwerker in den Bazars von Mundgod arbeiten oder sich Jobs als Arbeiter außerhalb der Siedlung suchen. Aber solche Jobs sind für Hunderte von Schulabgängern nicht eben leicht zu finden, obwohl die einheimische Bevölkerung den Tibetanern sehr wohlgesonnen ist. Das muß man ihnen hoch anrechnen, denn diese Inder haben sehr wohl allen Grund – wenn es so etwas überhaupt geben kann – zu Neid und Eifersucht. Niemand hat ihnen je kostenlos Land zugeteilt, ihnen kostenlos Mittel zur Verfügung gestellt, um es urbar zu machen und zu bestellen, oder kostenlos Samen zukommen lassen, kostenlosen Dünger, kostenlose Nahrungsmittel und kostenlose Unterkunft. Man kann natürlich auch argumentieren, daß ihnen niemand je alles weggenommen hat, was sie besessen haben. Der Haken an dieser Argumentation ist, daß so viele Inder nie etwas besessen haben.

Nach dem Frühstück machten wir einen Spaziergang hinüber zur riesigen, lauten Werkstatt, in der mehrere Gruppen von munteren jungen Tibetanern in verschmierten Overalls geschickt mit kompliziertem Handwerkszeug umgingen. Diese Mitglieder der ersten Generation von Flüchtlingen sind mit wenigen Erinnerungen an ihr Heimatland aufgewachsen – falls sie überhaupt welche haben. Sie sahen glücklich aus und waren ganz von ihrer Arbeit in Anspruch genommen. Während ich sie so anschaute, versetzte es mir trotzdem einen Stich, als ich an die einfache Lebensweise zurückdachte, die ihre Väter noch gekannt haben. Das war auf der anderen Seite des Himalaja gewesen und noch nicht einmal 20 Jahre her. Selbst wenn die politischen Entwicklungen eine Rückkehr nach Tibet ermöglichen würden, so können weder die Flüchtlinge noch ihr Land je wieder in das Zeitalter der Freiheit zurückkehren, in dem Reisen noch bedeutete, tagelang zufrieden über stille Steppen zu reiten. («Befreiung von was?» mögen meine eher gereizten, progressiven Leser an dieser Stelle ungeduldig fragen. Und die Antwort ist kurz: »Befreiung von den abscheulichen Auswirkungen der Industrialisierung, der Konsumgesellschaft und vom inneren Verbrennungsmotor.«)

T. C. blieb in der Werkstatt, wir anderen gingen zum Krankenhaus, das von Judy verwaltet wird. Die Flüchtlinge haben sich an das Klima, das für indische Verhältnisse keineswegs heiß, für tibetanische jedoch extrem heiß ist, gut gewöhnt. Aber Tuberkulose ist immer noch ein großes Problem. Die wichtigsten Mitglieder des Krankenhauspersonals sind notwendigerweise Inder, obwohl die Tibetaner gerne ihre eigenen Ärzte und ihr eigenes Pflegepersonal beschäftigt sähen. Unglücklicherweise sind die jungen Flüchtlinge, die unter hohen Kosten im Ausland ausgebildet werden, nicht erpicht darauf, zu einem verhältnismäßig mühseligen Leben nach Indien zurückzukehren. Die Apparate und der Glanz des Lebens im Westen üben eine fast hypnotische Wirkung auf Menschen aus, in deren Heimatland viele Bauern noch Feuerstein und Stahl benutzen, um Feuer zu machen. Nicht einmal Seine Heiligkeit ist dagegen immun, daher kann man unmöglich verlangen, daß jugendliche Flüchtlinge den Verlockungen widerstehen.

Ich bin heute durch ein paar der Dörfer gebummelt und habe mehrere Häuser besichtigt. Obwohl diese 397 Häuser anfangs identisch aussahen, mit roten Dachziegeln, weiß getünchten Wänden und Fußböden aus Beton, ähneln sich inzwischen kaum noch zwei Häuser. Die meisten Familien haben in Eigenarbeit und mit eigenem Geld ein oder mehrere Zimmer angebaut. In manchen Fällen haben sie mit Wänden improvisiert, die wohl nicht unbedingt von Dauer sein werden, da sie aus mit

Kuhmist verputzten Bambusmatten bestehen. Insgesamt gesehen tragen solche baulichen Bemühungen wenig zur Schönheit des Dorfes bei, aber sie bewahren es vor düsterer Eintönigkeit. Jede Familie hat sich einen eigenen Ofen aus Schlamm gebaut, aber wie üblich gibt es keine Kamine, daher ist jeder Raum vom Rauch des Holzes durchdrungen. Möbel westlichen Stils sind selten, statt dessen gibt es tibetanische Sofas und Teppiche. In jedem Wohnzimmer befindet sich in einer Ecke ein Altar, mehr oder weniger kunstvoll, aber immer mit einem geschmückten Bild Seiner Heiligkeit und einer Reihe silberner Butterlampen verschönert.

Die beiden hiesigen Klöster sind die traurigen Überreste von Drepung und Ganden, denen kleine Gruppen von Lamas aus Nyingmapa und Sakyapa angeschlossen sind. Insgesamt kamen 600 Mönche aus den berüchtigten, ungesunden Camps in Buxa nach Mundgod. Noch immer leiden viele an Lungenkrankheiten, mit denen sie sich dort angesteckt haben. Die Mönche leben in kleinen Häusern wie alle anderen auch, aber die Tempel sind pompöse Bauten in traditionellem tibetanischem Stil, außerdem gibt es eine Drepung-Debattierhalle. Die Bewohner des Dorfes schicken genausoviele Söhne in die Klöster wie in Tibet, daher sieht man überall Dutzende von kleinen Mönchen. Vom Palast aus können wir während der Gebete ihre Soprangesänge hören, die mit der Brise zu uns herübergetragen werden. Jedes Kloster hat 300 erwachsene Mönche, jeweils drei von ihnen wurde eine Parzelle von 8000 Quadratmetern zugeteilt – eine wahrhaftig kleine Zuteilung, wenn man es mit den alten Zeiten vergleicht. Die Mönche bestellen das Land kollektiv, und bei ihnen funktioniert es aufgrund der klösterlichen Disziplin auch sehr gut. Ihr Verhältnis zu den Laienbrüdern und -schwestern ähnelt prinzipiell dem in Tibet. Sie üben dieselben Zeremonien aus und bestellen zusätzlich deren Land. Doch obwohl die Zeit sowohl für die rituellen als auch für die bäuerlichen Tätigkeiten reichte, erkannte man rasch, daß von den jungen (studierenden) Mönchen nicht zusätzlich erwartet werden konnte, daß sie ihre Studien so intensiv betreiben, wie es nötig wäre, um die religiöse Tradition lebendig zu halten. Daher hat Seine Heiligkeit gerade ein Programm gestartet, demzufolge die 20 intelligentesten Studenten von ihrer Gemeinde, der Siedlung und der tibetanischen Exilregierung unterstützt werden, um ihr Studium abzuschließen. Danach werden sie sich mit den anderen an die Arbeit machen und es den Jüngeren überlassen, sich auf die ehrfurchtgebietenden Kurse über Philosophie und Metaphysik zu konzentrieren, die einen tibetanischen Mönch nach Jahren harten Studiums berechtigen, den Titel eines »Lama« oder Lehrers zu führen. Es scheint ein ausgezeichnetes Programm zu sein, und manche Leute glauben, daß es eine neue religiöse Renaissance unter den Flüchtlingen einleiten wird. Aber das ist wahrscheinlich zu optimistisch gedacht.

25. November. Tibetanische Siedlung in Mundgod
Gestern bat mich Rachel mehrere Male, daß ich sie in den nahegelegenen Dschungel mitnehme, um Affen zu beobachten. Wir brachen also heute morgen früh auf, bewaffnet mit »Raschelstöcken« gegen die örtlichen Kobras, Giftschlangen und Vipern, die hier sehr zahlreich sein sollen. Ein flotter Marsch von 50 Minuten führte uns über blaßgoldene Stoppelfelder, Böschungen hinauf, die von grünem Buschwerk überwuchert waren, und über struppiges, rötliches Gras an die Grenzen der Siedlung. Wir überquerten einen schmalen Fluß mit kaltem Wasser und schneller Strömung und befanden uns dann inmitten einer grünen Wiese, die leicht bis zur Baumgrenze anstieg. Vor dem klaren Himmel sahen die Sittiche aus wie smaragdgrüne Lichtstreifen, die den Wald mit ihrer grellen Farbe vor unserem Herannahen warnten. Und in der Ferne konnte ich sehen, wie die Äste eines auffällig hohen Feigenbaums sich heftig bewegten, als eine Schar Languren diese Warnung beachtete.

Unsere Affenbeobachtung an diesem einsamen Hang war längst nicht so erfolgreich wie die an der Straße nach Mundgod, wo die Affen sich schon an den Verkehr der Menschen gewöhnt hatten. Aber als wir durch den lichten Wald liefen, mit grasbewachsenen Lichtungen hie und da, war ich nicht weniger begeistert als Rachel: Um uns herum gab es eine Vielzahl von exotischen Vögeln, Schmetterlingen, Käfern, Bäumen, Kletterpflanzen, Sträuchern und blühenden Pflanzen. T. C. zufolge ist das unangenehmste hiesige Tier das Wildschwein, das in einer einzigen Nacht eine ganze Maisernte vernichten kann. Wir haben in den Lichtungen viele Spuren gesehen, wo Schweine den Boden aufgewühlt haben. (Wir hatten gerade Wildschweinbraten zum Abendessen – köstlich.)

Schließlich schlug ich vor, daß, falls wir mehr als nur einen Blick auf die Languren werfen wollten, wir uns besser still im Schutz der Sträucher hinsetzen und darauf warten sollten, daß sie wieder auftauchen. Stillsitzen verstößt absolut gegen Rachels Prinzipien, aber heute war die Motivation stark genug. Schon nach wenigen Minuten sahen wir einen schönen männlichen Languren, der quer über das Gras trottete. Sein silbernes Fell schimmerte dort, wo die Sonne durch die Bäume schien. Ihm folgten zwei weibliche Tiere. Und dann sahen wir beide, durch Geschnatter und Schreie aufgeschreckt, nach oben und sahen eine ganze Gruppe von jüngeren Affen, die in dem riesigen Feigenbaum spielten. Rachel vergaß sich und schrie vor Begeisterung. Sofort tauchte der große männliche Affe wieder auf, raste über die Grasfläche, keine zehn Meter von uns entfernt, und schimpfte wütend. Seine weißen Barthaare sträubten sich vor seinem schwarzen Gesicht. Während er den Feigenbaum hinaufraste, sprangen die Jungen auf einen anderen Baum und wieder auf den nächsten. Nach und nach wurden das Gezänk und das Rascheln schwächer. Ich sah Rachel an und zitierte:

»Sein Fell war sehr räudig, und sein Gesicht war sehr rot,
Und immer wieder kratzte er mit Nachdruck seinen Kopf.
Seine Manieren waren nicht immer fein, aber wie sehnte sich mein Geist,
ein unschuldiger Bandar, frei in den Bergen, zu sein!«

Meine nüchterne Tochter runzelte die Stirn. »Ihr Fell war nicht räudig«, sagte sie, »und ihre Gesichter waren schwarz.«

Auf dem Nachhauseweg erzählte ich ihr die Geschichte von Rama und seiner Frau Sita, von Ravana und Hanuman, dem Affenkönig, der auch ein Langur war und wahrscheinlich der erste Detektiv der Weltliteratur. Dann erklärte ich ihr, daß viele Inder einmal glaubten – und vielleicht tun es immer noch einige –, daß die Engländer die Nachkommen von Hanuman und einer Dienerin des Ravana sind. Ravana war der Dämonenkönig, der Sita gefangen hielt. Diese Dienerin behandelte Sita so gut, daß Rama versprach, daß sie die Mutter einer Rasse werden solle, die eines Tages Indien beherrschen würde. Und dann heiratete Hanuman sie.

»Aber Menschen und Affen paaren sich nicht!« protestierte Rachel. »Davon abgesehen, finde ich, daß einige *Inder* eher wie Affen aussehen. Die Engländer sehen aus wie wir.«

»Sch!« machte ich. »Sonst hast du den Ausschuß zur Verhinderung von Rassendiskriminierung auf dem Hals.«

»Was ist der Ausschuß zur Verhinderung von Rassendiskriminierung?« Das beschäftigte uns, bis wir zu einem späten Frühstück zu Hause eintrafen.

Die Atmosphäre von Mundgod ist ein ausgezeichnetes Gegenmittel zur Wohlstandsgesellschaft: Man begegnet vielen armen Leuten, aber niemals einem unzufriedenen Gesicht. Ich stehe gern dort, wo sich die Hauptstraßen der Siedlung kreuzen, nur um zu schauen und zuzuhören. Normalerweise gibt es immer ein paar Gestalten zu sehen: einen alten Mann vielleicht, mit Zöpfen quer auf dem Kopf, der seine Gebetsmühle herumwirbelt und sich Verdienste erwerben will, indem er um die neue *Stupa* in der Nähe des Krankenhauses herumläuft. Oder eine junge Frau mit einem Baby auf dem Rücken, die zum von Tibetanern geführten Laden geht, um Stoff für eine neue *Chuba* zu kaufen und ebenfalls ihre Gebetsmühle herumwirbelt. Oder eine Gruppe Kinder, die ihre Schreibhefte voller Eselsohren festhalten und auf dem Nachhauseweg von der Schule Fangen spielen. Dann kommt ein geschäftiger Traktor dahergerumpelt, um noch ein Feld zu pflügen. Oder ein Laster, der den Tibetanern gehört und mit überschüssigem Reis für den Markt beladen ist, fährt in Richtung der öffentlichen Straße. Oder einer der reicheren Bauern kann dabei beobachtet werden, wie er sein Ochsengespann mit Hilfe eines Harijans manövriert. Die Tibetaner genießen als Arbeitgeber bei den Indern einen sehr guten Ruf. Und dem Anschein nach hat das Vieh es mit den Tibetanern als Eigentümer ebenfalls sehr gut getroffen. Das gesamte Vieh der Siedlung ist in deutlich besserer Verfassung als ihre Brüder und Schwestern, die den Indern gehören.

Mir fällt es nicht leicht, der gehobenen Stimmung, in der ich mich heute abend befinde, Ausdruck zu verleihen. Bei meinen früheren Besuchen in Indien habe ich die Tibetaner nur als mittellose, landlose, heimatlose Wanderer kennengelernt, die oft durch Tod oder Unglück von ihren Kindern getrennt waren. Es ist daher eine erhebende und herzerwärmende Erfahrung, zu sehen, wie sie ihre eigenen Felder bestellen, ihre eigenen Maschinen reparieren, ihren eigenen Fußboden kehren, eigenes Obst und Gemüse verkaufen und – vor allem – wie sie mit ihren eigenen Kindern spielen und liebevoll mit ihnen umgehen. Es kommt mir so vor, als ob hier wunderbarerweise der wirkliche Geist von Tibet wieder lebendig geworden ist. All die Eigenschaften, die die Tibetaner von Anfang an so bewundernswert, liebenswert und beneidenswert machen, blühen und gedeihen in dieser Siedlung. Die Tatsache, daß die meisten der Dorfbewohner niemals irgendwelchen außer-tibetanischen Einflüssen – bis auf die oberflächlichsten – ausgesetzt waren, ist dafür zweifelsohne teilweise verantwortlich. Auch die isolierte Lage von Mundgod begünstigt dies sicherlich. Die ganze Siedlung wird von Tibetanern geführt. Das bedeutet natürlich, daß es, im Zusammenhang mit dem Flüchtlingsproblem, eine künstliche Angelegenheit ist, und das, was ich den »wirklichen Geist von Tibet« genannt habe, kann hier wie anderswo schon bald ausgelöscht sein. Ich kann mich erinnern, daß Professor Tucci in einem seiner Bücher eine interessante Behauptung aufstellt: Der

Hinayana-Buddhismus könne neben den fortschrittlichsten sozialen Theorien existieren. Für den Mahayana-Buddhismus hingegen, dessen exzentrische Nebenlinie der tibetanische Lamaismus ist, sei es geradezu unmöglich, in einer modernen Welt zu überleben. Er schloß daraus, daß, wenn sein Formalismus aufgelöst sei, es sehr schwer wäre, einen Ersatz dafür zu finden. Ich glaube, daß Mundgod solch ein besonderer Ort ist, weil hier dieser Formalismus erfolgreich, wenn auch nur vorübergehend, wieder eingeführt worden ist.

26. November. Tibetanische Siedlung in Mundgod
Während Rachel heute mit gleichaltrigen Tibetanern spielte, verbrachte ich ein paar Stunden im Dorf, in denen ich mir die jüngsten, schrecklichen Geschichten von Familien und Einzelpersonen anhörte. Und wieder wunderte ich mich über die seelische Stärke der gewöhnlichen Tibetaner. In dieser Oase der Ruhe und Zufriedenheit tritt der tibetanische Buddhismus als eine äußerst starke spirituelle Kraft in Erscheinung, so sehr Außenseiter auch über seine grobe Vorstellung von der Beseeltheit der Natur, seiner überschwenglichen Dämonenlehre, seinen komischen Aberglauben und seine geschäftstüchtigen Lamas spotten mögen.

Ich glaube, den Tethongs ist gar nicht bewußt, was sie hier alles erreicht haben. Die Voraussetzungen, die Mundgod möglich gemacht haben, kann man in vier Gruppen unterteilen. Erstens: praktische Unterstützung von der indischen Regierung und den Flüchtlingshilfsorganisationen; zweitens: Leitung und Unterstützung vom Dalai-Lama; drittens: Fleiß und Disziplin der Siedler; und viertens: das, was all dies verbindet: die Hingabe, die Energie, die Ausdauer und der Einfallsreichtum von Judy und T. C.

Die tibetanischen Flüchtlinge brauchen, da sie aus einer hierarchischen, feudalistischen Gesellschaft stammen, während einer Umsiedlungsperiode immens starke Führungskräfte. Dazu kommen unterschiedlich geartete Ratschläge zu jeder Tageszeit sowie Ermutigung, Verständnis und unsentimentale Liebe. All das haben sie auf ihre Art von den Tethongs bekommen. In gewisser Weise hat sie das zu dem gemacht, was sie heute sind – unabhängig, glücklich, frei und noch unverdorben.

Da sie die ganze Zeit anwesend sind (Ferien gehören nicht zu dem Lebensstil der Tethongs), sind Judy und T. C. die alltäglichen Frustrationen und unzähligen kleinen Fehler der Siedlung mehr bewußt als die eindrucksvolle Atmosphäre. Während meines ganzen mittelalten Lebens habe ich wenige Menschen so von ganzem Herzen bewundert und respektiert wie dieses Paar. Geldmittel gut zu verwalten, praktische Angelegenheiten wirksam zu organisieren, Menschen freundlich zu behandeln – all das wird in der Welt der Flüchtlinge oft (wenn auch nicht oft genug) erreicht. Aber eine Gruppe von Menschen umzusiedeln, die kulturell so zerbrechlich ist wie die Tibetaner, ohne ihre geistige Integrität zu zerstören, ist eine seltene und wirklich wunderbare Leistung.

Von hier aus geht es weiter zur Siedlung von Bylekuppa, ein paar hundert Kilometer weiter südlich, nicht weit von Mysore City. Es wird bestimmt interessant, diese frühere und größere Siedlung mit Mundgod zu vergleichen.

Viertes Kapitel

Wir entdecken Coorg

27. November. Udipi
Heute abend fühle ich mich einsam. Ich vermisse nicht nur die Tibetaner, sondern auch das lebende Inventar unserer Suite im Palast: die beiden geschäftigen Eidechsen, die Horden winziger, fleißiger Ameisen, die sich immer mit einer (vergleichsweise) kolossal großen Leiche irgendeines Käfers, einer Motte oder einer Kakerlake abschleppten; der hübsche hellbraune Frosch, der im Klo hauste und heraushüpfte, sobald man den Deckel hob, und zur Wand hopste, bis man die Kette gezogen hatte und sein Heim wieder bewohnbar war. Manchmal mußte er lange warten, da die Wasserversorgung so unregelmäßig war wie die Stromversorgung, die mindestens dreimal am Abend ausfiel, manchmal für zehn Minuten, manchmal für bis zu drei Stunden.

Auf unserer vierstündigen Reise entlang der Malabarküste von Kumta nach Udipi überquerten wir drei Flüsse dort, wo sie ins Meer fließen. Die fruchtbare, üppig grüne, mit Palmen bestandene Landschaft nennt Rachel »fett besiedelt«. In der Nähe von Udipi verlief unsere Straße ein paar Kilometer dicht am Strand entlang. Der feine Sand schimmerte in einer seltsamen rosafarbenen Patina, als die untergehende Sonne einen geschmolzenen, zitternden Strahl über das Wasser warf. Dann überquerten wir die weite Mündung des Kolluri. Über ihr thronte ein steiler, einsamer Gipfel der Westghats. Dieses hohe, königsblaue Gebirge reicht von Gujerat bis zum Cape Comorin und trennt die fruchtbare Küstenregion von den rauheren Ebenen, Hügeln und Hochebenen des südlichen Zentralindien.

Ich fand unsere Reisebegleitung aus Malabar außergewöhnlich liebenswert, doch überall in Indien wird mir bewußt, daß

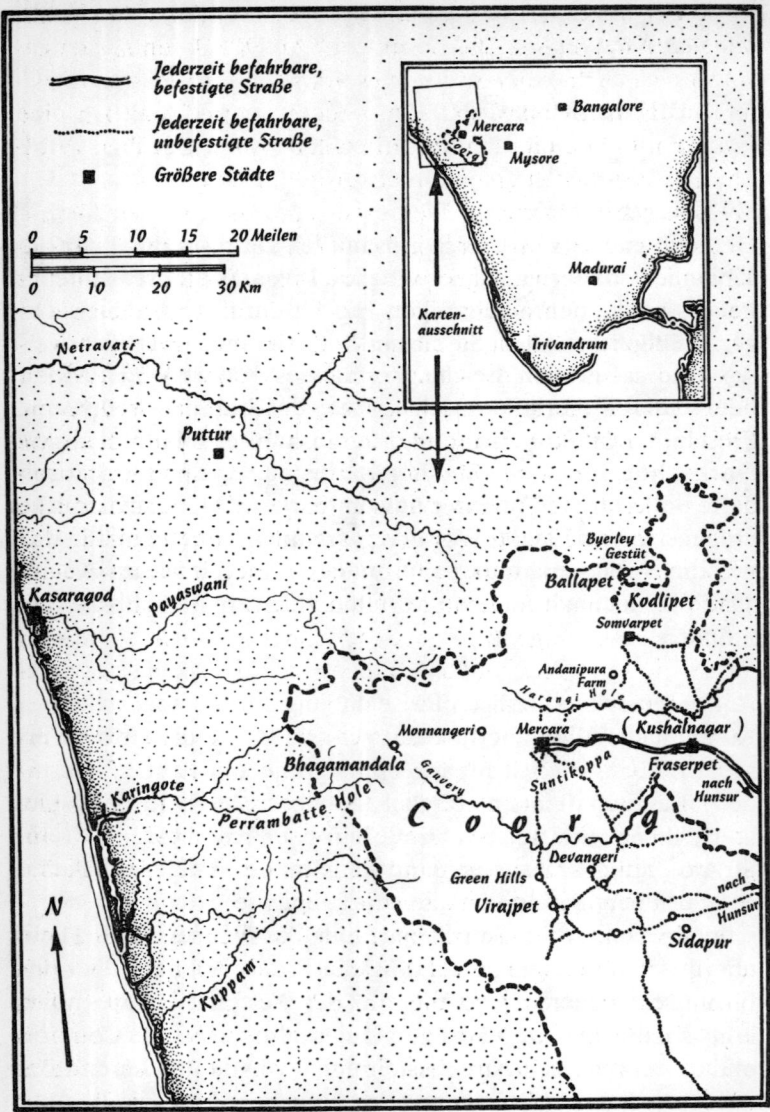

die Inder mindestens eine Armeslänge (manchmal buchstäblich) Abstand halten. Das beruht zum einen auf den Kastengesetzen, die auch diejenigen noch stark beeinflussen, die sie formell nicht mehr befolgen, zum anderen darauf, daß ich eine Frau bin und damit, dem traditionellen Hindu-Glauben zufolge, im wesentlichen eine minderwertige Person.

Diese undurchsichtige Welt stellt eine der ältesten Gesellschaftsformen der Menschheit dar. Vielleicht fühlen sich Außenstehende von ihr angezogen, weil sie intuitiv erkennen, wie gut es der Seele tut, in ihre Schranken verwiesen zu werden. Dabei ist es unerheblich, daß sie in dieser Welt nie ganz akzeptiert werden und daß sie sie nie ganz verstehen werden. Während wir heute langsam diese wunderschönen Straßen entlangrüttelten, fühlte ich mich kurzzeitig unwichtig und unbedeutend, so wie man sich zu Hause nie fühlen könnte. Es war eine merkwürdige, aber keineswegs unangenehme Empfindung, die deutliche Anzeichen von Fluchtgedanken trug. In Europa weiß man, daß man unwichtig und unbedeutend ist. Da man jedoch mit einer Tradition groß wird, die das eigene Ego nährt, verspürt man es nie. Und wenn irgend jemand oder irgend etwas einen dies spüren ließe, würde man diese Person, dieses Ereignis oder diese Umstände sehr wahrscheinlich ablehnen.

Heute abend kann ich einige der Dinge, die bei meinem ersten Indienaufenthalt schiefgegangen sind, benennen. Nach einer langsamen Reise durch den Mittleren Osten, durch Gebiete, die so herrlich frei von westlichen Einflüssen waren wie Gilgit und Hindukusch, empfand ich den Grad offensichtlicher Verwestlichung in Indien als Anti-Klimax.

Weil wir direkt von London hierher geflogen sind, und weil ich in den vergangenen zehn Jahren etwas offener geworden bin, erscheinen mir jetzt die westlichen Einflüsse auf Indien sehr oberflächlicher Natur zu sein – obwohl auch dies eine zu starke Verallgemeinerung ist. Selbst der Hinduismus hat sich durch die Industrialisierung verändert – wenn auch bis jetzt nur wenig. Insgesamt gesehen wird der britische Einfluß, wie der vieler vorangegangener Eroberer, unerbittlich in Indiens *Dhar-*

ma assimiliert. Es wird durch diese wie die anderen Einflüsse schließlich ein wenig verändert, aber diese Veränderungen werden nicht zwangsläufig die sein, die die Briten herbeiführen wollten.

In Bhatkal, einem ziemlich großen Hafen zwischen Kumta und Udipi, bekam Rachel ein wenig Angst, als sie mehrere Gruppen von Moplak-Frauen in seidenen *Burkas* auf der Straße und an der Bushaltestelle sah. Ich kann verstehen, warum diese vollständig verhüllten Gestalten, die sich in ihren staubigen Pantoffeln so schnell und leise bewegen, einem Kind etwas unbehaglich werden lassen. Doch in Bhatkal sind in diesem Winter fröhliche Farben modern. In einer Gruppe zählte ich acht verschiedene Schattierungen: himmelblau, blaßrosa, türkis, orange, mauve, grün, blaßgelb – und schwarz. Die Dame in schwarz war sicherlich eine ältere Anstandsdame.

Seit über 2000 Jahren treiben die Araber mit der Malabarküste Handel, und die Moplaks (moslemische Kaufleute) behaupten, daß sie von Siedlern aus dem 9. Jahrhundert abstammen. Von dem, was ich gesehen habe, kommt es mir so vor, als hätten Inder und Araber untereinander nicht oft geheiratet, da die Männer noch immer ein deutlich semitisches Aussehen haben. Viele der eingeborenen Moslems und viele der eingeborenen Christen sind Nachkommen von Hindus der niederen Kasten oder von Ausgestoßenen, die zum Islam oder zum Christentum übergetreten sind, weil sie hofften, dadurch ihre gesellschaftliche Stellung zu verbessern – was selten funktionierte. Wenn die Bande des Kastensystems tatsächlich so leicht zu durchtrennen wären, hätte sich die indische Gesellschaft in ganz anderen Bahnen entwickelt.

Es war schon dunkel, als wir hier ankamen, und nachdem wir vier Hotels abgeklappert hatten, steuerten wir zögernd das pikfein aussehende Touristenhotel an, um Lakshmi-weiß-was zu bezahlen. Aber da nie irgendwelche Touristen nach Udipi kommen, beträgt der Preis für ein Einzelzimmer mit Ventilator nur fünf Rupien. Die Innenausstattung dieses neuen Gebäudes sieht schon ziemlich schäbig aus, und die Toiletten stinken so entsetzlich, daß ich meine anspruchsvolle Tochter zum Rinnstein nach draußen begleiten mußte.

Morgen muß ich ein paar Kerzen kaufen, bevor die schwachen Glühbirnen in diesen Hotelzimmern meine Augen für immer verderben.

28. November. Mercara
Nach einer faszinierenden, dreistündigen »Expedition« (Rachels Bezeichnung) sind wir heute morgen um halb elf von Udipi aufgebrochen. Ich bin kein Freund von Menschenmengen, aber indische Städte – wenn sie nicht gerade von Armut beherrscht werden – pulsieren mit einer ansteckenden Vitalität, und mir machte der Bazar von Udipi richtig Spaß. Die Leute schienen glücklich und gesund, gelassen und freundlich zu sein. Und in den frühen Morgenstunden waren die Straßen mit Farben überschwemmt – mit glänzenden Saris, schimmernden, seidenen Burkas und den leuchtenden, schwingenden Röcken der Stammesfrauen. Die leuchtenden, knöchellangen Lunghis der Männer standen dem in nichts nach. (Die Lunghis können übrigens mit ein paar schnellen Handgriffen in knielange Kilts verwandelt werden.) Einen Kontrast zu all den anderen bildeten die weißen Roben der orthodoxen Brahmanen und die weißen Saris der hinduistischen Witwen.

Die übliche, große Bandbreite an Waren wurde über den Markt getragen, und zwar auf ganz unterschiedlichen Köpfen: Da war ein sechsjähriges Mädchen, das Bündel mit frisch geschnittenem Gras trug, aber auch ein 80 Jahre alter Mann mit Rollen von Bambusmatten. Die Bündel und Rollen waren meist doppelt so lang wie ihre Träger. Es gab unwahrscheinliche Ladungen von blechernen Küchengeräten, die in Fischernetze geschnürt waren und mit artistischem Können balanciert wurden, Auslagen mit Kokosnüssen, Blumenkohl, Gurken, Tomaten, Rettichen, Auberginen, frischen Sardinen, gesalzenen Sardinen, Orangen, Limonen, *supportas,* Jackfrüchten und Bananen, Ballen mit Feuerholz, Sisal, Zuckerrohr und Bambusruten, kolossale Türme von Weidenkörben, gefährlich balancierte Stapel von frisch gebrannten, ockerfarbenen Krügen, Kerosinkanistern, Verschlägen mit Hühnern, Körben mit Ziegeln, sehr lange Bretter, zum Bersten gefüllte Säcke, verschlossene Blechtruhen und ein neugeborenes, verwaistes Kalb, das von einer besorgt aussehenden Frau in einem runden Weidenkorb auf dem Kopf getragen wurde.

Im ganzen Bazar wurde das Vieh von allen ehrerbietig behandelt, und Rachel ist noch immer in Bewunderung über die Freundlichkeit der indischen Bullen. Zwangsläufig hat sie Schwierigkeiten, die Haltung der Hindus zu Kühen nachzuvollziehen, aber mir ist auch aufgefallen, daß sie es nicht einfach als »alberne Sitte« abtut.

Ich kann Dr. Johnson nicht beipflichten, der behauptet: »Mitleid ist dem Menschen nicht angeboren. Kinder sind immer grausam. Wilde sind immer grausam. Mitleid wird durch die Übung des Verstandes erworben und verfeinert.« Wie viele kleine Kinder zeigt Rachel seit einiger Zeit eine starke Neigung zu vegetarischer Ernährung. Dieser Aspekt des Hinduismus ist also ganz natürlich für sie. Deshalb läßt sie sich ihren Fleischgang beim Essen trotzdem schmecken und erkennt, daß es gütiger ist, ein Tier schmerzlos zu töten und es dann zu essen, als zuzulassen, daß es vor Hunger und Durst elendig verendet.

Wir fanden uns um zehn Uhr an der Bushaltestelle ein, um uns auf dem Bus, der um halb elf nach Mangalore abfuhr, einen guten Platz zu sichern. Der Abfahrt ging das übliche Chaos voraus. Doch trotz dieses Chaos' fahren die meisten indischen Busse pünktlich ab und kommen pünktlich an. Unerwarteterweise ist das indische Straßenverkehrssystem ein Wunder an Organisation und gereicht allen Beteiligten zur Ehre.

An seiner Endhaltestelle steht der Bus mindestens 40 Minuten vor der Abfahrt bereit. Doch erst, wenn der Motor angelassen wird, tauchen die meisten Passagiere auf, spurten scheinbar aus dem Nichts hervor, um sich unter Alarmgeschrei und Empörung an Bord zu stürzen. Inder lieben das Drama und genießen es offenbar, den Bus fast zu verpassen.

Als wir aus Udipi hinausfuhren, machte sich die Hitze auch bei uns bemerkbar. Während der Fahrt war es daher nicht unangenehm, daß die Fenster keine Scheiben hatten. Doch sobald der Bus hielt – und er hielt während der 60 Kilometer langen Fahrt sechmal –, fingen wir beide unglaublich zu schwitzen an.

Wir saßen auf der Rückbank zwischen den Harijans. Wenn wir uns im Bus umschauten, kam es uns vor, als befänden wir uns inmitten einer Blumenschau. Viele junge Frauen hatten nämlich ihre schwarzglänzenden Frisuren mit exotischen, duftenden Blüten, frisch aus dem Dschungel, geschmückt. Es sind die kleinen Dinge, die Indien – trotz all seines aufdringlichen Elends – so viel anmutiger erscheinen lassen als das moderne Europa.

Wir kamen in Mangalore an, als gerade ein überfüllter Bus nach Mercara abfahren wollte. Wir sprangen hinein und fanden erstaunlicherweise vorne zwei freie Sitze. Ich kann mir das nur so erklären, daß die Uhren der betreffenden Passagiere weit über indische Verhältnisse hinaus falsch gingen. Als ich den Fahrpreis bezahlte, wurden mir zum ersten Mal benutzte Fahrscheine ausgehändigt. Das bedeutete, daß der Fahrer unser Fahrgeld in die eigene Tasche steckte, nachdem er die benutzten Tickets von gefälligen Passagieren, denen er zweifellos eine Gegenleistung bezahlt hatte, zurückerhalten hatte. Ich zögerte. Sollte ich einen gültigen Fahrschein verlangen und den westlichen Standard an Moral aufrechterhalten? Oder sollte ich die örtlichen Sitten respektieren und mich daran erinnern, daß sich der Fahrer – der wahrscheinlich eine Frau und zehn Kinder zu Hause hat – für zwei Rupien eine anständige Mahlzeit leisten kann? Ich entschied mich für letzteres und steckte das Wechselgeld und die wertlosen Fahrscheine in meine Tasche. Dann spürte ich, wie mich jemand leicht an der Schulter berührte. Ich schaute mich um und sah einen älteren Brahmanen mit schmerzlichem Gesichtsausdruck. »Sie müssen einen richtigen Fahrschein verlangen«, sagte er mißbilligend. »Busfahrer sind nicht arm. Sie müssen eine Menge dafür bezahlen, um diesen Job zu bekommen. Man sollte diesen Betrug nicht zulassen. Bitte verlangen Sie einen gültigen Fahrschein.«

»Sehr wohl«, erwiderte ich mit schamrotem Gesicht. Mir leuchtete die Einstellung des Brahmanen sofort ein. Indem man sein Scherflein dazu beiträgt und so etwas akzeptiert, setzt man eine Tradition fort, auf die Indien sehr gut verzichten kann. Und natürlich gab mir der Fahrer auf mein Verlangen hin bereitwillig einen gültigen Fahrschein. Er hatte das Aussehen eines Mannes, der ein gutes Spiel gespielt hat und weiß, wie man eine Niederlage einsteckt.

Die 140 Kilometer lange Fahrt zur Provinz Coorg führte uns zurück über die Westghats, und während wir auf 1200 Meter Höhe über der Küste kletterten, bot sich uns eine Landschaft, wie wir sie großartiger nie zuvor gesehen hatten. Dichter Dschungel, in dem viele der Bäume von leuchtenden Blüten übersät waren, bedeckte die tiefergelegenen Hänge. Etwas höher folgte eine riesige Plantage mit Gummibäumen, in der Arbeiter dabei waren, die Bäume anzuzapfen. Schließlich befanden wir uns inmitten von steil abfallenden blauen Bergketten und Gipfeln. Die Luft fühlte sich herrlich kühl an. Auf allen Seiten erhoben sich steil die Berge aus tiefen, schmalen und wilden Schluchten. Ab und zu erhaschte man tief unten in einem Tal, in dem Reis angebaut wurde, einen flüchtigen Blick auf das lebhafte Grün einer frischen Saat oder das Gold der Stoppelfelder. Während der letzten 25 Kilometer steigt die Straße 870 Meter an. An einer bestimmten Stelle, wo die Steigung zwölf Prozent beträgt, klopfte mir mein Freund, der Brahmane, erneut auf die Schulter. »Sie müssen wissen«, sagte er, »daß der Bau dieser Straße 1837 von einem sehr tapferen jungen Landsmann von Ihnen begonnen wurde. Haben Sie schon von Leutnant Fast gehört?«

Ich schüttelte mit dem Kopf und erklärte: »Wir kommen aus Irland. Ich fürchte, Leutnant Fast war nicht unser Landsmann.«

»Oh«, meinte der Brahmane verwirrt. »Nun, vielleicht war Leutnant Fast auch aus Irland. Er war Brite, wissen Sie, und er starb hier während der Arbeit an Dschungelfieber. Er war der Ingenieur. Wir nennen diese Stelle noch immer Fast's Ghat. Die Jüngeren natürlich nicht, sie nennen sie Sampaje Ghat. Aber uns Älteren macht es nichts aus, wenn wir uns daran erinnern, daß die Briten all unsere Straßen gebaut haben. Es gab noch nicht einmal Pfade für die Karren, als sie nach Coorg kamen. Die Radschas wollten nie, daß Straßen gebaut werden. Sie hatten Angst, daß gute Straßen die Gefahr einer Invasion vergrößern würden.«

»Und hatten sie nicht Recht?« erwiderte ich trocken.

Der Brahmane sah mich mit einem plötzlichen Verdacht im Blick an. »Sind Sie gegen die Briten? Gegen die Imperialisten? Herrscht Krieg in Irland? Ein Bürgerkrieg mit Großbritannien? Oder haben mich die Zeitungen jetzt ganz verwirrt?«

»Ganz und gar nicht«, sagte ich, »Sie haben die Verhältnisse bei uns ausgezeichnet beschrieben. Aber ich bin ganz und gar nicht gegen die Briten – nur gegen die Imperialisten.«

Der Brahmane machte eine Geste mit seinen schmalen, faltigen Händen. »Imperialismus ist notwendig. Es gehört zur Entwicklung der Menschheit. Es ist ein notwendiges Übel.«

Nun war es an mir, überrascht auszusehen, denn solch eine historische Herangehensweise ist ziemlich unindisch. »Sind Sie Lehrer?« fragte ich.

Der Brahmane lächelte. »Ich war Professor in Madras, aber ich bin schon seit vielen Jahren im Ruhestand. Den *Gesetzen von Manu* zufolge müßte ich jetzt ein *Sanyasi*, ein heiliger Bettler, sein. Aber meiner Frau würde das nicht gefallen. Sie könnte womöglich der Frauenbewegung beitreten!« Er lachte leise über meinen Gesichtsausdruck, als ich diese Anspielung aus dem Mund eines Brahmanen vernahm. Er war ein charmanter alter Herr, und ich verabschiedete mich an der Bushaltestelle von Mercara nur ungern von ihm.

Wir fanden schnell wieder ein Hotel für fünf Rupien die Nacht, das allerdings weitaus primitiver ist als das von letzter Nacht. Es gibt weder fließend Wasser noch sonst etwas Luxuriöses in der Art. Doch wir können aus unserer Zelle mit zwei Betten auf einen langen Balkon hinaustreten. Wir befinden uns darauf in der gleichen Höhe wie die nahegelegenen Berggipfel und überblicken die meisten der roten Ziegeldächer des Ortes

– ein Blick, der den Zustand der Toiletten mehr als wett macht. Auf der anderen Seite des weiten, flachen Beckens, der den Bazar von Mercara beherbergt, sieht man zwei identische, imposante vergoldete Kuppeln glänzen, die wir morgen erforschen werden. Die steilen grünen Hänge, die dieses Becken einrahmen, sind mit sauberen, weißen Bungalows gesprenkelt. Was die herrlichen, uns umgebenden Berge betrifft – wenn ich sie so anschaue, wünschte ich schuldbewußt, die Freiheit zu besitzen, wandern zu gehen, und zwar in meinem eigenen Tempo. Warum hat niemand bisher von Coorg gehört? Oder bin ich allein in meiner Unkenntnis dieser bezaubernden Region? Wir werden sicherlich ein paar Tage hierbleiben, obwohl ich eigentlich geplant hatte, nur über Nacht in Mercara zu bleiben und morgen nach Bylekuppa weiterzufahren.

29. November. Mercara

Um sieben Uhr gab es ein Frühstück, das aus Tee und Kartoffelkuchen bestand. Danach gingen wir ein Stück entlang des Fast's Ghat, um zu erkunden, worauf wir gestern vom Bus nur einen flüchtigen Blick werfen konnten.

Die Durchschnittstemperatur in Mercara liegt bei 19 Grad Celsius. Und als wir bergab gingen, war die Sonne warm, die Brise frisch und der Himmel intensiv blau – eine fast unglaubliche Farbe für westliche Augen. In einigen Abständen sahen wir in den kühlen Tiefen des Waldes unerwartete, herrliche Farbsinfonien: hohe Bäume, beladen mit rosafarben, cremefarbenen und roten Blüten. Eichelhäher, Wiedehopfe, Hirtenstare, Webervögel und Fasane waren bei einem geschäftigen Frühstück. Wir jagten Schmetterlinge, die so groß waren wie Spatzen. Einmal war Rachel nur Zentimeter davon entfernt, auf eine kleine Schlange zu treten. Sie war wahrscheinlich harmlos, aber in dem Moment gefror mir das mütterliche Blut in den Adern. Man ist als Reisende mit einem Fohlen bei Fuß weniger unbeschwert.

Wir nahmen an den Haarnadelkurven Abkürzungen, und wo

immer wir versehentlich in ein privates Grundstück eindrangen, waren alle außerordentlich freundlich. Selbst die Frauen oder Töchter von ärmeren Bauern sprachen verständliches Englisch. Sie besaßen nicht die distanzierte, vorsichtige Scheu, die die meisten Hindu-Frauen kennzeichnet. Offenbar sind die Menschen von Coorg nicht weniger außergewöhnlich als die Landschaft. Sowohl Männer als auch Frauen empfangen einen derart herzlich, wie es in Indien höchst ungewöhnlich ist. Außerdem hat man das großartige Gefühl, hier auf eine behagliche Art und Weise in der Abgeschiedenheit zu sein. Es ist die Beschaffenheit der Atmosphäre, die man nur schwer beschreiben kann, die aber sehr anziehend wirkt.

Gegenüber von unserem Hotel, auf der anderen Straßenseite, liegt die stark befestigte Bergspitze, die Mercara und den südlichen und westlichen Zugang zum Ort dominiert. Sie ist das Werk von Mudduraja, einem Herrscher der Lingayat-Dynastie im 17. Jahrhundert. In der Mitte des Forts befindet sich der gewöhnlich aussehende Palast des Herrschers, der schon vor langer Zeit zum Büro der Regierungsbehörde umgewandelt wurde. Wenn man von der Straße bergan geht, passiert man das Tor von Coorgs altmodischem, nüchtern wirkendem Gefängnis. Hagere Gefangene spähen aus winzigen, schwer vergitterten Fenstern hoch über dem Erdboden. Die bewaffneten Wärter sehen so aus, als würden sie erst schießen und dann Fragen stellen, falls ein Hubschrauber es wagen sollte, im Hof zu landen.

Innerhalb des Forts befindet sich auch die *Mahatma Gandhi Memorial Library,* mit folgender herrlicher Mitteilung in der Eingangshalle: »Es wird um andächtige Ruhe gebeten! Respektieren Sie die Gedankenwelt!« – Ausdruck eines typisch hinduistischen Empfindens. Mehrere ernst aussehende junge Männer saßen an großen Bibliothekstischen und studierten dicke Wälzer oder konsultierten vergilbte Zeitungsordner. In der großen Abteilung Englische Sprache (unter Allgemeines) standen Patricia Lynch und Bertrand Russell direkt nebeneinander. Aber die Auswahl an Büchern über Indien in englischer

Sprache war sehr eindrucksvoll, obwohl es nur zwei Bände über Coorg gab. Ein netter junger Bibliothekar lieh mir den Band des *Mysore State Gazetteer of India* von 1965 über Coorg aus und bestand, wie es sich gehört, auf einem Pfand von 15 Rupien. Als er uns zur Tür begleitete, fragte ich ihn nach der Bedeutung der beiden sehr realistisch wirkenden, steinernen Elefanten, die am anderen Ende des Festungsgeländes standen. Sie waren gekennzeichnet mit den Worten »Historisches Denkmal. Bitte nicht berühren«.

Der junge Mann lächelte. »Den Briten gefielen diese Denkmäler immer, das hat mir jedenfalls mein Vater erzählt. Sie erinnerten die Bewohner von Coorg daran, wie glücklich sie sich schätzen konnten, britische Herrscher zu haben. Sie wurden von dem letzten Radscha aufgestellt. Er war sehr grausam und verrückt, und ihm gefiel es, Menschen weh zu tun. Er wollte jeden Morgen von zwei besonderen Elefanten geweckt werden, die unter seinem Schlafzimmerfenster trompeteten. Dort drüben« – er deutete auf die andere Seite des Geländes. »Dann sandte er eines Nachts den Mahuts die Nachricht, daß er am nächsten Morgen nicht geweckt werden wollte, doch sie haben diese Nachricht nie erhalten. Er war wütend, als er am nächsten Morgen zu früh geweckt wurde, und befahl, die Elefanten und die Mahuts auf der Stelle zu töten. Doch dann beruhigte er sich wieder. Es tat ihm leid, weil es so kluge Elefanten gewesen waren. Daher ließ er ihnen zu Ehren diese Statuen errichten.«

»Und was war mit den Mahuts?« fragte ich.

Der junge Mann machte eine ausweichende Bewegung. »Sie waren bloß Reiter«, erklärte er. »Sehr kluge und gut trainierte Elefanten sind äußerst wertvoll.«

Vom Fort gingen wir zur anderen Seite von Mercara, um die auffallenden, vergoldeten Kuppeln näher in Augenschein zu nehmen, die die Mausoleen von zwei Herrschern der Lingayat-Dynastie aus Coorg kennzeichnen: Doddavirarajendra (gestorben 1809) und sein Bruder Lingarajendra (gestorben 1820). Von dem hohen, grasbewachsenen Bergkamm übersieht man unmittelbar Mercara und die unendlich scheinende Kette blauer Berge, die Coorg ausmachen. Auf dem Kamm sind 24 bis 28 Quadratkilometer planiert worden, um die beiden Zwillingsgräber zu bauen. Beides sind massive, quadratische Gebäude im islamischen Stil. Die Ecktürme gleichen Minaretten und werden von Statuen des Nandi, des heiligen Hindu-Bullen, gekrönt. Auf beiden Kuppeln befinden sich eine vergoldete Kugel und ein Wetterhahn. Die Fenster haben solide Messinggitter. Die Fensterrahmen aus Syenit-Blöcken sind schön gemeißelt, genau wie die Säulen (die verschiedene Erscheinungsformen von Schiwa darstellen), welche die Steintreppen flankieren, die zu verschlossenen Türen führen. Offensichtlich sind diese Denkmäler von einer etwas exzentrischen Familie ersonnen worden. Doch was ihnen an herkömmlicher Schönheit fehlt, gleichen sie durch ihren individuellen und einfach imposanten Charakter aus. Sie passen auf bewundernswerte Weise zu Herrschern, die machthungrig, schlau und unberechenbar waren, beträchtliches Talent besaßen und in religiösen Angelegenheiten eklektisch waren – oder vielleicht sollte man besser sagen »unersättlich«.

Auf dem steilen Pfad zum Bergkamm wurden wir von ungefähr 20 faszinierten Schulkindern überholt, die Rachel bald mit sich rissen, um auf der ebenen, grünen Rasenfläche zu spielen, die die Grabmäler umgibt. Das gab mir Gelegenheit, in der Sonne zu sitzen und den *Coorg Gazetteer* zu studieren, der in bezug auf Doddavirarajendra und Lingarajendra sehr informativ ist. Der erstere hatte keinen Sohn und wollte, daß seine Tochter Devammaji seine Nachfolge antrat, aber sie war erst zehn Jahre alt, als ihr Vater starb. Dieser war in seinen letzten Lebensjahren sehr verrückt geworden und hatte die Hinrichtung zahlreicher enger Verwandter, wichtiger Staatsoffiziere und Palastwachen angeordnet. Onkel Lingarajendra bemächtigte sich schließlich des Throns und regierte neun Jahre lang tatkräftig und tüchtig, wenn auch unmoralisch. Ihm folgte sein übergeschnappter, zwanzigjähriger Sohn Chickkavirarajendra, der sich in seiner Position so unsicher fühlte, daß er bald noch übergeschnappter wurde und die Ermordung von übertrieben vielen seiner eigenen Verwandten organisierte. Seine Untergebenen beschwerten sich daraufhin bei der britischen Oberherrschaft im benachbarten Mysore über ihn. Dieser mißfiel es wahrscheinlich nicht gerade, für die Bevölkerung von Coorg als Beschützer aufzutreten.

Natürlich war Vira Raja (wie Chickkavirarajendra normalerweise genannt wird) besonders bestrebt, seine Cousine Devammaji – die rechtmäßige Thronerbin – und ihren Ehemann Chennabasappa umzubringen. Das junge Paar suchte daher Zuflucht bei dem britischen Gesandten in Mysore, der sich weigerte, sie an den wütenden Vira Raja auszuliefern. Vira Raja schrieb gleich darauf eine Reihe unverschämter Briefe an den Gesandten. Als diese ignoriert wurden, bat er einige benachbarte Herrscher um militärische Unterstüzung beim Kampf gegen den ausländischen Feind. Falls die Briten nach einem Vorwand gesucht hatten, um Coorg zu annektieren: dies war er. Anfang des Jahres 1834 beschuldigten sie Vira Raja der Mißwirtschaft und rasselten mit den Säbeln. Dem Radscha wurde von seinen vier Dewans aus Coorg geraten, sich zu ergeben. Die Dewans verabscheuten die Lingayat-Dynastie schon seit langem und waren offen pro-britisch eingestellt, besonders ihr Anführer namens Bopanna Apparanda.

Ich werde nicht auf die weiter zurückliegende Geschichte Coorgs eingehen. Sie ist belastet durch Herren, die Namen tragen wie Satyavakya Kongunivarmmadharmma-maharajadhiraja, und scheint ohnehin ziemlich düster zu sein. Ursprünglich waren die Lingayat-Herrscher »Außenseiter«. Aus diesem Grund fühlten sich die Untertanen nicht zur Loyalität verpflichtet, nachdem sich Vira Raja des Respekts unwürdig erwiesen hatte. Darüber hinaus hatten die Coorgianer bereits in der Kampagne gegen Tippu Sultan eine inzwischen traditionelle Zusammenarbeit mit den Briten eingeführt. Gegen Ende des 18. Jahrhunderts war ein britischer Gesandter an den Hof des Radschas berufen worden. Es ist daher nicht überraschend, daß die versammelten Führungskräfte von Coorg ihre Zufriedenheit zum Ausdruck brachten, als Oberstleutnant J. S. Fraser, der den Generalgouverneur von Indien vertrat, sie bei einem Treffen im April 1834 in Kushnalnagardie darüber informierte, daß ihr Herrscher abgesetzt worden war.

Leutnant Fraser bat die Führer schließlich, »unbesorgt und vorbehaltlos ihre Wünsche, was die Regierungsform der zukünftigen Regierung des Landes betrifft, zu äußern«. Ohne zu zögern, ersuchten die Coorgianer, daß ihr Land von den Gesetzen und Statuten regiert werde, die bereits in den Herrschaftsgebieten der East India Company (der Ostindischen Gesellschaft) in Kraft waren. Darauf erklärte Leutnant Fraser Coorg für annektiert, mit der Begründung, daß die Menschen wünschten, von Großbritannien regiert zu werden. Am 6. April 1834 wurde der Union Jack über dem Fort von Mercara gehißt.

Auf diese Weise gewann der britische Löwe wertvolles Gebiet, ohne auch nur einmal seine Klauen zu zeigen. Die Coorgianer waren das einzige kriegerische Volk auf dem indischen Subkontinent, das niemals Waffen gegen den Radscha ergriffen hat. Der indische Autor des *Mysore Gazetteer* von 1965 weist dankbar darauf hin, »daß Coorg von 1834 bis 1947 unter britischer Herrschaft stand, mehr als ein Jahrhundert und ein Jahrzehnt lang. Die britische Regentschaft hatte zahlreiche und vielfältige Vorteile. Die Engländer haben diesen Staat von einem kleinen, lose zusammenhängenden, feudalen Fürstentum zu einer wohlhabenden und gut verwalteten Einheit gemacht.« Da haben wir also eine imperialistische Geschichte mit glücklichem Ausgang. Ich nehme an, daß die meisten Menschen noch nie von Coorg gehört haben, einfach weil »keine Nachrichten gute Nachrichten sind«. Während alle möglichen, grauenhaft spannenden Dinge an der Grenze, in Pandschab oder Kalkutta oder Sind oder Maharashtra passierten, waren die Briten und die Coorgianer in Coorg schrecklich nett zueinander.

Es gab jedoch eine Person, für die diese Geschichte nicht gut ausgegangen ist, und zwar für den »Bösewicht« Vira Raja. Nachdem Coorg sich ergeben hatte, bat er darum, Radscha bleiben zu dürfen, obwohl er erkannte, daß er in Zukunft nichts als eine Repräsentationsfigur sein würde. Er war deshalb sehr verärgert, als er schnell nach Benares in Pension abgeschoben wurde. Nachdem er jahrelang über diesen Mißstand gegrübelt hatte, fuhr er 1852 mit zwei seiner Frauen und seiner Lieblingstochter nach London, um sich dort bei der britischen Regierung persönlich zu beschweren. Niemand interessierte sich für ihn, aber Königin Viktoria hatte Mitleid mit dem ersten indischen Fürsten, der England besuchte, und tat viel, um dieser verloren wirkenden Gruppe von Verbannten zu helfen. (Vermutlich wußte sie entweder nicht über den Status der zweiten Frau in der Begleitung Seiner Hoheit Bescheid oder gab mit königlichem Taktgefühl vor, es nicht zu wissen.) Schließlich trat die Lieblingstochter Gowramma zum Christentum über und heiratete einen Engländer. Ihr Vater starb im September 1859 in London, nicht lange, nachdem Gowramma und ihr einziger Sohn an Schwindsucht gestorben waren. Das war das Ende der Lingayat-Dynastie, die Coorg über 230 Jahre lang regiert hatte.

Als ich von meinem Gazetteer aufschaute, bemerkte ich, daß Rachel ihre Spielkameraden, alles Acht- oder Zehnjährige, völlig unter Kontrolle hatte. Jeder tat genau das, was sie von ihnen wollte, und dies ist nicht das erstemal innerhalb der letzten 14 Tage, daß ich solch eine Entwicklung beobachtet habe. Es beunruhigt mich etwas, daß ohne ein Wort einer gemeinsamen Sprache ein weißes Kind, das in einer völlig unimperialistischen Umgebung und in völliger Freiheit aufgewachsen ist, unbewußt und ohne Mühe da weitermachen kann, wo der Radscha aufgehört hat.

Auf dem Rückweg in unser Hotel, als wir am Rotary Club vorbeikamen, erinnerte ich mich plötzlich an einen englischen Freund von mir. Das letzte, was ich von ihm gehört hatte, war, daß er ein Gestüt im Staat Mysore betrieb. Es gibt so wenige englische Ortsansässige in Südindien, daß es wahrscheinlich war, daß jemand im Club etwas von den Fosters gehört hatte. Es dauerte nicht lange, bis ich erfuhr, daß ihr Haus nur 60 Kilometer nördlich von Mercara entfernt, an der Grenze zwischen Coorg und Hassan, lag. Überdies meinte ein hilfsbereiter Rotarier, daß wir wahrscheinlich morgen mit einem ortsansässigen Rennpferdbesitzer zum Gestüt von Byerley fahren könnten. Wir nahmen telefonisch Kontakt mit A. C. Thimmiah, einem Cousin des berühmten Generals, auf, und der erklärte sich gerne bereit, uns um halb zehn Uhr morgens auf der Veranda des Clubs zu treffen.

30. November. Byerley-Gestüt, in der Nähe von Ballupet
Als wir aufwachten, erwartete uns ein irischer Morgen: Dünne dahintreibende Wolken hingen über den Bergen von Mercara, und die Luft fühlte sich kühl und feucht an. »Ein schöner, milder Tag, Gott sei Dank!«

Pünktlich um neun Uhr dreißig erschien Mr. Thimmiah. Er wurde begleitet von seiner lebhaften, fünfundzwanzigjährigen Tochter Sita. A. C. Thimmiah, der lieber Tim genannt wird, lebt auf einem Besitz, der 25 Kilometer südlich von Mercara liegt. Er hat einen sanften, freundlichen Blick und ein interessantes Lächeln – halb zynisch, halb schüchtern. Und trotz all seines patrizierhaften Gehabes hat er eine einfache, gütige und bescheidene Art, so daß man ihn sofort gern haben muß. Er ist einer der seltenen Menschen, die in dem Moment, in dem man sie zum ersten Mal trifft, ein Gefühl der Zuneigung hervorrufen, noch bevor man überhaupt von einer Beziehung sprechen kann. Sein Hobby ist die Wiedergutmachung an Coorg, und er muß froh darüber gewesen sein, solch eine willige Zuhörerin auf dem Rücksitz seines Autos zu haben.

Von Mercara fiel unsere Straße Richtung Kushalnagar langsam ab und schlängelte sich kilometerlang durch dunkelgrüne Kaffeeplantagen. Das Durcheinander der blauen Berge von Coorg, das hinter einer Reihe tiefer, dicht bewaldeter Täler lag, war allgegenwärtig. Tim erklärte, daß die Region ihren Charakter vollständig verändert habe, nachdem circa in der Mitte des letzten Jahrhunderts der Kaffeanbau eingeführt worden war – wahrscheinlich durch Moplak-Händler von der Küste.

Hauptmann Le Hardy, der erste britische Polizeichef von Coorg, ermutigte die ersten Pflanzer, und die Europäer machten den Kaffee schon bald zum Hauptanbauprodukt für den Verkauf in dieser Region. Viele Europäer, darunter Plantagenbesitzer oder -manager, ließen sich hier nieder, weil ihnen die Menschen und das Klima außerordentlich gefielen. Sie stellten Tausende ehemaliger Sklaven ein – die freigelassen wurden, als die Briten Coorg annektierten – und dazu Tausende landloser Bauern aus Mysore, Cochin, Hassan und Süd-Kanaraa. Die Kaffeesteuer brachte der Regierung viele Einnahmen, und bald wurden Kardamom-Dschungel meistbietend verpachtet, was noch mehr Einnahmen bedeutete. Neue Städte wurden gebaut, alte Städte blühten auf, und der Handel nahm zu, als die importierten Waren immer beliebter wurden. Doch blieben die Coorgianer trotz des Zustroms von Ausländern die wichtigsten Landbesitzer, und die Allgemeinheit in Coorg profitierte gewaltig vom Handel mit Kaffee. Doch es gibt auch einen Haken bei der Sache. Bis 1879 war ein großer Teil des Waldes in Plantagen umgewandelt worden, und jetzt nimmt die jährliche Niederschlagsmenge ab. Selbst in den verbleibenden Wäldern ist das Bambusdickicht, wofür Coorg früher berühmt war, zurückgegangen. Seit uralten Zeiten hat die Region regelmäßig Reis im Überfluß für den Export nach Malabar produziert, aber wenn der Regen weiter nachläßt, wird der Reisanbau darunter leiden.

Kushalnagar ist eine verstreut liegende, staubige kleine Stadt, die ungefähr 600 Meter tiefer liegt als Mercara und nur ein paar Kilometer von der alten Grenze zwischen Mysore und Coorg entfernt ist. Zur Zeit der Briten hieß sie Fraserpet, zu Ehren des oben erwähnten Leutnant Fraser. Tim nennt sie immer noch so. Als wir langsam durch den überfüllten Bazar fuhren, erzählte er mir, daß einer seiner Urgroßväter Bopanna Apparanda war – bekannt unter dem Namen Dewan Bopu. Er war als Vira Rajas höchster Beamter hauptsächlich dafür verantwortlich, den letzten Herrscher von Coorg zur Kapitulation vor den Briten zu überreden. Es war in Kushalnagar, wo Dewan

Bopu Leutnant Fraser offiziell in Coorg willkommen hieß. Kurz darauf wurde Dewan Bopu die rechte Hand Hauptmann Le Hardys. Während der Kanara-Rebellion von 1836–37 führte er seine eigene Privatarmee in den Kampf nach Sulya und Puttur und leitete eine Sonderexpedition von tausend Mann, um »Betrüger« niederzuschlagen. Anschließend boten die Briten all ihren Verbündeten eine großzügige Belohnung an. Doch Dewan Bopu lehnte dies wie alle anderen Anführer aus Coorg dankend ab, mit der Begründung, »daß wir Kodavas keine Bezahlung brauchen, weil es unsere Pflicht ist zu kämpfen, um in unserem Land für Ruhe zu sorgen«. Später standen während des Aufstands Freiwillige aus Coorg an den Grenzposten von Mysore, Malabar und Mangalore Wache. Sie wurden für diesen spontanen Beweis ihrer Loyalität vom Indian Arms Act (1861) ausgenommen, der allen anderen »Eingeborenen« verbot, Waffen zu tragen.

Als wir den Norden von Coorg erreichten, erklärte Tim, daß inmitten des dunklen, verstrickten Dschungels auf den steilen Bergen Teak- und Ebenholz, Eukalyptus, Rosen- und Sandelholz sowie *ood* – ein süßlich riechendes Holz, von dem ich noch nie gehörte hatte – im Wert von Millionen wuchs. Ein Rosenholzbaum, der 60 bis 70 Jahre braucht, bevor er ausgewachsen ist, ist gegenwärtig ungefähr 10000 Pfund wert. Pfefferpflanzen, Kardamom und verschiedene andere Gewürze wachsen ebenfalls wild in diesen Wäldern. Ein paar schüchterne Eingeborenenstämme überleben in den abgelegensten Winkeln, wagen sich aber nur sehr selten hervor. Ihre Zahl wird leider auch immer kleiner.

Hinter der kleinen Stadt Kodlipet verändert sich die Landschaft. Es folgt ausgedehntes Hochland mit goldenem Gras und niedrigem, grünem Buschwerk. In der Nähe der Grenze von Coorg verlassen wir die schmale Hauptstraße und fahren weiter auf einer holperigen unbefestigten Straße, die wir kurz darauf – aus keinem mir erkennbaren Grund – verlassen, um ein paar Kilometer lang über offenes Buschland unsere Fahrt fortzusetzen, die nirgendwo hinzuführen schien. Als wir uns plötzlich inmitten gepflegter Koppeln voll glänzender Stuten und lebhafter Füllen wiederfanden, glaubte ich an Zauberei.

Dieses 324 000 Quadratkilometer große Gestüt beschäftigt 28 Einheimische – überwiegend Pferdeburschen –, für die solide gebaute kleine Häuser in der Nähe zur Verfügung stehen. Tim zufolge war das Gebiet Wildnis, als die Fosters sich hier niederließen. Heute ist das Gestüt ein erfolgreiches Beispiel dafür, was in Indien mit wenig Geld, aber viel Nachdenken und harter Arbeit möglich ist. Neben ihrem Interesse für Vollblutpferde liegt Fred und Shelagh sehr daran, das örtliche Vieh durch Züchtung zu veredeln. Ihre Herangehensweise an dieses Problem ist weitaus vernünftiger als viele Lösungsvorschläge der internationalen Hilfsorganisationen. Wie viele der Probleme in Indien ist auch dieses auf der dörflichen Ebene allein nicht lösbar. Plantagenbesitzer, Landbesitzer und staatlich geführte Versuchsfarmen können es sich leisten, ihr Vieh zu veredeln, aber was hat der halbverhungerte Dorfbewohner und seine Familie davon? Was nützt ihnen eine kräftige junge Kuh, die von einem Ayrshire- oder Charolais-Bullen abstammt, wenn sie nicht das Futter bekommen kann, das sie braucht, um ihren großen Körper zu ernähren. Bevor man das dörfliche Vieh durch Züchtung verbessert, muß man zunächst das verfügbare Futter verbessern, und Fred experimentiert im Moment, um herauszufinden, welche der verschiedenen neuen Grassorten sich für diese Gegend am besten eignen.

Die gegenwärtige Lebensweise der Fosters steht in einer schönen geschichtlichen Tradition. Ihre Vorfahren waren Pioniere in Neuseeland und Indien, und sie selbst setzen die Tradition in diesem entlegenen Winkel von Mysore fort, der ursprünglich zum großen Teil von Freds Vater erschlossen worden ist. Ihr kleiner Bungalow ist deutlich mehr ein Haus von Pionieren als von Ausbeutern. Zu unserem großen Vergnügen ist das »Gästezimmer« ein uralter und ehrwürdiger Pferdetransporter mit dem Namen Genghis Khan, der schon mehrere Male die Hin- und Rückreise zwischen Indien und England, als

Anhänger eines noch älteren und ehrwürdigeren Landrovers, unternommen hat.

Die anderen Wochenendgäste sind die einzigen noch verbliebenen europäischen Nachbarn David und Jane Hughes, die eine firmeneigene Plantage bewirtschaften, die 130 Kilometer entfernt am anderen Ende von Coorg liegt. Für die wenigen Europäer, die sich noch nicht vom ländlichen Indien losgerissen haben, ist die Einsamkeit ganz offensichtlich so etwas wie ein Problem, obwohl sie sich vielleicht großzügig an ein unabhängiges Indien angepaßt und viele indische Freunde gewonnen haben. Doch es fällt schwer, sich vorzustellen, daß sich diese Menschen, deren Familien oft seit Generationen in Indien leben, in einer anderen Umgebung wohlfühlen könnten. Sie brauchen Indien noch immer, und ich hege den strengen Verdacht, daß Indien, obwohl es das nie zugeben würde, sie auch noch immer braucht.

Nach dem Mittagessen spazierten wir über die Farm, von der aus man auf allen Seiten lautlose Kilometer unberührten Landes überblickt, das sich in grünem, braunem und goldfarbenem Auf und Ab bis hin zu den lavendelfarbenen Schatten der entfernten Berge erstreckt. Die Atmosphäre hier ist in jeder Hinsicht vollkommen unverdorben. Überhaupt hat Indien atmosphärisch eine sehr große Ausstrahlung. An dem Abend letzte Woche, als wir von Goa kommend in den Staat Mysore einreisten und unser Bus durch ein Dorf am Rande des Waldes fuhr, überkam mich ein überwältigendes Gefühl des Bösen. Es war vollkommen unerwartet und unerklärlich – aber deshalb nicht weniger greifbar. (Ich habe es an jenem Abend in meinem Tagebuch weggelassen, weil ich zu dem Zeitpunkt noch damit beschäftigt war, die Nachwirkungen abzuschütteln.) In dieser friedlichen Einsamkeit ist man sich ebenso intensiv bewußt, daß das Gute die Oberhand gewinnt: Vielleicht lebt hier Varuna.

1. Dezember. Byerley-Gestüt
Wir haben auf der Veranda gefrühstückt (natürlich gab es Eier und Schinken), während eine Reihe von fast schwarzhäutigen

Dienern und Dienerinnen hin und her liefen. Ihre nackten Füße bewegten sich fast lautlos auf dem taufeuchten Rasen, ihr Schmuck klingelte und blitzte, und sie wendeten ihre Blicke respektvoll von den Sahibs und Memsahibs ab, die innerhalb einer Viertelstunde mehr gutes Essen vertilgten, als ein normaler Inder in einem Monat auf den Teller bekommt.

Eines der Stallmädchen fällt mir besonders auf. Sie ist groß, geschmeidig, elegant und in einen smaragdgrünen Sari gekleidet. Ihr Haar, schwarz wie Ebenholz, ist zu einer schimmernden Locke, die bis zur Taille reicht, gebunden. Ihre ebenmäßigen, feingliedrigen Züge tragen den ständigen Ausdruck leicht amüsierter Verachtung – zweifellos eine Persönlichkeit. Doch als Gast verschwendete ich meine Zeit, würde ich versuchen, sie kennenzulernen. In Indien hinterläßt der Versuch, sich mit »jedem« zu unterhalten, bei allen Beteiligten unweigerlich ein höchst peinliches Gefühl. Aber ich kam nicht umhin, mir vorzustellen, was sie und ihre Zeitgenossen von den europäischen Arbeitgebern halten: Während des letzten Vierteljahrhunderts muß es subtile Veränderungen in ihrer Einstellung gegeben haben. Eine ganze Generation, die in Freiheit geboren wurde – falls »Freiheit« das zulässige Wort für Millionen von notleidenden Indern ist –, ist inzwischen herangewachsen. Und selbst in dieser tiefsten Provinz muß der Status der sich nicht mehr an der Macht befindlichen Sahibs und Memsahibs gelitten haben. Und doch, während ich dies schreibe, erinnere ich mich daran, wie Rachel ihre indischen Spielkameraden herumkommandiert, und wie diese das sie dominierende weiße Kind nie zurückzuweisen scheinen. Die Kontrolle der Briten über das indische Empire scheint eindeutig auf mehr beruht zu haben als nur auf Macht. Doch ich weiß ehrlich gestanden nicht, ob ich glauben soll, daß dieses »mehr« ein indischer Charakterfehler, eine britische Tugend oder die Kombination von Unarten und Tugenden auf beiden Seiten darstellt, die es erst ermöglichte, daß Millionen Menschen von ein paar tausend anderen beherrscht wurden.

Den ganzen Tag schon fühle ich mich um fünfzig oder hundert Jahre zurückversetzt, nicht weil das Leben auf dem Byerley-Gestüt etwas Imperialistisches an sich hätte, sondern weil vieles von unserer Unterhaltung geradewegs aus einem Roman von Edmund Candler, mit gelegentlichen Rückgriffen auf ein Werk von Flora Annie Steel, entstammen könnte. Und natürlich ist die Tatsache, irgendwelche Dienerschaft um sich zu haben, für Besucher, die geradewegs aus Europa kommen, unbeschreiblich kurios. Ihre Gegenwart verleiht dem Leben eine völlig andere Note, was zur Abwechslung mal ganz schön ist. Mir persönlich würde es allerdings nicht gefallen, sie immer um mich zu haben. Doch die Dorfbewohner, die hier arbeiten, wissen es zweifellos zu schätzen, daß sie gut bezahlt werden, Kost und Logis erhalten und eingekleidet werden. Sie würden meinen demokratischen Widerwillen gegen die Art von Beziehung, wie sie traditionellerweise zwischen Herrschaft und Dienerschaft in Indien üblich ist, nicht verstehen. Für sie ist es die logische Erweiterung des Kastensystems.

Bevor die Thimmiahs gestern abfuhren, wurde vereinbart, daß wir bis zum 9. Dezember, dem Tag von *Huthri*, bei den Fosters bleiben würden. Es ist das wichtigste religiöse Fest in Coorg, und zu dieser Gelegenheit kehrt jedes Familienmitglied zu dem Haus seiner Vorfahren zurück. Bis dahin haben wir genug Zeit, um (endlich!) das tibetanische Lager in Bylekuppa aufzusuchen und ein oder zwei Tage in Mysore City zu verbringen. Dort wollen wir Kay Webb besuchen, eine ärztliche Missionarin, mit der ich in Nepal zusammengearbeitet habe. Heute abend kommt es mir so vor, als hätte das Schicksal begonnen, unsere Reiseroute zu organisieren und ziemlich gute Arbeit leisten würde.

Fünftes Kapitel

Hinduismus in Mysore

2. Dezember. Kushalnagar
Nachdem wir uns von den Fosters verabschiedet hatten, wanderten wir ein paar Stunden lang über eine schmale, von Bäumen gesäumte Straße, die voller Schlaglöcher war. Der einzige Verkehr bestand aus einer Viehherde, die von zerlumpten, grimmig aussehenden Männern angetrieben wurde, die unsere Begrüßung nicht erwiderten. Wir kamen an einigen Hütten mit zerfransten Strohdächern vorbei und sahen ein paar Kleinkinder, die vor unseren weißen Gesichtern mit entsetztem Gebrüll die Flucht ergriffen. Vielleicht benutzen ihre Mütter Europäer als Schreckgespinste.

Gegen Mittag sammelte uns ein Bus – oder besser das, was davon übrig war – ein. Die Sitze waren aufgerissen, die Fensterscheiben zerbrochen und die Bodendielen hingen in der Mitte durch. Die Bremsen funktionierten derart schlecht, daß bei jedem Halt Holzklötze unter die Hinterräder geworfen werden mußten. Ein kleiner Junge war extra zu diesem Zweck angestellt. Solange die Straße eben war, schlichen wir mit 15 bis 20 Stundenkilometern dahin. Der Motor klang dabei wie ein Zementmischer. Aber am Fuß der ersten Steigung hielten wir abrupt dort an, wo wir jeden Gegenverkehr – wenn es ihn gegeben hätte – ernsthaft behindert hätten. Mir wurde schnell klar, daß dies keine Ausnahme, sondern durchaus üblich war. Alle Passagiere mit Stehplatz kletterten kommentarlos aus dem Bus und gingen zu Fuß den Berg hinauf. Der Bus mit der zulässigen Anzahl von Passagieren (laut Schild oberhalb des Motors gibt es offiziell 38 Sitzplätze) folgte ihnen. Irgendwann zählte ich 43 unrechtmäßig anwesende Passagiere, die durch die Hintertür wieder in den Bus eingestiegen waren, sowie ein paar weitere, die sich vorne zusammenquetschten. Dann rasten wir mit einer

Geschwindigkeit, die einem die Haare zu Berge stehen ließ, den steilen Berg hinunter. Jetzt begriff ich langsam die Statistiken über Busunglücke in Indien. Wären wir über die Straßenbegrenzung hinausgerast, hätte bestimmt niemand von uns überlebt. In den Meldungen über Busunglücke liest man oft, daß sich Fahrer und Schaffner, wenn sie unter den Überlebenden waren, »heimlich davongemacht hätten« (ein beliebter Ausdruck unter indischen Journalisten). Aber diese Fahrer und Schaffner, die sowohl dem Tod als auch dem Gefängnis entkommen, müssen reiche Männer sein, da sie mit dem Fahrpreis illegaler Passagiere eindeutig Gewinn machen.

Im Bus beobachtet man oft, daß Frauen diskriminiert werden. In Kodlipet, wo wir in einen anderen, etwas weniger klapprigen Bus wechselten, stieg ein ärmlich gekleidetes Paar ein. Es gab nur einen freien Sitzplatz in dem für Frauen reservierten Teil des Busses. Die Frau war ganz offensichtlich schwanger und hielt einen kleinen Jungen auf dem Arm. Doch es war nicht sie, sondern ihr Ehemann, der sich hinsetzte und das Baby auf seinen Schoß nahm. Die Frau mußte sich während der zweistündigen Fahrt an den Halteschlaufen festhalten. Meinen Platz konnte sie nicht annehmen, weil er sich in dem für Männer reservierten Teil befand. Ich bot ihn ihrem Mann an, damit sie sich auf seinen Platz setzen konnte. Doch obwohl er kein Recht hatte, in der Frauenabteilung zu sitzen, starrte er mich nur kalt an. Er wußte, daß bei einer Auseinandersetzung die Sympathien der übrigen auf seiner Seite gewesen wären.

Es war halb sechs Uhr abends, als wir hier ankamen. Rachel zuliebe beschloß ich, in einem Hotel zu übernachten (drei Rupien für ein Doppelzimmer!), obwohl wir nur 12 oder 13 Kilometer von Bylekuppa entfernt sind.

3. Dezember. Tibetanische Siedlung in Bylekuppa
Letzte Nacht wurde ich alle paar Minuten von Flöhen, Mücken, streunenden Hunden, die vor unserem Fenster kämpften (wir befanden uns im Erdgeschoß), und Schakalen, die auf dem

Gelände heulten, geweckt. Ab morgens um zehn nach vier tönte schließlich schriller indischer Jazz über einen öffentlichen Lautsprecher.

Als wir um halb sieben Kushalnagar zu Fuß verließen, sahen wir viele wohlhabend aussehende Tibetaner auf ihren eigenen Fahrrädern, Motorrollern, Ochsenkarren oder in siedlungseigenen Jeeps oder Lastern vorbeifahren. Am Polizeiposten in Bylekuppa mußte ich das Empfehlungsschreiben von T.C. vorweisen. Die Sicherheitsvorkehrungen hier unterstreichen den Unterschied zwischen dieser Siedlung und Mundgod. Bylekuppa wurde 1963 gegründet, trotz beträchtlicher Kontroversen und mit viel Publicity. Es stand immer unter indischer Überwachung und unter indischem Einfluß. Da Bylekuppa sich außerdem in der Nähe der Hauptstraße zwischen Mangalore und Mysore befindet, ist es in hohem Maße der Neugier und der Einmischung des Westens ausgesetzt. Aber man kann nicht überall Vollkommenheit erwarten. T.C. gibt gerne zu, daß Mundgod aus den Fehlern gelernt hat, die hier gemacht wurden, als zum ersten Mal versuchsweise eine große Zahl von Tibetanern nach Südindien umgesiedelt wurde.

Trotz dieser Fehler geht es den meisten der 8000 Tibetaner in Bylekuppa heute gut. Einige haben auf ihren eigenen Feldern eigenständig kleine Häuser für ihre verheirateten Kinder gebaut. Und den meisten geht es finanziell vermutlich besser, als es ihnen in Tibet jemals hätte gehen können. Ob es ihnen in anderer Hinsicht auch ebenso gut geht, ist Ansichtssache.

Ich sitze im Gästebungalow der Siedlung, trinke das einheimische Bier und schreibe. Doch während ich das tue, stelle ich fest, daß meine Fähigkeit, zu kommentieren, rapide abnimmt. Dieses Bier ist eine sikkimische Variation des Chang-Themas und wird aus *Ragi* gebraut, einem sehr nahrhaften Getreide, das als »Nationalhirse von Mysore« bekannt ist. Es wird in einem riesigen Glasgefäß auf einem flachen Teller serviert. Das Gefäß ist bis zum Rand mit gärendem *Ragi* gefüllt, in dem ein »Strohhalm« aus Bambus steckt. Um sich sein Getränk zu mixen, gießt man heißes Wasser aus einem Kessel, der eine

Gallone (4,5 Liter) faßt, zu dem Getreide. Nach ein paar Minuten ist das Gebräu soweit, daß man es mit dem »Strohhalm« trinken kann, und es kommt einem sehr angenehm und harmlos vor. Man gießt etwas Wasser nach und trinkt weiter. Nachdem man dieses Ritual ein paar Mal wiederholt hat, ertappt man sich dann dabei, immer öfter etwas Wasser zu verschütten ...

4. Dezember. Mysore City
Auf dem Plateau von Mysore wachsen viele einzelne, ausladende Bäume auf den weiten rotbraunen Feldern. Sie verleihen der Landschaft ein leicht englisches Aussehen, was heute noch betont wird durch vereinzelte, dicke weiße Wolken, die über den tiefblauen Himmel ziehen. Es könnte genauso gut ein perfekter Junitag zu Hause sein. Und da Mysore fast 750 Meter über dem Meeresspiegel liegt, war es selbst um ein Uhr mittags, als wir im Stadtzentrum ankamen, nicht zu heiß.

An der Aufnahme des Holdsworth Memorial Hospital gab man uns hilfsbereit die Auskunft, daß Kay morgen nachmittag aus den Leprakliniken in den Dörfern zurück sein würde. Wir machten uns auf, eine passende Unterkunft zu suchen. Unser Zimmer im »Palas Hotel« kostet drei Rupien die Nacht. Es hat kein Fenster und ist kaum groß genug, daß ich mich mit dem Rucksack auf dem Rücken umdrehen kann. Es gibt so viel Ungeziefer auf dem Fußboden (bis jetzt habe ich sechs verschiedene Insektenarten gezählt), daß ich wohl mit Rachel zusammen auf dem Bett schlafen werde, das aus einem schmalen Brett besteht. Nach dem, was sich auf dem Gang abspielt, muß es sich bei diesem Hotel um ein schlecht getarntes Bordell handeln. Aber da ich über das Alter hinaus bin, in dem man sexuell belästigt wird, und Rachel es noch nicht erreicht hat, spielt diese Kleinigkeit praktisch keine Rolle. Mich beunruhigt viel mehr die Tatsache, daß das Geschirr des Restaurants auf dem Boden der völlig verdreckten Toilette abgewaschen wird, die sich direkt in der Nähe unseres Zimmers befindet. Das habe ich allerdings erst nach dem vorzüglichen Mittagessen, das uns sehr gut geschmeckt hat, entdeckt.

Es heißt, daß es mit Mysore bergab gegangen sei, nachdem die Briten abgezogen sind, aber mir gefällt es ausgezeichnet. Die Stadt ist klein genug, daß man sie zu Fuß erforschen kann, und es gibt wenig motorisierte Fahrzeuge auf den breiten, geraden und baumgesäumten Straßen. Die meisten von ihnen verlaufen zwischen soliden und gut erhaltenen, cremefarben gestrichenen Häusern mit Stufendächern und weitläufigen Gärten. Der Verkehr besteht überwiegend aus Pferde-Taxis, Fahrrädern, Ochsenkarren und Scharen von frei herumlaufenden Rindern. Viele von ihnen liegen selbstzufrieden mitten auf der Hauptstraße und käuen wieder, als ob der innere Verbrennungsmotor niemals erfunden worden wäre. Man muß eine Stadt, in der eine Kuh noch Vorrang vor dem Auto hat, einfach mögen.

Die Menschen sind ebenfalls sympathisch – mit Ausnahme derjenigen, die im staatlichen Touristenbüro arbeiten. Ich fand die Angestellten dort ganz und gar nicht hilfsbereit. In einem verzweifelten Versuch, an ihr Pflichtgefühl zu appellieren, murmelte ich etwas davon, daß ich Material für ein Reisebuch sammelte. Doch das hatte lediglich zur Folge, daß sie einander zulächelten. Sie konnten ganz einfach nicht glauben, daß jemand, der so schlecht angezogen war und so gar nicht eindrucksvoll aussah wie ich, den eigenen Namen schreiben, geschweige denn ein Buch verfassen kann. Inder verlassen sich, wenn sie es mit Ausländern zu tun haben, sehr auf das äußere Erscheinungsbild, was nur natürlich ist. In manchen Fällen allerdings führt dieses Kriterium, das durch kein anderes gestützt wird, zu bedauerlichen Mißverständnissen mit exzentrisch gekleideten Besuchern, die in Wirklichkeit ganz respektable Leute sind.

5. Dezember. Mysore City
Ich stelle mit einigem Unbehagen fest, daß ich mit zunehmendem Alter immer sentimentaler werde, was Könige und Köni-

ginnen, Kaiser und Emire, Nizam und Wali oder ähnliche Persönlichkeiten betrifft. Aber vielleicht ist es weniger ein Zeichen des Alters als ein gefühlsmäßiger Rückzug aus einer Welt, die täglich anarchischer, häßlicher und falscher wird. In Europa hat sich in mancher Hinsicht das Los des Durchschnittsmenschen während der letzten 50 Jahre deutlich verbessert. In Indien hingegen scheint die Technologie gerade stark genug zu sein, um wertvolle Traditionen zu untergraben, ohne jedoch die wenigen Errungenschaften bereitzustellen, die wirklichen Gewinn bedeuten. Daher verleitet einen das moderne Indien, noch wehmütiger als gewöhnlich in eine Zeit zurückzublicken, in der das Leben langsamer verlief, gleichmäßiger und würdevoller – und doch in mancher Hinsicht fröhlicher, freier, bunter und spontaner.

So wanderten meine Gedanken heute früh umher, während wir die gepflegten Kiespfade entlangspazierten, die zwischen ebenso gepflegten Rasenflächen auf dem riesigen Gelände des berühmten Forts von Mysore City verlaufen. Um uns herum erstreckten sich schöne rotbraune Befestigungen, vor uns ragten die beiden Zwillingstempel in den Himmel – die »Privatkapellen« der ehemaligen Herrscher. Der 1897 erbaute, alles beherrschende Palast des Maharadschas ist prunkvoll, aber nicht übertrieben verschwenderisch ausgestattet. Eigentlich stellt er sich aus der Sicht eines romantischen Touristen sehr befriedigend dar, da er genau die Art von Bauwerk verkörpert, das man sich unter der Residenz eines östlichen Potentaten vorstellt.

Die feudale Vergangenheit sieht in Mysore gut aus. Gegen Ende des 18. Jahrhunderts hatten die Briten den moslemischen Eindringling Tippu Sultan besiegt und die alte und überaus beliebte Hindu-Dynastie wieder an die Macht gebracht. Diese Wiedereinsetzung war auf der praktischen Ebene jedoch nicht sofort erfolgreich, und 1831 wurden britische Verwaltungsbeamte ernannt. Eine Folge treuer Engländer regierte den Staat während der nächsten 50 Jahre reibungslos, bis die Wadeyars erneut die Macht übernahmen. Diesesmal bewiesen sie, daß sie nicht nur fähige, sondern auch hervorragende Herrscher waren. In den dreißiger Jahren dieses Jahrhunderts bezeichnete Gandhi Mysore als einen »beispielhaften Staat«. Mehr als irgendeiner ihrer fürstlichen Rivalen erfüllten die Wadeyar-Maharadschas das hinduistische Ideal eines Königtums. Dies paßt zur Geschichte von Mysore, die untrennbar mit den Legenden von Ramayana und Mahabharata verknüpft ist.

Was die Regierungsgeschäfte betraf, wurden die Maharadschas nicht nur von britischen politischen Vertretern unterstützt, sondern auch von einer Reihe hervorragender Dewans. Viele der Dewans waren Moslems, aber sie wurden deshalb von ihren hinduistischen Herren nicht weniger geliebt, und es wurde ihnen nicht weniger vertraut. Doch der Mann, der jetzt allgemein als derjenige gilt, »der das moderne Mysore erschaffen hat«, begann als armer hinduistischer Dorfknabe. Sein Name war Dr. M. Visvesvaraya, und er ist unter dem Namen »Ingenieur-Staatsmann« bekannt, weil er den Bau einer erstaunlichen Anzahl von Dämmen, Kanälen, Fabriken, Krankenhäusern, Schulen und Colleges – darunter Indiens erste technische Hochschule – organisierte. Mir ist die Geschichte von seinen beiden Füllfederhaltern schon mehrere Male erzählt worden. Er war so bestrebt, ein gutes Beispiel abzugeben, daß er unterschiedliche Füller für private und berufliche Tätigkeiten benutzte. Den privaten Füller und die dafür benötigte Tinte bezahlte er aus eigener Tasche. Zu solch zwanghaftem Verhalten degradiert Indien ehrliche Menschen.

Während der letzten fürstlichen Periode zog Mysore viele Wissenschaftler, Künstler und Musiker an. Die Maharadschas – selbst gute Gelehrte – waren großzügige und einfühlsame Gönner, die jede Form von kreativen Bemühungen förderten. Jayachamaraja Wadeyar, der letzte Maharadscha, ist ein bedeutender Komponist. Aber inzwischen kann er es sich nicht länger leisten, junge Musiker zu unterstützen, und das finde ich sehr traurig.

Man sollte jedoch nicht zu sentimental, romantisch oder monarchistisch werden. Von den 562 »eingeborenen Fürsten«, die im Herbst des Jahres 1852 theoretisch zwei Fünftel Indiens kontrollierten, hatten Hunderte nichts bewirkt und Dutzende waren ausgesprochen unangenehm. Als Königin Viktoria die weitere Annexion von Territorium unmöglich machte, indem sie bekannt gab, daß der Radscha die John Company ersetzen solle, waren die meisten alten Mitarbeiter der Gesellschaft empört. Und Lord Elphinstone, ein Neffe des unvergleichlichen Mountstuart Elphinstone, sagte voraus, daß die Fürstenstaaten nur noch als »Auffangbecken für alles Korrupte, das in Indien im Überfluß vorhanden sei« nützlich sein würden. Das folgende Jahrhundert gab seinem Zynismus in vielen Fällen recht. Doch es wäre außerordentlich fehl am Platz, bei den »Fürstenstaaten« derart zu verallgemeinern, da einige lediglich ein paar Hektar, andere hingegen über 200 000 Quadratkilometer groß waren.

Hätte der Aufstand ein Jahrzehnt verzögert werden können, hätte sich die John Company sehr wohl die verbleibenden zwei Fünftel des Subkontinents, oder das meiste davon, sichern können. Auf diese Weise wäre der Regierung einer neuen demokratischen Republik Indien die Peinlichkeit erspart geblieben, mit alten, undemokratischen indischen Fürsten fertig zu werden. Aus bestimmten Gründen hatten die Fürsten konsequent die Idee eines unabhängigen Indiens abgelehnt, in dem sie nicht länger britischen Schutz genießen würden. Dank der vereinten Bemühungen von S. V. Patel, Lord Mountbatten und Pandit Nehru erwiesen sie sich jedoch als weniger unnachgiebig als erwartet worden war. Vielen lag mehr an ihren Insignien als an der Ausübung der Macht. Daher war es relativ leicht, sie an die Kandare zu nehmen. Nehru vernachlässigte kurzzeitig und nicht zum letzten Mal sein friedfertiges Image und erklärte schroff, daß jeder Fürstenstaat, der es vorzog, sich dem neuen Indien nicht anzuschließen, »als feindlich« behandelt werden würde. Zwei Jahre später waren alle Staaten in die Republik integriert. Ihre Herrscher waren mit Versprechungen beruhigt worden, denen zufolge sie und ihre Erben auf ewig jährliche Pensionszahlungen (»Privatschatullen«) erhalten sollten.

Außerdem wurde ihnen gestattet, ihren privaten Besitz sowie Ehrentitel, persönliche Flaggen und verschiedene andere fürstliche Vergünstigungen zu behalten, auf die so viele von ihnen großen Wert legten.

Unglücklicherweise war dies jedoch nicht das Ende der Geschichte in einem modernen Indien – konnte es auch gar nicht sein. Politiker, die gegen den Kongreß eingestellt waren, betrachteten die Konzessionen, die den Fürsten gemacht wurden, als brauchbares Kanonenfutter. Denn im ganzen Land, das vorher Britisch-Indien gewesen war, richtete sich die öffentliche Meinung verständlicherweise gegen die Fürsten. Typisch für die Art von Kritik, die säkularisierte Agitatoren äußerten, war die Anschuldigung, daß die Fürsten in unsensibler Weise Unmengen von Edelsteinen öffentlich zur Schau gestellt hatten, während ihre Landsleute um sie herum verhungerten. Diese höhnische Äußerung ignorierte die Tatsache, daß das Tragen von so vielen Juwelen, wie an der jeweiligen Person angebracht werden konnten, oft zu der Pflicht eines Hindu-Herrschers gehörte. In Mysore glaubten die meisten Untertanen des Maharadschas, daß Juwelen magische Fähigkeiten besäßen und in der Lage wären, Schönheit, Reichtum und Sicherheit über das ganze Land zu bringen. Dies sei aber nur und nur dann der Fall, wenn die Juwelen von demjenigen getragen würden, dessen Körper das Volk des Staates symbolisierte.

Nach jahrelangem Hin und Her gab die Regierung 1971 gegenüber den Agitatoren nach und entzog den Fürsten Pension und Privilegien. Doch die Ersparnis war, auf ganz Indien bezogen, unerheblich. Jedenfalls scheint dies, zumindest was Mysore betrifft, ein Beispiel für die Unverfrorenheit zu sein, daß »Demokratie« den Willen einer Minderheit, die sich klar ausdrücken kann, durchgesetzt hat, und das auf Kosten einer Mehrheit, die dazu nicht in der Lage ist und die bis heute an ihren ehemaligen Herrschern hängt.

1956, als viele Staatsgrenzen in Indien neu gezogen wurden – überwiegend auf sprachlicher Ebene –, vergrößerten sich das Gebiet von Mysore und die Bevölkerungszahl fast um das Doppelte. Viele der ehemaligen Staaten von Bombay und Hyderabad sowie die vorher eigenständige Provinz Coorg waren zuvor eingemeindet worden. Diese neue geographische Einheit – die letzten Monat in Karnataka umbenannt worden ist – umfaßt ein Gebiet von 191 000 Quadratkilometern und hat 30 Millionen Einwohner, von denen 17 Millionen Kannada sprechen, die offizielle Sprache Karnatakas. Andere Sprachen, die von einer beträchtlichen Anzahl gesprochen werden, sind Telugu, Urdu, Marathi, Tamilisch, Tulu, Konkani, Malajalam, Banjari, Hindi, und – in Coorg – Kodagu. Kodagu und Tulu – die Sprache von Süd-Kanara – benutzen beide die Kannada-Schrift, aber alle anderen Sprachen haben ihre eigene Schrift. Alt-Kannada und Tamilisch sind jedoch so ähnlich, daß man einmal davon ausging, daß es zwei Dialekte ein- und derselben Sprache seien.

Das alte Königreich Karnataka-Vijayanagar, dessen Überbleibsel Mysore ist, hat seine Identität gegen Mitte des 17. Jahrhunderts während der Eroberung von Karnataka durch die Moslems verloren. Davor reichte es vom heiligen Fluß Godavari bis zum noch heiligeren Fluß Cauvery. Drei Jahrhunderte lang hatten seine Herrscher sich der Aufgabe gewidmet, die Hindu-Gesellschaft vor der Zerstörung durch den Islam zu bewahren. Oft wurden ihre Armeen geschlagen. Doch die Tatsache, daß Südindien sich noch heute so stark von Nordindien unterscheidet, spricht für ihren Sieg auf anderen und wichtigeren Schlachtfeldern.

Obwohl geplant war, daß Karnataka, was Größe und Bevölkerungsgruppen betrifft, dem alten Königreich von Vijayanagar entspräche, können die Kannadiger natürlich nicht das für ihren neuen Staat empfinden, was sie für Mysore unter den Wadeyars empfunden haben. Fast 3000 Jahre lang, während Weltreiche größer und kleiner wurden, blieb das kleine Hindu-Königreich eine konstante Größe im indischen Leben. Dies galt besonders für den Süden, und vom Standpunkt der Bauern ist ein säkularisierter demokratischer Staat nur ein schlechter Ersatz. Trotz langer Zeiträume unter der Herrschaft verschiedener imperialer Mächte bewahrten sich die Herrscher in den südindischen Königreichen oftmals beträchtliche Kontrolle vor Ort. Schon allein ihre Präsenz genügte, um dem sozialen Gefüge emotionale Stabilität zu verleihen, egal wie unfähig oder korrupt die einzelnen Herrscher auch gewesen sein mögen. Theoretisch sollten sich Inder heute viel sicherer fühlen. Sie können bei einer Wahl die Art von Herrscher wählen, die sie wollen. Doch für die Menschen einer Gesellschaft, die vom Kastensystem dominiert wird, ist eine Art feudaler Oberherrschaft, psychologisch betrachtet, angenehmer als eine parlamentarische Demokratie. Vor einigen Jahren schrieb Dr. Radhakrishnan: »... Die Kaste ... ist inzwischen zum politischen Übel geworden; sie ist ein verwaltungstechnisches Übel geworden. Wir benutzen die Loyalität gegenüber einer Kaste zu dem Zweck, eine Wahl zu gewinnen oder um Leuten eine Arbeit zu verschaffen. Wir üben eine Form von Günstlings- oder Vetternwirtschaft aus.« Die jüngste abrupte politische Verwestlichung Indiens stellt wahrscheinlich das traumatischste Einzelgeschehen in der Geschichte des Subkontinents dar. Zunehmend mehr Inder glauben, daß der Prozeß eher schrittweise hätte erfolgen sollen.

Mir war die Vergangenheit ganz gegenwärtig, als wir die luxuriöse, mittlerweile aber trostlos wirkende Sajje-Halle betraten. Hier hatte der Maharadscha seinem Volk in jedem September während des Navaratri-Festivals eine Audienz gewährt. Rachel beschäftigte sich eingehend mit dem Thron aus dem Holz des Feigenbaums, der überzogen war mit Elfenbein, der vergoldet und versilbert war und unzählige Schnitzfiguren aus der Hindu-Mythologie aufwies.

Als wir das Fort verließen und ich mich für einen Moment zur Seite drehte, um ein Foto des Frauenflügels zu machen, kam ein älterer, ärmlich gekleideter Mann aus einer entfernten Tür auf uns zugerannt. Er rief und gestikulierte wütend. Erst war ich ebenfalls ärgerlich, da wir im und draußen vor dem Palast von aggressiven Möchtegern-Fremdenführern, die Rupien verlangten, ziemlich belästigt worden waren. Aber dann fiel mir etwas anderes an diesem schäbigen kleinen Mann auf, der auf die kunstvollen Fenster des Frauenflügels zeigte, während er lebhaft den Kopf schüttelte und versuchte, Englisch zu sprechen. Er wollte keine Rupien, er wollte einfach nur, daß wir weggingen.

Endlich verstand ich: »Maharani noch hier! Besucher nicht erlaubt zu dieser Seite! Schnell fort!« Er unterbrach sich und kam plötzlich auf das richtige Wort. »Privat hier!« rief er triumphierend. »Fort! *Privat*! Kein Schauen! Dies *nur* für Maharani!«

Ich entschuldigte mich überschwenglich und fragte, warum es kein Schild gäbe, das einen darauf aufmerksam mache. Aber der Wächter des Frauenflügels wiederholte nur: »Fort, schnell! Privat! Hier lebt unsere Maharani!«

Wir entfernten uns »schnell«. Mir wurde klar, daß ich in den Augen dieses verwahrlosten Faktotums die letzte Glut von Ehrfurcht und Loyalität wahrgenommen hatte, die »gewählte Vertreter des Volkes« selten in irgendeinem Land erwecken.

Draußen vor dem Tor, durch das wir das Fort verließen, sprachen einige Männer in einem kleinen öffentlichen Tempel ihre morgendlichen Gebete. Rachel wollte die Glocke des Tempels läuten, aber ich erklärte ihr, daß es nicht einmal den Hindu-Frauen – geschweige denn den *Mleccha*-Mädchen – erlaubt sei, dies zu tun. Doch Trost ließ nicht lange auf sich warten. Auf der kleinen Veranda des Tempels saßen zwei zahme Rhesusaffen. Sie waren mit langen Ketten an der Wand festgemacht und trugen noch ihr Nachtgewand – ein gemeinsames Stück Baumwolle. Sie begrüßten Rachels Erscheinen mit freudigem Geschnatter. Rachel spielte eine halbe Stunde mit ihren Cousins und Cousinen, nachdem ich ihr wohlweislich Brille und Haarband abgenommen hatte. Alle paar Minuten verursachten die Affen bei ihr einen Lachkrampf, und gemeinsam hatten sie dieselbe Wirkung auf viele der Vorbeikommenden. Ich saß unterdessen da, genoß die Morgensonne, bewunderte die massiven Linien der Festungsanlage und freute mich an der freundlichen Atmosphäre.

Als wir uns gestern Mysore genähert hatten, war mein Blick über das flache Plateau hinweg zu einem auffälligen, einzelnen Berg gewandert, nicht weit vom Stadtrand entfernt. Es ist der Berg Chamundi (1063 m), auf dem ein vielbesuchter Tempel steht, der Chamundi, der Familiengöttin der Wadeyars, gewidmet ist. Chamundi tötete einst zwei Dämonen namens Chanda und Mundi an genau der Stelle, wo heute der Tempel steht. In Wirklichkeit ist Chamundi nur einer der vielen Namen von Kali. Meine einzige Beschwerde gegen den Hinduismus richtet sich gegen die Tatsache, daß sie sich nicht mit Zehntausenden von Göttern und Göttinnen zufriedengeben, sondern außerdem den verwirrten *Mleccha* mit einer Vielzahl von Namen für die einzelnen Götter konfrontieren, die das Gedächtnis einfach überfordern. Aber es ist wichtig, sich von all dem nicht dazu verleiten zu lassen, den Hinduismus als eine im wesentlichen polytheistische Religion einzustufen. Der inzwischen verstorbene K. M. Sen erklärte die Situation mit gewohnter Knappheit: »Je nach der sozialen Tradition bestimmter Bevölkerungsgruppen zeigen Hindus eine bestimmte Neigung zu einer bestimmten Figur der Hindu-Mythologie und verehren Gott auf diese Weise. Der Namenlose und Formlose besitzt verschiedene Namen, und die verschiedenen Erscheinungsformen verweisen auf Ihn. Aber es wird nicht vergessen, daß Er der Einzige ist.« Eigentlich sollten Reisende in Indien K. M. Sens Buch *Hinduism* immer griffbereit haben. Für einen Außenstehenden, der ein paar Einblicke gewinnen will, aber kein ausgebildeter Philosoph ist, ist dieses Buch wertvoller als ein Dutzend gewichtigerer Werke, die ich hier anführen könnte.

Kali ist natürlich die Frau von Schiwa und ist auch unter dem Namen Sati, Gauri, Annapurna, Parvati, Durga, Bhawani und Devi bekannt. Unter dem Namen Kali verlangt sie öfter danach, durch blutige Opfer besänftigt zu werden. Kürzlich ist in einem entfernten Dorf in Maharashtra ein sechs Jahre alter Junge getötet worden, um sie zu beschwichtigen. Heutzutage werden Menschenopfer nur noch von denen erbracht, die von anderen für gewöhnlich als geisteskrank eingestuft werden.

Aber es ist nicht verwunderlich, daß die meisten Ausländer daran verzweifeln, eine Religion zu begreifen, die bestimmte Anhänger direkt dazu verleiten kann, ein Kind umzubringen, und andere dagegen, das Töten einer Mücke abzulehnen. E. M. Forster beschreibt diese Schwierigkeit eines *Mleccha* vollkommen in seinem Roman *Auf der Suche nach Indien*: »Die Risse im indischen Boden sind unendlich: Der Hinduismus, der aus der Ferne so solide wirkt, ist gespalten in Sekten und Clans, die strahlenförmig auseinanderstreben und sich verbinden und ihren Namen verändern, je nachdem, von welcher Seite man sich ihnen nähert.«

Vom Busbahnhof in Mysore fahren regelmäßig Busse zum Gipfel des Chamundi-Berges. Da der Tempel eine beliebte Pilgerstätte darstellt, ist es jedoch extrem schwierig, an Bord eines Busses zu gelangen. Zweimal wurden wir heute morgen zurückgelassen, obwohl wir ganz am Anfang der Schlange gestanden hatten. Dafür mache ich meine dumme europäische Reaktion auf Leute, die in Eile sind, verantwortlich. Instinktiv rücken wir zur Seite, um sie vorbeizulassen. Heute mußte ich all meinen Willen zusammennehmen, um diese automatische Reaktion zu überwinden. Außerdem mußte ich mich körperlich anstrengen, um Leute aus dem Weg zu ziehen oder zu drängeln, als wir den dritten Bus bestiegen. Rachel wurde fast niedergetrampelt und geriet einen Moment lang in Panik. Doch dies war ein Bus mit separaten Eingängen für Männer und Frauen, daher hatte ich es nur mit dem schwachen Geschlecht zu tun. Doch die Kraft von einigen dieser drahtigen, kleinen, bäuerlichen Frauen, die in meinem Rucksack Platz hätten, ist außerordentlich.

Hier fiel mir wieder auf, daß der Schaffner Frauen und Männer der niederen Kasten behandelt, als wären sie Zugtiere. Er beschimpfte sie und schlug manchmal sogar nach ihnen. Für ein Volk, von dem weithin angenommen wird, es bekenne sich zu einer Philosophie der *Ahimsa*, sprich Gewaltfreiheit, sind die Inder im täglichen Leben ungeheuer gewalttätig. Es war Gandhi, der fast im Alleingang den falschen Eindruck erweckte, daß sie sanft und friedfertig seien. Von allen noch immer einflußreichen Königen und Helden der Sanskrit-Literatur wurde erwartet, daß sie grimmige Menschenmörder seien. Und abgesehen von Mahatmas *Ahimsa*-Kampagne, die nicht ganz erfolgreich war, gibt es in den vergangenen 2000 Jahren indischer Geschichte nichts, was die Ansicht rechtfertigen könnte, daß Hindus im wesentlichen friedfertig sind. In Wirklichkeit ist ihre Gewalttätigkeit Teil des Rätsels Indien, das immer Ursachen und Heilmittel zu haben scheint, die uns unbekannt sind.

Das Chaos von heute morgen zum Beispiel sah aus wie ein kleiner Bürgerkrieg. Zuerst kämpften Männer, Frauen und Kinder bis aufs Blut, um in den Bus zu kommen, und zwar buchstäblich: Mich haben sie in den Arm gebissen. Anschließend überfiel der Schaffner die Horde der von vor Wut kochenden Frauen, schlug sie und schrie sie an, damit sie noch einem Dutzend mehr Leuten Platz machten. Doch zehn Minuten später lachten und scherzten der Schaffner und seine weiblichen Opfer miteinander wie alte Bekannte. Die Männer, die sich noch vor kurzem gegenseitig schlimme Verletzungen zugefügt hatten, tauschten freundlich Zeitungen untereinander aus. An dieser Stelle erinnerte ich mich an eine Bemerkung von N. C. Chaudhuri: »Irgendwie ist im hinduistischen Leben immer Lauge zur Hand, wo es Säure gibt: Es gibt eine wunderbare, grenzenlose Toleranz gegenüber Kraftausdrücken und Schlägen. Sie ist eine Art gewohnter Reflex von Vergebung. Der Hindu hat die Begabung zu herzloser Menschenfreundlichkeit.« Er hat sie auch nötig.

Der Chamundi-Berg ist so steil, daß Mysore schnell auf die Größe einer Spielzeugstadt schrumpfte. An klaren Tagen kann man das Land ringsherum in jeder Richtung mindestens 160 Kilometer weit überblicken. Als zwei Drittel der Anfahrt hinter uns lagen, hielten wir an, damit jeder sich entknoten konnte, um der fast fünf Meter großen Statue des Nandi die Ehre zu erweisen, sie war 1659 aus massivem Felsen gehauen worden. Trotz der frühen Stunde trug Nandi frische Kränze um seine Stirn, und um die Glocke an seiner gigantischen Halskette waren Ringelblumen drapiert. Die anderen Passagiere holten weitere Kränze hervor. Rachel fragte in einem durchdringenden Flüsterton: »Glauben sie, daß Büffelstiere Götter sind? Ist das die Statue eines *richtigen* Büffelstiers? Warum ist er so groß? Ist er prähistorisch?«

»Nein«, sagte ich, »er ist nicht prähistorisch, und es ist auch kein richtiger Büffelstier, und die Hindus glauben nicht, daß Büffelstiere Götter sind. Aber einige von ihnen verehren Nandi als ein Symbol des Gottes Schiwa. Er wird im allgemeinen als eine Art Kammerherr oder Hüter aller Tempel von Schiwa angesehen. Und er verkörpert und beschützt alle vierbeinigen Tiere.«

»Ich verstehe«, log Rachel.

Da man den Chamundi-Tempel zu einer Touristenattraktion macht, wird seine Umgebung immer unattraktiver. Als wir ankamen, wurde eine Statue von Chamundi, die normalerweise im innersten Heiligtum aufbewahrt wird, unter einem Baldachin auf einer Sänfte um einen Hof herumgetragen. Der Form halber wurde mit Yakschwänzen gewedelt. Anwesend waren vier ungeheuer fette Priester, die mit Sandelholzasche und rotem Pulver bedeckt waren. Es waren die ersten fetten Inder, die ich gesehen habe, seit wir Bombay verließen. Der Kontrast zwischen diesen spitzbäuchigen Parasiten, deren Augen ständig gierig glänzten, und der Menge von einfachen, bittenden, unterernährten Tempelgängern, die fromm ihre *Pujas* darbrachten und den Priestern und ihrem Gefolge wiederholt Münzen zusteckten, war bemerkenswert. Sobald wir auftauchten, wurde zwei Günstlingen aufgetragen, uns anzubetteln, was sie mit beträchtlichem Elan taten – jedoch ohne Erfolg.

Obwohl Hindu-Priester einem Tempel nicht länger als drei Jahre dienen sollen, ziehen sich nur wenige freiwillig von dieser besonderen Goldmine zurück. Inzwischen gibt es priesterliche Unterkasten, deren ungebildete Mitglieder keine anderen Brahmanen heiraten dürfen. Diese Männer werden von den meisten milde verspottet, doch niemand kann in den Tempeln ohne ihre teure, fachmännische Hilfe Gottesdienste abhalten.

Es ist nie leicht, indische Überzeugungen, Gebräuche oder Gesetze bis zu ihrem Ursprung zurückzuverfolgen. Aber man kann nicht umhin, eine Verbindung zwischen den komplizierten Verfeinerungen des Hindu-Ritualismus und priesterlicher Gier zu vermuten. Obwohl eine Person, die eine Opfergabe bringt, ihr eigenes *Puja* vollziehen muß, kann sie es nicht – selbst als Brahmane – ohne fachmännische Hilfe tun. Erst, wenn sie dafür bezahlt hat, kann sie den Verdienst ihres *Puja* sichern. Diese rituelle Gebühr ist so zu einem unentbehrlichen Teil dieses Ritus geworden. Es ist genau wie in Irland, wo auch kein Katholik mit leeren Händen vor seinen Gemeindepfarrer treten würde, um ihn zu bitten, eine Messe für das »eigene spezielle Anliegen« zu lesen. Die französische Schriftstellerin Madelaine Biardeau ist vielleicht die gegenwärtig scharfsinnigste Beobachterin Indiens. Sie bemerkte folgendes: »Das alte Weda-Ritual verordnet ein bestimmtes *Puja,* um ein bestimmtes, oft völlig profanes Ergebnis zu erzielen. Es ist verführerisch, das, was davon übriggeblieben ist, mit dem zu vergleichen, was man von der römisch-katholischen Religion weiß.« Wie dem auch sei, die Tatsache bleibt bestehen, daß viele Besucher Indien in der Überzeugung verlassen, daß die Brahmanen ein übles Volk sind, obwohl die Tempelpriester nur einen winzigen Teil der Gruppe der Brahmanen ausmachen. Viele Brahmanen sind wahre Asketen. Viele andere – wie unser Freund im Bus nach Mercara – sind charmante und kultivierte Gentlemen. Und eine hochintellektuelle Minderheit von Gelehrten betrachtet es als ihre Pflicht, die Fackel der Hindu-Kultur – kostenlos – an die nächste Generation weiterzureichen.

Ganz in der Nähe des Chamundi-Tempels liegt ein grell gestrichener Bungalow mit einem großen Schild über dem Eingang. Demzufolge handelt es sich um »Das Göttliche Museum«. Es gehört einer neuen Sekte, den Prajapita Brahma Kumaris. Sie haben ihr Hauptquartier an der Göttlichen Universität auf dem Berg Abu, ein Ort, der besser als Stätte der Dilwara-Tempel bekannt ist. Von einer etwas schwachsinnig aussehenden jungen Frau drinnen an der Kasse erwarb ich für zehn

Paisa ein Büchlein. Darin las ich, »daß der Körperlose Allmächtige Gott, den wir als Schiwa (Wohltäter der Welt) kennen, im Jahre 1937 in Gestalt eines Juwelenhändlers herabstieg. Gott segnete ihn mit zahlreichen, bedeutsamen, göttlichen Visionen, die ihm andeuteten, daß bald ein Weltkrieg kommen würde, in dem Atomwaffen eingesetzt würden, und daß das gegenwärtige, böse Eisenzeitalter mittels dieses Krieges, Naturkatastrophen und Bürgerkriegen sein tragisches Ende finden würde. Aber er sah auch Visionen des kommenden Zeitalters der Welt der Gottheiten ... Er sah ebenfalls die glückseligste Vision von Gott, dessen Stimme ihn anrief, als Instrument für die Wiedereinsetzung der kommenden goldzeitalterlichen, tugendhaften und friedlichen Welt der Gottheiten zu dienen ... Er wurde ein Medium des Gottes Schiwa, den manche Menschen auch ›Jehova‹ nennen ... Diese Institution lehrt nun das Wissen Gottes und Easy Raj Yoga in 250 Göttlichen Einrichtungen in vielen Städten und Dörfern in Indien ... Wissenschaftler sind erst kürzlich auf dem Mond gelandet, aber diese Institution wußte schon vorher, daß es kein Leben auf dem Mond gibt. Göttliche Einsicht wird auch Ihnen ohne Kosten oder Schwierigkeiten Regionen erschließen, die jenseits von Sonne, Mond und Sternen liegen ... Menschen konnten ganz einfach hartnäckige Angewohnheiten wie Trinken, Rauchen usw. aufgeben. Sie brauchten sie nicht länger, denn sie haben Göttliches Wissen erlangt ... Sie sind heute froh, daß ihnen Reinheit, geistige Gesundheit und Glück zur Routine geworden sind – durch das Easy Raj Yoga, das von dieser Göttlichen Universität gelehrt wird.«

Die Göttlichen Museen versuchen, die Grundsätze und Methoden des Easy Raj Yoga anhand von Bildern und Wandtafeln zu erklären, die – wenn man die Beispiele von Mysore zugrundelegt – von einem geistig zurückgebliebenen, religiösen Irren stammen müssen. Verschiedene Motive populärer religiöser »Kunst« sind darin verarbeitet, unter anderem das Heilige Herz und die Geheiligte Jungfrau (die etwas verwirrt aussieht, was in dieser Umgebung nicht verwunderlich ist). Abraham und Mohammed erscheinen ebenfalls in einer bizarren Darstellung des Kalpabaums. Rachel gefiel besonders die Skizze, die den Titel »Skelett aus Knochen und Fleisch«, trug, welche uns belehrte, daß wir ein »Gehirn zum Denken« haben sowie einen »Intellekt für Entscheidungen«. Ein anderes Diagramm erklärte uns, daß die »Weltgeschichte und Geographie sich alle 5000 Jahre dramatisch wiederhole«. An dieser Stelle hatte ich genug. Als wir uns zurückzogen, gab mir die Frau an der Kasse ein weiteres Büchlein. Sie sagte, sie hoffe, daß ich bald Selbstverwirklichung, Glückseligkeit, Befreiung, Erfüllung und Reinheit erlangen würde.

In Indien experimentieren die Menschen mit jeder spirituellen Neuheit, die ihnen über den Weg läuft. Auch haben wir kein Recht, anzunehmen, daß diese Experimente immer erfolglos sein müssen, nur weil sie uns vollkommen irre erscheinen. Wenigstens werden den experimentierenden Hindus die Konflikte und Strafen erspart, welche die experimentierenden Christen einst erdulden mußten. Trotz vieler starrer Tabus besitzt der Hinduismus keine zentrale Autorität, die Unorthodoxes verbietet oder davon abschreckt. Tatsächlich gibt es in den Gedanken der Inder so etwas wie »Hinduismus« an sich nicht; der Begriff ist von Ausländern geprägt worden. Er beschreibt den Komplex des speziell indischen Glaubens, der aus vielen unterschiedlichen Glaubensrichtungen besteht, die sie auf dem indischen Subkontinent angetroffen haben. Wenn die Inder sich auf das beziehen, was wir Hinduismus nennen, benutzen sie den alten und sehr befriedigenden Ausdruck *Dharma*. *Dharma* meint eine ganze Lebens- und Denkweise und Gefühlswelt. Es betrifft nicht nur den religiösen Glauben und Rituale, sondern beinhaltet auch die Prozesse der letzten drei- oder viertausend Jahre, durch die sich der Charakter des indischen Volkes geformt hat und durch die die Entwicklung ihrer Gesellschaft beeinflußt wurde.

Das indische *Dharma* ist besonders flexibel, es kann sogar mühelos mit dem Prajapita Brahma Kumaris fertig werden. Erst war ich ein wenig überrascht, als ich las, daß das Netz dieser seltsamen Göttlichen Museen vom indischen Staatspräsidenten, den Staatsgouverneuren, Kabinettsministern, Richtern des Obersten Gerichts usw. unterstützt wurde. Aber dann sah ich ein, wie selbstverständlich es in Indien war, daß die Höchsten des Landes jede ernsthafte, spirituelle Bewegung, ganz egal wie verrückt sie erscheinen möge, befürworten.

Um zwei Uhr hatten wir unsere Sachen aus dem Hotel geholt und waren auf dem Weg, um Kay zu treffen. Da sagte Rachel plötzlich: »Stop! Ich höre eine Musikkapelle!« (Sie ist inzwischen geradezu leidenschaftlich süchtig nach jeder Form von indischer Musik.) Ich gehorchte und hörte ebenfalls fröhliche Militärlieder. Dann sahen wir in der Nähe ein halbes Dutzend Trommler und Pfeifer an einer Kreuzung die Straße überqueren. Sie folgten einem Palankin, der ungeschickt mit Blättern von Plantainbananen, Kokosnüssen, Papayas, Bananenbüscheln und Bougainvilleenästen geschmückt war. Eine Prozession von ungefähr hundert schäbig gekleideten Männern und Frauen folgte ihnen. Dem Palankin voraus ging ein Junge von etwa zwölf Jahren, der ein glimmendes Stück Sandelholz trug. Da wurde mir klar, daß trotz der fröhlichen Musik eine Leiche zu den Verbrennungs-Ghats gebracht wurde. Als ich Rachel die Situation erklärt hatte, rief sie aus: »Laß uns mitgehen und sehen, was passiert!« Da dies auf Reisen eine Einstellung ist, die ich besonders schätze, taten wir das, obwohl uns die Prozession vom Krankenhaus wegführte.

Rachel schien von ihrer ersten Leiche ein wenig enttäuscht zu sein. »Er sieht nicht sehr tot aus«, beobachtete sie. So sah er wirklich nicht aus, der arme Kerl, als er da so im Schneidersitz zwischen den Bougainvilleen saß, mit einem grauen, wollenen Turban, einem roten *Lunghi* und einer braunen Sportjacke bekleidet. Seine Stirn wies Spuren von Asche und Safran auf, und eine Stütze war unter seinem Kinn befestigt. Er ist wahrscheinlich nicht sehr geliebt worden, da sogar die Hauptleidtragenden eher gelangweilt als kummervoll aussahen. Jeder schien unsere Teilnahme als eine Art angenehme Abwechslung zu begrüßen. Aber die Verbrennungs-Ghats waren noch Kilometer entfernt, und wir mußten um drei Uhr umkehren, sonst hätten wir Kay verpaßt.

Auf der Veranda des Krankenhauses stieß die erste weiße Person zu uns, die wir in Mysore City sahen. Es war eine ältere Engländerin, die gütig aussah und zerbrechlich wirkte. Es stand ihr auf der Stirn geschrieben, daß sie eine Missionarin war. Als wir ein paar Augenblicke freundlich über dies und jenes geplaudert hatten, wandte sie sich plötzlich an Rachel und fragte: »Liebst du Jesus?«

Ich hielt den Atem an und befürchtete irgendeine unschuldige Wiedergabe von etwas, das K. M. Sen gesagt hatte.

»Ja«, sagte Rachel, »und ich liebe Ganesh und Hanuman. Besonders Ganesh. Er hat so einen netten dicken Bauch. Er ist Schiwas Sohn«, ergänzte sie hilfsbereit.

Die Reaktion der Missionarin war noch schlimmer als ich erwartet hatte. Sie sah so verletzt aus – als ob sie persönlich beleidigt worden wäre –, daß sie mir aufrichtig leid tat. Sie mied meinen Blick und fragte mit etwas angespannter Stimme: »Weiß das Kind, daß es nur einen Gott gibt?«

»Natürlich weiß ich das«, sagte Rachel schnell und ziemlich gekränkt. Sie wies die Kritik an ihrer Theologie zurück. »Aber er hat viele verschiedene Namen.«

Es schien keinen Sinn zu haben, dieser sehr bestimmt geäußerten Bemerkung, die das Gesicht der unglücklichen Missionarin vor Schmach erröten ließ, noch etwas hinzuzufügen. Während ich noch eine belanglose Bemerkung über das Klima von Mysore machte, erhob sich unser Gegenüber, verabschiedete sich gezwungen und entfernte sich. Als ich sie weggehen sah, fragte ich mich, wieviele Jahre sie der Christianisierungskampagne schon gewidmet hatte. Vielleicht 40 oder 50 Jahre – ein Leben lang –, nur um am Ende mitanzusehen, daß nicht nur Hindus zunehmend das Christentum, sondern daß auch Christen zunehmend den Hinduismus schätzen lernen.

Doch es ist wahrscheinlich dumm, Sympathie an das Überbleibsel einer Klasse zu verschwenden, die von J. R. Ackerley treffend beschrieben worden ist. Zu ihm hatte eine typische

Memsahib aus den dreißiger Jahren dieses Jahrhunderts gesagt: »Sie werden die finsteren und verschlungenen Gedanken der Eingeborenen nie verstehen ... und wenn Sie es tun, werde ich Sie nicht mögen – Sie wären nicht ganz bei Trost.«

Zugegeben, wenige *Mlecchas* verstehen die Gedanken der Hindus, mögen sie sich auch noch so sehr bemühen. Doch es erscheint heute außerordentlich seltsam, daß so viele Europäer fast ihr ganzes Leben in Indien verbrachten, ohne auch nur den Versuch unternommen zu haben, herauszufinden, was die »Einheimischen« bewegt. Vielleicht basierte diese intellektuelle Unnahbarkeit teilweise auf der Furcht vor der überall vorhandenen Erotik des Hinduismus. Wir finden die angeblichen Obszönitäten der Inder harmlos im Vergleich zu unserer einheimischen Pornographie, doch in vielen Büchern von Leuten, die damals als Anglo-Inder bezeichnet wurden, spürt man Abscheu, die die Faszination überlagert, wo immer von Hindu-Sexualität die Rede ist. Dies ist ein sehr unerfreulicher Aspekt in den britisch-indischen Beziehungen. Er bestand weiter fort, bis das Empire sich auflöste.

Rückblickend erkennt man, daß es sich mit der Arroganz der Briten in Indien nicht immer so einfach verhielt, wie es den Anschein hat. Aber ganz gleich, ob sie einem echten, unkomplizierten, rassischen Superioritätskonflikt entsprungen ist oder fundamentale Unsicherheit bemäntelte, sie entfremdete unzählige nachdenkliche Inder, die sonst vielleicht ein freundliches Interesse an westlicher Geistigkeit gezeigt hätten. Viele britische Missionare erweckten den Eindruck, daß für sie das Christentum der einzig wahre Glaube sei, nicht weil Christus es begründet hatte, sondern weil sie als Engländer es praktizierten – und seht, wie zivilisiert, klug, gut organisiert und fortschrittlich *sie* waren!

Natürlich gab es gelegentlich einen Realisten wie Thomas Edwardes, der 1880 beobachtete, daß »weder vom Buddhismus, Hinduismus noch Mohammedismus ... erwartet werden kann, daß er bei der Berührung durch den Ithuriel-Speer des Christentums auseinanderbricht und sich verflüchtigt. Diese Religionen sind Teil der rassischen Charakteristika der Völker, die ihnen anhängen, sie sind unmittelbar mit dem, was ihr Leben ausmacht, verwoben ..., und bis Ereignisse eintreten, die die materiellen Voraussetzungen ihrer Existenz ändern, wird dieser historische Glauben ... im Leben seiner Anhänger ... die Oberhand behalten.«

Gebildete Hindus haben immer unterschieden zwischen der Bekehrung auf Druck von außen und der Bekehrung als Ergebnis eines inneren Wandels. Die erstgenannte, die ihrer Erfahrung nach gewöhnlich politische Untertöne hatte, betrachten sie als Gefahr für die soziale und nationale Ordnung. Die zweitgenannte können sie nachvollziehen und tun es auch. Doch trotz der traditionellen Toleranz des Hinduismus hat es in der Zeit nach der Befreiung eine starke Bewegung gegeben, »Bekehrungen« für illegal zu erklären. Und obwohl die Bewegung wenig erfolgversprechend scheint, ist dies ein bedeutsames Symptom für Indiens neuen Nationalismus. Die extremistischen Hindus, wie die Rashtriya Swayamasevak Sangh – einer von ihnen tötete Gandhi – interpretieren die missionarischen Bemühungen als einen »unerläßlichen Bestandteil der Dominanz der weißen Rassen über Asien«. Grundsätzlich haben sie recht, obwohl nur wenige, die Indien regiert haben, selbst pro-missionarisch eingestellt waren.

Wichtiger als die Haltung der Extremisten ist die Ablehnung, die Politiker und Industrielle erfahren, weil einige der Eingeborenenstämme von ihren römisch-katholischen und lutherischen Freunden ermutigt werden, für verschiedene Formen nationaler Autonomie zu kämpfen. Dies könnte endlose Schwierigkeiten zur Folge haben, weil viele von Indiens noch nicht abgebauten reichen Mineralvorkommen im Gebiet der Eingeborenen liegen. Schon jetzt haben missionarische und industrielle Aktivitäten das Stammesleben unterminiert, und es ist sicher, daß diese primitiven Jagdvölker, die so lange in den dschungelbedeckten Bergen Indiens überlebt haben, dem Untergang geweiht sind.

Doch man kann auch nicht ignorieren, wieviel Gutes medizinisch ausgebildete Missionare in ganz Indien geleistet haben. Kay ist ein typisches Beispiel. Sie setzt sich für »die Sache« so selbstlos ein wie nur irgendmöglich. Mit weltlichem Maßstab gemessen lohnt es sich für sie nicht, es gibt weder Geld, Ruhm, Glanz noch Abenteuer, nichts als harte Arbeit, Unbequemlichkeit, Sorge, Frustration und den tröstlichen Gedanken, Gottes Willen zu erfüllen. Um halb fünf kehrte sie von einer dreitägigen Tour zurück, wo sie in der Nähe ihrer Leprakolonie im Dschungel campiert hatte. Sie nahm uns mit, damit wir diese Nacht in ihrem Schlafzimmer auf dem Boden verbringen konnten. Seit unseren gemeinsamen Tagen in Nepal scheint sie einen Hauch väterlicher (sorry: mütterlicher) geworden zu sein, was ihre Einstellung »Heiden« gegenüber betrifft. Aber sonst hat sie sich wunderbarerweise nicht verändert, und es hat mir gut getan, sie wiederzusehen.

Sechstes Kapitel

Andanipura Farm

6. Dezember. Andanipura Farm, in der Nähe von Kudige
Letzte Woche, als wir auf dem Weg zum Byerley-Gestüt waren, wies Tim auf ein Anwesen in der Nähe von Kudige hin, das dem Bruder seiner Frau, K. C. Appayya, gehört. Er ist einer der wenigen experimentierfreudigen Farmer von Coorg. Ich signalisierte Interesse an Mr. Appayyas landwirtschaftlichen Theorien. Sofort kündigte Tim mit seiner impulsiven Freundlichkeit an, daß er einen Aufenthalt von ein paar Tagen in Andanipura für uns arrangieren könne, bevor wir uns für das *Huthri*-Fest nach Süd-Coorg begeben würden. In dem Augenblick war ich undankbarerweise nicht sehr angetan von der Idee, da eine Rundreise zu den herrschaftlichen Anwesen in Coorg nicht gerade der Zweck unserer Reise war. Aber die Appayyas sind solch ein warmherziges und faszinierendes Paar – gepriesen sei Tim, daß er uns bekannt gemacht hat.

Heute morgen nahmen wir den Bus von Mysore nach Kushalnagar. Von da aus teilten wir uns ein klappriges, fünfsitziges Auto mit 14 anderen Passagieren nach Kudige. Dafür zahlten wir aber auch nur 50 Paisa für die sechseinhalb Kilometer lange Fahrt. Rachel fuhr kostenlos, obwohl sie beträchtlich zum bereits akuten Unbehagen der Männerpyramide beigetragen haben muß, auf der sie saß.

Unser Taxi setzte uns dort ab, wo der Weg nach Andanipura von der Autostraße abzweigt. Wir waren ungefähr 800 Meter zwischen hektargroßen Flächen von wildem Heliotrop gelaufen, als plötzlich dieses Haus in Sicht kam – ein neuer, halbmondförmiger Bungalow, der von weißen und scharlachroten Blumenreihen umgeben war. Als wir uns der mit Weinreben bewachsenen Veranda näherten, kam Casey – das ist ein Spitzname aus Cambridge-Zeiten – die Stufen herunter, um uns zu begrüßen. Ein rundlicher, kleiner Mann mit strahlenden Augen, der seinem Auftreten nach nicht anders kann, als das Leben zu genießen. Er erinnerte mich unwillkürlich an ein Rotkehlchen. Dieser Eindruck wurde noch durch seine schnellen, plötzlichen Bewegungen unterstrichen, während er uns etwas zu trinken eingoß. Er sagte, wie glücklich er sei, uns kennenzulernen und machte dabei die ganze Zeit pickende Bewegungen mit dem Kopf, als ob jedes Wort erst eingefangen werden müßte, bevor er es äußern konnte.

Dann erschien seine Frau. Sie war in einen türkisfarbenen Sari aus Coorg gekleidet, der mit goldenen Sternen übersät und an der Schulter mit einer Goldbrosche befestigt war. Als wir uns erhoben, um sie zu begrüßen, mußte ich an eine Madonna von Botticelli denken. In Indien besitzt weibliche Schönheit oft ätherische Züge, und sogar Rachel war überwältigt von Shantis Schönheit. Als wir in unser Zimmer gingen, sagte sie: »Ich glaube, unsere Gastgeberin würde wie eine Königin aussehen, wenn sie eine Krone trüge.«

Innerhalb von Minuten hatten die Appayyas erreicht, daß wir uns nicht wie Wildfremde, sondern wie liebe Freunde fühlten. Bevor wir uns zu einem superb zubereiteten Mittagessen niederließen, nahm ich nach einer Woche das erste Bad. Ich massakrierte die zahlreichen Flöhe, die seit der Nacht im Hilton-Hotel von Kushalnagar meine ständigen Begleiter gewesen waren. Heute nachmittag bin ich mit der Welt im reinen.

Die Angewohnheit, Siesta zu halten, ist ein großer Segen für Schreibende. Während alle anderen schlummern, komme ich mit meinem Tagebuch voran. Ich sitze jetzt auf der Veranda. Vor mir liegt der Halbkreis der Berge, und ich überblicke das Farmland der Appayyas. Vor mir breiten sich Felder mit fröhlich wirkenden Sonnenblumen in voller Blüte sowie Guavenplantagen und Morgen von leuchtender Reispflanzen aus. Über die weiten Tabakfelder, auf denen gerade Tabak geerntet wurde, ziehen kleine, schwarze Ochsen paarweise je einen einfachen Pflug aus Holz. Casey setzt Traktoren nur sparsam ein. Angesichts der schlimmer werdenden Ölkrise sind Ochsen sinnvoller. Natürlich sind sich die meisten südindischen Farmer der Krise kaum bewußt, sie benutzen noch immer »landwirtschaftliche Maschinen«, die vor 5000 Jahren erfunden worden sind.

Casey hofft, daß er bald in der Lage ist, die Produktion in den weniger fruchtbaren Regionen von Coorg zu erhöhen. Hier hat er nachweislich einen guten Anfang gemacht. Doch er ist besorgt wegen der seit kurzem umgehenden Gerüchte, daß der Staat große Anwesen konfisziert und sie unter den Dorfbewohnern aufteilt. Die Besitzer sollen angeblich 60 Rupien (3 Pfund) pro Morgen als Entschädigung erhalten. Selbst in meinen politisch naiven Ohren klingt dies mehr nach einer Methode, Wählerstimmen zu gewinnen, als nach einem wirklichen Vorhaben. Was Casey beunruhigt, ist die Tatsache, daß solche Drohungen so leicht wahrgemacht werden können, ohne daß auch nur irgend jemand die Appelle der Landbesitzer im geringsten beachtet. Die Macht hat sich im modernen Indien deutlich verlagert, und zwar in die Hände von Politikern, die Karriere machen wollen.

Ich weiß zuwenig über die Einzelheiten dieses Problems, um eine eindeutige Meinung zu haben. Aber ich kann nicht anders, als mit Männern wie Tim und Casey zu fühlen, die ihre Privilegien ganz sicher nicht ausnutzen. Dem *Gazetteer* zufolge hatte Coorg vor 15 Jahren 60 000 landwirtschaftliche Besitzungen. Von denen waren 42 000 Besitzungen unter 20 250 Quadratkilometern groß, 6700 zwischen 20 250 und 40 500 Quadratkilometern, 10 040 zwischen 40 500 und 60 750 Quadratkilometern, 880 zwischen 60 750 und 121 500 Quadratkilometern sowie 806 über 121 500 Quadratkilometer groß. Der *Gazetteer* machte keine Andeutung bezüglich der durchschnittlichen Größe der Besitzungen, die »über 121 500 Quadratkilometer« umfassen. Aber mir wurde berichtet, daß Tim – der nachweislich einer der größten Landbesitzer von Coorg ist – eine ungefähr 2 024 400 Quadratkilometer große Kaffeeplantage besitzt. Dazu kommen noch ein Reisfeld, Weideland und die Wälder. Auf der einen Seite scheint es eine ausgezeichnete Idee zu sein, den Bauern mehr Land zu geben, obwohl die 806 Anwesen der Wohlhabenden für die 42 000 Armen nicht weit reichen werden. Auf der anderen Seite würde eine drastische Umverteilung des Landes unweigerlich zu einem Rückgang in der Nahrungsmittelproduktion führen, und das in einer Zeit, in der Indien dringend immer mehr Nahrungsmittel für die zusätzlichen 55 000 Einwohner benötigt, die täglich geboren werden. Aber wie sollen die Bauern die Mittel und die Erfahrung erlangen, die nötig sind, um größere Ländereien effektiv zu bewirtschaften, wenn der Status quo beibehalten wird?

Ich scheine meine Exkurse über indische Probleme immer mit einem Fragezeichen zu beenden.

7. Dezember. Andanipura Farm

Die Gastfreundschaft ist hier so groß, daß ich letzte Nacht beim Zubettgehen nicht mehr in der Verfassung war, meine gewohnte nächtliche Schreibarbeit zu leisten. Wir verbrachten einen denkwürdigen Abend, in dessen Verlauf ich – als ich mich noch konzentrieren konnte – meine Landkarte hervorholte und mit Caseys Hilfe die Grenzen von Coorg markierte. Es ist ein kleines Gebiet, für indische Verhältnisse – nur ungefähr 4105 Quadratkilometer groß. An der längsten Stelle ist es etwas über 97 Kilometer lang und an der breitesten Stelle knapp 64 Kilometer breit. Im Osten geht es über in das Hochplateau von Mysore, und im Westen ist die gebirgige Grenze 32 bis 48 Kilometer von der Malabarküste entfernt. Die meisten seiner Flüsse fließen ostwärts und sind nicht schiffbar, weil sie zu flach sind.

Die Appayyas genießen genau wie Tim nichts mehr, als ihre eigene, charakteristische Kultur zu erklären und über sie zu spekulieren. Die Spekulation konzentriert sich auf die Herkunft der Rasse von Coorg. Es ist ein Rätsel, das diejenigen Coorgianer fasziniert, die die Vermutungen von informierten, ausländischen Experten über ihre Vorfahren gelesen haben. Gestern zum Beispiel hat mir im Bus nach Mysore ein charmanter alter Gentleman aus Mercara enthusiastisch seine eigenen, persönlichen Theorien vorgetragen. Leider konnte ich von zehn Wörtern nur eins verstehen, weil die Motorengeräusche so laut waren. Als der Bus in Hunsur hielt und wir ausstiegen, um zusammen einen Tee zu trinken, vernahm ich, daß »eine einzigartige Neigung zu Brachycephalismus die Coorgianer von anderen südindischen Rassen unterscheidet.« Das hätte mich aufklären können, wenn ich gewußt hätte, was der betreffende »ismus« bedeutet, aber ich weiß es nicht. Als ich gerade dabei war, nach einer Übersetzung zu fragen, sahen wir, wie sich der Fahrer seinen Mund ausspülte, und wir hasteten zurück auf unsere Plätze.

Gleich zu Beginn ihrer Beziehung zu dieser Region waren die Briten beeindruckt von der vergleichsweisen Gleichgültigkeit der Coorgianer in bezug auf die Tabus des Kastensystems und ihrer ausgesprochenen Unabhängigkeit gegenüber dem Brahmanismus. Diese Züge unterschieden sie deutlich von anderen Südindern, ebenso wie ihre traditionellen Trachten und ihre helle Haut. Doch die Sprache von Coorg ist reines Drawidisch und dem Tamilischen und dem Malajalam mehr verwandt als dem Kannada. Das ist die Art von Widerspruch, die das Problem der »Ursprünge von Coorg« unlösbar zu machen scheint.

Die *Puranas* beweisen, daß Coorg schon seit langem als eine Region mit einer eigenen Identität gilt. (Die *Puranas* – »Alte Erzählungen« – sind eine umfangreiche Sammlung von Mythen und Folklore, die während des ersten Jahrtausends nach Christus gesammelt wurden.) Dem Cauvery-*Purana* zufolge stammen die Coorgianer von dem Vater *Kshatria* (einem arischen Krieger) und der Mutter *Sudra* (einer nicht-arischen Sklavin) ab. Sie werden *Ugras* genannt, ein Wort, das wild, furchterregend und mächtig bedeutet. Es wird auch benutzt, um einen Stamm zu beschreiben, der unterschiedlichen Kasten entstammt. Das paßt gut zu der Einstellung, die die Coorgianer bezüglich der Tabus der Kasten vertreten. Sie vereinen das beste beider Welten: Sie werden traditionell den *Kshatrias* gleichgesetzt, mit der Ausnahme, daß sie keine vier Wedas und sechs Angras besitzen.

Casey zitierte Pfarrer Henry Heras von der St. Xavier Historical Society, der daran glaubte, daß die Coorgianer bereits in den Mohenjodaro-Inschriften erwähnt worden seien. Doch das machte auf mich keinen Eindruck, da die Schrift des Indus-Tales noch nicht »entschlüsselt« worden ist. Er zitierte außerdem Professor Ghurye aus Bombay, der der Ansicht ist, daß sie zur indo-skythischen Rasse gehörten. Eine weitere nette und nicht auszuschließende Theorie ist die, sie hätten römisches Blut; entweder durch Heirat mit zahlreichen römischen Händlern, die sich anscheinend zu Augustus' und Tiberius' Zeiten in Südindien niedergelassen hatten, oder durch Heirat mit römischen Söldnern, die von frühen Pandyan-Herrschern rekrutiert worden waren, die sich selbst in das sichere, gebirgige Coorg geflüchtet hatten, als das Königreich von Pandya im 8. Jahrhundert auseinanderbrach.

Jedermann in Coorg scheint seine eigene Lieblingsantwort auf dieses ethnologische Rätsel zu haben. Ich entschied mich gestern abend, die herrliche, jedoch höchst unwahrscheinliche Theorie zu befürworten, daß die Coorgianer von einer weiteren Gruppe der allgegenwärtigen Soldaten Alexanders' abstammen.

Die Appayyas haben zwei Kinder. Und obwohl Shanti 36 Jahre alt ist und ihre Tochter Kalpana 16 Jahre alt, sehen sie aus wie Schwestern – wie so viele indische Mütter und Töchter der privilegierten Schichten. Offensichtlich altert eine unterdrückte indische Ehefrau und Mutter weniger schnell als eine befreite westliche.

Der zwölfjährige Sohn des Hauses, der gerade für die kurzen Winterferien nach Hause gekommen ist, verspricht genauso gutaussehend zu werden wie seine Eltern. Ich bin nicht einmal in der Lage zu versuchen, seinen Namen zu buchstabieren. Die Angewohnheit, traditionelle Hindu-Namen zu benutzen, ist zu Recht wieder aufgenommen worden. Es gab eine Zeit, in der es in Coorg Mode war, seine Kinder Bobby, Tommy, Mickey, Kitty, Pam, Betty usw. zu nennen. Viele Kinder in Coorg werden im Alter von vier Jahren zur Schule geschickt. Der liebevollen

Atmosphäre innerhalb der Appayya-Familie nach zu urteilen, scheint dies jedoch keinerlei Entfremdung von den Eltern zur Folge zu haben.

Kalpana wartet darauf, in sechs Monaten ihre Universitätslaufbahn einzuschlagen, entweder in Bangalore oder in Madras. Doch die derzeitigen Studentenunruhen in Indien sind so extrem, daß ihre Eltern natürlich bei dieser Aussicht besorgt sind, daß ihr Lamm unter die Randalierer gerät. Doch sie sind ebenso entschlossen wie ihre Tochter, daß sie einen Abschluß macht. Das überraschte mich zuerst. Karnatakas 16 Colleges für Maschinenbau, die neun Colleges für Medizin und die vier Universitäten produzieren jedes Jahr viele Tausend Absolventen, die nicht auf eine angemessene Anstellung hoffen können, es sei denn, sie wissen, welche Fäden sie ziehen müssen. Doch wenn Kalpana ihren Abschluß gemacht hat, wird sie sich eher einen Ehemann suchen als eine Arbeit. Mir wurde schnell klar, daß in ihren Kreisen »sie ist im College« genau die gleiche Bedeutung hat wie früher in England »sie ist im Pensionat im Ausland«. Weder Shanti noch Casey schienen zu verstehen, als ich gestern abend – nachdem ihre Tochter zu Bett gegangen war – andeutete, daß für ein Mädchen von ihrer Persönlichkeit, Intelligenz und Schönheit ein Universitätsabschluß sicher überflüssig sei, wenn sie nicht vorhabe, ihn auch zu benutzen. Seitdem in den dreißiger Jahren des letzten Jahrhunderts offizielle Bildung in ihre Reichweite gelangt war, sind die Coorgianer – sowohl Frauen als auch Männer aus allen Schichten – süchtig danach. Es widerstrebt ihnen, zuzugeben, daß heutzutage die intelligente Tochter von intelligenten Eltern ihre Ausbildung effektiver zu Hause fortsetzen kann als an einem schrecklich überfüllten College mit zuwenig Lehrkräften.

Im Moment herrscht an der Universität von Bangalore vollkommenes Chaos, und in Madras sehen die Verhältnisse nicht besser aus. Ich habe in der Zeitung ein sonderbares Drama verfolgt, das mit einer Rede zu tun hat, die Mr. Basavalingappa kürzlich gehalten hat. Er ist einer der Staatsminister von Karnataka, der mit unschuldiger Miene die Anzahl der Schundromane beklagte, die auf Kannada geschrieben werden. Die Südinder sind so empfindlich geworden, was das Thema Sprache angeht, daß der arme Mann sofort beschuldigt wurde, er sei gegen Kannada eingestellt – das schlimmste Verbrechen in Karnataka, das man sich vorstellen kann. Nach tagelangen ernsten Studentenunruhen traten gestern bis auf zwei alle elf Kabinettsmitglieder von Karnataka aus Protest gegen die Bemerkung ihres Kollegen zurück. Der leitende Minister bat jeden – aber vor allem die Studenten –, »dieser sinnlosen Kontroverse ein Ende zu bereiten«. Natürlich muß mehr dahinterstecken als in den Zeitungen steht:

Mr. Basavalingappa steht seit kurzem im Zentrum von anderen Streitereien. Darüber hinaus ist er ein Harijan, deshalb kann er es sich nicht leisten, zu umstritten zu sein, sonst würde er Reibereien zwischen den Kasten heraufbeschwören. Das mächtige konservative Element im ländlichen Indien lehnt die Tatsache streng ab, daß Harijans jetzt hohe Staatsbeamte werden können.

Ich beginne mich langsam etwas schuldig zu fühlen, daß ich mich so sehr in Coorg verliebt habe. Ich hatte mir doch vorgenommen, Südindien zu bereisen, und mein Bleiben hier sieht verdächtig nach Flucht aus. Es läßt sich nicht leugnen, daß Coorg eine besondere Gegend ist. Sie ist sauber, ruhig, ziemlich leer und nicht modernisiert. Keine Gesellschaftsschicht ist verarmt. Es ist zu keiner Tages- oder Nachtzeit zu heiß oder zu kalt, und Coorg wird von ausnehmend sympathischen Menschen bewohnt. Dazu eine wirklich prächtige Landschaft – und man hat das Paradies vor Augen. Kein Wunder, daß die Coorgianer so stolz auf ihr Land sind. Es ist mehr als der übliche regionale Stolz der Inder.

Atmosphäre ist solch eine rätselhafte Angelegenheit. Warum oder wie konnte ich an unserem ersten Abend in Mercara so sicher sein, daß Coorg für mich etwas Besonderes sein würde? Damals wußte ich absolut nichts über diese Region. Daher kann ich nichts von meiner spontanen Reaktion bereits vorhandenen Vorstellungen zuschreiben. Doch meine Antennen haben fehlerlos und präzise reagiert – wie die der meisten Menschen, wenn ihre Besitzer willens sind, sich auf sie zu verlassen.

Später. Als ich heute nachmittag erwähnte, daß ich gerne für ein paar Monate in Coorg leben würde, sagte Casey, daß es unmöglich sei, eine Unterkunft zu mieten. Zimmer oder Häuser zu vermieten sei hier nicht üblich. Aber dann fügte er beruhigend hinzu, daß Tim mein Problem schon lösen werde. Ich schätze, es gibt wenig Probleme in Coorg, die dem Einfallsreichtum dieses Nachkömmlings von Dewans standhalten können.

Bis es mir Casey erklärte, war mir nicht bewußt, daß es in Coorg keine Dörfer gibt, oder das, was wir darunter verstehen. Stattdessen leben die Coorgianer entweder in großen, einzeln stehenden Häusern auf ihrem Anwesen oder in einer Gruppe von mehreren kleinen Häusern, die von den Mitgliedern eines Familienverbandes bewohnt werden und die von den Ländereien dieser Familie umgeben sind. Diese verstreuten Heimstätten bezeichnet man als *Grama*. Sie entsprechen dem, was wir in Irland »townland« nennen. Eine Reihe von *Gramas* bilden ein *Nad*, und in Coorg gibt es heute sechs *Taluks*, die in 24 *Nads* unterteilt sind. Die wenigen richtigen Dörfer, die es gibt, werden von Moplah-Händlern oder Hindu-Händlern und -Handwerkern bewohnt, die nicht aus Coorg stammen.

Nach dem Tee schlenderten wir hinaus zu den Gebäuden der Farm, begleitet wurden wir von zwei ungepflegten Labradorhunden. Casey beschäftigt ungefähr 90 Farmarbeiter – Männer und Frauen -, und sein offen feudales Verhältnis zu ihnen scheint allen Beteiligten recht zu sein. Er erzählte mir, daß die 80 000 waschechten Coorgianer heute nur noch ein Sechstel der Bevölkerung von Coorg ausmachen. Aber sie seien eine solch dominierende Minderheit, daß ihre Kultur die ihrer Nachbarn stark beeinflußt hat. Coorgianische Sitten sind von Tausenden übernommen worden, deren Vorväter befreite Sklaven waren, oder Arbeiter auf einer Plantage, die ein Jahrhundert zuvor aus nahegelegenen Staaten hergebracht worden waren, oder Stammesleute, die durch die Abholzung ihrer Wälder dazu gezwungen worden waren, ebenfalls Teil der bäuerlichen Gemeinschaft zu werden. Eine schöne Folge dessen ist, daß die graziöse, traditionelle Kleidung der coorgianischen Frauen noch heute überall auf dem Land zu sehen ist. Auch wenn die jüngeren, »waschechten« coorgianischen Frauen sie leider aus ihrem Leben verbannt haben.

Shanti und ich gingen gemeinsam zum Haus zurück und ließen die anderen im Hof umherschlendern. Als wir durch die leuchtenden Sonnenblumenfelder gingen, wandte sich unsere Unterhaltung den neuesten indischen Gesetzesänderungen zugunsten der Frauen zu.

Dem Zivilrecht von Coorg zufolge, das in dieser Sache dem allgemeinen Hindu-Recht folgt, besitzt eine Tochter das Recht auf Unterhaltszahlungen aus dem Besitz der Familie ihres Vaters bis zu ihrer Heirat. Nach der Heirat besitzt sie weder das Recht auf einen Anteil noch auf ein Erbe. Theoretisch sind jedoch alle alten Stammes-, Regional- oder religiösen Gesetze seit der Unabhängigkeit von neuen Gesetzen abgelöst worden. Sie gewähren den Frauen absolut die gleichen Rechte wie den Männern. Sie können also Eigentum besitzen und auf den vollen und gleichen Anteil am Familienbesitz bestehen. Aber die meisten dörflichen Bewohner beiderlei Geschlechts mißbilligen diese gewaltsame Verfälschung der Grundlagen der Hindu-Gesellschaft. Sie wollen ihr Land nicht auf das Niveau dieser schädlichen, freizügigen westlichen Welt reduziert sehen, über die sie von Zeit zu Zeit aus ihren Transistorradios leise und beunruhigende Gerüchte hören. Und sie können sich keine moralische Welt vorstellen, in der Männer und Frauen gleichberechtigt behandelt werden. Es ist eine der kleineren Ironien der Geschichte, daß diese speziellen Veränderungen durchgesetzt wurden, als eine indische Regierung an die Macht kam, wo doch so lange Zeit der Radscha sorgsam vermieden hatte, die Empfindlichkeit der Hindus zu verletzen.

Doch der Einfluß des Radscha hat beträchtlich dazu beigetragen, die Stellung von vielen Frauen in der Stadt zu verbessern, und die neue Gesetzgebung muß schließlich auch eine Veränderung im ländlichen Indien bewirken. Während ich Shanti zuhörte, bekam ich den Eindruck, daß sie es lieber sehen würde, wenn die Veränderung nicht abrupt geschähe, selbst wenn dies möglich wäre. Und in solch einer grundlegenden Angelegenheit wie der arrangierten Heirat sind wenige ältere Inder bereit, eine Änderung zu befürworten. Die Ausnahme bildet eine winzige, kosmopolitische »Unterkaste«, die nicht mehr wirklich indisch ist. Selbst ein so liberales Paar wie die Appayyas wäre zutiefst erschüttert, sollte ihre Tochter selbst auf Männerjagd gehen, anstatt sich auf das Urteil ihrer Eltern zu verlassen.

Ich fragte Shanti nach den Prioritäten eines durchschnittlichen Elternpaares, das sich nach passenden Partnern für seinen Nachwuchs umsieht. Sie erwiderte ohne zu zögern, daß alle Coorgianer »Abstammung« als die wichtigste Qualifikation erachten. Ich gehe davon aus, daß sie damit Kaste und Unterkaste meint. Danach kommt »Ehre« (das heißt moralischer Charakter), dann Besitz, Gesundheit, Aussehen und Verdienste. Bei der Frage der Ehre legen die Eltern des Jungen besonderes Augenmerk auf den Charakter der Mutter des Mädchens. Shanti zitierte ein coorgianisches Sprichwort: »Wenn die Mutter einen weißen Schwanz hat, wird die Tochter wenigstens einen weißen Fleck haben.« Wenn ein Mädchen also eine Mutter mit einem unbefleckten Ruf vorweisen kann, macht es keinen großen Unterschied, ob sie möglicherweise irgendwelche fragwürdigen Vorlieben von ihrem Vater geerbt hat.

Shanti äußerte sich auch zu einer Veränderung, die ich vor kurzem von mehreren anderen Indern gehört habe: die Tendenz der heutigen Jugendlichen, das Ideal einer Liebesheirat aufzugeben, das vor 20 oder 25 Jahren noch der Traum jedes progressiven Inders gewesen ist. Manche dieser Jugendlichen sind Opfer einer solchen Liebesheirat, die schiefgegangen ist. Viele andere wissen, daß ein großer Prozentsatz dieser Ehen nicht funktioniert hat. Das häufige Scheitern ist nicht verwunderlich, da der kulturelle Hintergrund der Inder wenig bietet, was ihnen helfen würde, die Art von Beziehung aufzubauen, die sich aus einer Liebesheirat entwickeln sollte.

Casey zufolge wird das Zivilrecht von Coorg immer noch in weiten Teilen respektiert. Den Coorgianern ist erst vor kurzem gestattet worden, privates Eigentum zu besitzen. Bis das System des Familienverbandes durch Abwanderung geschwächt wurde, konnte kein Einzelner Eigentum erwerben oder erben, das nicht zum Besitz der Familie gehörte. Inzwischen können jedoch Männer ihren Kindern all das Eigentum vererben, das sie durch eigene Anstrengung erworben haben, und müssen nicht mehr erst die Erlaubnis des *Koravakara* (Oberhaupt der Familie) einholen. Aber der Coorgianer, der in irgendeiner weit entfernten Stadt erfolgreich ist, wird noch immer kritisiert, wenn er nicht jedes Jahr einen großzügigen Teil seines Reichtums in den Familientopf fließen läßt. Und es wird nicht zugelassen, daß irgendetwas die Nutzung der Felder des Familienverbandes durch die Familie zum Nutzen der Familie stört.

Als ich Caseys Erklärungen zuhörte, schien mir, daß der *Koravakara* nicht zu beneiden ist. Als ältester Sohn trägt er, wenn er die Nachfolge seines Vaters antritt, alle Sorge und Verantwortung für die Leitung der gesamten Farm. Doch hat er damit nicht das Recht auf einen Anteil, der auch nur im geringsten größer ist als der seiner Brüder oder seiner verwitweten Schwägerinnen, die für ihre Söhne das Erbe antreten, sollten seine Brüder vor ihm sterben.

Das Adoptionsrecht ist interessant. Eine kinderlose coorgianische Witwe kann einen Sohn adoptieren, der den Teil des Besitzes erben kann, der ihrem Mann gehört hat. Das gleiche gilt für einen coorgianischen Mann, der selbst durch Krankheit oder Blindheit von einer Erbschaft ausgeschlossen ist, sowie für eine unverheiratete coorgianische Frau, die keine Brüder hat. (Unverheiratete Frauen sind in Indien selten, es kommt aber vor, meist aufgrund einer körperlichen Behinderung.) Ein unehelicher Sohn oder eine uneheliche Tochter kann jedoch nicht adoptiert werden, genausowenig wie ein Junge gekauft werden kann. Die meisten ziehen es vor, falls eine Tochter aus dem eigenen Familienverband mehr als einen Sohn hat, einen von denen zu adoptieren. Adoptionen werden nicht schriftlich niedergelegt. Stattdessen findet eine kleine Feierlichkeit in Anwesenheit von Freunden und Verwandten statt. Falls die Adoptiveltern später noch einen eigenen Sohn bekommen, haben er und der adoptierte Sohn die gleichen Rechte. Weil er der ältere ist, wird der Adoptivsohn später der *Koravakara*. Viele kinderlose Hindu-Männer adoptieren einen Sohn, weil sie *Putt* fürchten. *Putt* ist ein Ort der Qual, der von keinem näher spezifizierten, aber offensichtlich unvernünftigen Gott für diejenigen bestimmt ist, die keinen Sohn haben, der ihrem Leichnam die Sterbesakramente verleiht. Aber die Coorgianer sind aus anderem Holz geschnitzt. Sie glauben nicht an *Putt*. Ihre Motive für eine Adoption sind rein praktischer Natur.

Siebtes Kapitel

Das Huthri-Fest

8. Dezember. Green Hills, in der Nähe von Virajpet
Diese Adresse klingt sehr nach der gepflegten, alleinstehenden Residenz eines Börsenmaklers im tiefsten Surrey. Sie ist der typische stilistische Fehltritt eines reichen coorgianischen Landbesitzers und Cambridge-Absolventen des frühen 20. Jahrhunderts.

Aus einem eigenartigen, inzwischen in Vergessenheit geratenen Grund, hat ein Schweizer Architekt Green Hills entworfen. Das war ungefähr 1910, als Tims Vater aus dem Haus seiner Vorfahren auszog. Nach meinen bescheidenen Ansprüchen – bzw. nach normalen, in Coorg vorherrschenden Ansprüchen – ist dies ein beeindruckender Minipalast. Er ist vollgestopft mit Ebenholz, mit Teak- und Rosenholz, Silber, Elfenbein und Messing, alten Rüstungen, Schwertern, die in berühmten Schlachten geschwungen worden sind, und natürlich den unvermeidlichen, prächtigen Jagdtrophäen, die Rachel und ich ungeheuer abstoßend finden. Doch Tim war einer der gefeierten Jäger seiner Generation und stolz darauf, daß er immer zu Fuß in die Wälder ging. Aber auch ihn hat inzwischen das Fieber gepackt, die einheimische Tierwelt zu schützen. Für den coorgianischen Tiger könnte es allerdings schon zu spät sein.

Heute morgen bestanden die Appayyas darauf, daß uns zu unserem Schutz ein alter Hausdiener begleiteten sollte. Ich fand diese Sorge um ihre Gäste etwas übertrieben. Offenbar konnte sich keiner von ihnen vorstellen, daß eine ausländische Frau, die nur Englisch sprach, in der Lage war, ohne fremde Hilfe den Weg von Andanipura nach Green Hills zu finden. Es handelte sich um eine Entfernung von ungefähr 48 Kilometern.

Als wir in Mercara in einen anderen Bus umstiegen, kaufte ich eine Tageszeitung, den *Decca Herald*. Ich las: »Drei Menschen durch umgestürzten Bus getötet: Ein Bus auf dem Weg von Coimbatore zum Dorf von Velanthavalam hatte zum Zeitpunkt des Unfalls mehr als hundert Passagiere an Bord ... Von dem Fahrer heißt es, er hätte sich heimlich davongemacht. Der Schaffner hingegen stellte sich der Polizeistation von Madukkarai.« Ich faltete die Zeitung zusammen und schätzte die Anzahl der Leute an Bord unseres Busses. Es waren ca. 65, der Bus hatte 44 Sitzplätze. Die Wahrscheinlichkeit, daß wir überleben würden, war also ziemlich hoch.

Die Straße von Mercara nach Green Hills, das neun Kilometer nördlich des Marktstädtchens Virajpet liegt, windet sich durch den Süden von Coorg. Hier ist die Landschaft weniger rauh als im Norden, aber noch viel schöner. Die ganze Region Yedenal Kanad Taluk ist außerordentlich fruchtbar und wird im allgemeinen als Zentrum von Coorg betrachtet. Viele der führenden Familien leben hier, und Virajpet, obwohl kleiner als Mercara, ist das wichtigste Wirtschaftszentrum der Provinz.

Ich stelle fest, daß ich unwillkürlich das Wort »Provinz« benutze, wenn ich über Coorg schreibe, obwohl dieser Ausdruck genau genommen nicht mehr zutrifft. Unter den Briten war Coorg eine Provinz, die kleinste in Indien. Sie wurde von einem Regierungskommissar verwaltet. Heute ist sie lediglich eine der vielen Verwaltungsbezirke von Karnataka. Doch vielleicht wird mir diese Ungenauigkeit angesichts Coorgs »natürlicher« – im Gegensatz zu seiner politischen – Unabhängigkeit gestattet.

Der Bus setzte uns an den frisch gestrichenen, weißen Holztoren des Gutes von Green Hill ab. Als wir die lange Auffahrt hinaufgingen, fühlte ich mich einen Moment lang in einen stillen Winkel irgendwo in England versetzt. Zu beiden Seiten lag eine grüne Parklandschaft mit schönem Baumbestand. In der Nähe grasten ein paar Pferde und eine Herde noch schönerer Kühe. In der Ferne, jenseits des großen Hauses, inmitten von leuchtenden Blumen und Sträuchern in Hülle und Fülle, lag die lange, unebene Kette der Ghats. Ihr sanftes Blau kontrastierte mit dem intensiven, harten, fast unwirklichen Blau des Himmels in Coorg. Zugegeben, es ist ein Himmel, wie man ihn in

England nie sieht. Auch würde man dort nicht an einer Baumschule mit Orangenbaumschößlingen und winzigen Kaffeebüschen vorbeikommen, in der jedes kleine Pflänzchen mit einem Weidenschirm geschützt wird. Auch wäre der Bulle kein glänzendroter Sindhi mit einem prächtigen Buckel. Und das Haus wäre nicht umgeben von reizenden Hainen mit riesig hohen Betelnuß- und Kokosnußpalmen.

Wir kamen an, als gerade das Mittagessen auf der Veranda serviert wurde. Sita stellte uns ihrer Mutter, ihren beiden Brüdern, einigen Verwandten, die zu Besuch waren, und fünf Hunden vor. Einer der Hunde war eine Dänische Dogge, so groß wie ein Pony. Noch mehr Verwandte werden heute abend eintreffen, rechtzeitig zum morgigen *Huthri*-Fest.

Man muß eigentlich bewundern, wie sehr die Coorgianer an ihren Gebräuchen hängen. Während ich die Familie Thimmiah heute beobachtete, fiel mir folgendes auf: Wenn jüngere Familienmitglieder ältere treffen, verbeugen sie sich respektvoll, um das Knie der älteren Person mit den Fingerspitzen zu berühren. Danach pressen sie die Finger auf ihre eigene Stirn und schließlich auf die Füße ihres Ranghöheren. Diese Form der Ehrerbietung zu beschreiben, dauert länger als sie auszuführen. Alle Gesten sind irgendwie anmutig. Es gefällt mir, daß eine Tradition wie diese selbst in solch weltoffenen Kreisen gepflegt wird.

Huthri bedeutet wörtlich »neue Reisernte«, und die Feierlichkeiten dauern ungefähr eine Woche. Die Feiern sind einfach, es wird getanzt, gesungen, gegessen und getrunken. Aber alle freuen sich sehr auf *Huthri*. Es ist ein Anlaß, bei dem sich kein Familienmitglied davon abhalten läßt – es sei denn es wäre ernsthaft krank –, in das Haus seiner Vorväter zurückzukehren. Das Hauptereignis ist das feierliche Schneiden der ersten Garbe einer Reispflanze durch das Familienoberhaupt. Dies muß in einer Vollmondnacht entweder im November oder Dezember geschehen, und zwar zu genau dem Zeitpunkt, den die *Kanias* (Astrologen) vorher als glückbringend bestimmt haben. Niemand weiß bisher, welches der glückbringende Augenblick im Jahre 1973 sein wird, aber es wird erwartet, daß die morgigen Zeitungen ihn veröffentlichen werden. Als man mir dies erzählte, fühlte ich mich fast etwas betrogen. Die Ankündigung einer Feierlichkeit, die aus einer Zeit stammt, die Tausende von Jahren vor Erfindung der Schrift – oder gar des gedruckten Wortes – liegt, könnte wirklich auf eine etwas romantischere Art und Weise als durch die Zeitung bekanntgegeben werden.

Ein gründlicher Frühjahrsputz in Haus, Nebengebäuden, Hof und Garten geht überall dem *Huthri*-Fest voraus. Heute werden alle Türen und Fenster mit Girlanden aus Mango- und Pipalzweigen und Blumengewinden verschönert. Die Geh- und Torwege von den Feldern zum Haus müssen ebenfalls mit kunstvollen Blumenbögen geschmückt werden. Heute nachmittag unternahmen Rachel und ich einen langen Spaziergang, so daß sich niemand in diesem beschäftigten Haushalt bemüßigt fühlen mußte, sich um uns zu kümmern.

Auf unserem Weg erforschten wir eine von Tims Plantagen, in der Kaffeebohnen unter riesigen alten Schattenbäumen wuchsen und reiften. Da Kaffeebüsche Schatten benötigen, durfte der Wald niemals völlig gerodet werden. Durch Kaffeeplantagen zu laufen ist immer ein Vergnügen. Es sind noch ausreichend Bäume vorhanden, damit sich Insekten und Vögel wohlfühlen. Heute nachmittag sahen wir drei sensationell große Schmetterlinge und mehrere Vögel, die aussahen, als wären sie mit Juwelen geschmückt.

Als wir die Plantage gerade verließen, fiel mir durch Zufall in einem nicht gerodeten Stück Wald in der Nähe der Straße einer dieser einfachen Schreine auf, die eigentlich keine sind. Doch sie sind offenbar für das religiöse Leben der indischen Bauern viel wichtiger, als die reich verzierten, von Brahmanen beherrschten Tempel. Ein langer flacher Stein (kein *Lingam*) lag auf dem Boden zwischen dem Wurzelgeflecht eines gigantischen Baumes, der so alt zu sein schien wie die Welt. Es war kein Versuch unternommen worden, auch nur das gröbste Schutzdach über diesem altargleichen Felsblock zu errichten, aber in der Nähe waren viele kleinere Objekte aufgestapelt worden. Als sich meine Augen an das ewige Dämmerlicht gewöhnt hatten, das unter diesem dichten Blätterbaldachin herrschte, sah ich die einfachen Votivopfer aus Ton. Sie stammten von Menschen, deren Vorfahren so ihre Verehrung gezeigt hatten, bevor man je vom Brahmanischen Hinduismus hörte. Die unbeholfen gefertigten kleinen Figuren stellten Elefanten, Rinder, Ziegen, Hunde oder Schweine dar, einige sahen so aus, als wären sie gerade erst aus dem Feuer gekommen. Wir umrundeten den mächtigen Baum, unter dem der Stein lag, und folgten dabei einem Pfad, der von unzähligen Generationen ausgetreten worden war. Mir fiel auf, daß die komplizierten Wurzeln fast vollständig von den aufeinander gestapelten Tonscherben bedeckt waren. Ich fragte mich, ob hier jemals Menschenopfer dargebracht worden sind, der Schauplatz wäre passend dafür gewesen. Aber wenn vor langer Zeit hier solche Riten vollzogen worden sind, müssen die Opfer bereit gewesen sein, wie die christlichen Märtyrer zu sterben, denn die Atmosphäre trägt keinerlei Spuren von Schrecken oder Brutalität. (Indem ich diesen morbiden Gedanken freien Lauf ließ, entfernte ich mich nicht übermäßig von der Wirklichkeit. Bis zur Mitte des letzten Jahrhunderts wurden alle drei Jahre im Juni und Dezember in den Dörfern von Kirindadu und Konincher im nahegelegenen Katienad der Bhadra Kali Menschenopfer gebracht. Als sich der britische Einfluß langsam ausbreitete, wurden die Menschenopfer durch Tieropfer ersetzt.)

Als ich Tim zu der Steinplatte in dem heiligen Hain befragte, sagte er überraschenderweise, er hätte nie von ihr gehört. Er meinte aber, es könne einer der Altäre sein, die dem örtlichen Gott Bete-Ayyappa gewidmet sind, dem Gottvater der Jagdexpedition, und die in Wäldern und Feldern von ganz Coorg zu finden sind. Er fügte hinzu, daß zu Ehren dieses Gottes die Coorgianer in jedem *Nad* ein spezielles Waldgebiet bestimmt haben, das als heilig erklärt wird, und wo keine Bäume gefällt werden dürfen. Trotz des Reichtums an Wäldern in Coorg ist das willkürliche Fällen von Bäumen immer verhindert worden. Sehr alte Bestimmungen, die Gesetzeskraft haben, schreiben vor, welche Bäume als Feuerholz, welche zum Bauen, welche für Möbel etc. genutzt werden sollen. Es ist niedergelegt, daß nur die Äste gekappt werden dürfen. Niemand hat das Recht, einen Baum zu fällen, es sei denn, er hätte bereits zwei neue als Ersatz gepflanzt.

9. *Dezember*

Bis zum gestrigen Abendessen hatte sich die ganze Familie für die heutigen *Huthri*-Feierlichkeiten eingefunden. Eine sympathischere Versammlung läßt sich kaum vorstellen. Ich suche immer noch nach Worten, die genau das ausdrücken, was die Coorgianer so liebenswert macht. Vielleicht habe ich heute morgen die Lösung gefunden, als ich ein frühes Werk über Coorg las, das ich mir aus Tims Bibliothek geliehen hatte. Vor ungefähr 120 Jahren schrieb der Schweizer Missionar Dr. Moegling über die Coorgianer, »daß sie Fremde ohne Schwierigkeiten aufnehmen und sie sich heimisch fühlen lassen.« Und dem gewöhnlichen Reisenden wärmt es nicht nur das Herz, es ist auch schmeichelhaft für ihn, daß er sich sofort bei anderen wie zu Hause fühlen kann, die, obwohl in vieler Hinsicht oberflächlich verwestlicht, doch bis heute ein Volk geblieben sind, das sich betont abseits hält.

Die Feierlichkeiten begannen heute abend um halb acht, als wir auf der Veranda saßen und an unserem Gin oder Whiskey nippten. Plötzlich rief Sita: »Horcht!« – und wir hörten in der Ferne Trommel- und Beckenschläge sowie den gelegentlichen, ernsten Klang eines Horns. Als die Musik näherkam, stand ich auf und setzte mich auf die breite Holzbrüstung am Rand der Veranda. Von hier übersieht man ein ebenes, frisch gefegtes Stück festgetretener Erde von ungefähr 45 mal 18 Meter Größe, auf dem die *Holeyas* tanzen werden. Dies sind die Arbeiter, die in den Reistälern arbeiten, viele ihrer Vorfahren waren über Generationen die *Holeyas* von Tims Vorfahren.

Äußerlich war an den ungefähr 40 Männern und Jungen, die bald darauf erschienen, nichts Bemerkenswertes. Sie trugen

Alltagskleidung und wurden angeführt von einer Fünf-Mann-Kapelle. Zu Beginn schienen sie etwas befangen, aber dann ergriff etwas von ihnen Besitz – war es die Musik, der selbstgebraute Arrak, den sie tranken, oder ganz einfach die Stimmung des *Huthri*? Sie tanzten und sangen zwei Stunden lang, als ob sie von einem glücklichen Dämon besessen wären. Es war ein wunderbarer Anblick im Mondlicht: schlanke, bewegliche Körper, die bei ihren improvisierten Tänzen sprangen und sich duckten, sich drehten und wanden, hüpften und sich wiegten. Jeder tanzte für sich allein, vom vermutlich mehr als 70 Jahre alten Graubart mit Turban, bis hin zu einem rundlichen Vierjährigen, der sich kraftvoll um sich selbst drehte. Über uns bewegten sich die schimmernden Blätter der hohen Palmen vor dem samtblauen Himmel. Unterdessen wurden von den kleineren Jungen der Familie in regelmäßigen Abständen Raketen unterschiedlichster Art abgefeuert.

In der Zwischenzeit hatten die Männer ein reinigendes Bad genommen und ihre traditionellen Kostüme angelegt, die so würdevoll, attraktiv und praktisch sind, daß ich nicht weiß, warum sie diese überhaupt zugunsten westlicher Kleidung abgelegt haben. Der Mantel, ein *Kupya*, ist normalerweise aus dickem schwarzem Stoff und etwas mehr als knielang. Er hat einen V-Ausschnitt, Ärmel, die bis zu den Ellenbogen reichen sowie eine Schärpe mit scharlachroten und goldenen Seidentroddeln. Darunter wird ein weißes Hemd getragen und unter die Schärpe entweder ein *Peechekathi* oder ein *Odikathi* oder auch beides gesteckt. Ersterer ist ein kurzer, scharfer Dolch mit einem Griff aus Elfenbein und einer mit Gold und Silber verzierten Scheide. Letzteres ist ein schweres, gebogenes Messer, das dem *Kukri* der Gurkhas ähnelt. Bei festlichen Gelegenheiten gehört ein *Peechekathi* zum Kostüm der Männer unbedingt dazu. Es ist an der seidenen Schärpe mit einer langen Silberkette befestigt, die mit exquisiten silbernen Miniaturen aller traditionellen Waffen in Coorg verziert ist. Der einzigartige coorgianische Turban, der oben flach abschließt, vervollständigt dieses eindrucksvolle Ensemble. Die Beine und Füße sollen eigentlich nackt bleiben, aber heutzutage sind fast alle vorsichtig wegen der Hakenwürmer und tragen deshalb luftige Sandalen. In der Gesellschaft von Coorg herrscht ein starkes Bemühen um Gleichheit, und bei feierlichen Zusammenkünften ist es fast unmöglich, anhand der Kleidung zwischen dem ärmsten Farmer und dem reichsten Kaffeepflanzer zu unterscheiden.

Zum *Huthri*-Fest trägt jedes Mitglied der örtlichen Gemeinde etwas bei; der Töpfer bringt einen neuen Tontopf mit, der Teppichweber einen neuen Teppich, der Korbmacher einen neuen Korb, der Tischler eine neue Holzschüssel. Um halb zehn gingen wir in die *Nellakki Nadubade*, in die innere Halle des Hauses, die den Coorgianern, die ihre Vorfahren ehren, als Familienkapelle dient. Ich sah, wozu all die mitgebrachten Dinge dienten. An einem Ende des Raumes hing die nun angezündete, heilige Wandlampe aus Messing in Augenhöhe, darunter lag der neue Teppich ausgebreitet auf dem Boden und berührte die Wand. Auf ihm stand der neue Korb, er enthielt dem feierlichen Anlaß entsprechend *bitter-gourd,* Mango- und Pipalzweige, außerdem stand auf dem Teppich ein alter Korb, in dem sich etwas Reis aus dem letzten Jahr befand, um die diesjährige Ernte willkommen zu heißen. Der neue irdene Topf enthielt Mehl aus gebratenem und gekochtem Reis. Daneben standen kleine Schälchen, die mit Milch, Honig, Sesam und geriebener Kokosnuß gefüllt waren. Auf einem dreibeinigen Hocker lag das Messer, mit dem Tim die erste Garbe schneiden würde. Daneben befanden sich eine Leuchte in einer Schale sowie Reis, Betelblätter und Arekanüsse.

Als wir alle vor der Wandlampe standen, bat Tim um den Segen Igguthappas und *Karonas* (ein Ahne der Familie), anschließend grüßte ihn jedes Familienmitglied auf traditionelle Weise und erhielt seinen Segen. An dieser Stelle wird die Frau des *Koravakara* zur wichtigsten Person der Feierlichkeiten, und Mrs. Thimmiah, die die Leuchte trug, führte uns in einer Prozession vom Haus zu den Feldern.

Uns voraus gingen mehrere Fackelträger, die lodernde Stümpfe von Plantainbananen hochhielten, um uns auf dem

Weg zu leuchten, der einen steilen Abhang direkt unterhalb des Hauses hinunterführte. In einigen Abständen flackerten neben den Pfaden weitere Stümpfe, die mit ölgetränkten Lappen umwickelt waren. Sie verliehen den Blüten der blumengeschmückten Torbögen einen seltsamen, sanften Schimmer. Währenddessen wurde das Tempo der Musik immer schneller, es gab ein Crescendo, als wir aus dem Schatten der hohen Kaffeebäume heraustraten und das Reisfeld vor uns lag, das unter dem strahlenden Mond der Tropen aussah wie ein riesiger silberner See.

Die Schwaden, die feierlich geschnitten werden sollten, waren schon vorbereitet, und wir liefen einzeln hintereinander auf dem schmalen Grat der Dämme zu ihnen hin. Tim sah auf seine Uhr und nahm das Messer von einem Jugendlichen in Empfang, der es in einem besonderen Bambusbehälter getragen hatte. Dann schnitt er unter wilder Musik und freudig erregten Gesängen die ersten Stiele der diesjährigen Ernte. Sofort eilte ein Helfer an den Rand der Gruppe und feuerte einen einzigen Schuß in den Himmel, um Igguthappa herbeizurufen, und jeder fiel in einen unvergeßlichen Gesang ein, um den Segen des Gottes für die Ernte zu erflehen. Während ich dies schreibe, sind sie immer noch irgendwo in dem riesigen, schattigen Hof dabei, und ihre Worte bedeuten »Vermehre, Oh Gott!« und hören sich an wie »Poli, Poli, *Deva*! Poli, Poli, *Deva*!«. »*Poli*« wird sehr schnell gesprochen, wohingegen »*Deva*« fast gedehnt wird.

Als nächstes wurde das *Poludu Kuthu* (ein spezielles Gefäß aus Holz) mit Garben gefüllt und einem jungen Mann – Tims Sohn – auf den Kopf gesetzt. Er war für die große Ehre, es zum Haus zurückzutragen, ausgewählt worden. Allen Anwesenden wurden weitere Garben überreicht, und ich fand es sehr bewegend, mit den anderen zum Dreschhof zurückzukehren und dabei diese kühlen, taufeuchten Garben in der Hand zu halten, die zusammengenommen über 500 Millionen Indern so viel bedeuten. Es ist unmöglich, diese Zeremonie vor dem Hintergrund von Coorg als »altmodische Lokaltradition« oder als »interessanten alten Aberglauben« abzutun. Vielleicht ist es nicht mehr als das, vielleicht ist jedes religiöse Ritual überall auf der Welt nicht mehr als das – wer weiß? Aber wenn es einen Gott gibt, dann sind wir ihm heute nacht, als wir singend im Mondlicht standen, sehr nahe gekommen.

Den Mittelpunkt eines jeden Dreschbodens in Coorg bildet eine einfache Säule aus Stein, ungefähr 1,20 Meter hoch. Für das *Huthri*-Fest wird um die Säule herum mit weißer Kreide ein kunstvolles Muster auf den Boden gezeichnet. An dieser Stelle zog ich meine Schuhe aus, um mich der betenden Prozession anzuschließen. Wir umrundeten die Säule dreimal, bevor wir unseren Reis an den Fuß der Säule legten und Mrs. Thimmiah ein weiteres *Puja* darbrachte. Dann nahmen wir die Garben wieder auf, kletterten den steilen Weg durch die Kaffeeplantage hoch zurück zum Haus, wo wir sie schließlich unter die heilige Wandlampe legten. Bevor wir ins Haus hineingingen, machte der *Kuthi*-Träger an der Schwelle Halt, damit Sita, die unverheiratete Tochter, ihm die Füße waschen und etwas Milch zu trinken geben konnte. Dann legte er das *Kuthi* auf den Teppich unter die Lampe. Ein paar Augenblicke später nahmen einige Bedienstete mehrere Reisgarben, um sie in Kränze einzuflechten, die um jeden Türgriff und jeden Fensterriegel des Hauses gehängt wurden.

Nachdem er die Älteren begrüßt und ihren Segen empfangen hatte, ging der *Kuthi*-Träger in die Küche, um einen Teig zu kneten, der *Elakki Puttu* genannt wird. Er besteht aus Reismehl, gebratenen Sesamkörnern, *bitter-gourd*-Schalen, geriebener Kokosnuß, zerdrückten Plantainbananen, Milch, Honig und einigen winzigen Kieseln und Münzen, die aus demselben Grund hinzugefügt werden, aus dem wir fremdartige Gegenstände in unseren irischen Rosinenkuchen oder Plumpudding tun. Ich war dem *Kuthi*-Träger gefolgt und sah ihm zu, wie er etwas Teig auf sechs Pipalblätter verteilte (eins für jedes anwesende Familienmitglied), sie an die Decke warf und bei jedem Wurf den Namen eines Vorfahren rief. Alle kleinen Bällchen blieben kleben, was bedeutet, daß die Ahnen mit ihren Nachfahren zufrieden sind. Das sollten sie in dieser Familie auch sein.

Unterdessen waren zwei auf Böcken stehende Holztische mit glänzenden Quadraten aus Plantainbananenblättern in der *Nellakki Nadubade* gedeckt worden. Sita schälte ein paar Körner der neuen Ernte und fügte sie einem süßen Haferbrei hinzu. Davon füllte sie eine Portion auf jedes Blatt, zusammen mit ein wenig von jedem der sieben zeremoniellen Gerichte, die wir essen würden – als Gabe für die Vorfahren. Und als wir uns alle gesetzt hatten, fragte Tim dem Ritual gehorchend: »Sollen wir etwas von der neuen Ernte zu uns nehmen?« Dies taten wir, indem wir etwas Haferbrei aßen. Ich fand einen Kiesel und eine Münze, das bedeutet, ich soll lange leben *und* reich werden.

Heute nacht fühle ich mich jedenfalls reich, auch wenn dieser neugewonnene Reichtum nichts mit Münzen zu tun hat. Gelegentlich macht ein Reisender zufällig eine Erfahrung, die ungeheuer wichtig erscheint, auch wenn sich die Bedeutung nicht leicht in Worte fassen oder erklären läßt. Obwohl nichts einfacher sein könnte als diese *Huthri*-Zeremonien, weiß ich, daß ich sie niemals vergessen werde. Abgesehen von den in mir geweckten Gefühlen – in ihrer freudigen, naiven Art so aufrichtig religiös – war es einfach überwältigend schön, dieses Ritual des Reisschneidens mitanzusehen. Die Menschen von Coorg sind sehr gutaussehend. All die schönen Gesichter, die man im Profil vor dem dunklen Hintergrund im Licht brennender Fackeln sah, ergaben ein Bild, das Rembrandt inspiriert hätte. Auch gab es kein störendes Detail aus dem 20. Jahrhundert, welches den Anblick von Sitas beeinträchtigt hätte, die in einem coorgianischen Sari aus purpurroter Seide großartig aussah, wie sie ihrer Mutter folgte, einer schlanken, in silber gekleideten Figur. Mrs. Thimmiah trug die Leuchte den schmalen Pfad entlang, während der glückliche, rhythmische, kräftige Gesang der Arbeiter durch das Tal hallte.

Wahrscheinlich ist es aber ein Fehler, das religiöse Gefühl und dieses visuelle Erlebnis als zwei voneinander getrennte Phänomene zu betrachten. Es ist sehr wahrscheinlich, daß das eine auf dem andern beruht, Menschen reagieren auf das eine wegen des anderen. Die Erbauer der großen Kathedralen scheinen etwas darüber gewußt zu haben, wohingegen nach meiner Einschätzung die modernen Architekten sehr wenig davon begreifen. Aber vielleicht haben konservative Menschen des 13. Jahrhunderts die Kathedrale von Chartres auch für erschreckend exzentrisch und pietätlos gehalten.

10. Dezember
Heute morgen bin ich aufgewacht, als es gerade dämmerte, und das, obwohl ich erst so spät ins Bett gegangen bin. Ich machte alleine einen Spaziergang durch die frühe Frische der Kaffeeplantage, durch das Tal, in dem der Reis angebaut wird, und durch den Wald, in dem die Vögel schon emsig umherflogen. Ich fragte mich beim Gehen, welche Bedeutung das *Huthri*-Fest heute wohl für westlich geprägte Coorgianer hat. Ich hatte den Verdacht, daß es mehr bedeutete als das heutige Weihnachtsfest für Christen. Auch wenn man es nicht glauben sollte, wenn man die Thimmiahs so sieht, wie sie lässig in Jeans und T-Shirt herumsitzen, ihren Cocktail trinken, den *New Yorker* lesen, Johann Strauß über eine Stereoanlage hören und sich auf Englisch mit Cambridge-Akzent unterhalten (die erste Sprache der Elite von Coorg). Ich finde es interessant, daß so viele Coorgianer augenscheinlich emotional und intellektuell von Ost nach West und wieder zurück wechseln können, ohne dabei Anzeichen von inneren Konflikten oder Verlust an Integrität zu zeigen. Diese Leichtigkeit findet man normalerweise eher unter Moslems als unter Hindus, obwohl theoretisch die Philosophie der Hindus dem eher dienlich wäre.

Als wir gestern abend auf der Veranda saßen und den Tänzern zusahen, war mir der Graben zwischen den indischen Landbesitzern und den Arbeitern sehr bewußt. Später jedoch, als wir alle auf den Feldern waren, mitten bei den *Huthri*-Zeremonien, wurde mir klar, daß auf einer bestimmten Ebene der Graben hier weniger breit ist als in Europa. Landbesitzer und

Landarbeiter erkennen sich gegenseitig in ganz unterschiedlicher Weise als gleich wichtig an und sind einander aufrichtig in gegenseitiger Loyalität und Respekt verbunden – zumindest, was diese Familie betrifft.

Ein Sozialist wäre über die Zustände, die in Coorg herrschen, natürlich entsetzt. Sie sind feudalistischer als alles, was ich jemals erlebt habe – und das ganz schamlos. Tim spricht ganz fröhlich davon, daß er »seinen Leuten erlaubt zu rauchen« oder »seinen Leuten verbietet zu spielen«, als ob die Demokratie mit den Stadtstaaten untergegangen sei. Auf der anderen Seite gibt er »seinen Leuten« zusätzlich zu einem gerechten Lohn großzügige Reisrationen für zwei Mahlzeiten am Tag, unterstützt ihre Hochzeiten und Begräbnisse und bezahlt die Arztkosten, wenn sie krank sind. Außerdem hat er ihr Leben so organisiert, daß nur wenige überhaupt Schulden haben, während in ganz Indien Millionen von Landarbeitern ihr Leben lang von Geldverleihern abhängig sind.

Tim glaubt von sich selbst, daß er in Coorg ein »durchschnittlicher« Landbesitzer ist, das würde ich ihm gerne glauben. Einmal hat er für das Parlament kandidiert, was zur Folge hatte, daß der örtliche Kongreßabgeordnete seine Kaution verlor; aber er war von den Machenschaften der Politik so angewidert, daß er die demokratische Arena bald wieder verließ, um sich seinen eigenen feudalen Angelegenheiten zu widmen.

Im Gegensatz zu meinen sonstigen Gewohnheiten – aber nicht ganz überraschend – schlief ich nach dem Mittagessen. Als ich aufwachte, hörte ich in der Ferne Musik. Die Musiker und Sänger der Kapelle waren zurückgekommen, um einem Ritual gemäß, die Familie zu preisen, vom Gründungsvorfahren, genannt *Karona*, bis hin zum jüngsten Enkelsohn im Alter von drei Jahren. Während ich dies schreibe (um zehn Uhr abends), sitzen die Musiker immer noch auf langen Bänken, die an der Wand des Gebetszimmers stehen, und singen ihren seltsam bewegenden Refrain, während die heilige Lampe stetig vor ihnen brennt. Den ganzen Abend lang gingen die einzelnen Mitglieder der versammelten Familie in das Gebetszimmer, saßen dort eine Weile und hörten zu. Anschließend kehrten sie zur Veranda zurück, um dort ihr Scrabble-Spiel wieder aufzunehmen. Tim hat mir erzählt, daß morgen ganz in der Nähe der feierliche *Huthri*-Tanz der sieben *Nads* stattfindet. Er fügte hinzu, daß bei den Ortsansässigen das Interesse an ihren Festen abgenommen und die Qualität von Musik und Tanz nachgelassen habe, seitdem es ein Kino in Virajpet gibt. Er bemüht sich, die Jungen zu ermutigen, von den Männern zu lernen, und macht manchmal selbst eine Runde durch die *Nads*, aber die Massenunterhaltung gewinnt selbst in Coorg die Oberhand.

Rachel ist heute fünf Jahre alt geworden. Trotz des unvermeidlichen Mangels an Geschenken und Karten war der Geburtstag ein voller Erfolg, es gab sogar selbstgebackenen Schokoladenkuchen zum Tee.

11. Dezember

Dies ist wirklich ein herrliches Land zum Wandern, und das entsprechende Klima hat es auch noch. Ich war fast den ganzen Tag unterwegs: vor dem Frühstück mit Sita, Rachel und den Hunden, nach dem Frühstück mit Rachel und nach dem Mittagessen allein. Kleine Pfade verlaufen in alle Richtungen, hierhin und dahin, rauf und runter, durch Reisfelder und Kaffeeplantagen und über die steilen Hänge. Und jede Biegung eines Pfades offenbart eine neue Zusammenstellung von Schönheiten der Region: blaue Berge, die den Horizont befestigen und den Frieden von Coorg beschützen; lange Täler mit Reisfeldern, die wie magische goldene Seen zwischen dem dunklen Grün der bewaldeten Hügelketten liegen; wilder Heliotrop, der das offene Buschland wie ein blaßvioletter Nebel bedeckt; gepflegte Hektar von Kaffeesträuchern, die von Reihen schlanker Silbereichen gesäumt werden und im Schatten von ehrfurchtgebietend hohen Bäumen liegen; ab und zu ein schönes Wohnhaus, mit warmen rotbraunen Ziegeln, strahlend weißen Wänden, Palmenhainen, Plantainbananen und Kaskaden von Bougainvilleen und Weihnachtssternen.

Heute nachmittag, als ich alleine unterwegs war, dankte ich dem Schicksal, daß es mich nach Coorg geführt hat. Mit meiner fünfjährigen Reisebegleitung kann ich nicht die abgelegensten Winkel erforschen, die mich am meisten reizen. Aber es ist in der Tat selten, daß man auf eine »erschlossene« Region trifft, die frei ist von aufdringlichen Reklameschildern, hervorstechenden Masten, grellen Tankstellen, Müll in Hülle und Fülle, Baumaterialien aus Kunststoff und schrecklich künstlichen Farben. Und hier, im »schönsten aller Königreiche von Jambudwipa«, existiert noch immer eine zivilisierte Harmonie von Mensch und Landschaft. Die Kunst von Mensch und Natur ergänzen sich so vollkommen, daß man sich wundersamerweise in den Garten Eden zurückversetzt fühlt, in eine Welt, wie sie war, bevor Eva in den Apfel der Technologie biß.

Gegen halb fünf überholte ich mehrere Gruppen von freundlichen, neugierigen und anmutig gekleideten Frauen, die unterwegs waren, um beim *Huthri*-Tanz zuzuschauen, der bald auf einem ebenen Stück Gemeindewiese beginnen sollte. Unter dem einzelnen, riesigen *sampige tree* in der Mitte der Wiese erwartete Rachel mich zusammen mit ein paar jungen Freunden, die sie irgendwie seit dem Mittagessen gewonnen hatte. Sie gab bekannt, daß die örtlichen Harijans in Kürze ein Vorspiel zu den formellen *Huthri*-Tänzen darbieten würden.

Dann begann auf der anderen Seite des Angers ein Quartett von seltsam komischen Figuren über den Rasen zu springen. Die Haut des Anführers war fast schwarz und über und über mit weißer Kreide beschmiert. Sein Oberkörper war nackt, abgesehen von einem verbeulten Filzhut, einer kunstvollen Girlande aus Orangenblüten und einem ganz offensichtlich falschen Bart aus Ziegenhaar. Um seine Taille trug er einen zerfetzten Minirock aus Baumwolle. Dieser wurde von einem Seil gehalten, an dem ein Dutzend klappernder Glocken aus Zinn hingen. Und während der letzten Tage war er wohl reichlich mit Arrak versorgt worden. Ihm folgte ein Mann, dessen breites, gewinnendes Grinsen eine eindrucksvolle Reihe regelmäßiger weißer Zähne offenbarte und dessen großer verfilzter Haarschopf nicht so voller Ungeziefer gewesen sein mag wie er aussah. Diese Figur trug Armeeshorts, die irgend jemand abgelegt hatte, und ein mottenzerfressenes Tigerfell, das über seinen ebenholzfarbenen Torso drapiert war. Wie seine Freunde fuchtelte er mit einem langen hölzernen Stab und dünstete Wolken von Arrak aus. Die beiden anderen Darsteller waren hochgewachsene Jugendliche, die als Frauen verkleidet waren. Und auch ohne Sprachkenntnisse verstand man schnell, daß diese Unterhaltung eine gewisse Kaiserin von Indien nicht amüsiert hätte.

Die erwachsenen Coorgianer, die unter dem *sampige* standen, ignorierten die Harijans, die herumtollten, tanzten, schrien, sangen, hoch in die Luft sprangen und ihre langen Stäbe schüttelten. Während eines Scheingefechts rollten sie sich auf dem Boden und gaben vor, tödlich verwundet worden zu sein (und gaben etwas anderes vor, als die jungen »Frauen« neben ihnen zu Boden fielen). Unterdessen spielten zwei kleine Jungen auf langen gebogenen Hörnern eine monotone, aber hübsche Melodie. Diese ausgelassene, zügellose Clownerie dauerte an, bis die Tänzer von Coorg erschienen. Sie bildeten einen dramatischen Kontrast zu den Harijans, als sie den Anger in zwei würdevollen Reihen überquerten. Ihre Kostüme waren untadelig, ihre Haltung königlich, ihre Bewegungen, als der Tanz begann, stilisiert und anmutig.

42 Männer aus sieben Dörfern nahmen daran teil. Alle trugen kurze Bambusrohre, mit denen sie sich auf rituelle Weise duellierten, während sie in einem Kreis tanzten, zu Musik, die von Trommlern und Hornspielern beigetragen wurde. Das führende Paar trug weiß, die anderen schwarz. Als sich diese gutaussehenden Männer vor dem Hintergrund der mächtigen Bäume rhythmisch im Kreis bewegten, überlegte ich, daß es in den siebziger Jahren selten geworden ist, daß Volkstanz aus Vergnügen vorgeführt wird – und nicht selbstbewußt, um Sitten und Gebräuche zu bewahren, oder berechnend, um Touristen

zu gefallen. Aber ich kann mich nicht unbeschwert freuen, wenn ich zufällig auf solche zarten und zum Untergang verurteilten Verbindungen zur Vergangenheit stoße. Man weiß, daß, noch bevor Rachel erwachsen sein wird, Coorg sich für diese Pseudo-Kultur entscheiden wird, die die »Zeit totschlägt« (ein unerbittlich bedeutungsvoller Ausdruck), aber den Geist verhungern läßt.

Warum hängen einige Menschen derart leidenschaftlich an traditionellen Sitten und Gebräuchen, während andere sie so leichtfertig über Bord werfen können? Diese Traditionalisten, denke ich, sind einfach alberne romantische Narren – oder vielleicht Feiglinge. Doch es macht mir einfach Angst, daß während meines Lebens Sitten und Gebräuche, die unermeßlich lange Zeiträume überdauert haben, von einem Land nach dem anderen, von einem Volk nach dem anderen abgelegt worden sind. Warum sollten wir annehmen, daß diese Verbindungen, mittels derer die Lebenden früher mit den Toten in Kontakt standen, inzwischen wertlos sind? Es ist nur ein paar Stunden her, unter dem *sampige tree,* daß ich eine mögliche Antwort auf diese Frage erhielt.

Die Tänzer tanzten noch immer unermüdlich, obwohl der klare Abendhimmel bereits von blaßblau zu leicht aprikosenfarben und anschließend zu einer seltsamen, aber schönen violetten Schattierung gewechselt hatte. Und plötzlich schien mir, daß vieles von dem, was wir schätzen gelernt haben, ganz einfach nicht länger unschätzbaren Wert besitzt, weil unsere Welt sich während des letzten halben Jahrhunderts so radikal verändert hat. In einer modernen Gesellschaft haben sie keinen Platz, sie erfüllen keine Aufgabe mehr. Daher müssen sie verschwinden wie die Blätter im Herbst, und sie lassen uns ohne Schutz zurück vor den Konsequenzen unseres eigenen Erfinderreichtums.

Morgen reisen wir ab, um ein paar Wochen ganz im Süden zu verbringen. Tim hat versprochen, daß er bis zu unserer Rückkehr eine entsprechend einfache Unterkunft für uns gefunden haben wird.

Achtes Kapitel

Ein Blick auf Kerala: Der Kathakali-Tanz von Cochin

12. Dezember. Tellicherry
Die Fahrt von Virajpet zur Grenze des Staates Kerala heute morgen war ein kontinuierlicher Abstieg durch dichte Wälder, in denen Kardamom-Haine im Unterholz gediehen und in denen man keinerlei Spuren menschlicher Wesen erkennt. Auf solchen Straßen fällt es mir besonders schwer, mich mit einer Busreise abzufinden.

Die Grenze besteht aus einem flachen, klaren, grünen Fluß, der über elefantengroße Felsbrocken am Fuße einer tiefen Schlucht fließt. In dem Dorf mit nur einer Straße, das jenseits der Grenze auf der Seite von Kerala liegt, wenden die Busse, die vom Staat Karnataka betrieben werden, und fahren wieder zurück. Die Passagiere müssen in die Busse von Kerala umsteigen, die ebenfalls hier wenden. Die satten grünen Hügel von Kerala steigen direkt bei der Dorfstraße steil an, und Richtung Osten türmt sich die hohe, blaue Masse der Ghats. Dies ist die Art von verstecktem kleinem Nest, in dem man sich »verloren« vorkommt, und das mir besonders gut gefällt.

In dem baufälligen Mini-Bazar wurde eine erstaunliche Menge an gesalzenem Fisch verkauft, und viele Körbe mit frischem Fisch werden täglich per Bus von der Küste hierher transportiert. Gegen Mittag gingen wir in ein winziges Gasthaus und aßen von Plantainbananenblättern. Sie wurden von einem kleinen Jungen geliefert, der sie die Straße entlang trug. Er transportierte sie auf seinem Kopf, mit Gras zu einer frisch geschnittenen Rolle gebunden, und erhielt 10 Paisa für seine Mühen. Bevor das Essen serviert wurde, wusch jeder Gast seinen eigenen »Teller« mit Wasser aus einem Krug ab – und ließ das Wasser auf den Boden laufen. Nach der Mahlzeit warf man sein

Blatt vom Balkon in den tiefer gelegenen Fluß. Wenn es in den Büschen auf der Felsenseite landete, stürzten sich sofort die örtlichen Katzen und Krähen darauf. Sie wurden neidisch von den streunenden Hunden beobachtet, die den Abgrund nicht bewältigen konnten.

Nach dem Mittagessen machten wir uns zu Fuß auf den Weg durch die satte Pracht, bis uns ein Bus überholte. Für ungefähr eineinhalb Kilometer hatten wir den Fluß zur Linken, zur Rechten zeigten Hibiskus und Bambusgruppen den Rand des Waldes an. Es gab kein einziges Stück Land, das hätte bestellt werden können. Trotzdem waren einige kleine strohgedeckte Wohnhäuser aus Lehmziegeln und/oder Kokosnußmatten entlang des Abhangs über dem Fluß errichtet worden. Ihre Bewohner hatten schwarze Haut, dicke Lippen, lockiges Haar, helle Augen und waren gut gebaut. Die meisten von ihnen begrüßten uns fröhlich, nachdem sie sich von ihrer Ungläubigkeit darüber erholt hatten, eine mehr oder weniger weiße Frau mit einem Kind die Straße hinuntergehen zu sehen. Doch die Kleinkinder waren entsetzt und flüchteten sich schreiend in den Schutz von Mutters Röcken.

In Ländern, die so entwickelt sind wie Indien, erwartet man, daß »die Medien« inzwischen jedem vermittelt haben, wie alle anderen Menschen ungefähr aussehen. Natürlich ist das Unsinn im Fall der Ezhavas in Kerala, um nur ein Beispiel zu nennen. Früher waren diese Menschen nicht nur »unberührbar«, sondern auch »unnahbar«. Sie sind noch immer eine »notleidende Klasse«, um mit dem kuriosen offiziellen Euphemismus für verarmte Gruppen zu sprechen, die unter den vorherrschenden (obwohl inzwischen illegalen) Diskriminierungen einer Kaste zu leiden haben. Das jährliche Pro-Kopf-Einkommen in Kerala beträgt 26,30 englische Pfund. Daher kann die ärmste Klasse es sich nicht leisten, ihre Kinder an die Küste mitzunehmen, wo sie einen Blick auf ausländische Touristen erhaschen könnten oder auf Seiten aus einer Zeitschrift, die auf die Wände von Teehäusern geklebt wurden und die ihnen eine bildliche Vorstellung von weißen Menschen vermitteln würden.

Wir waren ungefähr eine Stunde gelaufen, als sich die Landschaft öffnete. Zu allen Seiten erstreckten sich Plantagen mit Cashewnüssen und Eukalyptus, Haine mit Kokosnußpalmen und Plantainbananen, niedriges grünes Gebüsch, Stellen mit Bambus, Flecken mit Tapioka und Reste von Urwald, in dem schwarzer Pfeffer gedeiht. Man ist hier überwältigt von dem reinen Überfluß, der grenzenlos überschwenglichen Fruchtbarkeit in Kerala. Es scheint, als ob der Schöpfer an dieser Stelle der verrückten und freudigen Stimme der Verschwendungssucht nachgegeben hätte.

Wir machten an einer Kreuzung Halt, um im Schatten eines Unterstands einen süßen Tee zu trinken, an dem man sich fast die Zunge verbrannte. Der Unterstand war mit kommunistischen Postern und einem großen Bild von St. Francis Xavier beklebt, der ungewohnt seelenvoll aussah. Eine Fahne mit Hammer und Sichel, die fröhlich an der Spitze eines hohen Fahnenmastes aus Bambus flatterte, zierte die Kreuzung. Gegenüber vom Unterstand saßen ungefähr 20 barfüßige Jungen und Mädchen auf dem Boden vor dem strohgedeckten Schulhaus und machten fleißig ihre Englischaufgaben. Es war kein Lehrer zu sehen, aber sie sahen von ihren Aufgaben nur hoch, um einander zu helfen. Ich begann, alles zu glauben, was ich über den Bildungseifer der Malajalis gehört hatte. Als uns eine halbe Stunde später der Bus einsammelte, waren wir gerade an einer großen Klosterschule vorbeigekommen, die von Bäumen umgeben war. Hunderte von Mädchen strömten aus der Schule wie Lava aus einem intellektuellen Vulkan. Als ich sie so beobachtete, überlegte ich, welche Auswirkungen dieser geschmolzene Strom wohl bald auf die kommunistischen, unterbeschäftigten Malajalis haben würde. Aber – wenn man vorausschaut – vulkanischer Boden ist sehr fruchtbar.

Als die Straße sich auf Küstenebene zu senken begann, hatten wir von unseren Plätzen hinten im Bus eine gute Aussicht über die am dichtesten besiedelte Region, die ich jemals gesehen habe. Dörfer und Städte gingen ineinander über, die Menschen bewegten sich in Scharen oder standen in Gruppen zusammen, die so groß waren wie eine erfolgreiche öffentliche Versammlung, und erzählten. Die Rote Fahne wehte munter, auffällig bunte Schreine am Straßenrand enthielten grinsende Statuen der Jungfrau Maria, Hammer und Sichel waren sauber in weiß auf ockerfarbene Giebelwände gemalt und häufiger waren christliche Kirchen deutlich sichtbar. Die heiße schwere Luft war erfüllt von dem, was ein verächtlicher Freund aus Coorg zutreffend mit »dem in Malabar vorherrschenden, klassischen Gestank von Scheiße, Pisse und verfaultem Fisch« beschrieben hat.

Der Literatur nach zu urteilen, mit der sie beladen waren, handelte es sich bei den meisten unserer Mitreisenden um Studenten. Das hübsche, blumenbekränzte Mädchen neben mir hielt auf ihrem Schoß ein gewaltiges Werk amerikanischen Ursprungs, das den Titel *Industrielle Psychologie und Kapitalismus* trug. Sie ließ mich bereitwillig einen Blick hineinwerfen, aber die Fachsprache war so abgehoben, daß es genausogut hätte Malajalam sein können. Ich fragte mich, wieviel dieses Mädchen, das das Buch aus der College-Bibliothek entliehen hatte, tatsächlich davon verstand. Wir fuhren an einer schimmernden, neuen Kirche vorbei, über deren Gelände kreuz und quer bunte Fähnchen aus frischen Blüten verteilt waren. Ich fragte unsere studentische Freundin, ob gerade ein besonderes Fest stattfände. Sie erklärte, daß die Kirche heute abend geweiht werden sollte. Dann seufzte sie und gestand, daß sie sich Sorgen machte. Es sei ihre neue Gemeindekirche und sie wolle unbedingt am Weihe-Gottesdienst teilnehmen. Zur selben Zeit aber würde ihr Vater vor einer Kundgebung der Kommunisten sprechen, und sie hätte schon vor Wochen versprochen, bei den Erfrischungen für die Gastredner zu helfen. Was sollte sie also tun? Als ich vorschlug, sie solle früh zum Treffpunkt der Kundgebung gehen, dort ihren Teil bei den Erfrischungen leisten und dann zurück zur Kirche eilen, hellte sich ihr Gesicht sofort auf. »Natürlich! Warum bin ich nicht selbst darauf gekommen?«

Als wir um halb sechs in Tellicherry ankamen, liefen wir kreuz und quer durch die Stadt, auf der Suche nach einer Unterkunft. In sieben Hotels bekamen wir zu hören: »Kein Zimmer frei.« »Das liegt daran, daß Indien eine zu große Bevölkerung hat«, meinte Rachel fröhlich. Aber ich fürchte, es ist ein bißchen komplizierter. In drei Hotels hatte uns ein freundlicher junger Mann bereits eingetragen und wollte uns gerade die Schlüssel aushändigen, als sein Vorgesetzter, ein dickbäuchiger Brahmane, auftauchte, uns einen feindseligen Blick zuwarf und sagte: »Alle Zimmer sind belegt.« Da ich an die Rassendiskriminierung dachte, die in Indien früher von Europäern praktiziert wurde, glaubte ich, ich dürfe mich nicht beschweren. Obwohl zweimal begangenes Unrecht noch lange kein Recht ergibt.

Gegen halb acht schien der Bahnhof, wo ich dies schreibe, unsere letzte Hoffnung zu sein. Und wir hätten eine kostenlose Nachtruhe gehabt, wenn der freundliche Bahnhofsvorsteher nicht die unglückselige Bemerkung gemacht hätte, daß der Nachtzug nach Ernakulam um 21 Uhr 15 all unsere Probleme lösen würde. Abgesehen von der Tatsache, daß es unsinnig ist, nachts zu reisen, wenn man nichts vom Land sieht, fällt mir wenig ein, was schrecklicher ist als eine nächtliche Fahrt ohne Liegeplatz im Dritte-Klasse-Abteil der indischen Eisenbahn. Doch Rachel stürzte sich auf diese Idee wie ein Affe auf die Banane und stellte sich entschlossen taub bei den weisen Worten ihrer Mutter. Bald gab ich nach, weil ich glaubte, sie hätte sich dieses Zugeständnis verdient, sie war bisher solch eine vernünftige Reisegefährtin gewesen.

In der Schalterhalle erstreckte sich die Schlange für Männer über 45 Meter, das Ende lag außer Sichtweite. Aber in der Schlange für Frauen standen nur noch zwei andere Frauen. Es war unvermeidlich, daß ich von einem Mann gebeten wurde, ihm eine Fahrkarte zu kaufen, was ich gerne tat. Es handelte sich um einen sehr jungen Vater, der ein schlafendes Baby von 14 Monaten und zwei wimmernde, neugeborene Zwillinge in seinen Armen hielt. Er erklärte mitleiderregend, daß ihre Mutter noch im Krankenhaus läge, »mit einer schrecklichen Komplikation – ich bin sehr traurig und mache mir Sorgen, daß sie sterben wird.«

13. Dezember. Cochin

Zwischen Tellicherry und hier wurden alle meine Alpträume wahr. Und da Rachel jeden entsetzlichen Augenblick der Reise genoß, konnte sie nicht einmal dem Zweck dienen, ihr beizubringen, daß Mutter es am Besten weiß. Es gab nur Stehplätze, daher hockte sie sich vergnügt auf meinen Rucksack im Gang, wenn sie nicht gerade irgendwo im Zug auf den Knien wildfremder Männer saß und denen ihre Lebensgeschichte erzählte. Abgesehen von einer Stunde gegen Mitternacht, wo sie vor sich hindöste, hat sie die ganze Nacht kein Auge zugetan und blieb trotzdem in Hochstimmung. Mir fällt langsam auf, daß, je schwieriger es zugeht, sie umso besser damit zurecht kommt, aber dasselbe kann nicht gerade von ihrer alternden Mama behauptet werden. Ich stand die ganze Nacht an einer offenen Tür im Gang, nahm immer mal einen Schluck Koday-Rum und genoß es, den abnehmenden Mond hinter den Palmen anzuschauen, während ich dachte, wie dumm es sei, mit dem Zug zu fahren. Indische Busse sind genauso billig wie die dritte Klasse der Eisenbahn und in jeder Beziehung zweckmäßiger, mit Ausnahme der Geschwindigkeit (und der Sicherheit natürlich).

Wir kamen um halb sechs Uhr morgens an und liefen, halb im Koma vor Erschöpfung, durch die Stadt, auf der Suche nach einem Hotel mit einem *Chowkidar* bei Bewußtsein. Als wir aus einer schmalen Seitenstraße kamen und die Dunkelheit gerade dem Morgengrauen wich, lief ich in etwas hinein, das weiß, hart, lang und gebogen war – in den Stoßzahn eines Elefanten. Dahinter zeichnete sich im Licht des anbrechenden Tages in kolossaler Größe der Besitzer ab. Der Elefant trug ein Bündel Palmwedel von der Größe eines Heuhaufens auf seinem Rüssel und einen belustigten Mahut auf seinem Nacken. Ein Zusammenstoß mit einem Elefanten war genau das, was wir brauchten, um uns aufzumuntern. Rachel bestand darauf, daß wir ihm nachgingen. Die Geschwindigkeit und die Stille, mit der diese gewaltige, massige Gestalt sich durch das Grau der leeren Straßen bewegte, hatte fast etwas Unheimliches. In der Tat war die Geschwindigkeit so groß, daß selbst Rachel bereit war, aufzugeben, als wir sahen, wie sich die Tür zu einem Teehaus öffnete.

Wir verließen es erfrischt bei vollem Tageslicht und hatten bald dieses riesige neue Touristenhotel dicht am Meer gefunden. Nach unseren Maßstäben ist es mit dem Hilton vergleichbar: 10 Rupien für ein Einzelzimmer mit eigener Toilette und Dusche im westlichen Stil sowie einem Ventilator, einem großen Tisch und einem bequemen Stuhl. Das Bett hat eine Matratze aus Schaumgummi, alles ist frisch gestrichen und peinlich sauber. Gegen sieben Uhr war Rachel eingeschlafen, aber ich kann tagsüber nicht schlafen, wenn ich diesen Punkt der Erschöpfung erreicht habe. Deshalb werde ich mich jetzt hinlegen und ein paar Hausaufgaben zu Kerala machen.

Später. Der Legende nach ist Kerala von Parasurama aus dem Meer gehoben worden. Parasurama ist die brahmanische Inkarnation von Vishnu, der diese Mühe mit seiner Streitaxt zur Strafe dafür auf sich nehmen mußte, daß er rachsüchtig und zerstörerisch einen Feldzug gegen die *Kshatrias* geführt hatte. Doch der Verdienst für das goldene Zeitalter von Kerala ist nicht Parasurama, sondern einem Dämon, König Mahabali, zugeschrieben worden. Die Herrschaft von König Mahabali wurde beendet, als er vom Zwerg Vamana vertrieben wurde, einer weiteren Inkarnation von Vishnu. Mahabalis Herrschaft symbolisiert das vor-arische Zeitalter, als es noch keine Kasten gab und die einheimischen Völker von Kerala ihr eigenes Schicksal bestimmen konnten. Vamana symbolisiert die hellhäutigen Eindringlinge, die den dunkelhäutigen Einheimischen, die sie aufgrund ihrer Hautfarbe verachteten, ihre eigene, strikte Gesellschaftsordnung aufzwangen. Jedes Jahr im August feiern die Malajalis die imaginäre Wiederkehr von Mahabali, da während seiner Regentschaft alle Menschen von Kerala sich sozialer Gleichheit, der Gesundheit und des Wohlstandes erfreuten. Und es ist sicher kein Zufall, daß in diesem Staat, der seit Jahrhunderten von Gleichheit geträumt hat, die erste gewählte kommunistische Regierung der Welt an die Macht gekommen ist.

Doch trotz Millionen von Christen und Kommunisten bleibt Kerala eine Hochburg des brahmanischen Konservatismus. Der große religiöse Hindu-Führer des 19. Jahrhunderts, Swami Vivekananda, ein Verfechter der Vedanta und Gründer der Ramakrishna-Bewegung, war aufgrund der Kompliziertheit der Kasten und Unterkasten von Kerala so verwirrt und verärgert, daß er die ganze Region als »Irrenhaus« bezeichnete. Der heilige Asket Ezhava, bekannt als Shri Narayana Guru, führte radikale Reformen herbei. Doch vorher, zur Zeit des Swami Vivekananda, mußten die Toddy zapfenden Ezhavas einen Abstand von 19 Metern zu Tempeln, von 11 Metern zu Brahmanen, von 5 Metern zu Nairs und 3,5 Metern zu Unberührbaren einhalten. Noch heute wirken sich hier die Gesetze der Kasten stark aus, nicht nur unter Hindus, sondern auch unter Christen und Juden. Über die Jahrhunderte sind die meisten der religiösen Minderheiten in Indien unerbittlich, wenn auch inoffiziell, in das Hindu-Schema gezwungen worden. Die Christen von Malabar sind in zahlreiche, einander feindlich gesonnene Sekten und Untersekten zersplittert. Und zusätzlich zu den Streitpunkten, welche Doktrin und Liturgie betreffen, verkomplizieren viele Christen die Situation, indem sie den erblichen Hindu-Kasten und Unterkasten ihrer entfernten Vorfahren treu bleiben. Die römisch-katholischen Christen haben dem noch eine weitere, absurde Verfeinerung hinzugefügt. Eine Untersekte, die behauptet, direkt von den ersten Indern abzustammen, die St. Thomas konvertiert hat, betrachtet sich als den anderen weit überlegen. Vor nicht allzu langer Zeit dachte eine Gruppe der Ezhavas daran, sich gesellschaftlich zu verbessern, indem sie zum römisch-katholischen Glauben übertraten (oder zum lateinisch-katholischen, wie es hier heißt). Doch diese »christlichen Brahmanen« protestierten vehement dagegen, daß ihre Kirche durch die Ezhavas, egal wie gründlich sie auch getauft seien, beschmutzt würde. Daher mußten speziell für diese neuen Konvertierten neue Kirchen gebaut werden. Viele von ihnen fielen zurück in ihre vorherige Position, nämlich die unterste Hindu-Schicht, als sie erkannt hatten, daß das Christentum letztendlich doch nicht für die Gemeinschaft der Menschen war. Noch heute muß ein konvertierter Ezhava, wenn er zum Haus eines Christen kommt, der einer Kaste angehört, draußen stehenbleiben und seine Nachricht vom Garten aus laut kundtun.

Es fiel mir schwer, Rachel um zehn Uhr zu wecken, aber die Alternative – daß sie wieder die ganze Nacht wach war – wäre letzten Endes noch schlimmer gewesen.

Wir verbrachten den Tag mit netten, wenn auch ungeplanten Erkundungen. Das örtliche Klima ist längst nicht so anstrengend wie ich erwartet hatte. Vielleicht liegt es daran, daß hier so viel Wasser ist, und daran, daß man die Hälfte der Zeit auf den Motorbooten verbringt, die zwischen Ernakulam und den Inseln Willingdon, Mattancherry und Mulavukad verkehren.

Vor dem Mittagessen bummelten wir durch das moslemische Viertel von Mattancherry, wo Männer auf überfüllten Veranden Karten spielten. Jeder begrüßte uns fröhlich. Die tristen kleinen Reihen von ziemlich neuen, solide gebauten Häusern mit ein oder zwei Stockwerken waren mit Slogans in englischer Sprache versehen, die die örtlichen Kapitalisten anprangern. Doch die schlimmste Armut in Cochin ist nicht mit der zu vergleichen, die man in Bombay sieht. Außerdem habe ich hier noch keine einzige schmutzige Person gesehen, gleich welchen Alters oder Zustands. Selbst die Bewohner der armseligsten Bruchbuden tragen saubere, wenn auch oft zerlumpte Kleider.

Auf allen Seiten gibt es Wasser: flache, stinkende Kanäle, voll mit schleimigem Schlamm, über die Fußgängerbrücken aus moderndem Holz führen; das offene, stark verunreinigte Meer, auf dem immer reger Bootsverkehr herrscht; die sagenhaften toten Gewässer, die aber stark überschätzt werden, wenn ich sie nach dem beurteile, was ich bisher gesehen habe. Kleine Jungen schwammen und spielten begeistert in den unbeschreiblichen Kanälen. Aber wie ich erleichtert feststellte, duschten sie sich normalerweise unter einer Süßwasser-Pumpe am Straßenrand ab, bevor sie nach Hause gingen.

Als wir um eine Ecke bogen, sahen wir, wie gerade tonnenweise silberne Sardinen von langen, schlanken Booten in flache Weidenkörbe entladen wurden, die kräftige kleine Jungen auf dem Kopf zum Wiegen abtransportierten. Als wir herumstanden, um zuzusehen, winkte uns ein alter Mann, der auf einer Holzkiste saß, ihm Gesellschaft zu leisten und bot uns ein Glas Tee an. (In indischen Städten ist ein fahrbarer Teestand selten weit entfernt.) Er konnte genug Englisch, um uns zu erzählen, daß Kerala der Staat in Indien sei, der am meisten Fisch exportiere, er ziehe mehr als 30 Prozent des gesamten Fischfangs in Indien an Land. Anschließend drückte er mir ein kommunistisches Flugblatt über die Umverteilung des Reichtums in die Hand. Als wir das Ufer verließen, gab uns der junge Fahrer des Fischlieferwagens, der dabei war, einen kleinen Eisberg mit der Axt zu zersplittern, zwei große Stücke aus dem Block. Wir gingen unseres Wegs durch die Hitze des frühen Nachmittags und rieben uns zum großen Vergnügen der anderen Leute dankbar Gesicht und Arme mit Eis ab.

Als nächstes fanden wir uns im jüdischen Viertel wieder. Es besteht aus einer langen, schmalen Sackgasse, an dessen geschlossenem Ende sich die berühmteste Synagoge Indiens befindet. Ein paar der hohen Häuser mit grünen Fensterläden beherbergen im Erdgeschoß Läden mit Antiquitäten und Trödel. Sie werden von sanften, liebenswürdigen Männern geführt, die nicht im Traum daran denken würden, Touristen zu belästigen. Im Gegenteil, sie sprechen gern und kenntnisreich über ihre Ware oder über die Geschichte der Juden von Malabar. Wir unterhielten uns über eine Stunde mit einer blassen, traurigen Gestalt. Er hatte einen langen kastanienbraunen Bart, war 35 Jahre alt und nicht verheiratet, weil er als Weißer Jude nur eine Weiße Jüdin heiraten könne und davon gäbe es in Cochin nur noch sehr wenige. (Tausende indischer Juden sind nach Israel ausgewandert.) Ich war nicht im geringsten erstaunt, als er erklärte, daß Weiße Juden, Schwarze Juden und Sklavenjuden (die drei »Kasten« der Juden von Malabar) untereinander nicht heiraten dürften, und daß Sklavenjuden von den anderen als

Ausgestoßene betrachtet würden. Noch vor ein paar Jahren hätten sie nicht einmal die Synagoge betreten dürfen.

Die Weiße Synagoge war 1568 das erste Mal erbaut worden, brannte 1662 nieder und wurde mit holländischer Hilfe zwei Jahre später neu errichtet. (Die Holländer hatten Cochin gerade von den Portugiesen erobert.) Unser Freund erbot sich, uns durch das Gebäude zu führen. Ich fand, es war ein gutes Zeichen für diese Gegend, daß er keine Angst hatte, seine wertvollen Warenbestände unbeaufsichtigt zu lassen. Gemeinsam bewunderten wir die großen Kronleuchter, die chinesischen blau und weiß gekachelten Bodenfliesen aus dem 18. Jahrhundert sowie die kunstvolle goldene Krone, die der Gemeinde einmal von einem Maharadscha aus Travancore überreicht wurde, und das Wertvollste von allem, die antiken Rollen des Alten Testaments. Dann wandte ich mich an unseren Begleiter und fragte ihn ganz impulsiv: »Würden Sie – könnten Sie – niemals in Erwägung ziehen, eine Schwarze Jüdin zu heiraten? Denn wenn nicht, dann gäbe es bald niemanden mehr, dem all dies noch etwas bedeuten würde.« Aber er sah mich nur einen Moment lang ausdruckslos an und schüttelte dann stumm seinen Kopf. Er war unfähig, sich solch eine furchtbare Idee auch nur durch den Kopf gehen zu lassen. Er zog das Aussterben der »Verunreinigung« seiner Rasse vor. (Das bedeutet nicht, daß Schwarze und Weiße Juden notwendigerweise dunkel- bzw. hellhäutig sind.)

Auf dem Weg zurück in unser Hotel rannte uns ein magerer, kleiner Junge hinterher, der nur mit einem Lendentuch bekleidet war. In den meisten indischen Städten hätte ich erwartet, daß er betteln wollte. Hier war ich nicht allzu überrascht, aber sehr gerührt, als er Rachel eine Hibiskusblüte und uns beiden ein wunderbares Lächeln schenkte, bevor er schnell wieder wegrannte. Eine kleine Begebenheit, aber für mich symbolisiert sie das Wesen von Kerala.

Um Viertel nach fünf stimmte mir Rachel aus vollem Herzen zu, daß jetzt Schlafenszeit sei. Und ich muß mich korrigieren: Dies ist kein Touristenhotel, sondern das Bharath Tourist Home, was bedeutet, daß es von Brahmanen für indische Touristen der Mittelschicht geführt wird – konservative, vegetarische Antialkoholiker, die saubere Zimmer, gute einfache Küche und eine ruhige Atmosphäre erwarten. Das Personal dieses gewaltigen neuen Gebäudes besteht aus charmanten jungen Männern, die bei dem Klang der Klingel aufmerksam herbeieilen, die mindestens jeder zwei Universitätsabschlüsse haben und die wirklich um das Wohl der Gäste bemüht zu sein scheinen. Eine unglaubliche Gegenleistung für 50 Pence pro Nacht. Zugegeben, die nicht vorhandene Bar ist, vom Standpunkt des *Mlechha* betrachtet, ein kleiner Nachteil am Ende eines langen heißen Tages. Aber diesem Fehler kann leicht abgeholfen werden, indem man eine hübsche baumgesäumte Straße hinuntergeht und ein halbes Dutzend Flaschen Bangalore-Bier aus einem Spirituosengeschäft besorgt. Das ist genau das, was ich tat, als Rachel im Bett lag. Anschließend setzte ich mich auf das breite Terrassendach vor unserem Zimmer im vierten Stock. Über den palmenbestandenen Inseln jenseits der Bucht ging die Sonne an einem rotgoldenen Himmel unter, und mir wurde das *Drama* von Nacht und Tag sehr bewußt: etwas, das im Dämmerlicht des Nordens an uns vorbeizieht. Kein Wunder, daß Sonnenanbetung in der religiösen Geschichte der Menschheit solch eine Rolle gespielt hat.

Schnell gingen die Lichter an und umringten einen der schönsten natürlichen Häfen der Welt – viele Jahrhunderte lang wurde er als Königin der Arabischen See begrüßt. Die Anfänge von Cochins maritimer Größe liegen zu weit zurück, als daß man sie noch erkennen könnte, aber Teak wurde in Kerala zur Zeit der Ausgrabungen in Ur entdeckt. Und die Phönizier, Chinesen, Römer und Araber waren regelmäßige Besucher, lange bevor die Portugiesen, Holländer, Franzosen und Engländer ankamen. Vom Apostel Thomas wird berichtet, er sei 52 n. Chr. an der Malarbarküste gelandet. Und obwohl viele dies bezweifeln, kann ich nicht erkennen, warum er sich nicht entschlossen haben sollte, hier seine Arbeit zu tun. Sicher ist, daß die erste europäische Siedlung in Indien 1502 von Vasco da Gama in

Cochin begründet wurde, er starb Weihnachten 1524 ganz in der Nähe. Am 16. Dezember 1544 kam St. Francis Xavier, der zu Fuß von der Küste von Coromandel gekommen war, hier an und hatte bald viele Unberührbare und Unnahbare konvertiert.

14. Dezember. Cochin
Nahrungsmittel sind zur Zeit knapp in Cochin, und es muß wohl bereits ein Notstand existieren, wenn ein Mangel an Lebensmitteln sogar den Touristen auffällt. Die Preise sind dementsprechend hoch. Bananen, die anderswo 15 Paisa kosten, kosten hier 60 Paisa, und Grundnahrungsmittel wie Reis, Hülsenfrüchte, Zwiebeln, Tomaten, Kartoffeln, Zucker, Eier und Milch kosten vier- oder fünfmal so viel wie in Karnataka und sind oft für den normalen Einkäufer im Bazar nicht einmal zu diesem Preis erhältlich. (Große Hotels wie das unsere, die in großen Mengen einkaufen, können noch immer das bekommen, was sie brauchen, aber gestern gab es keinen Joghurt – ein wesentlicher Bestandteil der Hindu-Ernährung – und Rachels Ersatz für Milch.) Heute versuchten wir in vier Restaurants vergeblich, ein einfaches Reisgericht zu bekommen. Seit unserer Rückkehr an die Küste habe ich noch keinen einzigen Stand gesehen, auf dem sich Obst, Gemüse und Körner stapelten. Sonst sind diese Stände Teil einer normalen Straßenszene in Indien. Auch die Regale in den Teehäusern, normalerweise mit Tellern voll Süßigkeiten und pikanten Leckerbissen beladen, sind hier gegenwärtig leer. Doch insgesamt machen die Menschen den Eindruck, als wären sie zufrieden und leicht zum Lachen zu bringen. Die Tradition in Kerala, sich von Fisch und Tapioka zu ernähren, muß verantwortlich sein für die sensationell überlegene geistige und körperliche Entwicklung des gewöhnlichen Malajali, wenn man ihn mit den anderen Bauern aus überwiegend vegetarischen Staaten vergleicht. Das Leben in Malabar ist nicht ständig von Hunger gekennzeichnet, und ich hoffe, daß diese Knappheit nur vorübergehend sein wird. In In-

dien kann man nie sicher sein, daß solche Mängel nicht von Gaunern künstlich herbeigeführt worden sind, welche die betreffenden Gemeindeverwaltungen durch Bestechung oder Drohungen zum Gehorsam zwingen.

Ich dachte heute, wie passend es ist, daß das erste Buch, das in Indien gedruckt wurde, 1577 von Jesuiten in Cochin veröffentlicht wurde. Niemals habe ich solche begeisterten Leser gesehen wie diese Malajalis. Es beginnt bei den kleinen Schulkindern, die sich konzentriert über Taschenbücher mit Abenteuergeschichten beugen, während sie zwischen den Inseln hin- und herfahren, und reicht bis zu den alten, verschrumpelten Knaben auf den Rikschas, die überall sonst nicht lesen könnten, hier aber bedeutende, seriöse Tageszeitungen studieren. Heute nachmittag fielen mir auf unserer überfüllten motorisierten Barkasse drei Kuli-Typen auf, die offenkundig in ihrem Leben noch keine Schuhe getragen hatten, aber dicke Bücher auf Malajalam lasen. Diese Bände hatten Eselsohren und waren sorgfältig in Zeitungspapier eingeschlagen. Als ich nachfragte, erfuhr ich, daß sie sie aus den Bibliotheken der Colleges entliehen hatten, die von der Shri Narayana Dharma Paripalana Yogam geleitet werden. Das ist eine Wohlfahrtsorganisation der Ezhavas, die 1902 gegründet wurde, lange bevor Gandhi mit seiner Hilfskampagne für die Harijans begonnen hatte. Und im Zug neulich nachts, im Dritte-Klasse-Abteil, lasen mehrere junge Männer in importierten Taschenbuchausgaben gelehrter Experten. Die Bücher kosten 25 Rupien das Stück – den Preis für zwölf vegetarische Mahlzeiten mit allen Beilagen. Der Staat Kerala hat in Indien die niedrigste Analphabetenquote: 39,84 Prozent. Zugegeben, das muß nicht viel heißen, aber in Kerala widmen sich Millionen Menschen tatsächlich dem Lernen. Eine beeindruckende Armee von Studenten der weiterbildenden Schulen und Universitäten schwärmen über ganz Cochin aus, bis an die Zähne bewaffnet mit Lehrbüchern, deren Stoff von Architektur bis Zoologie reicht. Die Mehrheit dieser Jugendlichen kann nicht darauf hoffen, auch nur den armseligsten Schreibtischposten zu bekommen. Es ist aber auch unwahrscheinlich, daß sie mit dem gewohnten indischen Fatalismus ihren Anteil an den Mißständen des Subkontinents hinnehmen.

Als wir wieder in unserem Bharath-Heim waren, bestand ich darauf, daß Rachel sich eine Stunde hinlegte, weil sie sich heute wieder die Nacht um die Ohren schlägt, um eine Vorstellung des einzigartigen Kathakali-Tanzes von Kerala zu sehen. Dem Wisch vom Touristenbüro zufolge ist es der »2000 Jahre alte pantomimische Kerala-Tanz«. Vielleicht ist er das – aber was sind 2000 Jahre in Indien? Doch wenn man dem bedeutenden Historiker Nilakanta Sastri (der in meinem Rucksack mit reist) glaubt, haben »neueste Forschungen ergeben, daß die ersten Attakathas gegen Ende des 15. Jahrhunderts komponiert wurden«. Kathakali bedeutet »Geschichtenstück« und ist ein besonders erzieherischer religiöser Tanz, der auf den alten *Puranas* basiert, die die Abenteuer und Lehren der Götter und Helden der indischen Mythologie wiedergeben. Er wird traditionell nur von bestimmten Familien vorgeführt, die zur Gemeinschaft der *Devadasi* gehören, einer Unterkaste, die mit jener Prostitution in den Tempeln in Verbindung gebracht wurde, die so viele Memsahibs in Aufruhr gebracht hat. Die Vorstellung heute abend wird von der »See India Foundation Troupe« gegeben, die jeden Abend außer donnerstags auftreten. Ich nehme daher an, daß es eine ziemlich abgeschwächte Version für Touristen sein wird. Doch das Leben der Mitglieder dieser Truppe hört sich äußerst strapaziös und asketisch an, nicht im geringsten kommerzialisiert. Das Training beginnt im Alter von fünf Jahren und wird während der nächsten 15 Jahre 12 Stunden pro Tag fortgesetzt. Zwei Stunden am Tag sind nur zum Trainieren der Augenmuskeln bestimmt. Die Cochin-Truppe ist von Guru Gopala Paniker gegründet worden, der inzwischen 97 Jahre alt ist. Letztes Jahr erhielt er von Präsident Giri die Auszeichnung »Indiens zur Zeit größter lebender Künstler«. Seine Söhne Shivaram, der weltbekannte Tänzer, und P. K. Devan, der Regisseur, führen die Tradition fort. Sie werden dabei weiter von ihrem Vater unterstützt, der noch immer täglich die Tänzer in der Ausbildung massiert, indem er mit nackten

Füßen auf ihnen herumtrampelt. Und nun machen wir uns auf den Weg, um uns das Ergebnis mit eigenen Augen anzuschauen.

Später. Was sagen? Wie es sagen? Ich hatte ziemlich viel über Kathakali gelesen – wie alt und inspirierend es ist, wie interessant, kunstvoll und exotisch. Aber niemand hatte mir erzählt, wie erhebend und demütigend es ist, wie berauschend und ergreifend, wie durch und durch indisch, wie triumphierend es die Immanenz des Göttlichen beteuert. Ich habe vorher schon oft indischen Tanz gesehen, und es hat mir immer gefallen, aber dies war etwas ganz anderes: weniger Unterhaltung, mehr eine Flucht in eine andere Welt und gleichzeitig eine Begegnung mit einer unbekannten Seite von sich selbst.

Das Theater liegt im Garten eines kleinen Bungalows, eine schmale Seitenstraße hinauf. Es besteht aus einer hölzernen Freilichtbühne, ungefähr drei mal 3,60 Meter groß, unter einer Markise aus Kokosmatten. Vor der Bühne brennt anstelle von Rampenlicht hell eine schöne, mit Kokosnußöl gefüllte, 1,20 Meter hohe Stehlampe aus Messing. Ankommende Besucher werden von P. K. Devan begrüßt, einem stillen, würdevollen, gebildeten Mann, der sofort klarstellt, daß dies mehr ist als nur ein Köder für die Touristen. Bezeichnenderweise fangen auch die drei Musiker hinter der Bühne schon eine Stunde vor Beginn des Tanzes an zu spielen, denn das ganze Ritual hat eine eigene Bedeutung und einen eigenen Zweck, der ziemlich weit entfernt davon ist, das Publikum zu unterhalten. Zwei der Musiker sind Trommler, sie spielen auf der *Chenda* (mit zwei Stöcken) und der *Maddalam* (mit den Händen). Der dritte ist ein Sänger, der ein Becken schlägt. Er erzählt die Geschichte, während die Tänzer tanzen.

Hundert Stühle standen aufgereiht vor der Bühne unter dem Sternenhimmel, aber heute abend bestand das Publikum nur aus uns und einer älteren dänischen Dame. Normalerweise wäre die Tatsache, daß das Publikum nur aus drei Leuten besteht, für die betreffenden drei so peinlich, daß sie die Vorstellung gar nicht genießen könnten und für die Künstler so entmutigend, daß sie nicht ihr Bestes geben würden. Aber man stellt rasch fest, daß gewöhnliche Maßstäbe bei Kathakali nicht greifen. Schon Augenblicke nach dem Erscheinen der Tänzer wird deutlich, daß es für sie nicht den geringsten Unterschied macht, ob drei oder 300 Menschen zu einem bestimmten Anlaß erscheinen. Niemand hat einen besseren Riecher für falsche touristische Effekthascherei als ich. Diese Darbietung von Kathakali ist unzweifelhaft das Werk von Männern, die glauben, daß das Wichtigste an dem Tanz der religiöse Inhalt ist.

Bevor der Tanz begann, umriß P. K. Devan die Geschichte, die sich gleich vor unseren Augen abspielen würde, und erklärte in einfachen Worten die 2000 Jahre alte Technik des Kathakali. Die Sprache der Gesten ist so verfeinert worden, daß durch die unterschiedlichsten Kombinationen der 24 grundlegenden Handstellungen über 800 Worte gebildet werden können. Auch hat jede Augenbewegung eine bestimmte Bedeutung, die Eingeweihte verstehen. Mimik und Fußarbeit sind gleichermaßen aussagekräftig. Das kunstvolle Make-up muß von einem Experten aufgelegt werden, es ist ein langsames und systematisches Verfahren, das zwei oder drei Stunden in Anspruch nimmt. Jedes Gesicht wird ganz und gar bemalt: grün für gute Charaktere, schwarz für schlechte, rot für Bösewichte und rosa für Frauen und Heilige. Diese Farben müssen durch das Zerstoßen von seltenen, in der Umgebung vorkommenden Steinen oder durch Zermahlen der Rinde von heiligen Bäumen hergestellt werden. Wenn die Farben aufgetragen sind, hält der Tänzer einen Moment inne und betet mit erhobenen Händen, bevor er die Garderobe verläßt. Die phantastischen, mit Edelsteinen besetzten Kostüme aus Brokat, die von einer Generation an die nächste vererbt werden, sind schon Kunstwerke für sich. Ihre seltsame Schönheit ist so merkwürdig, daß Rachel rief: »Das müssen magische Kleider sein!«

Magisch ist in der Tat vielleicht das beste Wort, um diese ganze Erfahrung zu beschreiben. Ich fühlte mich vollkommen verzaubert, die Zeit verging und der Zauber nahm uns immer mehr gefangen. Die Tänzer des Kathakali, die gleichzeitig Schauspieler sind, geben keinen Laut von sich, mit Ausnahme des gelegentlichen, tierähnlichen Grunzen des Bösewichts. Im Vergleich zu ihren winzigen, außerordentlich stilisierten Bewegungen wirkt selbst die inspirierteste Ballettaufführung unbeholfen. Hätte ich sie nicht gesehen, könnte ich mir nicht vorstellen, wie durch die kontrollierten Bewegungen von Augen, Gesicht, Hand- und Fußmuskeln solch eine Wirkung von unaussprechlicher Schönheit erreicht wird, die etwas ergibt, das man nur als ein bewegtes Gebet beschreiben kann.

Neuntes Kapitel

Pilger am Cape Comorin und Familienleben in Tamil Nadu

15. Dezember. Trivandrum
Statistiken bedeuten mir nur etwas, wenn ich sie sozusagen mit eigenen Augen sehen kann, wie heute auf unserer 218 Kilometer langen Busfahrt von Cochin nach Trivandrum. Was die Größe betrifft, ist Kerala einer der kleinsten Staaten Indiens (38 855 Quadratkilometer), aber die Bevölkerungszahl von 22 Millionen macht ihn zu einer der dichtbesiedeltsten Regionen der Welt. Hinzu kommt, daß ein Drittel des Gebietes aus Wald und Gebirge besteht, daher leben in einigen Bezirken 1 124 Menschen auf einem Quadratkilometer. Entlang der Küste geht ein Dorf in das nächste über, und es scheint sich wenig verändert zu haben, seit Ibn Batuta vor 500 Jahren folgendes schrieb: »Fast der gesamte Landweg liegt im Schatten der Bäume, und im Zeitraum einer zweimonatigen Reise sieht man nicht einen Fleck, der nicht besiedelt ist. Jeder hat seinen eigenen Garten mit seinem Haus in der Mitte.« Nur in einer Beziehung haben sich die Dinge zum Schlechteren verändert: In dem Maß, in dem die Bevölkerung zunimmt, nimmt das nutzbare Land durch Erosion immer mehr ab.

Und doch wirkt Kerala nicht bedrückend. Die Malajalis sehen besser entwickelt aus als eine normale Menschenmenge an einem europäischen Strand. Und da Männer und Kinder nur ein Minimum an Kleidung (oder gar keine) tragen, kann man ihre großartige Statur voll und ganz bewundern. (Übrigens ist es den Ezhava-Frauen erst seit kurzem erlaubt, ihren Oberkörper in Gegenwart von Brahmanen oder Angehörigen der Nair-Kaste zu verhüllen).

Trivandrum ist eine Stadt, in der alles drunter und drüber geht, aber sie hat viele Bäume und ist sehr ansprechend, obwohl ich von keiner städtischen Ansammlung mit ungefähr 400 000 Einwohnern wirklich behaupten kann, daß sie mich begeistert. Vor dem Busbahnhof stand ein Jugendlicher mit ebenholzschwarzer Haut, barfuß und außerordentlich gutaussehend, der anbot, uns zu einem guten und billigen Hotel zu bringen. Er führte uns eine breite Straße hinauf und bat mich die ganze Zeit, einen Kuli anzuheuern, der meinen Rucksack trüge. Er sagte, er könne nicht mitansehen, wie ich mich damit abschleppe, aber er selbst könne unmöglich etwas tragen – nicht einmal meine Wasserflasche oder die Leinentasche mit Büchern.

Bald hatten wir uns in ein Doppelzimmer mit eigener einfacher Dusche und Toilette einquartiert. Es kostete 5 Rupien und noch mal 5 Rupien Pfand, ich vermute, das Pfand soll verhindern, daß die Gäste das Bettzeug mitgehen lassen. Als ich unserem Führer 50 Paisa geben wollte, winkte er ab, lächelte, verbeugte sich und sagte, es wäre ihm eine Freude gewesen uns zu helfen, und verschwand. Zweifellos belohnt ihn das Hotel, aber wie oft lehnt ein barfüßiger Junge in Indien ein Trinkgeld ab? Ich konnte nicht anders, als eine gewisse Bedeutung in seinen Gebrauch des Wortes »Freude« hineinzulesen, anstelle dessen viele Inder das Wort »Pflicht« benutzen. Es schien die heitere Lebenseinstellung des normalen Malajalis angemessen zu veranschaulichen.

Wir verbrachten den Nachmittag damit, uns treiben zu lassen und mit Leuten zu reden, anstatt einen Besichtigungsrundgang zu machen. In mancher Beziehung waren die südlichen Fürstenstaaten von Mysore, Cochin und Travancore zum Zeitpunkt der Unabhängigkeit viel weiter entwickelt als Britisch-Indien, besonders Travancore hatte den Ruf, überlegt progressiv ohne pseudo-europäische Zwischentöne zu sein. Über Generationen hatten seine Herrscher die Staatseinkünfte mehr als öffentliche Mittel denn als ihren eigenen Privatbesitz betrachtet. Weniger als fünf Prozent wurden für den Maharadscha und seine Mutter aufgewendet, durch die er an die Macht gekommen war (der Staat war matriarchalisch), der »Palast« war ein einfaches weißes Haus auf einem Hügel. In den dreißiger Jahren kam ein Fünftel der Einkünfte dem Bildungswesen zugute.

Der letzte Dewan von Travancore, Sir C.P. Ramaswami Aiyar, hat mutig das Gesetz geändert, das den Harijans jetzt den Zugang zum Tempel erlaubt, und die gegenwärtige industrielle Expansion von Kerala ermöglicht. Aber er war ein Autokrat, der jahrelang jede populäre politische Bewegung im Keim erstickte. Während der Kontroverse über die Zukunft der Fürstenstaaten, die der Unabhängigkeit vorausging, verkündete er kategorisch, daß Travancore ein souveräner Staat werden würde, sobald die Machtverhältnisse sich geändert hätten. Daraufhin brach unvermittelt eine Revolution aus, und es gab einen versuchten Mordanschlag auf den Dewan. Dies hatte den Rücktritt des Dewans zur Folge sowie eine eilige Ankündigung des Maharadschas, daß sein *Rajyam* natürlich Teil der Indischen Union werden würde.

Wir verbrachten einige Stunden damit, über den schönen, mit viel Grün angelegten Campus der Universität zu schlendern und uns mit Studenten und Dozenten zu unterhalten. Wenn man sich vor Ort ihre Probleme anhört, ist es leicht, mit Keralas Kommunisten zu sympathisieren, die sich nicht im geringsten mit den Kommunisten außerhalb Indiens vergleichen lassen. Ihre strengen politischen Überzeugungen existieren friedlich neben glühender Ergebenheit gegenüber Harihara, Pilgerfahrten nach Guruvayur und Sabarimala, bedingungsloser Anerkennung von arrangierten Ehen und den Ankündigungen von Astrologen, Zusammenkünften, um mit der gesamten Familie *Pujas* zu bringen und so weiter und so fort. Ich kann eigentlich nicht verstehen, warum sie sich nicht anders nennen.

Die beiden kommunistischen Parteien in Indien (die beide von sich behaupten, sie wären die »einzig wahre Partei«) sind zum einen als Rechte Kommunisten (sowjetisch), zum anderen als Linke Kommunisten (chinesisch) bekannt. Der Generalsekretär der Linken für ganz Indien ist ein außergewöhnliches politisches Genie namens Elamkulam Manakal Sankaran Namboodiripad (der seine Freunde bestimmt bittet: »Nennt mich El.«). Dieser Gentleman entstammt der höchsten Unterkaste in Kerala, einer sehr exklusiven Elite akademischer Aristokraten, und als Hauptminister der ersten kommunistischen Regierung wurde er von Millionen als »heiliger Mann« verehrt. Das war noch vor der Bodenrechtsreform von 1969, die die niedrigste Höchstgrenze für Landbesitz in ganz Indien festlegte. Ihr zufolge waren nur 20 000 Quadratmeter pro Person, 40 000 Quadratmeter für eine Familie mit zwei bis fünf Mitgliedern und 4000 Quadratmeter zusätzlich für jedes weitere Familienmitglied zugelassen. Der junge Wirtschaftsdozent, der mir diese Zahlen nannte, bestand darauf, sie selbst in mein Notizbuch einzutragen. »Sie dürfen nicht vergessen«, sagte er, »daß unsere kommunistische Regierung wirklich dem Landmann das Land gegeben und nicht nur davon *gesprochen hat*, daß sie es tun werde. Heute haben wir keinen Bauern ohne Land, und niemand kann zum Verlassen seines Besitzes gezwungen werden. Derjenige, der den Boden bebaut, besitzt ihn ganz. Der nächste wichtige Schritt ist nun, dafür zu sorgen, daß er weniger Kinder hat.«

Heute morgen war der Himmel grau, als wir in Cochin aufwachten, und den ganzen Tag über war die Luft herrlich kühl. Bei Sonnenuntergang hörten wir unseren ersten Regen, seitdem wir vor genau einem Monat von zu Hause aufgebrochen waren, und er prasselt immer noch mit monsunähnlicher Stärke herunter.

16. Dezember. Cape Comorin
Heute abend bin ich zu der Überzeugung gelangt, daß Indien – das ganze indische *Dharma* – gegen Touristen gefeit ist. Damit meine ich, daß es durch seine eigene, seltsame Integrität zu individuell, zu absorbierend und zu stark ist, um durch Attacken fürchterlicher Geschmacklosigkeiten verwundbar zu sein, welche die Schönheit so vieler Orte zerstört haben, seitdem mit

dem Tourismus große Geschäfte gemacht werden. Ich hatte erwartet, Cape Comorin ausgeplündert vorzufinden, doch es ist noch immer und zuallererst ein Wallfahrtsort, ein heiliger Ort, wie er es seit unzähligen Jahrhunderten ist. Wie so viele der weniger zugänglichen Pilgerstätten des Hinduismus zeichnet sich Cap Comorin durch eine außergewöhnliche Atmosphäre stiller Aufregung und andächtiger Fröhlichkeit aus, und hinzu kommt noch eine ganz eigene Atmosphäre. Vom Bus aus sieht man plötzlich das Meer, oder vielmehr drei Meere, und einen Tempel auf einem Felsen, ungefähr einen Kilometer von der Küste entfernt im Meer. Und das war's: Wir haben das Ende von Indien erreicht.

Obwohl wir an einem Sonntagnachmittag ankamen, mitten hinein in ein örtliches römisch-katholisches Fest, gab es keine übertrieben großen Menschenansammlungen, und es waren keine anderen Nicht-Inder zu sehen. Nachdem wir uns für fünf Rupien in einer fensterlosen Zelle einquartiert hatten, in der es vor Ameisen wimmelte, ließen wir unsere Sachen fallen und beeilten uns, ans Meer zu kommen. Cape Comorin ist schwerpunktmäßig das Ende des Kontinents, und dieser spitz zulaufenden Felsblock, liegt unmißverständlich weiter südlich als der Rest der Küste. Stufen führen hinunter zum Zusammenfluß des Golfs von Mannar, des Indischen Ozeans und der Arabischen See. Und in diesem Wasser, das bei den Hindus als sehr heilig gilt, nehmen die Pilger »ein Bad« und bringen ein *Puja* dar. Starke Gegenströmungen und gelegentlich auftauchende Haie machen das Meer gefährlich. Daher wurden riesige Felsbrocken auf geschickte Art und Weise versetzt, um zu verhindern, daß Pilger (oder irische Schwimmfanatiker) entweder hinausgespült oder bei lebendigem Leib gefressen werden. Ein recht denkwürdiges Bad ist die Folge, denn während des Nordostmonsuns werden die Schwimmer in diesem sicheren Becken aus herumwirbelnder Gischt und sich brechenden Wellen wie Korken hin- und hergeworfen. Und während man herumgeworfen wird, denkt man unwillkürlich an die andere Grenze, aus Gebirge und Schnee – den langen Schenkel des indischen

Dreiecks, ungefähr 3200 Kilometer entfernt – und an die 2 949 528 Quadratkilometer und fast 600 Millionen Menschen dazwischen. Und dann staunt man über die Widerstandsfähigkeit, die Flüchtigkeit und seltsame Schönheit dieser Mischung aus reinem Aberglauben und verfeinerter Metaphysik, die die Schäfer der eingeschneiten Täler des Himalaja mit den Fischern der sonnenverbrannten Küste von Coromandel verbindet.

Rachel baute eine ganze Zeitlang selig Burgen in einer Sandbucht westlich des Badebeckens. Aber um der öffentlichen Toilette auszuweichen, mußten wir uns weit unter der Hochwassergrenze aufhalten. Der Sand von Cape Comorin ist in ganz Indien berühmt, und Pilger kaufen winzige Päckchen davon, um sie mit nach Hause zu nehmen. Er ist nicht einfach goldfarben, sondern stellenweise reinweiß, rosarot, blaßgelb, grau wie Holzkohle und tiefrot. Wissenschaftler bezeichnen die unterschiedlichen Sandsorten mit Monazit und Ilmenit, die Hindus sagen, sie symbolisieren die unterschiedlichen Gerichte, die hier bei einer Hochzeitsfeier der Götter serviert wurden.

Im Laufe des Nachmittags ging ich mehrere Male schwimmen, da für mich der Unterhaltungswert von Sand nicht besonders groß ist, egal wie abwechslungsreich seine Schattierungen sind. Ich wußte es zu schätzen, daß die Pilger nichts dagegen hatten, daß eine *Mleccha* ihr heiliges Becken ganz offensichtlich rein zu ihrem Vergnügen benutzte. Tatsache war, daß heute wegen des Sturms kein Inder in ihm badete, stattdessen duckten sie sich auf rituelle Weise auf dem Sandstrand, neben dem Streifen, den Rachel für sich beanspruchte. Alle waren sehr freundlich, obwohl eine Frau im Badeanzug für anständige Hindus ein äußerst schockierender Anblick ist. Hindu-Frauen gehen immer vollständig bekleidet ins Wasser. Wenn sie herauskommen und ihre dünnen Saris an ihrem Körper kleben, lassen sie allerdings weitaus mehr erkennen als ich in meinem schwarzen, extrem schicklichen Badekostüm im Stil der Jahrhundertwende. Die meisten der heute anwesenden Pilger scheinen zur wohlhabenden Elite zu gehören, und heute abend habe ich mit ein paar Leuten aus Bombay, Ludhiana, Delhi, Lucknow, Kalkutta und Madras gesprochen. Alle, mit Ausnahme derjenigen, die aus Madras stammen, müssen Englisch als die einzige Möglichkeit zur Verständigung mit den Tamilisch oder Malajalam sprechenden Einheimischen verwenden. Es gibt deutlich mehr Gemeinsamkeiten zwischen Hindi und Irisch als zwischen Hindi und Tamilisch.

Traditionellerweise sind Sonnenaufgang und Sonnenuntergang die feierlichsten Augenblicke am Cape Comorin: Man sieht die Sonne aus einem Meer aufgehen und in einem anderen untergehen. Aus diesem Grund schlossen wir uns um sechs Uhr einer kleinen Gruppe an, die sich auf einem großen, glatten, schwarzen Fels versammelt hatte, an dem sich große grüne Wellen brachen, die bis zu neun Meter hohe Gischtschauer emporsandten. Da es bewölkt war, sah niemand die Sonne untergehen, aber der ganze westliche Himmel war eine einzige Pracht, eine schnelle Abfolge von Farben – noch schöner als es je ohne Wolken hätte sein können. Doch dies war kein Trost für diejenigen, denen es wichtig ist, zu beobachten, wie die untergehende Sonne den Ozean berührt und von ihm gelöscht wird.

Nachdem wir in einem winzigen vegetarischen Restaurant zu Abend gegessen hatten, traten wir in die Dunkelheit hinaus und sahen an der Ostküste des Kaps eine Erscheinung, die aus dem Märchenland zu stammen schien. Einen Moment lang war ich aufgrund der verwirrenden Schönheit des Schauspiels vollkommen geblendet. Doch dann begriff ich, daß Tausende von strahlenden, bunten Glühbirnen die Umrisse der pseudo-gothischen Kathedrale vor dem schwarzen Hintergrund des Ozeans beleuchteten. Die Inder haben wirklich Talent für diese Dinge, und Rachel verschlug es fast den Atem vor Begeisterung. Wir beschlossen, uns einen Rückweg zum Hotel zu suchen, der uns an der Kathedrale vorbeiführte. Wir stolperten auf dem pechfinsteren *Maidan* über Haufen mit Exkrementen, bevor wir auf eine schmale Straße stießen, die überfüllt war mit drängelnden, laut rufenden Christen und ihren benachbarten Hindus aus niederen Kasten, die auf dem Weg zu den abendlichen Feierlichkeiten waren.

In der Kirche standen Hunderte von Pilgern mit vor Liebe leuchtenden Gesichtern Schlange, um die Füße der auffällig bunten Statue Our Lady of Mount Carmel zu berühren, deren Feiertag heute ist. Sie küßten ihre Fingerspitzen, nachdem sie sie auf die abgenutzten Gipsfüße gelegt hatten, berührten die Füße erneut, verbeugten sich tief, wobei sie beide Hände oben auf den eigenen Kopf legten, und entfernten sich rückwärts gehend aus der »Gegenwart« der Jungfrau. Manchen liefen Tränen die Wangen hinunter, als sie die Statue inständig um Hilfe baten, andere lachten fröhlich, als sie die Zehen streichelten oder die Gewänder ihrer Geliebten liebkosten. Diese Menschen gehören zu den Ärmsten der Armen in Indien. Sie stammen von den *Sudras* und den Unberührbaren ab, die von portugiesischen Missionaren vor über 400 Jahren getauft wurden. Es ist offensichtlich, daß sie enge persönliche Beziehungen zu ihren Lieblingsstatuen pflegen – Beziehungen, die einige Theologen vielleicht nicht gutheißen würden. Aber was macht das schon? Wenn das Göttliche überall ist, ist es vielleicht auch in einem Stück Gips, und es bedeutet Glück für diejenigen, die es dort finden können.

Die ganze Szene innerhalb der riesigen, leeren Kirche erinnerte mich an einen typischen indischen Bahnsteig zwischen zwei Zügen. Viele Pilger lagen schlafend auf dem kühlen Steinfußboden, die baumwollenen Umhangtücher über dem Kopf, viele andere saßen im Familienkreis herum, aßen ein kärgliches Abendessen aus Bananenblättern, und wieder andere saßen einfach mit gekreuzten Beinen da und starrten geistesabwesend ins Leere. Die Mehrzahl war von unserer Ankunft wie elektrisiert, und wie üblich wurde Rachel gepackt und geknuddelt, gekitzelt und gekniffen, und man tat so, als wolle man sie entführen. Dies ist das am weitesten verbreitete Spiel mit einem kleinen Kind in Indien, und obwohl Rachel weiß, daß es nur Spaß ist, findet sie es trotzdem erschreckend. Natürlich ist bereits der Gedanke, in einem fremden Land von der Mama getrennt zu werden, ein klassischer Stoff für die Alpträume einer Fünfjährigen. Heute abend bewahrte sie Haltung, aber ich konnte sehen, wie sie mich ängstlich aus dem Gewühl von dunklen Armen, Beinen und Gesichtern anschaute, die von weißen Zähnen und strahlenden, lachenden Augen erhellt wurden. Inder können bei ihrem Spiel ziemlich rauh sein, und manchmal taucht sie aus solch einem Tumult mit leichten Kratzern und blauen Flecken wieder auf. Im Lauf der letzten paar Tage ist mir aufgefallen, daß sie zunehmend gereizter auf das zwanghafte Verhalten der Inder reagiert, sie anzufassen. Das ist von ihrer Seite aus nur verständlich, aber ich habe ihr erklärt, daß sie versuchen muß, ihre Gefühle nicht zu verletzen. Ich vermute, Rachels Hautfarbe fasziniert die Inder. Inzwischen ist sie überall so braun wie ein Pandschabi, aber damit immer noch sehr viel heller als die meisten Südinder.

17. Dezember. Tirunelveli

Weil Rachel gestern abend noch so lange auf war, haben wir den Sonnenaufgang heute morgen um sechs Minuten nach sechs verpaßt und trafen an der Badebucht ein, als die Pilger gerade ihre wichtigen morgendlichen *Pujas* darbrachten. Vor dem dunklen Hintergrund – einem blauschwarzen Himmel, schwarzen Felsen und jadegrünem Ozean – flatterten leuchtende Saris wie unzählige Seidenbanner im Sturm, oder im »Zyklon«, wie sie ihn hier melodramatisch nennen. Die stampfende See um das Kap herum sah aus, als würde sie von tausend Riesen aufgewühlt. Eine Gruppe von Pilgern hatte beschlossen, daß Vorsicht die Mutter der Andacht ist, und so gossen sie sich einfach das Wasser aus Messingkrügen über den Kopf. Daher war ich wieder ganz allein im Becken. Im Osten und Süden hatte sich der Himmel zu einer dunkelvioletten Wand verdichtet, und über mir konnte ich sich türmende flaschengrüne Brecher sehen, die in Richtung auf die glatten, glänzenden Felsen stürzten, um riesige Säulen reinweißer Gischt gen Himmel zu schicken. Es ist Jahre her, daß ich ein Bad im Meer so genossen habe. Aber die Wolken waren nicht umsonst da, und um zehn Minuten vor zehn brach der Sturm los.

Innerhalb von Sekunden war alles und jeder in Sichtweite durchnäßt. Daher zog ich einfach Hemd und Shorts über meine Badesachen und ließ Rachel, wie sie der liebe Gott geschaffen hat. Die Erfahrung von gestern hat mich gelehrt, daß es sinnlos ist, auch nur zu versuchen, sich unauffällig anzuziehen. Es gibt sehr viele Ecken und relativ wenig Menschen, und doch verfolgen einen eine Unmenge von Männern, Frauen und Kindern bis zum entlegensten Winkel. Dann stehen sie herum und starren einen mit pathologischer Unsensibiliät an, während man, wenn man dumm genug ist, versucht, seine Blöße zu bedecken. Gestern abend hatte ich kein Handtuch dabei, unternahm daher keinen derartigen Versuch, und der Anblick meines nackten Hinterns provozierte wahre Lachsalven. Es ist schön, für soviel unschuldige Heiterkeit sorgen zu können, indem man nur das einfachste Rohmaterial einsetzt.

Wir erwischten einen Touristen-Luxusbus nach Tirunelveli (zur Zeit der Briten Tinnevelly geschrieben), dort hoffte ich, einen Stapel Post von zu Hause vorzufinden. Dieser Bus kostete fast doppelt so viel wie der normale Bus für Bauern, ist aber keineswegs doppelt so komfortabel. Bevor wir losfuhren, machte eine teuer angezogene Dame in der ersten Reihe (dem Purdah-Abschnitt) dem Schaffner die Hölle heiß, als er sie höflich davon überzeugen wollte, einen ebenso teuer angezogenen Gentleman auf dem Nachbarsitz zu dulden. Der Schaffner versuchte daraufhin, Rachel zu überreden, sich neben die Dame zu setzen, so daß der Gentleman neben mir sitzen könne. Aber aufgrund der lautstarken Zurückweisung des Gentleman durch die Dame hatte Rachel bereits erkannt, daß sie nicht gerade nett war, und weigerte sich schon bei dem Gedanken, neben ihr zu sitzen. Daher wechselte ich den Platz, und Rachel war entzückt, sich neben einem männlichen Sitznachbarn anstelle ihrer langweiligen alten Mama wiederzufinden. Es stellte sich heraus, daß der Gentleman an der Universität von Benares Professor für Sanskrit war, und er unterhielt Rachel in einwandfreiem Englisch mit unzähligen Geschichten von Rama. Ich konnte nichts über die Dame neben mir herausbekommen, die einfach entsetzt darüber war, neben einer schmutzigen Ausländerin zu sitzen und entschlossen so tat, als gäbe es mich nicht.

In Südindien fällt auf, daß viele junge Paare aller Kasten sich im Bus oder Restaurant trennen und vorgeben, sich nicht zu kennen, bis Fahrt oder Essen beendet sind. Kein Wunder also, daß Inder tief schockiert sind, wenn Hippies sich in der Öffentlichkeit küssen und streicheln.

Als wir gestern Trivandrum verlassen hatten, sind wir an den Ausläufern der Westghats vorbei gefahren – ungewöhnliche Berge aus dunklem Gestein, mit vereinzelten Flecken Erde und Gebüsch. Sie erheben sich aus der Ebene steil nach oben und erzeugen dadurch eine höchst dramatische Wirkung, und die schmalen Täler, die zwischen ihnen liegen, ließen mich erschauern. Heute fuhren wir erneut an ihnen vorbei, unsere Straße führte zurück zu dem kleinen Ort, an dem sich die Straße gabelt, und der ungefähr 16 Kilometer nördlich vom Kap liegt. Dort zweigten wir rechts ab, um an der östlichen Seite entlangzufahren. Es sind großartige, rauhe, massive Berge, die etwas ausstrahlen, das meine Wanderlust noch immer reizt. Wäre Rachel etwas älter, würden wir heute nacht oben über einem der Täler schlafen.

Aber vielleicht ist es auch gut, daß wir nichts dergleichen tun, denn kurz nachdem wir Cape Comorin verlassen hatten, öffnete sich der Himmel nach Art eines richtigen Monsuns erneut. Die Sichtweite verringerte sich sofort auf etwa 30 oder 40 Meter und wir konnten beobachten, wie das Flachland zu beiden Seiten der Straße bis zu 60 Zentimeter hoch überflutet wurde. Man konnte direkt zusehen, wie das Wasser zwischen den Stämmen der enorm hohen Palmyrapalmen anstieg. Unser Bus war trotz seines luxuriösen Status so undicht wie ein Sieb. Als das Wasser auf dem Boden schwappte, nahm jeder seine Siebensachen auf den Schoß. Mehrere Passagiere, die unter einer undichten Stelle im Dach saßen, spannten Regenschirme auf, was Rachel sehr erheiterte. Die teuer angezogene Dame und ich teilten uns ein Leck im Dach, aber sie achtete darauf, daß ihr edler Schirm nicht dadurch beschmutzt würde, daß er einer *Mleccha* Schutz gewährte. Während mir die Tropfen den Nacken hinunterliefen, bewegte sich der Bus zögerlich durch ein unnatürliches Dämmerlicht, von den Reifen spritzte das Wasser weg. Eine halbe Stunde bevor wir hier ankamen, hörte der Regen plötzlich auf, die Sonne schien, und die Gerüche von Exkrementen, die aus dem ländlichen Gebiet aufstiegen, waren so überwältigend, daß man meinte, sie greifen zu können.

Tirunelveli war sehr schwül, und die Straßen hatten sich in kleine Seen verwandelt. Als ich einen nett aussehenden Mann – groß, schlank und dunkel – nach dem Weg zum Postamt fragte, bot er an, uns zu führen und stellte sich als Mr. Luke vor, der Christ sei. Ihm zufolge ist dies der am stärksten christianisierte Bezirk in Indien, mit einer christlichen Missionsstation, die 1820 gegründet und einer Anglikanischen Diözese, die 1896 ins Leben gerufen worden war. Aber ich frage mich, ob er recht hat. Der Zensus von 1971 weist 4,5 Millionen Christen in Kerala nach und nur halb so viele in Tamil Nadu. Aber es kann natürlich sein, daß die meisten tamilischen Christen in dieser Gegend leben.

Mr. Luke fand tröstende Worte, als der Postmeister erklärte, daß in letzter Zeit wegen eines Streiks keine Luftpost aus Europa eingetroffen sei und mir riet, es nächste Woche noch einmal zu versuchen. Es wird sich wahrscheinlich lohnen, wenn nötig bis Weihnachten in der Nähe von Tirunelveli zu bleiben, weil Rachel auf all ihre Geburtstags- *und* Weihnachtskarten wartet. Aber wir können nicht länger als bis zum 24. Dezember bleiben, weil ich ihr schon lange einen Weihnachtsbesuch im Wildreservat von Periyar versprochen habe, als Entschädigung für die hektischen weihnachtlichen Aufregungen, die sie versäumt. Diese Verzögerung hätte uns allerdings an einem viel schlimmeren Ort passieren können. Tirunelveli liegt deshalb auf unserer Reiseroute, weil Ernest Joseph, ein alter indischer Freund von mir, ungefähr 56 Kilometer entfernt von hier lebt, in einem Dorf namens Ittamozhi.

In dem Stapel an indischer Post, der auf mich wartete, war ein Brief von Ernest, in dem er mir die Adresse seines Freundes Mr. Mathew gab, bei dem wir übernachten könnten, bevor wir morgens den Bus nach Ittamozhi nehmen. Ich las den Brief in der Eisen- und Haushaltswarenhandlung mit angeschlossener Druckerei von Mr. Luke, wo wir zu einem Kaffee eingeladen worden waren. Es überraschte mich nur wenig, daß Mr. Luke sowohl Ernest als auch Mr. Mathew ziemlich gut kannte. Das passiert in Indien ständig, trotz dieser Millionen und Abermillionen von Menschen.

Wir haben uns inzwischen im Haus von Mr. Mathew eingerichtet, einem baufälligen, kleinen Bungalow am Stadtrand. Ich habe bis jetzt nie bei einer christlichen indischen Familie gewohnt, und es ist eine äußerst interessante Erfahrung. Niemand würde vermuten, daß dies kein Hindu-Haushalt ist, bis auf die Tatsache, daß an den Wänden biblische Texte die Öldrucke der Götter ersetzt haben. Die meisten Einstellungen, Gewohnheiten, Vorurteile und Gebräuche unterscheiden sich nicht von denen einer konservativen Hindu-Familie der Mittelklasse. Selbst der Verzehr von Rindfleisch wird mißbilligt, angeblich weil man im Ort kein gesundes Rindfleisch kaufen kann. (Wahrscheinlich stimmt das, aber ich habe den Eindruck, daß auch eine Entschuldigung dafür gefunden würde, bestes irisches Rindfleisch nicht zu essen.)

Als die Sonne unterging, fing es erneut an zu regnen, und seitdem hat es nicht wieder aufgehört, wie aus Kübeln zu schütten. Das Dach leckt so schlimm, daß es in diesem kleinen Wohnzimmer unmöglich ist, trockene Fleckchen für unsere verlausten Schlafsäcke zu finden. Rachels Schlafsack ist schon durchweicht, aber sie schläft dabei friedlich weiter. Da sich Toilette und Badezimmer im Garten befinden, bin ich bis auf die Haut naß geworden, als ich eben dem Ruf der Natur folgte. Die meisten indischen Büroangestellten leben unter Bedingungen, die uns an Slums erinnern. Unter dieser großen Bevölkerungsschicht muß es ein hohes Maß an Frustration geben, vielleicht mehr als unter den Millionen, die zwar weniger zu essen haben, dafür aber auch keine Ambitionen und keine besonderen Fähigkeiten.

Diese Familie hat zwei Kinder, einen neunzehnjährigen Sohn und eine siebzehnjährige Tochter. Der Sohn studiert im zweiten Jahr an der Universität von Madras und ist letzte Woche in das nationale Hockeyteam von Tamil Nadu aufgenommen worden. Er ist verbittert, weil die häufigen Streiks an der Universität seine Arbeit ernsthaft behindern. Gegenwärtig streiken die Studenten in Madras, damit der Hauptminister von Tamil Nadu entlassen wird. Und obwohl der betreffende Gentleman vielleicht wirklich die Entlassung verdient hat, erscheint es absurd, bis zu welchem Grad sich Studenten in die Politik einmischen.

In den letzten vier Wochen habe ich mit mehreren sogenannten Hochschulabsolventen gesprochen, die in England keinesfalls die Aufnahmeprüfung in eine weiterführende Schule bestehen würden. (Wahrscheinlich würde ich sie auch nicht bestehen, aber darauf gehen wir jetzt nicht näher ein.) Viele indische Hochschulabsolventen schummeln sich mit Bestechung durch, und andere kommen durch, weil Professoren nicht wollen, daß ihre eigene Unfähigkeit durch eine hohe Durchfallquote noch betont wird. Der Sohn des Hauses gibt zu, daß er, wenn er seinen Abschluß gemacht hat, höchstwahrscheinlich eine niedrige Arbeit annehmen muß, die nichts mit seinem Studium zu tun hat. Ich kann nur vermuten, daß die paranoide Entschlossenheit der Inder, wertlose akademische Grade zu erwerben, eine Folge der jahrtausendelangen brahmanischen Idealisierung der Gelehrsamkeit ist. Es ist eine höchst lobenswerte Vorstellung, aber unglücklicherweise besitzt Indien ein Talent dafür, lobenswerte Vorstellungen so radikal zu verdrehen, daß sie ernsthafte soziale Probleme nach sich ziehen.

Die Tochter des Hauses bekam ich kaum zu Gesicht, sie lernt für die Aufnahmeprüfung zur Universität. Ihr Bruder erzählte mir, daß ihr nie erlaubt sein wird, mit männlichen Studenten zu verkehren, und daß sie nach ihrem Abschluß einen jungen Mann heiraten wird, den ihre Eltern für sie ausgesucht haben. Als ich ihn fragte, was passieren würde, wenn er selbst ein

Mädchen heiraten wolle, das nicht der Wahl seiner Eltern entspräche, fand er es schwierig, sich solch eine Situation überhaupt vorzustellen. Nach einer Minute Pause zuckte er mit den Schultern und sagte, es wäre unmöglich, so etwas zu tun: »Meine Mutter würde weinen und mich unter Druck setzen, bis ich nachgegeben habe, und für mich ist es das Wichtigste, sie nicht aufzuregen.« Die typische Hindu-Antwort eines Christenjungen. Was die indischen Frauen als Ehefrauen an Macht verlieren, gewinnen sie als Mütter. Selbst wenn sie gelassen, schüchtern, farblos oder wirklich unterdrückt erscheinen, ist ihr Einfluß zu Hause außerordentlich stark.

Doch die Konvention des Respekts gegenüber dem Mann muß sorgsam eingehalten werden, daher hat heute abend niemand etwas gegessen, bis der Vater um halb neun von der Arbeit nach Hause kam – zwei Stunden zu spät, weil die Straßen überschwemmt waren. Dann wurde mir allein, was mir sehr unangenehm war, in dem kleinen Wohnschlafzimmer, in dem wir uns unterhalten hatten, etwas zu essen gebracht. Die Familie und drei Verwandte, die zu Besuch da waren, wichen mir währenddessen nicht von der Seite und nötigten den Gast, noch mehr von diesem und jenem zu essen. Das Essen war wirklich sehr gut: eine typisch südindische Mahlzeit aus Reis, Daal, scharfem vegetarischem Curry, einem Curry aus gebratenen Sardinen, Omelett, Plantainbananen und ausgezeichnetem coorgianischem Kaffee.

Ich vermute, die Familie Mathew behandelte uns wie Berühmtheiten, weil wir ihnen von Ernest Joseph vorgestellt wurden. Ernest ist eine ausgesprochen indische Erscheinung, der, obwohl in Burma geboren, an einer englischen Privatschule erzogen worden ist. Er hat einen südindischen Christen zum Vater und eine Frau aus Rajput, die für ihre Schönheit berühmt war, zur Mutter. (Sie sind damals sicher durchgebrannt, denn solch eine Heirat wäre niemals arrangiert oder auch nur geduldet worden.) Ernest hat eine persönliche religiöse Synthese entwickelt, die ihm bewundernswert gut zu gefallen scheint. Sein Vater – ein Teakholz-Millionär – ging bankrott, als Ernest ein junger Mann war. Das Ganze hatte einige komplizierte politische Untertöne, und der Fall verursachte damals einiges Aufsehen. Doch zu diesem Zeitpunkt hatte sich Ernest bereits einen Namen als Maler gemacht, und sein Talent war weithin anerkannt. Seine Bilder sind vielen Menschen unheimlich. Mir kommen sie vor wie Botschaften aus einer anderen Welt und nicht wie etwas von Menschen Geschaffenes. Ich bin nicht sicher, ob ich sie um mich haben könnte.

Ernest ist ein Junggeselle in den Sechzigern. Lange bevor ich ihn das erste Mal traf, hatte er beschlossen, daß es unmoralisch sei, seine künstlerische Begabung zum Geldverdienen zu nutzen. Er lebte damals ohne erkennbare Unterstützung in einer Hütte mit nur einem Zimmer in einem Slum von Delhi. Ich persönlich denke, daß er unrecht damit hat, das Talent, mit dem ihn die Vorsehung gesegnet hat, nicht einfach dankbar anzunehmen und ehrlich damit umzugehen. Doch das schmälert nicht meine Bewunderung für die Standhaftigkeit, mit der er seine sonderbaren Prinzipien aufrechterhält. Er ist ein wirklich patriotischer Inder – von denen es nicht sehr viele gibt – und seine Weigerung, Geld mit der Malerei zu verdienen, kann sehr wohl eine unlogische, gefühlsmäßige Reaktion auf den riesigen Sumpf der Korruption in Indien sein. Außerdem ist er natürlich ein Exzentriker ersten Ranges. Er rasiert sich jeden Tag den Kopf, er trägt ständig ein Monokel (und wenn es heiß ist, nicht sehr viel mehr), er glaubt fest an Telepathie, Astrologie, Handlinien- und Handschriftendeutung, und er spricht an Samstagen grundsätzlich mit niemandem über irgend etwas – es ist sein Tag der Stille. Wie ich schon sagte, er ist ausgesprochen indisch.

18. Dezember. Tisaiyanvilai
Heute morgen um zehn hörte es endlich auf zu regnen, die Sonne brach durch, als wir in den Bus nach Ittamozhi einstiegen. Ein starker Wind hat die schwüle Hitze von gestern abgelöst, und erfrischendes Wasser stand überall auf dem flachen Land.

Der verbeulte Bus fuhr uns ungefähr 24 Kilometer zurück Richtung Cape Comorin, bevor er nach links Richtung Ostküste abbog. Der Bus war voll von plattnasigen Bauern mit wulstigen Lippen, bemerkenswert tiefer Stirn und fast ebenholzschwarzer Haut. Im Vergleich zu Kerala scheint diese Küstenregion von Tamil Nadu mürrischere Menschen, eine langweiligere Landschaft und knochigeres Vieh hervorzubringen. Auf Weiden, deren Gras einen halben Zentimeter hoch steht und auf denen stellenweise torniges Gestrüpp unzählige Ziegen ernährt, wachsen Hunderte und Tausende von hohen und schlanken Palmyrapalmen. Die großen Viehherden sind fromm mit Glocken und Bändern geschmückt und haben bunte Stricke um die sorgfältig bemalten Hörner gewunden. Aber ihr Zustand ist augenscheinlich verheerend, genau wie der der vielen Menschen. Dies ist immer schon eine der ärmsten Gegenden Südindiens gewesen. Sie wird fast zehn Monate im Jahr von einer Hitze heimgesucht, die kaum auszuhalten ist. Bewohnt wird sie von einfachen Perlenfischern, Toddy-Zapfern, Jaggery-Herstellern und Tiefseefischern, deren Vorfahren St. Francis Xavier seine besten Jahre widmete. Ausgehend von den wenigen Dörfern und Menschen, die wir zu sehen bekamen, ist sie nicht übermäßig dicht besiedelt. Und doch vermute ich, *daß* sie es ist, im Verhältnis zu dem, was der magere, graue, ausgetrocknete Boden hervorbringen kann. Wir sahen nur gelegentlich kleinere Reisfelder, und es fiel schwer zu glauben, daß Tamil Nadu heutzutage mehr Reis pro Hektar produziert als irgend ein anderer Staat, der Reis anbaut, und daß man hofft, bald einen Überschuß für den Export zu erwirtschaften.

Je ärmer die Region, desto mehr Schmuck wird zur Schau gestellt, das kommt in Indien oft vor. So litten auch in unserem Bus einige Frauen erkennbar an chronischer Unterernährung, aber sie waren buchstäblich beladen mit Goldschmuck. Rachel war von den kunstvollen Tätowierungen auf Hals und Armen fasziniert sowie von den tellergroßen Ohrringen, die an ihren mißgebildeten Ohren hingen. Doch dann begann sie sich erwartungsgemäß Sorgen darüber zu machen, daß das Gewicht, das von den Ohren hing, doch einige Schmerzen verursachen – oder verursacht haben – müsse.

Als wir uns Ittamozhi näherten, sahen wir, wie die Seen mit dem braunem Hochwasser den tiefblauen Himmel widerspiegelten. Um zu der Hütte von Ernest zu gelangen, die ungefähr 800 Meter vom Dorf entfernt liegt, mußten wir durch tiefe Pfützen und klebrigen Schlamm waten und schlittern – ein »Abenteuer«, das meiner Tochter ausnehmend gut gefiel. Die Hütte war von Ernests Vater gebaut worden, als Apotheke für die Harijans vor Ort, doch es ist Jahre her, daß ein Arzt sich bereit erklärt hat, für solche Leute an einem solchen Ort zu arbeiten. Vor kurzem ist der Bau in Ernests Abwesenheit von Vandalen ziemlich zerstört worden, davor hatte er viele Jahre lang leer gestanden und war Wind und Wetter ausgesetzt gewesen. Man ist daher nicht ungerecht, wenn man ihn als eine unbewohnbare Ruine bezeichnet.

Ernest findet es trotzdem einigermaßen bequem, doch angesichts von Rachels Alter und Zartheit – im Gegensatz zu ihrer Mutter – hat er beschlossen, daß wir bei Freunden von ihm übernachten, die in der kleinen Stadt Tisaiyanvilai wohnen, acht Kilometer westlich von Ittamozhi. (Übrigens wird Ittamozhi »Ittamolly« ausgesprochen, aus einem unerfindlichen Grund, den wohl nur die Tamilen kennen.) Da Rachel sich auf den ersten Blick in Ernest verliebt hat, gefiel ihr diese Regelung ganz und gar nicht. Aber als er sie einlud, den morgigen Tag mit ihm zu verbringen und zu malen, während ich mir Manapad, das Dorf von St. Francis Xavier, ansehe, war sie ittamollisiert (das hat Ernest gesagt, nicht ich). Kleine Kinder scheinen eine besondere Neigung für einen bestimmten Typ von unbefangenem Exzentriker und Menschen zu verspüren, die auf irgend eine Weise übersinnliche Fähigkeiten besitzen oder wirklich völlig losgelöst von allem Irdischen sind. Als ich Ernest und Rachel heute zusammen sah, wußte ich, daß sie auf einer Ebene, die für mich unerreichbar war, sofort eine außerordentlich enge Beziehung geknüpft hatten. Sie scheinen sich auf seltsame Art und Weise zu ergänzen.

Innerhalb von 25 Jahren bin ich erst der zweite nicht verwandte Gast, der bei dieser Hindu-Familie übernachtet hat. Ernest ist der andere. Es zeigt, wie sehr die Familie ihn achtet, daß seine beiden umherziehenden *Mleccha*-Freunde in solch ein vornehmes Haus aufgenommen werden. Der Haushalt besteht aus einem pensioniertem Arzt und seiner Frau, ihrem ältestem Sohn – der derzeitige praktische Arzt am Ort –, dessen Frau und seinen vier schüchternen Kindern sowie seiner ebenso schüchternen, unverheirateten Schwester, die mit ihm in der Praxis arbeitet. Das große schöne Haus ist von dem alten Mann selbst entworfen und erst vor ein paar Jahren am Stadtrand erbaut worden. Wir sind in einem geräumigen, nie zuvor benutzten Gästezimmer untergebracht, das unsretwegen eilig, aber ausreichend, mit zwei Feldbetten, einem Tisch und einem Stuhl möbliert wurde. Die unverglasten, schwer vergitterten Fenster haben herrliche Fensterläden aus Teakholz. Eine Tür führt auf ein breites Dach hinaus, von dem aus man in den Sonnenuntergang über einem ordentlichen Hof mit Viehstall blickt oder in den Sonnenaufgang über einer flachen graugrünen Landschaft, die nur von sich lang hinziehenden Palmenreihen unterbrochen wird. Man kann die Beschreibung der Wärme, mit der wir hier willkommen geheißen werden und die Sorge der ganzen Familie, daß wir uns wohlfühlen und glücklich sind, gar nicht übertreiben. Daher werde ich hoffentlich nicht mißverstanden, wenn ich sage, daß mir heute abend sehr bewußt ist, das ich in das Wasser des Hindu-Teiches geworfen wurde, da, wo es besonders tief ist.

19. Dezember. Tisaiyanvilai
Heute war ich durch den Stich einer Stechmücke an meinem rechten Fußgelenk, der zu eitern begonnen hatte, bewegungsunfähig. Aber ich muß mich glücklich schätzen, daß es in der Nähe eines guten Arztes passiert ist.

Ich habe an diesem bewölkten, windigen Tag die meiste Zeit damit zugebracht, draußen auf dem Dach zu sitzen. Ich hatte den Fuß hochgelegt, genoß diesen Tag ohne Tochter und las in

A History of South India von Nilakanta Sastri. Es ist wahrscheinlich das beste Buch, was je zu dem Thema erschienen ist, aber es nimmt keinerlei Rücksicht auf menschliche Schwäche, und zu Hause wäre es schwer zu lesen. Doch wenn man es in Südindien liest, wird es richtig unterhaltsam. Ich finde, es ist ein gutes Verfahren, solche Werke zu lesen, während man in dem betreffenden Land unterwegs ist.

Rachel kam gegen vier Uhr zurück, eine prachtvolle Erscheinung in ihrem Madras-Kostüm für kleine Mädchen, das aus einem knöchellangen, weiten Rock und einem tief ausgeschnittenen Oberteil mit kurzen Puffärmeln besteht. Es ist sehr reizvoll, wenn auch nicht gerade praktisch für unsere Art zu reisen. Sie hatte die geblümten Stoffe im Bazar von Ittamozhi selbst ausgesucht, und dann hat der elfjährige Lehrling des Dorfschneiders es meisterhaft geschneidert. Der Preis für das Kostüm betrug insgesamt vier Rupien.

Um meinen Fuß auszuprobieren, begleitete ich Ernest und Rachel zum Bazar von Tisaiyanvilai, um neue Sandalen zu kaufen. Nirgendwo sonst hat unser Auftauchen solch eine Sensation bedeutet wie hier. Innerhalb von Sekunden, die wir an einem Schuhstand zubrachten, sah ich erstaunt, wie die ganze Hauptstraße sich in eine wimmelnde Menge schreiender Männer und Jungen verwandelte, die schoben und drängelten, um näher an uns heranzukommen. Das Volk war so fasziniert, daß der Bus nach Tirunelveli einfach anhalten mußte, weil sein lautstarkes Hupen ignoriert wurde. Diese aufgeregte Menschenmenge war natürlich vollkommen gutmütig, aber die erzeugte Atmosphäre war spürbar primitiv. Ich ertappte mich bei der Überlegung, wie sie sich wohl verhielte, falls etwas passieren würde, das ihre Stimmung umkippen ließe. Ich vermute, unser Unterhaltungswert ist zum einen Maßstab für die Eintönigkeit dörflichen Lebens und zum anderen ein Hinweis darauf, wie wenig Ausländer Südindien besuchen. Man glaubt, Indien sei eine wichtige Attraktion auf Weltreisen, aber die Touristenzentren sind nur winzige Punkte auf dem riesigen Subkontinent und liegen noch dazu meist im Norden.

Nachdem unsere Suche nach passenden Sandalen vergeblich war, besuchten wir zum Tee christliche Freunde von Ernest, die eine Reismühle besitzen. Die Familie hat mehrere Kinder, und Rachel verschwand sofort mit ihnen. Wir Erwachsenen knabberten an köstlichen hausgemachten Leckerbissen, unterhielten uns über Inflation in Verbindung mit Hochzeitsfeierlichkeiten, und mir wurde plötzlich klar, daß ein *Mleccha* sich den indischen Christen nicht ein kleines bißchen näher fühlt als den indischen Hindus. Ich fühlte mich fast noch weiter von ihnen entfernt, weil einige Aspekte hinduistisch geprägten Christentums dem christlich geprägten Außenseiter noch weniger verständlich erscheinen als der Hinduismus selbst.

In den letzten 24 Stunden habe ich echte Zuneigung und Respekt für unsere Gastfamilie entwickelt, trotz der gewaltigen und, wie ich fürchte, für mich unüberwindbaren Barrieren zwischen uns. Ich fühle mich in diesem Haushalt wohl, in einem Maße, das ich gestern abend nicht für möglich gehalten habe. Ich wäre gern in der Lage, diese trennenden Barrieren definieren zu können, auch wenn ich nicht darauf hoffen kann, sie zu überwinden. Sie haben nichts mit Provinzialismus zu tun, so wie wir den Begriff verstehen, denn derartige Engstirnigkeit existiert bei gebildeten Hindus nicht, auch wenn ihr Leben noch so stark eingegrenzt sein mag. Vielleicht reagiere ich innerhalb dieser Familie besonders empfindlich auf Barrieren, weil sie – wenn man diese beiden Zivilisationen überhaupt in irgend einer Weise vergleichen kann – genau meinem eigenen sozialen, intellektuellen und wirtschaftlichen Status entspricht. Deshalb sind dort, wo wir voneinander abweichen, und das kann nur als spirituelle Ebene bezeichnet werden, unsere Abweichungen besonders deutlich. Es läßt uns, der eine für den anderen unsichtbar, auf entgegengesetzten Seiten eines breiten Abgrunds zurück, der für viele Ausländer, mich eingeschlossen, einer der wichtigsten Anziehungspunkte Indiens darstellt. Ich vermute, wenn ich nur die andere Seite *sehen* könnte – es wäre unsinnig, zu denken, ich könnte *hinübergelangen* –, daß ich sehr viel mehr von dieser Erfahrung hätte.

Niemand würde diese geistreichen und energischen Frauen dieser Familie als schwach und unterdrückt bezeichnen, doch halten sie sich strikt an die uralten Förmlichkeiten der Hindus, die das gesellschaftliche Verhalten ihres Geschlechts bestimmen. Während Rachel und ich mit den beiden Männern zusammen im halbdunklen, kühlen Eßzimmer neben der Küche essen, stehen die beiden Frauen an der Verbindungstür bereit, um unsere Teller aus rostfreiem Stahl, wann immer nötig, aufzufüllen, beteiligen sich lebhaft an unserer Unterhaltung und scherzen liebevoll mit ihren Ehemännern. Inzwischen sollte ich mich an diese Angewohnheit, mich als »Ehrenmann« zu behandeln, gewöhnt haben, es ist schließlich in vielen außereuropäischen Ländern der Fall. Doch ich finde es noch immer etwas unangenehm in Häusern, in denen man von modernem Komfort und gebildeter Konversation umgeben ist. Auf eine irgendwie verworrene Art und Weise fühle ich mich schuldbewußt und unhöflich, wenn ich mich von der alten Dame bedienen lasse – eine wirkliche *grande dame* – und ich finde es auf die Dauer ziemlich anstrengend, mein Verlangen, aufzuspringen und ihr eine schwere Schüssel abzunehmen, zu unterdrücken. Weder sie noch ihre Schwiegertochter setzen sich jemals in der Gegenwart ihrer Männer hin, heute abend unterhielten sie sich stehend anderthalb Stunden lang. Sie essen (in der Küche) erst, wenn die Männer fertig sind. Der Arbeitstag des jungen Arztes für die Armen ist lang, und er erhält nur einen geringen oder gar keinen Lohn. Er ist tief religiös und würde nie essen, ohne vorher die Apotheke abgeschlossen und ein Bad genommen zu haben, um sich von den unvermeidlichen verunreinigenden Berührungen seines Berufes zu säubern und zum nahegelegenen Tempel gegangen zu sein, um zu beten. Daher müssen seine Frau und seine Mutter mit dem Abendessen oft bis neun oder zehn Uhr warten. Doch es ist anzunehmen, daß den meisten indischen Frauen solche Einschränkungen nicht wichtig sind. Sie könnten sicher nicht so gelassen und entspannt aussehen, wenn sie voll von unterdrücktem Ärger wären. Übrigens erscheint keiner der angestellten Diener, und es sind einige, in der Küche oder dem Eßzimmer. Ich schließe daraus, daß sie einer solch niederen Kaste angehören, daß sie nicht in die Nähe des Essens gelassen werden, das für die Familie bestimmt ist.

Morgen früh fahren wir in die kleine Küstenstadt Tiruchendur, ungefähr 56 Kilometer entfernt, um uns den berühmten Tempel am Wasser anzusehen, der Subrahmanya, dem Gott des Krieges, gewidmet ist. Wir planen, dort einmal in der Pilgerherberge zu übernachten, die von den Verwaltern des Tempels geleitet wird, und am nächsten Tag wieder hierhin zurückzukehren. Ein Faltblatt, das vom Verwaltungsrat herausgegeben wird, erklärt, daß der Tempel außerdem »eine kostenlose Siddha-Apotheke für die Gläubigen« und »ein Waisenhaus mit 67 Waisen« leitet. Der Tempel besitzt 1 796 424 Quadratkilometer nasses Land, 3 459 330 Quadratkilometer trockenes Land sowie Gold, Silber und Juwelen im Wert von ungefähr 25 Millionen Rupien.

Zehntes Kapitel

An der Küste von Coromandel

20. Dezember. Tiruchendur
Da ich weder mit einem guten Gehör noch mit einem guten Erinnerungsvermögen gesegnet bin, stellen mich viele der südindischen Namen auf eine harte Probe. Aber man muß immer das Gute sehen. Es könnte schlimmer sein. Tiruchendur war beispielsweise bis ins 16. Jahrhundert unter dem Namen Tirubhuvanamadhevi Chandurvedhimangalam bekannt.

Die Landschaft auf der Fahrt von Tisaiyanvilai war flach und rauh. Dürre Palmyrapalmen standen zu Tausenden überall, und die einzige Abwechslung auf der staubigen grauen Ebene waren Morgen mit dornigem Gestrüpp, Hecken mit stacheligen Kakteen und gelegentliche Felder mit Plantainbananen in allen Reifestadien. (Mir wurde berichtet, daß die Bananenpflanze kein Baum ist, sondern eine Pflanze, die in sechs Monaten vom Keim zu ihrer vollen Höhe von fünf bis sechs Metern wächst.)

Über die Ebene hinweg sahen wir den neunstöckigen Tempel von Tiruchendur bereits, als wir noch viele Kilometer entfernt waren. Gegen halb elf hatten wir uns in der Herberge eingetragen (zwei Rupien für ein Einzelzimmer). Uns war gesagt worden, daß Nicht-Hindus den Tempel nur zwischen drei Uhr nachmittags und acht Uhr abends betreten dürfen. »Na gut«, dachte ich. Ich habe schon immer Horden von fotografierenden Touristen mißbilligt, die während des Gottesdienstes durch Kirchen und Tempel schwärmen. Wir machten den beiden heiligen Tempelelefanten – ein erwachsener und ein junger –, die auf dem Gelände in einem kunstvollen Stall untergebracht waren, unsere Aufwartung, und gingen anschließend am langen, ebenen und geschwungenen Strand schwimmen.

Um halb zwei machten wir uns auf den Weg zum Stadtzentrum, durch einen fast zwei Kilometer langen Bazar unter Arkaden, der im Tempelhof beginnt und gesäumt ist von alten Götterstatuen, deren steinerne Gesichtszüge durch das liebevolle Streicheln von Generationen von Gläubigen schon ganz abgenutzt sind. Teeläden wechseln sich ab mit Ständen, die vereinzelte Häufchen mit billigen Schmuckstücken oder ein paar Bananenstauden und ein kleines Tablett mit Leckerbissen voller Fliegen ausstellen. Religiöse Öldrucke, gerahmt und ungerahmt, liegen auf dem Boden neben angeschmutzten Ballen mit Baumwolle, die »billig verkauft« werden. Den Tempelverwaltern zufolge ist Tiruchendur »eine heilige und florierende Stadt des Sieges«, aber heutzutage gewinnt man keinesfalls den Eindruck von materiellem Wohlstand. Doch die Atmosphäre ist freundlich, und die Bewohner scheinen in keiner Weise raubgierig zu sein, vielleicht weil 99 Prozent der Besucher von Tiruchendur arm sind.

Es war schwierig, einen Tee zu bekommen, weil Milch knapp ist und Inder sich weigern, die Möglichkeit in Betracht zu ziehen, Tee auch ohne Milch zu trinken. Schließlich fanden wir ein höhlenartiges Gasthaus unter den Arkaden, in dem jeden Moment eine Milchlieferung erwartet wurde, daher setzten wir uns und warteten. (Diese Gier nach Tee kam daher, weil ich unsere Wasserpillen in Tisaiyanvilai vergessen hatte.) Das Gasthaus schien keinerlei Essensvorräte zu besitzen, und während er darauf wartete, irgend etwas zu tun zu haben, stand der schlanke, barfüßige Kellnerjunge auf, stellte sich vor eine Wandnische, in der sich eine Statue von Ganesh befand, und betete inbrünstig.

»Inder beten viel«, beobachtete Rachel. »Warum beten sie mehr als wir?« Darauf antwortete ich ziemlich vielsagend: »Sie sind in einem anderen Entwicklungsstadium.«

Glücklicherweise rettete mich ein Wasserträger, der in dem Moment seinen Karren neben uns zum Stehen brachte, um die Tagesration von der Quelle anzuliefern. Rachel wollte sofort wissen, warum die Hörner des riesigen schneeweißen, buckligen Ochsen golden bemalt waren. Ich erklärte (wenn man es eine Erklärung nennen will), daß schneeweiße Bullen sehr heilig seien und daher Goldfarbe anstelle roter, blauer oder gelber

Farbe verdient haben, wie man sie auf den Hörnern von weniger wertvollem Vieh sieht. Dann kam der Milchmann, der auf seinem Kopf eine kleine Milchkanne aus Messing trug, die ungefähr eine Gallone zweifellos stark verdünnter Milch enthielt. Während sie in einem großen Kupferkessel über dem Feuer gekocht wurde, sahen wir zu, wie dem Ochsen das Geschirr abgenommen, er an einen Pfeiler der Arkaden angebunden, ihm ehrfürchtig der Hals gestreichelt und ein Büschel Reisstroh gegeben wurde. Als nächstes leerte der Wasserträger – ein zerbrechlich wirkender alter Mann – das riesige Holzfaß auf seinem Wagen, indem er wiederholt einen Messingkrug füllte und ihn auf dem Kopf zu einer Reihe rostiger, geteerter Fässer an der Ecke des Gasthauses trug. Und so geht das Leben weiter, in vielem so, wie es schon vor 2000 oder 3000 Jahren gegangen ist.

Zur Zeit wird höchst bedauerlicherweise dem Tempel von Tiruchendur ein Anbau aus Beton angefügt. Obwohl die Materialien sich seit dem Bau des Tempels zum Schlechteren verändert haben, sind die Bauweisen fast unverändert geblieben. Auf dem Rückweg zum Strand sahen wir, wie neun kleine, schwitzende Männer fünf Meter über unseren Köpfen eine gewaltige Betonplatte für das Dach aufwärts zogen, die vier Männer auf dem Boden mit einem Seil umschlungen hatten. Drei riesengroße Bambusstangen, die gegen die Wand gelehnt waren, stützten die Platte auf dem Weg nach oben ab. Da Rachel ein Kind des technischen Zeitalters ist, in dem es Kräne gibt, war sie fasziniert von dieser Demonstration muskulösen Hinduismus'. Die Statur vieler Inder ist oft irreführend, vor allem im Süden, wo sich hinter der scheinbaren Zerbrechlichkeit die Kraft eines Ochsen verbirgt. Doch die Folgen einer vegetarischen Ernährung zeigen sich in mangelndem Durchhaltevermögen, was angeblich ein Grund dafür ist, daß so wenige südindische Hockeyspieler für die Nationalmannschaft ausgewählt werden, obwohl diese berühmt sind für ihre Schnelligkeit und ihr Geschick. (Ein anderer Grund ist laut unseres Hockey spielenden Freundes in Tirunelveli das tiefsitzende anti-südindische Vorurteil der Nordinder.)

Die oben erwähnte Broschüre der Tempelverwaltung ist ein gutes Beispiel für die Einstellung der Hindus – oder vielleicht sollte man besser sagen, für die nicht vorhandene Einstellung – zur Geschichte. Die Broschüre will sachlich und informativ sein. In Europa würde ein vergleichbares Stück Papier sich auf die Auflistung von genauen Daten konzentrieren. Aber in Indien wird uns fröhlich erzählt: »Das Datum des Tempels liegt in der Vergangenheit der Puranas verschüttet. Der Baukern besteht jedoch schon seit über 2000 Jahren, die tamilischen Klassiker beziehen sich darauf.« Und wieder: »Der Gopura ist angeblich vor 100 Jahren von Desikamurthi Swami errichtet worden, einem Odukkath-Thambiran des damaligen Maha-Sannithanam des Tiruvavadutharai.« Und weiter: »Kavirayar gehörte zur Mukkhani-Gemeinde und lebte möglicherweise im 18. Jahrhundert.«

Die Zeitvorstellung eines Volkes liegt seiner gesamten Philosophie zugrunde, und die Tatsache, daß Indien oft nicht verstanden wird, hängt wahrscheinlich mit den gegensätzlichen Vorstellungen von Zeit zusammen, die Hindus und Menschen aus dem Westen haben. Wir betrachten die Zeit als ein Laufband, welches auf ewig den gegenwärtigen Augenblick unwiederbringlich außer Sichtweite befördert. Aber der Inder stellt sich ein Rad vor, das sich ewig dreht, und er kann daran glauben, daß er in irgendeinem Stadium, in irgendeiner Reinkarnation wieder zum gegenwärtigen Zeitpunkt zurückkehrt. Für ihn unterteilt sich die Zeit in Zeitalter (*Yugas*), die in Zyklen immer wiederkehren. Daher ist nichts neu und nichts alt, und selbst hochintelligente Hindus mit trainiertem Intellekt halten es für möglich, daß ihre Vorfahren vor 2000 Jahren Flugzeuge entwickelt haben, die im Laufe der Zeit – als dieses *Yuga* zu Ende ging – einfach nicht mehr benutzt wurden.

Seit Herodot haben kreative Köpfe im Westen sich für Geschichte interessiert. Aber natürlich ist solch ein Interesse in Indien gar nicht erst aufgekommen, denn in Indien ist das menschliche Wesen, das am meisten respektiert wird, der *Jivanmukta*, der Mensch, der sich von den Fesseln der Zeit befreien und dadurch das Wesen der höchsten Wirklichkeitsstufe erkennen kann. Der Hinduismus ermutigt den Menschen eindeutig, seinen historischen Kontext zu vergessen, statt, wie wir es tun, ihn näher zu betrachten, um dadurch Orientierung für die Gegenwart zu finden, ein tieferes Verständnis der menschlichen Gesellschaft zu erlangen und die eigene Selbsterkenntnis zu fördern. Natürlich ist diese Einstellung eng mit dem verbunden, was Fremde unter indischer Passivität und Fatalismus verstehen. Wenn Zeitalter *wiederkehren* anstatt zu *vergehen*, dann muß man offensichtlich nur lange genug warten, und das goldene Zeitalter wird wiederkommen. Eine Verbesserung sozialer Verhältnisse hat nichts mit dem Bemühen der Einzelpersonen oder Generationen zu tun, die das Zeitalter verbessern wollen, in dem sie zufällig leben.

Heute morgen am Strand unterhielt ich mich mit einem sehr sprachgewandten jungen Mann, dem Sohn eines tamilischen Farmers, der jetzt an der Universität von Madras Medizin studiert. Er erzählte, daß sein Vater seit einigen Jahren die neuen Reissamen – berühmt geworden durch die Grüne Revolution – verwendet, sich aber jetzt entschlossen hat, sie aufzugeben, weil sie zuviel teuren Dünger benötigen. Dieser Umstand ist von Vater und Sohn als ein Zeichen interpretiert worden, daß trotz der Millionen Menschen, die hungern müssen, die Reisproduktion zum gegenwärtigen Zeitpunkt *nicht* gesteigert werden sollte. Der Versuch, gegen den Strom des jetzigen *Yuga* zu schwimmen, das Schicksal zu überlisten versuchen, bedeute *Avidya* (Unwissenheit), die vielleicht einzige Form von Sünde, die die hinduistische Ethik kennt. Diese Unterhaltung hat nicht dazu beigetragen, meine seit langem bestehende Ansicht zu ändern, derzufolge die Ernährungs- und Landwirtschaftsorganisation der Vereinten Nationen in Indien wirklich und wahrhaftig einem Problem gegenübersteht, ganz besonders in Südindien.

Als wir uns um halb vier auf dem Weg hinauf zum Tempel befanden, schloß sich uns ein forscher älterer, kleiner Mann an, bedeckt mit Asche und farbigem Pulver, den Folgen eines *Puja*. Er bestand darauf, sich wortreich mit uns auf tamilisch zu unterhalten, was niemandem von uns etwas nützte, wie ich sehen konnte. Tamilisch ist die älteste noch existierende drawidische Sprache und hat, wie ich gehört habe, eine wundervolle Literatur. Sie ist jedoch außerordentlich schwierig. Normalerweise kann ich wenigstens noch »bitte« und »danke« oder Worte mit ähnlicher Bedeutung meistern, aber bei tamilisch gebe ich auf.

Auf einem Schild am Tempeleingang stand »Eintritt nur eine Rupie«, hier hielt uns unser Begleiter mit einer Hand zurück und bedeutete, daß er unsere Karten besorgen würde. Zu dem Zeitpunkt glaubte ich, daß er ganz unvoreingenommen hilfsbereit sei, und wir folgten ihm zum Eingang des Inneren Allerheiligsten, wo zwei ungehobelte Tempelwachen in Khaki-Uniformen ausfallend wurden und gegen mein Eintreten protestierten. Sie dachten, ich wäre ein Mann, da ich graue Hosen und ein unförmiges graues Buschhemd trug, und Männer dürfen nur hinein, wenn sie sich bis auf die Hose entkleiden. Unser Führer signalisierte schnell, daß ich ihnen je eine Rupie geben solle. An dieser Stelle hätte ich normalerweise zu streiten angefangen, aber Rachels fester Griff sagte mir, daß ihr das aggressive Verhalten der Wachen schreckliche Angst machte. Um sie zu schonen, bezahlte ich.

Dann begann ein geradezu stürmischer Rundgang mit vielen, durch Lampen hell erleuchteten Schreinen und mitten durch Scharen von Andächtigen. Ich übertreibe nicht, wenn ich sage, daß mir in meinem ganzen Leben nichts peinlicher war, und daß ich selten so wütend gewesen bin. Ich hatte einfach meine Rupie bezahlen und still dorthin gehen wollen, wo *Mlecchas* der Zutritt erlaubt ist, und in Muße so viel beobachten wollen, wie ich konnte. Statt dessen wurde ich durch den ganzen Tempel gescheucht. Alle orthodoxen Gläubigen waren verständlicherweise wütend, und ich hatte keine Zeit, um irgend etwas anzuschauen. Als wir wieder herauskamen, mit gestreiften Gesichtern und Armen voll unterschiedlicher Asche und Farbpulver, war ich um 12 Rupien ärmer und hatte die Art von schlechter Laune, die durch die Erkenntnis entsteht, daß man angeschmiert worden ist.

Dies war das bestorganisierte Beispiel von Bauernfängerei durch Teamarbeit, das mir je untergekommen ist. Als uns unser Führer zu verbotenen Plätzen führte, simulierten die Wärter und Priester (oder beide) Zorn und Wut, woraufhin der Führer schnell signalisierte, daß ich ihre (für Rachel) erschreckende Aufgebrachtheit besänftigen und sie für das Eindringen entschädigen könne, indem ich ihnen noch eine Rupie gäbe. Meine verblüfften Leser werden sich fragen, warum ich mich nicht einfach umgedreht habe und hinausgegangen bin, aber dieser Tempel ist so riesig und kompliziert, daß wir bald die Orientierung verloren, und ich hatte keineswegs den Wunsch, einen Aufruhr zu verursachen, indem ich versehentlich in ein Allerheiligstes stolperte. (Man erinnere sich nur daran, wie der Aufstand von 1857/58 gegen die britische Herrschaft begann!) Was mich am meisten aufregte, war, daß so viele ehrlich fromme Menschen durch unser versehentliches Hineinplatzen erschreckt wurden und mit Sicherheit entsetzt darüber waren, daß *Mlecchas* ihre heiligen Rituale ganz offensichtlich als Kunststücke für Touristen betrachteten. Und die Schönheit, die diesen Ritualen innewohnte, machte meine Frustration noch schlimmer. Hätten wir uns nur langsam durch den Tempel bewegen dürfen, so unauffällig wie möglich, hätte dies ein wunderbares Erlebnis sein können.

Draußen vor dem Tempel verlangte unser Führer zuversichtlich nochmals zehn Rupien, als sein persönliches Honorar. Als er statt dessen ein paar nicht druckreife, bittere Wahrheiten zu hören bekam, wurde er sprachlos vor Wut und stand wortlos da, sein Mund öffnete und schloß sich und stieß keuchende Geräusche aus wie eine Spielzeugdampflokomotive. Dann folgte er uns mit einigem Abstand bis zum Strand. Ich bat Rachel, auf meine Sachen und das Geld aufzupassen, während ich bis weit hinter die Brandung schwamm, um meine schlechte Laune abzureagieren.

Während des Schwimmens dachte ich, wie recht St. Francis Xavier doch gehabt hatte, als er nach einem Treffen mit den Brahmanen-Priestern desselben Tempels von Tiruchendur seinen Kollegen nach Rom schrieb: »Es gibt hier eine Klasse von Menschen, die sich *Bragmanen* nennen. Sie sind die Stütze des Heidentums und haben die Verantwortung für die Tempel, die den Götzen gewidmet sind ... Sie wissen nicht, was es heißt, die Wahrheit zu sprechen, sondern planen ewig, wie sie raffiniert lügen und ihre armen, unwissenden Anhänger betrügen können ... Sie sind wenig gelehrt, aber voller Missetaten und Böswilligkeit.«

Nicht, daß St. Francis es sich leisten konnte, allzu kritisch zu sein, er selbst war hoffnungslos unwissend, was den Hinduismus betraf, und zog es vor, es auch immer zu bleiben.

Er schien niemals von den grundlegenden Vorstellungen wie *Karma, Yoga, Bhakti* und *Maja* gehört zu haben, und seine Jahre auf dem Subkontinent widmete er der Liebe zu den Armen und der Abschaffung der Götzenverehrung. Doch selbst in seinem Jahrhundert stimmten einige römisch-katholische Theologen mit John Capreolus darin überein, daß Götzenverehrung nicht so albern zu sein brauchte, wie es den Anschein hatte, weil »Gott in seiner Allmacht die Gestalt eines Steines oder eines anderen unbelebten Gegenstands einnehmen konnte. Auch wäre es nicht abwegiger, zu sagen, daß Gott ein Stein ist, als zu sagen, daß Er ein Mensch ist, weil Er unendlich über beiden Gestalten steht.« (Pfarrer Capreolus hätte hinzufügen können: »Es wäre auch nicht abwegiger, zu sagen, daß Gott ein Stein ist, als zu sagen, daß Er ein Stück Brot ist.«)

St. Francis schien für einen ehemaligen Professor der Sorbonne in mancher Hinsicht sonderbar leichtgläubig gewesen zu sein. Dies ist seine Beschreibung von der Begegnung im Jahre 1544 mit »mehr als 200 *Bragmanen*« im Säulenhof [bis heute unverändert] des Tempels von Tiruchendur. »Ich trug eine Ermahnung zum Thema Himmel und Hölle vor und erzählte ihnen, wer wohin kommt. Nach der Predigt erhoben sich alle *Bragmanen*, umarmten mich herzlich und sagten, daß der Christengott wirklich der wahre Gott sei ... Gott gab mir Argumente, die ihr Aufnahmevermögen nicht überforderten, um die Unsterblichkeit der Seele klar zu beweisen ... Man muß scholastische Spitzfindigkeiten bei der Argumentation mit solch einfachen Gemütern unterlassen ... Eine weitere Frage an mich war, ob Gott schwarz oder weiß sei ... Da alle Menschen in diesem Land schwarz sind und ihnen diese Farbe gefällt, behaupten sie, daß Gott auch schwarz sei. Die meisten ihrer Götzen sind schwarz. Sie salben sie ständig mit Öl, und sie stinken abscheulich. Sie sind außerdem entsetzlich häßlich. Die *Bragmanen* scheinen mit all meinen Antworten auf ihre Fragen zufrieden zu sein ...« Armer St. Francis! Dieses »einfache Volk« hatte ganz offensichtlich großen Spaß daran gehabt, ihn auf den Arm zu nehmen, und zweifellos sind sie nach Hause gegangen und haben leise über das primitive Argumentieren dieses einfachen Wanderpredigers in sich hineingelacht ... Ich muß wohl nicht erst betonen, daß keiner von ihnen zum Christen geworden ist.

Als wir zum Bazar zurückgingen, auf der Suche nach mehr Tee, fiel Rachel auf, daß dem jungen Tempelelefanten sein Make-up aufgetragen wurde. Auf Ohren und Rüssel wurden ihm blaue und goldene Ringe und auf seine Stirn weiße Streifen gemalt, und dann (große Sensation!) wurde ihm eine Schabracke aus Brokat mit roten, blauen und goldenen Quasten umgehängt, sein Sonntagsstaat sozusagen. Als nächstes wurde ihm eine dicke Seidenkordel mit schweren Messingglocken an beiden Enden über den Rücken geworfen, er erhielt ein kleines Stück Holz, das er mit seinem Rüssel festhalten sollte, und los ging es Richtung Tempeleingang. »Komm, wir gehen ihm nach!« sagte Rachel und stotterte fast vor Aufregung. Und das taten wir dann auch, auch wenn sie vor einer Viertelstunde noch gestöhnt hatte, sie wäre vollkommen ausgetrocknet.

Unterwegs kamen die Besitzer hinter mehreren kleinen Essensständen hervorgeeilt, um Babar, wie ich ihn etwas respektlos getauft hatte, mit Bananen, Brötchen oder Gebäck zu beschenken. Bevor er dies annahm, mußte er das Stück Holz seinem Wärter aushändigen (nicht gerade das passende Wort, aber das macht nichts), das bedeutet, es wurde kontrolliert, was er zu sich nahm. Mir fiel auf, daß Orangen verboten waren. Wenn er Münzen erhielt, gab er sie vorsichtig seinem Wärter und legte dann seinen Rüssel auf die Hand des Spenders, um ihn zu segnen. So war also auch er, armes Tier, zur Zusammenarbeit gezwungen worden. Ich muß sagen, er wurde wunderbar trainiert. Als er am Haupteingang des Tempels angekommen war und sich somit direkt gegenüber dem Bild von Sri Subrahmanya im Inneren Allerheiligsten befand, ging er langsam in die Knie – er bot dabei ein unheimliches Bild der Ehrfurcht –, erhob seinen Rüssel und trompetete feierlich dreimal zu Ehren des Gottes. Da er ein heiliger Elefant ist, bedeutet eine Berührung sehr viel, und *Lakshmi* allein weiß, was er in der folgenden Stunde verdient hat, als er beim Haupteingang stand und sein Wärter neben ihm hockte. Viele Menschen gaben ihm Essen, das er erfreut in seinen Mund warf, aber er war trainiert worden, seinen Segen nur für Bargeld zu geben. Ich gab ihm zehn Paisa, um herauszufinden, wie sich die Segnung eines Elefanten anfühlt. Es ist ein sehr angenehmes Gefühl, wenn man spürt, wie sich die zarte Spitze des Rüssels sanft auf den Kopf legt.

Die nächste Aufregung folgte gleich nach Sonnenuntergang, als ich versuchte, Rachel von Babar loszueisen. Am Rande des Strandes, nahe beim Tempel, stand eine große, häßliche Halle aus Beton, die mit Türen aus Wellblech verschlossen war. Plötzlich öffneten sich die Türen und offenbarten überraschend einen glänzenden goldenen Wagen. Zu dem Wagen gehörte ein Paar tänzelnder lebensgroßer Pferde aus Silber. Rachel stand da wie angewurzelt und schien fast zu erwarten, daß das Märchen Wirklichkeit würde und die Pferde aus der Halle galoppierten. Eine indische Menschenmenge versammelt sich unglaublich schnell, und Augenblicke später waren wir umringt von den meisten Dorfbewohnern und Hunderten von Pilgern. Ein kleiner Junge, der ausgezeichnet Englisch sprach (er besucht einen der letzten verbliebenen Vorposten von verständlichem Englisch in Indien – eine Klosterschule) erklärte, daß der Wagenschrein eine neue Anschaffung sei, die zwei Laks (200 000 Rupien) gekostet hätte. Er würde heute abend zum ersten Mal benutzt, um das kostbarste Bildnis des Tempels, das

Bild von Sri Subrahmanya, in einer Prozession dreimal um das Gebäude zu tragen.

Dieses kunstvolle Beispiel der Arbeit von zeitgenössischen Goldschmieden aus Madras zeigt, daß wenigstens ihre Kunst nicht am Aussterben ist. Bis ins kleinste Detail ist der neue Wagen von Subrahmanya ein wahres Abbild von Schönheit. Die unzähligen winzigen Figuren, die ihn schmücken, sind nicht bloße Nachbildungen von traditionellen Figuren, sondern besitzen selbst Leben und Ausdruckskraft. Unglücklicherweise hat sie jedoch die Technologie in Form von Elektrizität eingeholt. Man sieht keine einzelnen Glühbirnen, da diese so geschickt angebracht wurden, daß der Eindruck entsteht, das ganze Gold glänze im eigenen Licht. Doch als die Prozession sich in Gang setzte, mußten vier Männer einen unförmigen, stinkenden Stromgenerator hinter dem Wagen herziehen. (Ich habe immer noch die gegensätzlichen Gerüche von Jasmin und Abgasen des Generators in der Nase.)

Es war eine höchst denkwürdige Erfahrung, Gott Subrahmanya, der blütenumkränzt inmitten dieser Pracht thronte, langsam durch die finstere Nacht fahren zu sehen. Der eineinhalb Kilometer lange Weg, der um den Tempel führt, ist uneben und stellenweise ziemlich steil, daher hielten mehrere Fackelträger Wegemarkierungen aus loderndem ölgetränktem Holz in die Höhe. Diese verbreiteten ein weihrauchähnliches Aroma und erschreckten und begeisterten Rachel gleichermaßen, weil sie gelegentlich Funkenschauer in die Menge niederregnen ließen. Drei Musikkapellen begleiteten die Prozession, mischten sich aber nicht darunter, es waren Harijans. Um uns herum trug der inbrünstige, unkoordinierte Gesang der verschiedenen Pilgergruppen zu der Atmosphäre von begeisterter Hingabe bei.

Einen besonderen Eindruck machte auf mich die Zahl der jungen Pilger, die meisten von ihnen vollkommen in Andacht versunken. Als ich die ganze Szene betrachtete, war ich plötzlich davon überzeugt, daß die indische Zivilisation die letzte auf dieser Welt sein wird, die sich unserer Art von Materialismus ergeben wird. Und ich sah eine Ähnlichkeit zwischen der Schönheit des goldenen Wagens, weggesperrt in diese häßliche Betonhalle, und dem Wert der Hindu-Tradition, bewacht von einer korrupten Priesterschaft.

Da wir die einzigen anwesenden Ausländer waren, wurde uns nicht nur erlaubt, dicht beim Wagen zu gehen, wir wurden geradezu dazu ermutigt. Und als ich müde wurde, Rachel huckepack zu tragen (vom Boden aus hätte sie nichts gesehen), gab es viele Freiwillige, die sie übernahmen. Von den breiten Schultern eines Ingenieurs aus Trivandrum herab strahlte sie mich an, ihr Gesicht schimmerte im goldenen Licht, und sie sagte: »Ist Indien nicht toll?«

21. Dezember. Tisaiyanvilai
Bevor wir gegen Mittag den Bus bestiegen, verbrachten wir ein paar Stunden in oder in der Nähe einer Parava-Siedlung, die ungefähr eineinhalb Kilometer, den Strand hinunter, vom Tiruchendur-Tempel entfernt ist. Die Paravas sind eine Gemeinschaft von Perlenfischern, die an der Küste von Coromandel leben. Ihre Vorfahren wurden zwischen 1535 und 1537 in einer Massentaufe getauft, ein paar Jahre bevor St. Francis auf der Bildfläche erschien. Davor war dieses sanfte, einfache Volk mehrere Jahrhunderte lang sowohl von Hindus als auch von Moslems tyrannisiert und ausgebeutet worden. Daher waren sie beeindruckt, als ein indischer Christ aus Calicut behauptete, daß Bekehrung ihre Position stärken würde, weil sie dadurch den Schutz der damals mächtigen Portugiesen gewinnen würden. Da aber kein verfügbarer Missionar die tamilische Sprache beherrschte, erhielten die ursprünglich »Bekehrten« nicht einmal die elementarste Einführung in ihren neuen Glauben. Und trotz der folgenden Bemühungen von St. Francis (er war selbst nicht besonders sprachbegabt), erwecken ihre Nachfahren den Eindruck, als wären sie so etwas wie eine einzigartige Unterkaste des Christentums.

Diejenigen, denen wir heute begegneten, schienen ihren Vorfahren aus dem 16. Jahrhundert, die die Portugiesen als eine einfache, bescheidene und gutaussehende Rasse beschrieben hatten, nicht unähnlich. Sie freundeten sich rasch mit Rachel an, waren aber in meiner Gegenwart schüchtern. Ihre Behausungen, mit Palmwedeln gedeckte Hütten am Strand, sind eng und ein gutes Stück entfernt vom Stadtrand von Tiruchendur. Ihre alten Katamarane – von denen jeder ein Paar roh behauene Hörner aus Holz am Bug trug – werden sozusagen vor der Haustür geparkt. Der augenscheinlich schlechte Gesundheitszustand der Gemeinde überraschte mich, denn es mußte für jeden genug Fisch zu essen geben, aber vermutlich ist jede einseitige Ernährung ungesund. Die Siedlung wird beherrscht von einer unverhältnismäßig großen, ehemals weißen Kirche aus dem 17. Jahrhundert. Sie ist offensichtlich portugiesischen Ursprungs und befindet sich mittlerweile in einem äußerst baufälligen Zustand. Wir fanden alle Türen offen, und sie scheint täglich benutzt zu werden, aber im Innern gibt es weder Gestühl noch Schmuck, mit Ausnahme von ein paar abgestoßenen, konventionellen Gipsfiguren. Über der ganzen Siedlung lag ein Hauch von Ghetto-Atmosphäre, aber ich bin davor gewarnt worden, anhand dieses einen Beispiels darauf zu schließen, wie Paravas leben. Offensichtlich sind viele ihrer Dörfer lebendig, sie blühen und gedeihen. Von ihrer »Hauptstadt« Manapad wird erzählt, daß sie eine außergewöhnlich wohlhabende und progressive kleine Stadt mit einer schönen, gepflegten Kirche sei.

Als wir Tiruchendur verließen, war das einzige, was ich bedauerte, die Tatsache, daß wir nichts von Shanamukka gesehen hatten, der in der Broschüre des Tempelvorstandes köstlich als »Abgott der Bhaktas, der alle Blicke auf sich zieht und als Hauptattraktion der Bürgerlichen« beschrieben wurde.

Die paradoxe Einstellung der Inder zu Tieren beschäftigt Rachel gegenwärtig sehr: Wie kann ein überwiegend vegetarisches Volk bei leidenden Tieren so herzlos sein? Im Bus war sie heute sehr beunruhigt, als sie mehrere mitleiderregend knochige Kühe sah, deren Hörner mit ihren Beinen zusammengebunden worden waren, damit ihre Köpfe auf eine grasende Position beschränkt waren und sie somit keine jungen Plantainbananenpflanzen fressen konnten. Und sie macht sich, ziemlich unnötig, Sorgen über die vielen Ziegen, an deren Halsbändern lange Stäbe horizontal befestigt waren, die verhindern sollten, daß sie Zäune durchbrechen, die nur aus Pfählen bestehen.

Mich beunruhigt jedoch die Behandlung von kleinen Kindern und Babys an den Pilgerstränden weitaus mehr. Sowohl am Cape Comorin als auch in Tiruchendur sah ich, wie viele Kleinkinder, die in die aufgewühlte See getragen wurden, in panischer Angst um sich traten und schrien und dreimal untergetaucht wurden, während die Eltern in den Pausen zwischen dem Eintauchen sich vor Lachen ausschütteten über das Spektakel, das ihr schrecklich verängstigter Nachwuchs veranstaltete. Heute nacht verfolgen mich diese Bilder. Eltern, die Vergnügen daran finden, kleine Kinder absichtlich zu quälen, haben etwas sehr Beunruhigendes. Man hört viel über die Sicherheit, die kleine Inder genießen, denen jahrelang die Brust gegeben wird und die sofort hochgehoben werden, wenn sie anfangen zu weinen (da man glaubt, daß Weinen die gesamte Konstitution schwächt) und die auf diese Weise soviel Zeit dicht am Körper der Mutter verbringen. Aber wie verläßlich ist diese Sicherheit, wenn eine der elementarsten Eigenschaften des Mutterinstinkts – ihr Kind vor Angst zu schützen – außer Kraft gesetzt wird? Und wenn einige Mütter tatsächlich ihrem Kind panische Angst einjagen? Und, was am verblüffendsten ist, wenn ihnen dies Spaß zu machen scheint? Diese Art von Verhalten hängt wahrscheinlich mit der mangelnden Fähigkeit der Inder zusammen, sich selbst oder andere als Individuum begreifen zu können – es kann aber auch ein Symptom akuter Frustration sein. Viele junge Paare leben noch immer im Familienverband, wo sie sich unaufhörlich den Älteren beugen müssen. Möglicherweise werden diejenigen, die diese Einschränkung ablehnen, etwas von ihrer Anspannung los, indem sie die einzigen Menschen drangsalieren, bei denen sie sich als unabhängige Erwachsene fühlen und bei denen sie die Situation beherrschen können.

Reagiere ich überempfindlich? Die meisten Inder betrachten mich schließlich als ein Monster von herzloser Grausamkeit, weil Rachel normalerweise von halb sieben Uhr abends bis halb neun Uhr morgens allein in ihrem Schlafzimmer ist, ohne daß ich auch nur einmal die Zimmertür öffne, um zu sehen, ob sie noch lebt. In diesem Haushalt verbringt die Dreieinhalbjährige – die jedesmal, wenn sie uns sieht, vor panischer Angst kreischt – die meiste Zeit des Tages auf der Hüfte ihrer Mutter und den Rest der Zeit auf dem Schoß ihrer Großmutter und die ganze Nacht in den Armen ihrer Mama. Sie ist ein winziges, zierliches, kleines Ding, nicht größer als Rachel im Alter von zwei Jahren, und immer untadelig angezogen.

Wenn man bedenkt, wie die meisten indischen Kinder aufgezogen werden, ist es nicht überraschend, daß Rachel sich in ihrer Gesellschaft manchmal ausdrückt und benimmt, als wäre sie von Lord Curzon persönlich unterrichtet worden. Eine alarmierende Anzahl von Indern hat eine unglückliche Art, die sanftmütigsten Europäer so zu provozieren, daß sie sich wie Alleinherrscher benehmen. Die verschwommenen Konturen der Persönlichkeit durchschnittlicher Inder sind sehr wahrscheinlich dafür verantwortlich .

22. Dezember. Tisaiyanvilai

Heute morgen sind wir nach Tirunelveli gefahren, auf der Jagd nach Post. Wir hatten keinen Erfolg, aber der Postbeamte ist zuversichtlich, daß unsere Briefe bis zum 24. Dezember eingetroffen sein werden. Außerdem tätigten wir ein paar Weihnachtseinkäufe, weil der Bazar von Tisaiyanvilai keinerlei Spielzeug oder Geschenkartikel zu bieten hat. Da Tirunelveli das Marktzentrum einer großen Gegend darstellt, war es voller Menschen, und über den Haupteinkaufsstraßen hingen Banner, die jedem frohe Weihnachten und ein glückliches neues Jahr wünschten. Weihnachten wird in diesem Bezirk genauso gefeiert wie Pfingsten in ganz Großbritannien, wo an diesem Wochenende wenig an die Dritte Person der Dreieinigkeit gedacht wird.

Rachel wird zunehmend kritischer, was bestimmte Aspekte indischen Lebens betrifft, und heute verwickelten uns ihre Kommentare über die Behandlung von Hindu-Frauen in die ganze Doktrin der Wiedergeburt. Ich erklärte ihr, daß Frauen als minderwertig betrachtet werden, weil sie nicht als Frauen zur Welt gekommen wären, hätten sie nicht in einem vorangegangenen Leben Sünden begangen. Das bedeutet, daß sie keine bessere Behandlung erhalten als sie verdienen. Rachel hielt nicht viel von dieser Theorie, gab aber widerwillig zu: »Ich kann mir vorstellen, daß es stimmen *könnte*.« Dann, nach ein paar Minuten Stille (ein äußerst seltener Fall in unserem gemeinsamen Leben), rief sie aus: »Wäre es nicht *interessant*, tot zu sein! Dann wissen wir alles. Wärst du gern tot?«

»Nicht besonders«, sagte ich. »Ich bin einigermaßen glücklich mit meiner sterblichen Rolle. Und dann gibt es noch immer die Möglichkeit, daß wir weit entfernt davon sind, *alles* zu wissen und wir im Gegenteil nichts wissen!« Damit begab ich mich wiederum in noch tiefere Abgründe, aber die brauchen uns hier nicht zu interessieren.

Eine andere von Rachels derzeitigen Klagen – besonders seit neulich Morgen ein Klumpen Auswurf auf ihren nackten Schultern landete – ist die über die indische Angewohnheit, auf der Straße auszuspucken. Es gehört zu den Dingen, die ich bei meinen vorigen Aufenthalten in Indien als selbstverständlich hingenommen hatte, aber wie ich schon sagte, meine Tochter ist sehr viel empfindlicher als ihre Mutter. Und wenn ich so darüber nachdenke, ist es *tatsächlich* ziemlich unzivilisiert, nicht wenigstens zu gucken, wohin man spuckt, wenn man schon spucken muß.

Ich habe immer vage angenommen, daß das Spucken der Inder einfach eine Folge davon war, daß Hindus unerklärlicherweise erkältet seien und daß sie keinerlei besondere gesellschaftliche Umgangsformen besäßen. Vor kurzem habe ich jedoch entdeckt, daß diese Angewohnheit eng mit ihren Gesetzen der Verunreinigungen zusammenhängt, die weitaus komplexer sind als alles, was sich ein einfacher, westlicher Kopf darunter vorstellen könnte. Für uns erscheinen viele davon sonderbar, andere wiederum enthalten augenscheinlich einige vernünftige Elemente. Zum einen werden alle Absonderungen des Körpers mit großem Entsetzen und Furcht betrachtet. Speichel, Auswurf und Schleim, von denen man glaubt, es sei »verdorbenes Sperma« (noch heute lagert dem Volksglauben nach Sperma im Kopf), haben angeblich besonders verunreinigende Auswirkungen. Daher muß der Körper von all diesen schrecklichen Bedrohungen so schnell wie möglich befreit werden, und es ist dabei verdammt egal, wo diese Absonderungen landen oder ob jemand anderes dadurch beschmutzt wird.

23. Dezember. Tisaiyanvilai
Nach dem Frühstück machten wir uns zu Fuß auf den acht Kilometer langen Weg nach Ittamozhi. Nachdem wir nun eine Woche in dieser kleinen Ecke des äußersten Endes von Indien verbracht haben – eines der ältesten bewohnten Gebiete der Welt –, mag ich es inzwischen richtig gern. Wenigstens zu dieser Jahreszeit hat es einen eigenen gedämpften Reiz. Der Monat zwischen Mitte Dezember und Mitte Januar ist, was das Wetter betrifft, der einzige angenehme Monat. Im März ist es für niemanden mehr angenehm, und im Mai betrachten es selbst die Einheimischen als Hölle auf Erden. Aber das war heute morgen, als wir unter einem fröhlichen blauen Himmel mit ein paar verstreuten, hohen weißen Wolken dahingingen und die angenehm heiße Sonne genossen, die durch den tosenden Wind vom Meer abgemildert wurde, schwer vorstellbar. Nach dem vorangegangenen Regen war der Wegesrand übersät von winzigen, leuchtenden Wildblumen, Schmetterlinge flogen aufgeregt kreuz und quer von Blüte zu Blüte, und die Farben der Vögel waren so blendend, daß man fast seinen Augen nicht traute. »Wenn es hier Affen gäbe, wäre es vollkommen«, sagte Rachel. »Warum gibt es hier keine Affen?«

Wir folgten dem Verlauf einer kleinen Straße, deren Bau während der Glanzzeit seiner Familie unter der persönlichen

Aufsicht von Ernests bemerkenswerter Mutter aus Rajput beaufsichtigt worden war. Heute ist sie allerdings so schadhaft, daß sie nur noch von wenigen motorisierten Fahrzeugen befahren wird. Es muß faszinierend sein, hier die Männer bei der Arbeit zu beobachten, wenn sie Toddy zapfen, und dafür alle paar Stunden die Palmyrapalmen hinauf- und hinunterklettern, um den Saft für die Gewinnung von Jaggery abzuziehen. Zur Zeit werden die vom Regen aufgeweichten Reisfelder gepflügt. Mehrere Männer, die nichts als zerlumpte *Lunghis* und unordentliche Turbane trugen, trieben Gespanne mit kleinen, stark abgemagerten Ochsen die Straße entlang und balancierten auf ihrem Kopf einen hölzernen Pflug: ein Maßstab sowohl für die Einfachheit des Pflugs als auch für die Kraft ihrer Nackenmuskeln. Wenn wir uns zu einem der Männer umdrehten – jung, gut gebaut, mit fast schwarzer Haut –, sahen wir, daß auch er stehengeblieben war, um uns anzustarren. Mit einer Hand balancierte er seinen Pflug, während er uns nicht neugierig, belustigt oder argwöhnisch, sondern eher mit einem Ausdruck des höchsten Erstaunens betrachtete. Einen Moment lang standen wir so da in dieser weiten, strahlenden, stillen Landschaft – Europäer des 20. Jahrhunderts gegenüber einem Inder aus keinem Jahrhundert, einem Mann, dessen Leben nach einem Schema abläuft, das seinen vor-arischen Vorfahren vollkommen vertraut wäre. Und dann drehten wir uns wortlos um und gingen in entgegengesetzte Richtungen.

Zweifellos muß man zu Fuß gehen oder radfahren, um die Atmosphäre eines Ortes schätzen zu können. Fahrten mit dem Bus sind auf ihre Art ganz in Ordnung, aber sie sind kein wirkliches *Reisen*.

Zwischen Tisaiyanvilai und Ittamozhi zählten wir fünf kleine Kirchen oder Kapellen verschiedener christlicher Konfessionen, und da Sonntag war, waren alle offen. In einem ärmlichen Dorf von Toddy-Zapfern litten die meisten Kinder an Unterernährung und/oder Würmern, und viele hatten das stumpfe, tote, bräunlichrote Haar, was bei Menschen, die normalerweise schwarzes Haar haben, auf einen ernsten Vitaminmangel hinweist. Aber selbst hier hatte eines der heldenhaften indischen Teams zur Verhütung von Malaria jedes armselige Haus besprüht und sorgfältig gekennzeichnet.

Als wir uns Ittamozhi näherten, hörten wir aus einem gutgebauten, mit Palmwedeln gedeckten Haus, etwas abseits von der Straße, einen seltsamen, schnellen Gesang und rhythmisches Händeklatschen. Es war kein anderes Gebäude in Sicht, und der Gesang und das Klatschen, begleitet von rasenden Trommel- und Beckenschlägen, hatte eine hypnotische Wirkung, die eher an afrikanische Stämme als an indische erinnerte. Rachel und ich waren gleichermaßen fasziniert und beschlossen, das Gelände durch ein hölzernes Tor inmitten einer hohen Hecke von Feigenkaktus zu betreten. Dann setzten wir uns auf einen roh behauenen Stuhl, der ganz unerwartet direkt hinter dem Tor stand, und hörten weiter begeistert und verwundert zu, bis eine junge Frau in einem knöchellangen weißen Kleid mit weiten Ärmeln – was hier sehr merkwürdig aussah – eilig die Straße heruntergelaufen kam. Sie trug eine Reihe christlicher Gebetbücher unter dem Arm und ich fühlte mich unwillkürlich an das weiße Kaninchen aus *Alice im Wunderland* erinnert, als sie an uns vorbeieilte und ihr Tempo sich nicht für einen Augenblick verlangsamte. Ihre Augen waren starr auf die Hütte gerichtet. Doch ihre einladende Geste war unmißverständlich, und obwohl ihr Gesichtsausdruck mir signalisiert hatte, daß sie an irgendeiner ernsthaften seelischen Störung litt, folgten wir ihr ins Haus. Keiner aus der entrückten Gemeinde schien die Gegenwart von uns Fremden zu bemerken.

Die Kapelle war ungefähr acht mal fünf Meter groß und ordentliche Bahnen von Kokosmatten lagen auf dem wie poliert aussehenden Lehmboden. Ein paar Bibeltexte in tamilischer Sprache hingen an den Wänden. Das einzige Mobiliar war der Tisch des Predigers, hinter dem ein großer, schwergebauter Tamile von ungefähr 40 Jahren stand, der die Art von einfacher Robe trug, die von Geistlichen der reformierten Anglikanischen Kirche in allen Ländern bevorzugt wird. Als wir eintraten, dirigierte er gerade das Singen der Kirchenlieder (wenn man es so nennen kann) auf eine nicht übermäßig ungewöhnliche Art und Weise. Aber mir wurde schnell klar, daß das mangelnde Interesse an unserem Eintreten auf Seiten der Gemeinde einen etwas unheimlichen Grund hatte: Alle, die zugegen waren, befanden sich in einer Art Trance, nachdem sie zuvor von ihrem Geistlichen vollkommen hypnotisiert worden waren.

Es war nicht schwierig, die Anzahl der Anwesenden festzustellen. Auf der männlichen Seite befanden sich vier Männer, einer von ihnen ein grauenhaft entstellter Schwachsinniger, und zwei Jugendliche. Auf der weiblichen Seite gab es 23 Frauen, die Mehrzahl war jung, und alle waren in weiß gekleidet, sowie fünf Schulmädchen und eine Anzahl schlafender (unglaublich) Kleinkinder. Einer der Männer schlug die Trommel, eine der Frauen schlug die Becken, alle anderen klatschten laut in die Hände und sangen, während sie sich auf den Fersen vor und zurück wiegten. Auf den ersten Blick hätte man den Eindruck einer anrührenden Szene gewinnen können: Das einfache Volk drückt seine Andacht so gut wie möglich aus und so weiter ... Aber es wurde bald deutlich, daß wir einem wirklich sehr eigenartigen Vorgang beiwohnten.

Auf ein Zeichen wurden die Musik, der Gesang, das Klatschen und Wiegen auf dramatische Weise immer schneller. Als der Höhepunkt des Crescendos erreicht war, warf der Prediger plötzlich seinen Kopf in den Nacken, brüllte wie ein verwundeter Tiger, stieß seine geballten Fäuste in die Luft, stand da und schüttelte sie gegen die Decke, schwitzte, keuchte und krümmte sich, und schrie mit einer Stimme, die seltsam schrill geworden war, während seine Gemeinde zu toben anfing.

Der armen Rachel hatte diese Szene des Geistlichen Lebens (so die tamilische Übersetzung) solch panische Angst eingejagt, daß ich sie in die Arme nehmen mußte. Inzwischen drehten und wanden sich die Frauen, die kreischten wie die Hexen beim Hexensabbat, mit überkreuzten Beinen auf dem glatten Boden. Sie steigerten sich in eine Raserei, in der sexuelle Erregung sich unmißverständlich mit religiöser Hysterie verband. Unterdessen schrie, zitterte und schwitzte der »Prediger« (inzwischen fand ich, daß er die Anführungszeichen verdient hatte) weiter und schüttelte seine geballten Fäuste, ohne auch nur einmal seinen Blick von der Decke abzuwenden. Einige Frauen hatten mittlerweile Schaum vor dem Mund und einige fielen in Ohnmacht, überwältigt von der Intensität ihrer Gefühle. Ich war zweimal Zeuge, wie tibetanische Schamanen in Trance fielen, aber das war nur unheimlich. Die Sitzung von heute morgen hatte eine Aura, die bei mir Übelkeit erregte, und als zwei Frauen auf ihre Füße sprangen und begannen, ihre Kleider zu lockern, beschloß ich, daß es an der Zeit war zu gehen, bevor Rachel etwas mitansah, das für Fünfjährige ungeeignet ist.

Als ich Ernest bat, uns dieses Erlebnis zu erklären, sagte er, daß wir der letzten halben Stunde des regelmäßig am Sonntag stattfindenden, zweistündigen, morgendlichen Gottesdienstes der Kirche der Pfingstbewegung von Ceylon in der örtlichen Kapelle beigewohnt hätten. Als ich wissen wollte, ob man von dem Gottes»dienst« annehmen könnte, daß er in diesem Zusammenhang doppeldeutig aufzufassen sei, wollte er sich nicht festlegen. Es scheint, daß diese Sekte ziemlich populär ist, vor allem bei jungen Frauen, deren Ehemänner anderen christlichen Sekten in entfernteren Regionen Südindiens angehören. Anhänger der Pfingstbewegung tragen ausschließlich weiß, lehnen jedweden Schmuck ab und verteufeln Spaß und Spiel, eine Ausnahme bildet das wöchentlich stattfindende Empfangen direkter Mitteilungen vom Heiligen Geist mittels des oben beschriebenen heißen Drahts. Zweifellos besteht ein Zusammenhang zwischen den überwiegend weiblichen Teilnehmern und der Unterdrückung der indischen Frauen. Was man auch immer sonst noch über den Gottesdienst von heute morgen sagen will, er hat jedenfalls die unterdrückten Gefühle aller ans Tageslicht gebracht.

Ernest hat mich übrigens über die Sexualmoral der örtlichen Harijans, Sudras und Christen aufgeklärt, die Toddy zapfen. Offenbar geben sich Mädchen und Jungen ungehindert vorpubertärem Geschlechtsverkehr hin, von den Älteren wird dies stillschweigend geduldet. Aber das bedeutet, daß die Mädchen zwischen dem Erreichen der Pubertät und ihrer Heirat buchstäblich eingesperrt werden müssen, da die Mehrzahl nicht einfach zur Keuschheit zurückkehrt. Das Heiratsalter ist in dieser abgelegenen Region oft illegal niedrig, doch es gibt auch unverheiratete Mütter. Im Gegensatz zu den Gebräuchen in den höheren Kasten werden sie hier allerdings mit Nachsicht behandelt und »ein kleiner Fehltritt« – selbst der einer unbestimmten Vaterschaft – stellt für eine Heirat kein ernsthaftes Hindernis dar.

Heute morgen hat Rachel den besten Spruch der Woche, wenn nicht des Jahres, von sich gegeben. Nachdem sie aufmerksam einer Diskussion am Frühstückstisch zugehört hatte, die sich um die Bhakti-Bewegung in Südindien drehte, verkündete sie in einer Gesprächspause plötzlich: »Ich glaube, ich bin noch zu klein, um den Hinduismus zu verstehen, wirst du es mir noch mal erklären, wenn ich acht bin?«

Elftes Kapitel

Fieber in Madurai und die Tierwelt in Periyar

30. Dezember. Madurai
Die siebentägige Unterbrechung im Tagebuch ist auf ein namenloses Fieber zurückzuführen.

Am Morgen des Heiligen Abends, als wir Tisaiyanvilai verließen, war mir etwas seltsam zumute, ich dachte mir aber nichts dabei – bis ich mich plötzlich richtig krank fühlte. Wir warteten gerade am Bahnhof von Tirunelveli auf den Zug nach Madurai, weil wir den Bus verpaßt hatten. Den Bus hatten wir verpaßt, weil wir bei der Post so lange auf die Auslieferung der ausländischen Briefe gewartet hatten, die dann aber wieder nicht eingetroffen waren. Und um die Sache noch mehr zu verkomplizieren, hatte ich auch die Öffnungszeit der Bank verpaßt, die an diesem Tag schon mittags schloß, weil Weihnachten war.

Das war das erste Mal, daß ich buchstäblich ohne einen Pfennig dastand, unsere letzten Paisa hatten wir für die Zugfahrkarten ausgegeben. Es war eine interessante Erfahrung. Es unterstrich das Ausmaß, in dem sogar die Ärmsten unter uns auf das bißchen Geld, das wir haben, als eine wesentliche Stütze unserer Persönlichkeit angewiesen sind. Ich begann den Typ des bettelnden Hippies, der freiwillig ein Gelübde der Armut abgelegt hat, mit anderen Augen zu betrachten. Es ist kein Zufall, daß bei den meisten Religionen die Armut eine Voraussetzung für vollkommene Heiligkeit ist.

Auf den Seiten unseres Zuges stand in riesigen Buchstaben EXPRESS. Er fuhr um vier Uhr in Tirunelveli ab und brauchte fünfeinhalb Stunden für eine Fahrt von 150 Kilometern. Er war fast leer, weil bis zu diesem Morgen die Eisenbahner gestreikt hatten und die Öffentlichkeit noch nicht gemerkt hatte, daß der Streik beendet war.

Zum Zeitpunkt unserer Ankunft hier hatte ich bereits so hohes Fieber, daß ich nicht mehr sprechen konnte, und mit Rachel ging es ebenfalls rapide bergab. Doch im Warteraum von Tirunelveli trafen wir ein nettes junges Paar aus der Schweiz – unsere ersten ausländischen Mitreisenden seit Goa. Und irgendwie haben diese Schutzengel es geschafft, uns in Madurai im Bungalow für Reisende unterzubringen, der sich direkt hinter dem Bahnhofsplatz befand. Ich erinnere mich dunkel daran, daß wir auf dem Bahnsteig in absoluter Finsternis über endlose Reihen von Schlafenden stolperten, immer angesichts riesiger Dampfmaschinen (von 1910), die drohend zischten, während sich Rachel über meine Beine erbrach. Dann lag ich auf einem Bett und sie auf einer Couch in einem Zimmer mit einer hohen Decke, das mit Rosenholzmöbeln schön eingerichtet war. Und ich spürte den Spuk der Generationen von Offizieren der I.C.S., die unterwegs gewesen waren, um das Empire zu inspizieren.

Ich hatte gehört, wie unsere Schweizer Freunde den pummeligen, verwirrten, kleinen Hausmeister drängten, schnellstens von irgendwoher einen Arzt zu holen. Welche Ironie, wo wir doch vor ein paar Stunden das Haus eines Arztes verlassen hatten! Aber es stellte sich heraus, daß dieser Mann mehr als etwas begriffsstutzig war, und von zehn Uhr des Heiligen Abends an bis um elf Uhr morgens am ersten Weihnachtstag warf nicht einmal jemand einen Blick durch unsere Tür, um nachzusehen, ob wir noch am Leben waren. Gott sei Dank war unsere Wasserflasche, die ungefähr vier Liter faßte, fast voll gewesen, als wir ankamen, und ich vermute, Rachel hat sich selbst bedient. Sie sagte mir, daß sie die meiste Zeit geschlafen hat und auch keine Kopfschmerzen hatte. Unterdessen döste ich vor mich hin, die Fäuste voll mit Codein, aber es hatte auf keines meiner Symptome irgendwelche Wirkung. Das schlimmste waren Kopfschmerzen, die so fürchterlich waren, daß ich zeitweise fast dachte, ich würde an Hirnhautentzündung sterben. Und der Lärm von draußen machte die Sache auch nicht gerade besser.

Inder lieben Lärm und stellen für gewöhnlich ihre billige Kino-Popmusik auf eine geradezu teuflische Lautstärke. In diesem Fall habe ich keine Ahnung, wo die Geräusche ursprünglich herkamen, aber direkt über unserem Fenster war ein Lautsprecher am Dach befestigt worden, und ich übertreibe nicht, wenn ich sage, daß ich in den ersten beiden Tagen und Nächten kurz davor war, wahnsinnig zu werden. Nur diejenigen, die persönlich unter indischer Popmusik aus nächster Nähe gelitten haben, werden mir das Mitgefühl entgegenbringen, das ich verdiene. Gelegentlich gab es eine Pause in diesem Inferno und ich fing vor Erleichterung fast an zu weinen, aber keine Pause dauerte länger als das Wechseln einer Schallplatte. Vielleicht hatte Richard Lannoy mit dem Kommentar in seinem Buch *The Speaking Tree* Recht, daß »indische Popmusik ... das Leben der indischen Massen durchdringt wie keine andere Form der Unterhaltung ... Hier ist ein Volk, ... das durch gut organisierte Massenmedien von seinem menschlichen Dilemma abgelenkt wird. Die populären Künste verhindern lediglich Individualisierung, entfremden Menschen von ihren persönlichen Erfahrungen und intensivieren ihre moralische Isolation voneinander, von der Wirklichkeit und von ihnen selbst.«

Gegen elf Uhr morgens am 26. Dezember wurde mir klar, daß, wenn ich nicht durch Vernachlässigung sterben wollte, etwas unternommen werden mußte. Indem ich mich immer an der Wand stützte, schaffte ich es bis zur Veranda und versuchte, drei Vorbeigehende davon zu überzeugen, daß ich wahrhaftig und schnell medizinische Hilfe benötigte. Aber alle sagten beharrlich, daß ich in eine Klinik oder ein Krankenhaus gehen müßte und daß kein Arzt mich aufsuchen würde. Doch ich wußte, daß es Selbstmord wäre, mich mit hohem Fieber in strömendem kaltem Regen auf die Suche nach einem Arzt zu machen. Deshalb taumelte ich verzweifelt zurück in mein schweißdurchnäßtes Bett.

Dann erschien Rachel neben mir wie ein dienstbarer Geist. »Mir geht es besser«, sagte sie, »und ich habe Hunger. Kann ich hinausgehen und etwas zu essen holen? Warum bestellst du keinen Arzt? Du siehst schrecklich aus. Hast du keine Medizin? Warum geht es mir besser?«

Ich murmelte, daß kein Arzt verfügbar wäre, woraufhin Rachel meinte: »Warum schreibst du nicht einen Brief an einen Arzt und schickst einen Dienstboten, der ihn austrägt?«

»Was für einen Arzt? Was für einen Dienstboten?« grummelte ich benommen.

»Irgendein Arzt und irgendein Dienstbote«, sagte Rachel ungeduldig.

Ich hob meinen Kopf und begann, sie ernstzunehmen. Sie brachte mir Stift und Papier, und in zittrigen Großbuchstaben verfaßte ich eine dringende Bitte an den »Lieben Arzt«, während Rachel sich auf die Suche nach »einem Dienstboten« machte. Ein paar Augenblicke später war sie mit dem jungen *Wallah* einer Fahrrad-Rikscha zurück, sie hatte ihn auf der Veranda vorgefunden, wo er sich untergestellt hatte. Sein Englisch war unverständlich, aber er schien zu verstehen, als ich ihm erklärte, daß er fünf Rupien von mir bekäme, bevor ich Madurai verließ, wenn er mit einem Arzt zurückkehren würde. Er steckte meinen Brief ein und verschwand. Es verging nicht einmal eine Viertelstunde, bis er eine ältere indische Ärztin in mein Zimmer führte. Sie kam aus einer christlichen Entbindungsklinik, knapp fünf Minuten zu Fuß entfernt. Wenn wir Heiligabend dorthin gekommen wären, versicherte sie mir, wären wir wärmstens empfangen und richtig behandelt worden.

Doch was war die »richtige Behandlung«? Trotz großer Dosen von sagenhaft teuren, in England hergestellten Medikamenten blieb mein Fieber in den nächsten Tagen konstant zwischen 38,3 und 40 Grad Celsius hoch. Meine Kopfschmerzen widerstanden jedem verfügbaren Schmerzmittel, und ich bekam einen seltsamen, quälenden Husten, der dem bei einer Bronchitis überhaupt nicht ähnelte und mich vor Erschöpfung fast ohnmächtig werden ließ.[*]

Ich konnte offensichtlich nicht verlegt werden, aber meine treue Ärztin kam viermal am Tag – zweifellos fürchtete sie wei-

---

[*] Einige Zeit später ergaben routinemäßige Blutuntersuchungen auf Malaria, daß wir beide Brucellose gehabt haben. Rachel hatte Glück, daß sie sich innerhalb von drei Tagen erholte.

tere entsetzliche Komplikationen. Sie ordnete beim Hausmeister an, daß mir alle zwei Stunden eine Kanne Tee gebracht wurde. Sie brachte außerdem ihre Chefärztin Dr. Kennett mit, die mich untersuchte. Ich vermute, das war ein vielsagendes Zeichen ihrer Besorgnis. Dr. Kennett ist eine erstaunliche achtzigjährige, die soviel für die Armen dieser Stadt getan hat, daß eine Hauptstraße nach ihr benannt wurde. Nach ihrer Visite wurde aus dem höflichem Desinteresse des Hausmeisters und seiner Angestellten eine respektvolle Bereitschaft, uns gefällig zu sein.

Abgesehen von all den professionellen Aufmerksamkeiten waren diese beiden Ärztinnen die mütterliche Fürsorge in Person. Sie liehen mir 100 Rupien, sandten regelmäßig einen Dienstboten mit verlockenden kleinen Köstlichkeiten aus ihrer eigenen Küche und versorgten Rachel mit einer Fülle von weihnachtlichen Kleinigkeiten zum Essen, mit Spielzeug, Spielen und Luftballons. Gestern brachte uns dann der Wagen von Dr. Kennett zum Krankenhaus, wo wir uns jetzt in einer Kabine mit zwei Betten eingerichtet haben, umgeben vom Geschrei der Neugeborenen. Heute ist meine Temperatur wenigstens wieder normal, und wenn es so bleibt, planen wir, morgen nachmittag nach Periyar aufzubrechen, um uns dort im tiefsten Wildreservat zu erholen.

31. Dezember. Kumili
Heute morgen bin ich aufgestanden. Mit viertel Kraft könnte man sagen, aber das ist eine deutliche Verbesserung zu letzter Woche, wo ich völlig lahmgelegt war.

Nach dem Frühstück machten wir und unser Freund uns mit der Fahrrad-Rikscha auf den Weg zu dem vielleicht beeindruckendsten aller Hindu-Tempel. Nach mehreren Tagen ununterbrochenen Monsunregens war dies ein vollkommener Morgen mit klarem, goldenem Sonnenschein und einem azurblauen Himmel. Das Gebäude, das in der Entfernung in Sicht kam, als wir die hohe Eisenbahnbrücke überquerten, erschien in seiner fremdartigen Schönheit fast unwirklich. Es ist eigentlich ein ganzer Komplex von Gebäuden, und man könnte Tage mit dem Erforschen und dem Bewundern zubringen. Doch das würde Rachels Interesse überfordern, sie war froh, als wir nach fünf Stunden gingen. Da der Tempel von Madurai eine der größten Touristenattraktionen Indiens darstellt, werden *Mlecchas* außerdem höflich versorgt und Gaunereien aller Art streng unterdrückt.

Auf dem Weg zurück ins Krankenhaus suchten wir noch eine Bank auf – immer eine lang ausgedehnte Prozedur. Nachdem wir gepackt, uns dankbar verabschiedet und den Bus um halb drei erreicht hatten, fühlte ich mich entschieden schwach. Ich vermute, Rachel ging es genauso. Sie beklagte sich zwar nie, litt aber noch immer an diesem komischen Husten und hatte ihren Appetit noch nicht wiedergefunden. Sie wurde nicht gegen unsere namenlose Krankheit behandelt, da ich sehr dagegen bin, Kinder mit Antibiotika vollzustopfen.

Die Reise heute nachmittag führte uns Richtung Südwesten, durch eine Region, wo die Dichte der menschlichen Besiedlung der Zahl des dahintorkelnden Viehs entsprach, zumeist die vielverehrten weißen Kühe mit einem Höcker. Es gab außerdem Hunderte von Büffeln und mehrere Herden von winzigen Eseln, die normalerweise als Packtiere benutzt und zu oft brutal geschlagen werden. Von Natur aus wirkte keines dieser Tiere gut genährt, aber selbst auf dieser dürren Ebene sah ich keine Tiere, die am Verhungern waren, wie man sie oft in Nordindien sieht. Rachel sorgte sich wegen der Esel und ließ sich auch nicht dadurch trösten, daß ich ihr erzählte, daß der Hindu-Mythologie zufolge der Esel das Roß oder Vehikel von Sitala sei, der Göttin der Pocken (eine der zehn Erscheinungsformen von Kali). Er wird daher von den meisten indischen Bauern mit einer Mischung aus Furcht und Verachtung betrachtet. Unter den Mughals war keinem Hindu der Provinz an der Nordwestgrenze (heute Pakistan) erlaubt, auf etwas anderem zu reiten als auf einem Esel. Ich kann nicht verstehen, warum Esel überall verachtet werden, obwohl sie so nützlich sind. Vielleicht ist ihre

Stimme gegen sie. Zum Glück bemerkte Rachel nicht, daß vielen, an denen wir heute vorbeikamen, die Nüstern aufgeschlitzt worden waren. Die Inder glauben fälschlicherweise, daß durch diese Verstümmelung das Schreien des Esels verändert würde.

Kilometerlang führte unsere schmale Straße zwischen niedrigen, grotesk geformten und mit Steinen übersäten Hügeln entlang, in Richtung auf die hohe, blaue Mauer der Ghats. Nachdem wir in dem kleinen Ort Cumbum die Grenze zwischen Tamil Nadu und Kerala passiert hatten, fuhren wir direkt an der scheinbar senkrechten Barriere der Berge entlang, die hier steil aus der Ebene ansteigen. »Es muß einen Tunnel geben!« sagte ich zu Rachel. Aber statt dessen gab es eine dramatisch aussehende Straße, die mir zu Fuß außerordentlich gefallen hätte, doch vom Sitz eines überfüllten indischen Busses aus genoß ich sie nicht sehr.

Als wir hier kurz nach Sonnenuntergang ankamen, fühlte sich die Luft kalt an. Kumili ist ein Dorf mit nur einer Straße, es liegt 1100 Meter über dem Meeresspiegel und ist 6,5 Kilometer von Periyar entfernt. In der größeren der beiden existierenden Absteigen belegten wir eine Kabine, in der ich mich nur wie eine Krabbe zwischen unseren Feldbetten bewegen kann. Ein eisiger Luftzug kommt durch das kaputte Fenster, und ich bin gerade meiner ersten südindischen Wanze begegnet (inzwischen tot). Ich bin so erschöpft, daß das neue Jahr ohne mich beginnen muß, aber ich wage zu behaupten, daß 1974 nicht deshalb schlimmer sein wird, nur weil ich seiner Geburt nicht beiwohne.

1. Januar 1974. Thekkady, Wildreservat von Periyar
Falls die Bewohner von Kumili unser westliches Neujahr gefeiert haben sollten, habe ich nichts von ihren Feiern gehört. Ich habe außerdem weder etwas vom Luftzug oder von Wanzen gemerkt, noch hat irgendetwas anderes meinen zehnstündigen Schlaf gestört.

Gegen halb acht befanden wir uns auf dem Weg nach Thekkady, dem Verwaltungs- und Touristenzentrum des Schutzgebietes. In der Nähe des Sees hat der Beamte, der für die Erhaltung der Tierwelt zuständig ist, sein Hauptquartier in einem kleinen Bungalow. Für kleine Barkassen, die Besucher auf Expeditionen zur Tierbeobachtung mitnehmen, ist ein unauffälliger Landesteg aus Holz gebaut worden.

»Wie weit ist es?« fragte Rachel, als wir Kumili verließen und durch die frische, morgendliche Bergluft gingen.

»Sechseinhalb Kilometer«, antwortete ich.

Rachel sah mich süffisant an. »Ich dachte, wir sollten uns erholen«, meinte sie. »Ich nenne es keine *Erholung*, wenn du sechseinhalb Kilometer deinen großen Rucksack trägst. Gibt es keinen Bus?«

»Nein«, sagte ich bestimmt, in der Hoffnung, daß uns keiner überholen würde, da »das ganze Gebiet des Schutzgebietes reich an natürlicher Landschaft ist«, wie es meine Touristenbroschüre formuliert. Bald sahen wir eine Truppe von Nilgiri-Languren und dann dieses zu nette Geschöpf, das indische Rieseneichhörnchen, und Rachel vergaß die Schwierigkeiten mit der Erholung ihrer Mama.

Am Grenzposten des Schutzgebietes fragte uns ein liebenswürdiger Polizist, ohne von seinem Frühstück aufzustehen, ob wir irgendwelche Waffen mit uns führten, und machte uns dann ein Zeichen, daß wir uns unter der Schranke hindurchducken und unseren Weg fortsetzen könnten.

Dem Unternehmen zur Förderung des Fremdenverkehrs in Kerala gehören beide Hotels von Thekkady. Eines ist das teure Aranya Nivas in westlichem Stil, in dem eine Flasche Bier neun Rupien kostet. Das andere ist das Periyar House – sauber, komfortabel, großzügig, mit tüchtigen Angestellten, abstinent und vegetarisch. Ein luftiges, gut ausgestattetes Einzelzimmer mit Blick über den Dschungel und den See kostet nur zehn Rupien pro Nacht. Heute ist das Periyar House fast voll, und unter den Gästen befinden sich ein halbes Dutzend hippie-ähnlicher junger Europäer und eine Gruppe älterer Preußen mit dicken Reiseführern und schlimmem Sonnenbrand. Aber das Aranya Nivas ist leer, was nicht überrascht. Ich habe mir sagen lassen, es hängt fast völlig von reichen Amerikanern und dem auffälligen Typ des Nordinders ab, der viel trinkt und darauf aus ist, seine unbedarften südindischen Cousins zu beeindrucken. Ein wohltuendes Merkmal des Thekkady ist, daß man den anderen Touristen ohne Schwierigkeiten aus dem Weg gehen kann. Selbst auf der Fahrt mit dem Motorboot heute morgen waren nur vier Leute aus Madras und ein kamerabesessener japanischer Jugendlicher dabei.

Der Periyar-See ist 32 Kilometer lang und 1895 durch den Bau eines Damms durch den Fluß Periyar entstanden. Der Damm sollte dazu dienen, große Gebiete von Tamil Nadu zu bewässern. Die größte Tiefe des Sees liegt bei 42 Metern. Meine Broschüre erklärt: »Als der See gebildet wurde, sind in dem überfluteten Gebiet nicht alle Bäume gerodet worden, daher befindet sich im See noch immer eine große Anzahl von toten Baumstämmen. Sie werden je nach Wasserstand bedeckt oder freigelegt. Obwohl sie für die Navigation eine Gefahr darstellen, erhöhen diese toten Bäume den Wert der Gegend und erlauben mehreren Wasservogelarten, dort zu nisten und sich niederzulassen.« Ich bin mir nicht sicher, daß ich der landschaftlichen Wertverbesserung zustimme. Die Gesamtauswirkung so vieler toter Bäume ist etwas deprimierend und sie erinnern einen ständig an die Künstlichkeit des Sees. Doch wenn sie das Unterkunftsproblem der Wasservögel lösen, dann sollte man sie wohl dalassen.

Unsere zweistündige Tour war ihre vier Rupien wert. Unser enthusiastischer Lotse identifizierte viele Vögel für uns, während wir dahintuckerten, die warme Sonne, die auf dem Wasser schimmerte, und die kühle Brise genossen. Außerdem bestand die vage, aber aufregende Möglichkeit, daß wir etwas Großwild zu sehen bekommen würden. Am Rande des Sees sahen wir in dichter Entfernung schließlich eine Herde von Elefanten. Aber eine Tour mit einem Motorboot ist sicher nicht die beste Methode zur Tierbeobachtung. Doch diese Fahrt lohnt sich schon um ihrer selbst willen.

Nach dem Mittagessen ließ ich Rachel zurück, damit sie im Dschungel beim Hotel spielen konnte. Dort gab es zwei zahme Elefanten und viele, keineswegs schüchterne Languren, um sie zu unterhalten. Ich ging unterdessen den halben Weg nach Kumili zurück, auf der Suche nach dem Beamten des Schutzgebietes. Es war ein netter junger Mann, der sich bereitwillig damit einverstanden erklärte, daß ich mit Rachel zwei Nächte im Manakkavala Forest Rest House verbrachte, das ungefähr zehn Kilometer entfernt lag. Das indische Fremdenverkehrsamt in London hatte mir eine sehr gute, gezeichnete Karte des Schutzgebietes geschickt, auf der alle Unterkünfte und Fußwege deutlich markiert sind. Ich argumentierte deshalb, daß wir nur den Schlüssel, aber keinen Führer brauchen würden, doch der Beamte dachte darüber anders. Morgen früh wird uns ein Beamter des Schutzgebietes, der sich noch in der Ausbildung befindet, um acht Uhr vor dem Hotel abholen.

2. Januar. Manakkavala

Der Marsch von heute veranschaulichte überzeugend, wie man mit einem kleinen Kind während der Genesungszeit *nicht* reisen sollte. Es wäre alles in Ordnung gewesen, hätten wir in unserem eigenen Tempo gehen und uns den ganzen Tag für den zehn Kilometer langen Weg Zeit lassen können. Aber unser Führer kam drei Stunden zu spät. Das bedeutete, daß Rachel schon einen beträchtlichen Teil ihrer momentan geringen Energiereserven aufgebraucht hatte und ich abendländisch schlechte Laune hatte, weil ich Unpünktlichkeit hasse. Als ich fragte: »Warum so spät?« antwortete der schick uniformierte Führer, der von einem barfüßigen vierzehnjährigen begleitet wurde, daß er nach jemandem gesucht hätte, der ihn begleitete, da er Angst hätte, den Rückweg nach Thekkady allein zurückzulegen. Diese Entschuldigung hatte nicht gerade zur Folge, daß er in meiner Achtung stieg. Dann kam heraus, daß unsere Führer es eilig hatten, aber Rachel war nicht in der Lage, sich auf dem unebensten Gelände, das ihr in ihrem Leben untergekommen war, zu beeilen. Um es kurz zu machen: Das Ganze war eine Katastrophe, die wir beide nicht gerade genossen.

Doch die Tatsache, daß wir in dieser abgelegenen Unterkunft ganz unter uns sind, macht die Kümmernisse des Tages wieder wett. Sie liegt nahe bei der Spitze eines steilen, dschungelbedeckten Bergkammes, von dem man die vielen schmalen Seitenarme des Sees übersieht. Ungefähr hundert Meter entfernt, jenseits des stillen Wassers befindet sich eine baumbestandene Halbinsel, deren langes Ufer aus Grasland besteht, das zwischen Wald und See liegt. Dort sah ich bei Sonnenuntergang sieben Gaur (indische Bisons), die zum Trinken kamen und dann schnell wieder mit den Schatten unter den Bäumen verschmolzen. Diese herrlichen Geschöpfe mit ihren ausladenden, nach oben gebogenen Hörnern und den enormen, schlanken Körpern sind außerordentlich menschenfeindlich und die bei weitem gefährlichsten Tiere des Schutzgebietes. Doch aufgrund ihrer Schüchternheit ist es extrem unwahrscheinlich, daß ein Besucher ihnen jemals auf kurze Entfernung begegnet. Angeblich gibt es hier 16 Tiger und viele Leoparden, obwohl man sie selten zu Gesicht bekommt.

3. Januar. Manakkavala

Den heutigen Tag haben wir ernsthaft unserer Genesung gewidmet. Ursprünglich hatte ich vorgehabt, daß wir von hier aus Wanderungen unternehmen würden, aber heute morgen waren wir beide dazu nicht in der Lage. Doch während wir am nahegelegenen See lagerten, haben wir wahrscheinlich mehr gesehen, als wenn wir unterwegs gewesen wären. Kaum 30 Meter von uns entfernt überquerten eine Gaur-Kuh und ein Kalb eine grasbewachsene Lichtung zwischen zwei Dschungelflecken. Viele Wildschweine und deren Ferkel gruben vormittags energisch nach ihrem Mittagessen. Hutmakaken und Löwenschwanzmakaken kreischten und schwangen sich in den Bäumen über uns hin und her. Zwei fliegende Eichhörnchen spielten eine Viertelstunde lang Fangen. Ein grimmig schöner Fischadler fing und verspeiste sein Opfer am gegenüberliegenden Ufer. Schlangenhalsvögel tauchten regelmäßig ins Wasser und sahen dabei aus wie Exponate aus dem Fossilienmuseum. Und kurz vor Sonnenuntergang spazierten elf Elefanten mit zwei jungen Kälbern zum See, um ein Bad zu nehmen. Doch leider verschwanden sie zu unserer großen Enttäuschung vor dem Eintauchen um eine Biegung, und wegen der Kälber wäre es unklug gewesen, ihnen zu folgen.

Es ist merkwürdig, in einer Welt der Tiere der einzige Mensch zu sein, wenn man weiß, daß jede Bewegung und jedes Geräusch nicht von einem Wesen der eigenen Gattung hervorgerufen wird. Periyar muß eines der befriedigendsten Wildschutzgebiete der Welt sein. Es ist in keiner Weise kommerzialisiert, außer am Rand von Thekkady, und selbst Thekkady ist noch nicht verdorben. Und wenn man sich auf den Weg zu einer Waldhütte macht, gibt es (bei allem *Respekt* für die gezeichnete Karte!) keine sichtbaren Pfade, keine lästigen kleinen Wegweiser, keine ausgeklügelten Picknickplätze, keinerlei Konzessionen an die Menschen, bis man die Hütte selbst erreicht hat. Es gibt nur einen selbst und die Tiere in einer unvergleichlich herrlichen Umgebung und gesegneter Stille. Aber Stille ist natürlich das falsche Wort, ich meine hier das Fehlen unnatürlicher Geräusche. Bis auf einige Stunden während der Mittagszeit gibt es am Tag oder während der Nacht sehr wenig Ruhe, denn in diesem Gebiet wimmelt es von Vögeln, Vierbeinern und Insekten. Selbst wenn man nichts erkennen kann, ist es faszinierend, einfach der komplexen Geräuschkulisse des Dschungels zuzuhören, die in der Stille eines Gebietes entsteht, die von Menschen nicht gestört wird.

4. Januar. Thekkady

Unsere Rückkehr auf eigene Faust war ein uneingeschränkter Erfolg, und als Rachel sagte: »Mir kommt es so vor, als ob du ein besserer Führer wärst als die beiden anderen«, mußte ich ihr fast ganz unbescheiden beipflichten. Nicht, daß es einfach gewesen wäre, die unangenehmen Elefantensümpfe zu durchqueren oder die steilen, rutschigen Abhänge zu überwinden, die stellenweise direkt in den See abfielen und auf dem Rückweg der Hauptgrund für Rachels Befürchtungen gewesen waren. Das letztere Wagnis umgingen wir heute, indem wir das Ufer das Sees mieden und vorsichtig den Tierpfaden durch den Dschungel folgten; in Abständen hielten wir unter einem Stachelbeerbaum an, um uns zu erfrischen. Die Elefantensümpfe waren allerdings so eine Sache. Es sind sumpfige Landabschnitte auf der Höhe des Sees, gesprenkelt mit großen Klumpen von hartem Gras, die als Trittsteine fungieren. Wenn man seinen Halt verliert, versinkt man zur Strafe teilweise in klebrigem, schwarzem Schlamm. Zu Rachels Freude rutschte ich bald aus und verlor beide Schuhe, da das Gewicht meines Rucksacks mich schnell sinken ließ. (Sie fielen sowieso schon auseinander, daher war es nicht die wirtschaftliche Katastrophe, die es hätte sein können.)

Es war interessant, die Auswirkungen der Tiere auf die Umwelt zu sehen, in die der Mensch sich nie einmischt. (Obwohl die Tatsache, daß er sich bewußt nicht einmischt, schon an sich eine Einmischung in das Gleichgewicht der Natur darstellt.) Bei vielen Bäumen waren von den Elefanten vor kurzem Äste und Rinde abgerissen worden, überall lag Elefantenkot. Einige grasbewachsene Bergkämme sahen aus, als wären sie gerade von Wildschweinen durchpflügt worden, von denen wir heute Dutzende gesehen haben, manche auf ziemlich kurze Entfernung und nicht besonders nervös. Wir sahen außerdem frischen Gaurkot und kamen an einigen ihrer Rastplätze vorbei, wo der Untergrund plattgetrampelt war und ihre Körperform angenommen hatte. Und Rachel hatte die Ehre, einen Baum zu bemerken, an dem die Rinde von einer Katzenart weggekratzt worden war – der Höhe der Spuren nach zu urteilen von einem Leoparden. Und mir wurde der Schock zuteil, eine lange, dicke Schlange – glücklicherweise – gerade rechtzeitig genug zu bemerken, um meinen nackten Fuß nur Zentimeter über ihrem Rücken anzuhalten, als sie unseren Weg kreuzte.

»Warum siehst du so merkwürdig aus?« fragte Rachel und starrte mich von unten an. »Willst du mich deshalb nicht als Erste gehen lassen?«

»Sie war wahrscheinlich harmlos«, sagte ich forsch. (Mir fällt auf, daß man sich das hinterher immer sofort sagt, zweifellos, um dem Schock entgegenzuwirken.)

»Wie schnell wärst du gestorben, wenn sie giftig gewesen wäre?« fragte Rachel, unersättlich in ihrem Wissensdurst nach wissenschaftlichen Daten.

»Ich weiß es nicht«, antwortete ich kurz.

Den ganzen Tag lang hatte ein starker, kühler Wind kleine, weiße Wolken über den Himmel kreuzen lassen und das goldene Elefantengras in Bewegung gehalten. Die warme Sonne glitzerte auf dem See, von dem wir uns nie zu weit entfernten, und schimmerte auf dem frischen, grünen Gras am Ufer. Um uns herum überall taubenblaue Berge, die kurz hinter der Pracht des Waldes anstiegen – einer rosa-braun-grünen Fläche mit stattlichen Bäumen. Ihre Farben leuchteten in der klaren Luft, die rotglühenden Blüten der *Giant Salmalias* strahlten wie entfernte Leuchtfeuer.

Wir kamen hier gegen halb drei Uhr nachmittags an, da wir uns für den sechseinhalb Kilometer langen Weg sieben Stunden Zeit gelassen hatten. Ich werde diese Episode in Periyar als einen Höhepunkt unserer Reise in Erinnerung behalten. Das Gefühl der Abgeschiedenheit, die Schönheit des Dschungels, des Sees und der Grasfelder, und das neue Bewußtsein, in einer Welt der Tiere nur Gast zu sein, machen es zu etwas ganz Besonderem.

Nach einem späten Mittagessen blieb Rachel zum Spielen in der Nähe des Hotels zurück, und ich ließ mich nach Kumili mitnehmen, um meine verlorenen Schuhe zu ersetzen. Nachdem ich den Weg zurückgelaufen war, hatte das einzig verfügbare Paar meine Füße wundgescheuert, aber da sie nur sechs Rupien gekostet haben, kann ich es mir leisten, morgen neue zu kaufen. Der Versuch, in einem winzigen Ort wie Kumili oder auch in einer größeren Stadt wie Tisaiyanvilai einkaufen zu gehen, zeigt einem, wie wenig Bargeld im ländlichen Indien in Umlauf ist.

Nach dem Abendessen geriet ich in eine Unterhaltung mit einer Familie aus Delhi: Eltern, zwei heranwachsende Söhne und die Großmutter mütterlicherseits. Obwohl sie in diesem bescheidenen Hotel wohnen, muß der Ehemann irgendein bedeutenderer Regierungsbeamter sein, denn sie haben ein Auto vom Staat und ein Gefolge von Dienstpersonal, die im Jeep reisen. Die ganze Familie neigte wie die meisten Nordinder dazu, ziemlich herablassend über die Südinder zu sprechen. Doch zu mir waren sie reizend, und ich stellte fest, daß ich mit ihnen so offen reden konnte, wie es mit Südindern normalerweise selten der Fall ist, sei ihr Englisch auch noch so gut.

Das führt uns mitten in ein nicht sehr ersprießliches Labyrinth. Wieviel dicker ist Blut als Wasser? Warum wird mir so bewußt, daß ich – im wortwörtlichsten Sinne – unter meinesgleichen bin, wenn ich mit hellhäutigen, arischen, nordindischen Hindus spreche, und warum ist mir so bewußt, daß ich unter Fremden bin, wenn ich mich mit dunkelhäutigen, drawidischen, südindischen Christen unterhalte? Ich vermute, die kurze Antwort heißt, daß Blut tatsächlich sehr viel dicker als Wasser ist.

Aber dies ist nicht einfach das beschämende Geständnis einer rassistischen Gesinnung: Etwas sehr viel Komplizierteres spielt hier mit hinein. Das ausdrucksvolle Klischee, daß »man die gleiche Wellenlänge hat«, muß hier herhalten. Man hält nicht immer etwas davon, es gefällt einem nicht immer oder man will auch nicht immer mit Menschen des eigenen Volkes zusammen sein, aber man versteht ihre Gefühle und Gedankengänge durch ein einfaches System, das mit einer anderen Bevölkerung nicht zu funktionieren scheint. Dieser Mangel an instinktivem Verstehen muß der Ursprung von Rassismus sein, obwohl er an sich nicht rassistisch ist. Die Menschen fürchten, was sie nicht verstehen, und lehnen das ab, was sie fürchten.

Die Kastengesetze der Hindus könnte man als eine ausgefeilte Erfindung beschreiben, die Vorurteile in bezug auf Hautfarbe ehrbar erscheinen zu lassen. Die Unwandelbarkeit der Verachtung, die die Arier den Drawidern gegenüber empfinden, ist äußerst erstaunlich. Egal, welche Gesetze gegen Diskriminierung auch erlassen werden und wie schnell Indien ein wirklich säkularisierter Staat werden mag: Ich kann mir nicht vorstellen, daß die Vorurteile in Indien einer anderen Hautfarbe gegenüber je verschwinden werden. In der gesamten Geschichte war dies hier ein beherrschender Faktor. Man fragt sich, ob es so klug ist, eine einzige, unhandliche, politisch vereinte Republik zu haben, wenn eine Reihe kleinerer, unabhängiger Staaten, vom praktischen Standpunkt aus betrachtet, so viel leichter und, kulturell gesehen, realistischer zu handhaben wären. Selbst in Zeiten der EG schlägt niemand vor, daß Italien und Dänemark Teile der selben Nation werden sollen, nur weil sie beide eine christliche Tradition haben und zur selben Landmasse gehören.

Doch ich muß zugeben, daß ich insgesamt die Südinder sehr viel liebenswerter finde, sie gehen mehr aus sich heraus und sind freundlicher als die Nordinder. So wie ich die Tibetaner und die Äthiopier sehr viel angenehmer finde als bestimmte reinblütige, europäische Arier, die ich hier nennen könnte.

5. Januar. Munnar
Heute morgen verneinte in Kumili jeder die Existenz eines Busses nach Munnar. Daher mußten wir über eine Stunde zitternd neben einem verblaßten kleinen Schild stehen, auf dem stand »Munnar: 110 km« und das eine steile, holprige Straße hinauf zeigte, die auf meiner Karte nicht verzeichnet war.

»Warum stehen wir hier?« fragte Rachel, ihre Zähne klapperten mitleiderregend. »Die Männer haben doch *gesagt*, es gibt keinen Bus.«

»Mach dir keine Sorgen«, antwortete ich zuversichtlich. »Es gibt in Indien überallhin einen Bus, man muß nur lange genug warten.«

Es ist selten, daß eine indische Straßenszene keinen Unterhaltungswert hat. Heute morgen waren wir Zeuge eines Spektakels, bei dem ungefähr 200 Pilger auf dem Weg nach Alleppy um einen Platz an Bord von drei altersschwachen Bussen mit je 40 Sitzplätzen kämpften. Diese Männer waren gestern von der Küste gekommen, um einem Fest in einem berühmten Schrein beizuwohnen, und es war ein wüster Haufen. Trotz bitterer Kälte an diesem Morgen waren sie von der Hüfte aufwärts nackt. Auf dem dunklen Oberkörper hatten sie Streifen aus Sandelholzasche, um den Hals hingen große Girlanden aus Tagetes und über die Schulter hatten sie Bettrollen geworfen. Auf dem Kopf balancierten sie Schiwa-weiß-was, und gekrönt wurde das Ganze von ein paar Kochtöpfen und einer weiteren Girlande. Der Versuch, das Unmögliche zu erreichen, nämlich alle diese Menschen in drei Gefährte zu quetschen, gelang schließlich doch – wie immer in Indien. Und unter vielen gesungenen Gebeten, Händeklatschen und Hupen setzten sich die drei uralten Busse langsam schwankend in Bewegung, um eine äußerst schwierige Straße durch die Ghats in Angriff zu nehmen.

Als unser Bus schließlich ankam, sah er nicht weniger klapprig aus, aber war nicht übermäßig überfüllt. Er fuhr fast die ganze Strecke bis Munnar und brauchte viereinhalb Stunden für 64 Kilometer durch die Berge von Travancore, das höchste Gebirge von Kerala. Ich fror während der ersten zwei Stunden so sehr, daß meine tauben Finger nicht einmal ein Taschentuch in meiner Tasche finden konnten und ich die großartigen und schönen Gebirgsketten, die wir überquerten, und die dunklen, dicht bewaldeten Abhänge, die jenseits unserer schmalen Straße manchmal über 150 Meter tief abfielen, gar nicht bewundern konnte.

Die Straße war so holprig und die Reifen so abgenutzt, daß wir praktischerweise zweimal einen Platten hatten. So konnten wir uns die Beine vertreten und die Aussicht bewundern. Dies ist (für Kerala) eine so dünn besiedelte Region, daß wir nur an einer Stadt und drei größeren Dörfern vorbeikamen. Jedes hatte mehrere Nonnenpaare und eine Reihe sauber gemalter Hämmer und Sicheln auf den Wänden von Hütten und Häusern aufzuweisen.

Um halb zwei wurden wir an einer Kreuzung vor einem Teehaus abgesetzt, und es wurde uns mitgeteilt, daß der Bus nach Munnar bald kommen würde. Er kam auch, war aber so überfüllt, daß ich stehen mußte. Deshalb verpaßte ich die Einfahrt in diese bezaubernde Stadt, die in einem grünen Kessel voller Teeplantagen liegt. Dieser wird umringt von aufstrebenden blauen Bergen, unter ihnen der Anaimundi (2652 m), der höchste Berg Indiens südlich des Himalaja.

Als wir uns aus dem Bus befreit hatten, löste sich aus der Menge ein schlanker Mann, ungefähr 40 Jahre alt, der sich als Joseph Iype vorstellte und sagte, daß wir in seinem Laden für Elektrozubehör einen Tee trinken und Kekse essen müßten. Es dauerte nicht lange, bis wir eingeladen wurden, bei den Iypes zu übernachten. Der elfjährige Chuta, der in Ooty zur Schule ging und gerade Ferien hatte, begleitete uns zu ihrem Bungalow. Wir fuhren ein Stück mit dem Bus, da die Iypes an einem steilen, teegrünen Berghang leben, der von der Stadt ungefähr fünf Kilometer entfernt ist. Von hier übersieht man das Flußtal und direkt gegenüber das blaue, abgerundete Massiv des Anaimundi. Es gibt eine kleine Kolonie mit Bungalows, die die Briten gebaut haben, aber nur noch wenige britische Einwohner, auch wenn die Teeplantagen sich noch immer in britischem Besitz befinden. Unserem Gastgeber zufolge war dies auch nur gerecht, da ausschließlich die Briten dafür verantwortlich gewesen wären, daß die dschungelbewachsenen Berghänge gerodet und die örtlichen Straßen gebaut wurden.

Englisch ist die erste Sprache der Iypes, und sie sind Christen, wie der Vorname unseres Gastgebers andeutet. Ihre siebzehnjährige Tochter verbringt ihr letztes Jahr im Internat in Coimbatore. Mrs. Iype gab lachend zu, daß es keineswegs Zufall sei, daß in so vielen südindischen Familien mit zwei Kindern fünf oder sechs Jahre Altersunterschied zwischen den Kindern liegen. In diesem Teil des Subkontinents ist die Tradition der Internate so stark, daß selbst Familien, die nicht ganz so wohlhabend sind, sowohl Söhne als auch Töchter im Alter von fünf oder sechs Jahren dorthin schicken. Wenn das geliebte Erstgeborene dann aus dem Haus geht, denkt die todunglückliche Mutter natürlich an Ersatz.

Ich ließ Rachel bei Chuta und machte nach dem Tee einen Spaziergang auf dem schmalen Kamm der 1500 Meter hohen Hügelkette, auf dem diese Bungalows gebaut sind. (Die Stadt Munnar liegt auf einer Höhe von 1350 Metern.) Zu beiden Seiten blickte ich geradewegs hinunter in schwindelerregende Tiefen. Falte um Falte der hellblauen Berge verblaßten in der Entfernung Richtung Süden. Der Anaimundi lag majestätisch vor dem nördlichen Himmel und beherrschte das Munnar-Tal, in dem es auch einen schnellfließenden, baumgesäumten Fluß und ein Cricketfeld gibt, auf dem man gerade noch winzige, umherflitzende weiße Punkte erkennen konnte. Ich wünschte, wir hätten die großzügige Einladung der Iypes annehmen können, hier ein paar Tage zu verbringen, aber die Thimmiahs erwarten uns am 10. Januar zurück.

Vor dem Abendessen kam der beste Freund der Iypes vorbei. Er ist ein äußerst liebenswürdiger und ungeheuer gut informierter Moslem, dessen Frau – überraschenderweise – eine indische Christin ist. Vor kurzem hat er eine Spielzeugfabrik an dem nahegelegenen Berghang eröffnet. Zu meinem Entsetzen schenkte er Rachel einen großen, eckigen, schweren und herrlich gearbeiteten Laster aus Holz, der das Leben für das Lasttier in den nächsten Monaten nicht gerade leichter machen wird. Obwohl wir kein Weihnachten hatten, ist der Weihnachtsmann seiner Aufgabe irgendwie bestens gerecht geworden. Ich trage also daher, als Teil unserer ständigen Ausrüstung, drei Elefanten, zwei große Puppen, einen Tiger, einen gesprenkelten Hirsch, ein Känguruh, das Essensgeschirr der Puppen und einen Zeichenblock, der auf dem Deckblatt passend beschrieben wird: »Monster!«

6. Januar. Udumalpet
Der heutige Tag hat für die arme Rachel nicht gut angefangen. Vor dem Frühstück mußte ich ihr einen winzigen Dorn aus dem

Ballen ihres rechten Fußes herausholen. Über Nacht hat er sich ziemlich schlimm entzündet, und ich hoffe nur, daß ich alles herausbekommen habe.

Ich verbrachte den Vormittag mit einer Wanderung und etwas Klettern in den nahegelegenen Bergen, während Chuta Rachel unterhielt. Als ich mich um halb neun auf den Weg machte, glitzerte auf dem Gras unwahrscheinlicher Reif, aber die Luft erwärmte sich schnell, und gegen zehn Uhr begann ich trotz der starken Brise, die über die Höhen fegte, zu schwitzen. Ich hoffe, daß ich eines Tages zu dieser Idukki-Region von Kerala zurückkehren kann, in der man wochenlang glücklich wandern könnte.

Durch einen glücklichen Zufall mußten Mr. Iype und die Kinder heute ebenfalls Richtung Coimbatore fahren. Andernfalls hätte ich vielleicht niemals die Geheimnisse des regionalen Busverkehrs ergründet. Aufgrund der örtlichen Straßenverhältnisse wird Munnar von Keralas Bussen gemieden und ist daher von ein paar Fahrzeugen in Privatbesitz abhängig, die jeweils nach Lust und Laune fahren. Heute wurde beschlossen, daß der Bus nach Udumalpet um zwei Uhr vierzig nachmittags abfährt, morgen fährt er vielleicht um zwölf Uhr oder bei Tagesanbruch. Gestern ist er überhaupt nicht gefahren, so daß die Passagiere in spe einen Lastwagen mieten mußten.

Die Fahrt hinunter auf die Ebene, die über einen 2400 Meter hohen Paß führte, war großartig – ungeheure Gipfel, dicht bewaldete Abhänge mit Felsbrocken hier und da, tiefe grüne Täler, die vom Rauschen reißender, kleiner Flüsse und ein paar spektakulärer Wasserfälle widerhallten. Mr. Iype hatte uns Plätze ganz vorne gesichert, und da der Fahrer sich nicht traute, schneller als 25 Kilometer in der Stunde zu fahren, hatten wir ausreichend Zeit, die Landschaft zu bewundern. Doch ich konnte nicht anders: Mir gefiel es nicht, in einem motorisierten Fahrzeug zu sitzen.

An der Staatsgrenze mußten wir eine 40minütige Verspätung in Kauf nehmen: Ein alter Mann hatte aus völlig unerfindlichen Gründen versucht, ein lebendiges Kaninchen in einem Korb voller Orangen nach Tamil Nadu zu schmuggeln. Die Abfahrt zur Grenze hatten wir im Licht des fast vollen Mondes vollbracht, die ebene Strecke nach Udumalpet legte der Fahrer, was die Sicherheit betraf, viel zu schnell zurück. Es war genau acht Uhr abends, als er unsretwegen Halt vor dem Dak-Bungalow machte. Für die 86 Kilometer lange Fahrt hatten wir somit fünf Stunden und zwanzig Minuten gebraucht.

Wir teilen uns alle das einzige freie Zimmer. Während die Murphys vorhaben, bequem ausgestreckt auf dem Fußboden zu schlafen, haben sich die Iypes unbequem in ein Bett gezwängt. Ich werde nie verstehen, warum für die meisten Menschen ein Bett – irgendein Bett, jedes Bett – die notwendige Voraussetzung ist, um schlafen zu können.

7. Januar. Ootacamund

Was das Thema Ooty betrifft, stimme ich nicht mit Murrays *Handbook to India* überein, in dem steht, daß »der erstaunliche Reiz der Landschaft wohl die modernen Entwicklungen überleben wird, wie beispielsweise hydroelektrische Projekte, die riesige, staatliche Fabrik für die Herstellung von Kinofilmen und eine Bevölkerung, deren Zahl bei über 50 000 liegt. Das Klima ist schon seit langem berühmt. Bereits seit 1821 haben Europäer hier ihre Häuser gebaut.« Ich glaube nicht, daß eine reizvolle Landschaft diese Art von Entwicklung überleben kann.

Im Jahr 1974 bestimmt Nostalgie den Tenor der gesamten Region Nilgiri. In jeder Richtung rund um Ooty entstehen christliche Kirchen aller Konfessionen, gewaltige Internate und Militärkasernen und die unzähligen schönen Häuser von pensionierten Offizieren der indischen Armee oder leitenden Staatsbeamten mit ordentlichen Hinweisschildern, die unten an steil ansteigenden Pfaden stehen und auf das jeweilige Haus hinweisen: »Oberst und Frau Sowieso«, »Brigadegeneral und Frau XYZ« oder »Herr und Frau Undsoweiter«. Am späten Nachmittag kann man viele Bewohner mit dem bloßen Auge erkennen. Die Frauen tragen schwere Mäntel über ihren Saris, die Männer tragen dicken Tweed und haben einen Jagdstuhl oder (unerklärlicherweise) einen Regenschirm dabei. Diejenigen, die außerdem Bücher mit Eselsohren tragen, sind offensichtlich auf dem Weg zur prunkvollen öffentlichen Bücherei von Ootacamund, die großartig auf eigenem, großzügigem Gelände gegenüber der Hauptkirche St. Stephen thront. Das Durchschnittsalter der älteren Mitbürger scheint bei 80 Jahren zu liegen, und wenn man ihnen Guten Tag sagt, lächeln sie einen meist an, ein bißchen traurig und etwas verständnislos. Aber jetzt befinden wir uns natürlich auch in der Schonzeit von Ooty. Wenn das heiße Wetter die Ebenen erreicht, wird der Ort durch einen Zustrom von Kindern und Enkeln belebt.

Für mich ist die Bücherei die aufregendste Attraktion von Ooty. Es gibt zur Zeit nur 96 eingetragene Mitglieder. Der schwermütige, altgediente Bibliothekar, der uns erlaubte, herumzustöbern, freute sich maßlos, als ich in Verzückung über die fabelhafte Sammlung von Erstausgaben aus dem 19. Jahrhundert geriet, die sich scheinbar zufällig in diesen Regalen angesammelt haben. Man findet hier wenig Bücher, die nach 1939 erschienen sind.

Ebenfalls in der Nähe von St. Stephen liegen eine Reihe riesiger, schattiger Geschäfte, die vor 40 Jahren gewaltige Umsätze gemacht haben müssen und noch immer so tun, als wäre trotz der überwiegend leeren Regale Betrieb. Ihre uralten, staubigen Besitzer starren teilnahmslos aus ungestrichenen Eingängen über die Dächer des Bazars zu der Reihe von Tannen auf dem höchsten Kamm der Nilgiris. Wenn sie ihren Blick senken und eine verwahrloste, weiße Frau und ihr noch mehr verwahrlostes Kind wahrnehmen, die die ansonsten menschenleere Straße hinuntergehen, verbeugen sie sich unterwürfig, und Schwermut überkommt mich. Um mich aufzumuntern, denke ich daran, daß, so bedrückend Ooty heute auch sein mag, es noch viel bedrückender gewesen sein muß, als es mit Memsahibs überfüllt war, denen es gefiel, wenn die »Nigger« vor ihnen katzbuckelten.

Dennoch bin ich wegen der Fahrt von Coimbatore hier herauf froh, daß wir gekommen sind. Wir verließen Udumalpet heute früh noch zusammen mit den Iypes und fuhren zweieinhalb Stunden quer über eine dicht besiedelte, langweilige Ebene, wo mit vielen Ochsen der magere Boden gepflügt wurde. Dann verabschiedeten wir uns von unseren Freunden und nahmen einen anderen Bus, in Richtung auf die ungeheure, blaue Wand der Nilgiris. Die Straße stieg bald sanft an, sie führte durch Plantagen mit Palmen, die seltsam unschön sind, wenn sie dicht beieinander angepflanzt werden. Dann stieg die Straße plötzlich steil an, so daß innerhalb von Minuten die Luft abkühlte und die Ebene, die wir eben noch überquert hatten, aussah, als würde man sie aus einem Flugzeug betrachten. Kein Wunder, daß die Nilgiris von den Briten, die die Hitze verrückt machte, nahezu vergöttert wurden! Wieder hatten wir Plätze ganz vorne. Sie verschafften Rachel einen guten Blick auf die Horden von halbzahmen Rhesusaffen, die am Straßenrand saßen und, wie es den Anschein hatte, den Bus anfeuerten. Jeder Hektar dieser steilen Abhänge ist dicht bewaldet, und ich habe nie zuvor so viele verschiedene Riesenbäume gesehen.

Als wir schließlich das grasbewachsene, baumlose Hochland erreichten, hätte ich mir vorstellen können, wieder im Himalaja zu sein, wenn diese ganze Gegend nicht so dicht bebaut gewesen wäre. Ooty liegt auf einer Höhe von 2232 Metern, daher ist es selbst im Winter mitten am Tag ziemlich kalt, wenn man aus der Sonne geht, und jetzt, um sieben Uhr abends, ist es eisig kalt. Wir haben keine dicken Wollsachen dabei, deshalb mußte ich sowohl meinen flohverseuchten Schlafsack als auch eine Decke um mich wickeln. Wir wohnen in einem »Tourist Bungalow«, der von der staatlichen Behörde von Tamil Nadu geleitet wird. Der Name ist absurd, denn es handelt sich um ein mehrstöckiges Hotel, das 1963 eröffnet wurde, und es schneidet im Vergleich mit ähnlichen Einrichtungen in Kerala schlechter ab. Als wir in unser Einzelzimmer für zehn Rupien die Nacht geführt wurden, gab es weder Wasser in der Karaffe noch im Badezimmer, die Toilette war schmutzig, die Tür des Kleiderschranks kaputt, die Bettlaken dreckig, und die Wand über dem Bett trug abstoßende Flecken. Zusammengenommen war dies die unnötig erscheinende Kehrseite eines Hotels, das überall Reklame als »die ideale Unterkunft für Touristen« machte. Aber um dem Management kein Unrecht zu tun, muß ich hinzufügen, daß ein paar Minuten nach meiner Beschwerde eine Brigade von Bediensteten erschien, um die Dinge in Ordnung zu bringen.

Ich bin heute abend etwas in Sorge über Rachels Fuß. Heute nachmittag mußte ich sie vom Elk Hill hinuntertragen, sie fühlt sich in 2400 Meter Höhe noch schwerer an als sonst! Und jetzt weiß ich nicht recht, was ich als nächstes tun soll. Logischerweise mißtraue ich unbekannten indischen Ärzten. Manche von ihnen kaufen sich ihren Titel, ohne jemals einen Blick in ein medizinisches Lehrbuch geworfen zu haben. Wenn möglich, würde ich die Behandlung gerne hinauszögern, bis wir wieder in Coorg sind. Aber im Moment wälzt sich Rachel hin und her und murmelt im Schlaf, offenbar ist sie sich der Schmerzen halb bewußt.

8. Januar. *Gundlipet*

Heute morgen behauptete Rachel beharrlich, daß es ihrem Fuß besser ginge, aber er sah schlimmer aus. Ich war deshalb erleichtert, als derjenige, der uns das schmuddelige Tablett mit lauwarmem Tee ans Bett brachte, mir erzählte, daß ein »sehr kluger Doktor« in Zimmer 87 wohne. Ich betete, daß er klug war und nicht nur so aussah. Ich trug Rachel zu ihm und er versicherte mir, daß der Fuß lediglich mit Salzwasser gewaschen werden und mit einer einfachen Mullbinde verbunden werden müsse. Nach der Behandlung ließ ich die Patientin bei den zehnjährigen Zwillingen des Arztes, um ein Puzzle zu legen und ging auf Entdeckungsreise.

Wenn man durch die weniger schönen Stadtteile von Ooty läuft, sieht man viel Armut, und Armut erscheint bei Kälte noch viel erschütternder. Ganz abgesehen von der Komplikation mit Rachels Fuß hätte ich nicht mehr als 24 Stunden in diesem Grab des Radscha zubringen wollen. Aber der Ort hat ein gutes Schuhgeschäft, wo ich ein paar feste Wanderschuhe für 25 Rupien erstand. Ich fand außerdem einen kleinen Buchladen, wo importierte Porno-Taschenbücher direkt neben schmucklosen Bänden über Hindu-Philosophie standen, und für nur sechs Rupien erwarb ich einen dicken Band mit den gesammelten Essays von Radhakrishnan.

Nach dem Mittagessen humpelte Rachel klaglos die drei Kilometer zur Bushaltestelle. Aber trotz ihrer guten Laune bin ich immer noch beunruhigt. Aus Erfahrung weiß ich, daß sie selbst Schmerzen unglaublich stoisch erträgt, aber in Tränen ausbricht, wenn ich versehentlich auf eine Katze trete.

Die Abfahrt zur Hochebene von Mysore war nicht weniger schön als der gestrige Anstieg, und ganz anders: Die Landschaften in Indien sind unendlich vielfältig. Aber inzwischen ist es mir fast zuviel, die Gegend nur zu *betrachten* und ihr niemals zu Leibe zu rücken. Jenseits von Ooty, Richtung Norden, erstreckten sich Kilometer über Kilometer von offenem Flachland mit schönen Tannen- und Eukalyptus-Plantagen. Dann beginnt der Abstieg über eine Reihe großartig konstruierter Haarnadelkurven. Ein Inder sagte mir neulich: »Es hat sich gelohnt, daß die Briten hier gewesen sind, und wenn es nur für die Straßen war, die sie hinterlassen haben.« (Hätte das indische Empire nie existiert, wer würde jetzt Straßen in Indien bauen? China? Rußland? Amerika?) Weit unten konnten wir eine gewaltige, braune Ebene erkennen, die sich bis zum Horizont erstreckte: das Tierschutzgebiet Bandipur des Staates Karnataka, das 1000 Meter über dem Meeresspiegel liegt.

Bandipur ist kein Vergleich zu Periyar. Die meisten Gebiete sind mit Jeeps zu erreichen, und es ist ein gut organisiertes Touristenzentrum. Doch uns gefiel der goldbraune Wald, und wir sahen einen Pfau über die Straße stolzieren und viele Affen. Einige von ihnen machten Rachel die riesige Freude, an Zahlstationen ins Taxi zu klettern. Wir entdeckten außerdem mehrere Arbeitselefanten, die ihren Tätigkeiten für die Forstverwaltung nachgingen, und einen Mungo, der im Gebüsch verschwand.

Die Sonne ging gerade unter, als wir Bandipur verließen und über hügeliges, kultiviertes Land fuhren, wo die dunkelrote Erde im dunstigen, goldenen Licht glühte und das glänzende Grün der Palmen, Plantainbananenpflanzen und Banyanbäume am Wegesrand einen Kontrast zum tiefblauen Himmel bildeten. Als die Sonne weiter sank, überzog ein Hauch von Violett und Rosa die ganze Szenerie, und die letzten, schräg einfallenden Strahlen polierten die klassischen Wasserkrüge aus Messing, die schlanke Frauen in leuchtenden, eleganten Saris auf ihren Köpfen über die Felder trugen. In solchen Augenblicken kann die einfache, zeitlose Schönheit des ländlichen Indien sehr bewegend sein.

Es war fast dunkel, als wir in diesem kleinen Ort ankamen. Ich war bestürzt, aber nicht überrascht, als ich beobachtete, wie Rachel still litt, während sie über die Straße zur nächstgelegenen Unterkunft hinkte, wo direkt neben der Eingangstür noch eine Zelle frei war. Glücklicherweise werden wir morgen bei den Hughes in Sidapur erwartet. Wir hatten Jane und David auf dem Byerley-Gestüt kennengelernt, und sie hatten uns eingeladen. Und ich weiß, daß es in dem neuen Krankenhaus in der Nähe von Sidapur, das zum Teil von Kaffeepflanzern aus Süd-Coorg subventioniert wird, einen guten Arzt gibt.

9. Januar. Mylatpur Estate, in der Nähe von Sidapur
Ich würde es vorziehen, den heutigen Tag aus meinem Gedächtnis zu streichen, aber es ist unwahrscheinlich, daß mir das je gelingen wird. Ab Mitternacht bekam keine von uns beiden viel Schlaf. Die arme Rachel wälzte sich hin und her und wimmerte. Bei Morgengrauen war ihr Fuß mindestens auf das Doppelte seiner normalen Größe angeschwollen. Im stinkenden Waschraum unserer Unterkunft gab es kein Wasser. Ich hielt es daher für klüger, den Verband unter solch unhygienischen Umständen besser nicht abzunehmen, sondern mich zu bemühen, daß wir so schnell wie möglich nach Sidapur kamen. Deshalb nahmen wir den Bus um sieben Uhr morgens und kamen um

halb eins im großen Dorf – oder der winzigen Stadt – Sidapur an. Die Hughes hatten mir erklärt, daß Mylatpur acht Kilometer vom Dorf entfernt ist. Ich versuchte, sie telefonisch zu erreichen, aber erfolglos, denn das indische Telefonnetz ist eine der beiden größten technischen Katastrophen des 20. Jahrhunderts (das irische Telefonsystem ist die andere). Rachel erbot sich daraufhin, die 800 Meter zu dem Platz am Rand von Sidapur zu humpeln, von wo aus man trampen konnte. Und obwohl ihr Fuß aufgrund der Schwellung nicht mehr in ihre Sandale paßte, tat sie genau das und humpelte auf ihrer Ferse. (Wenn das Viktoriakreuz fünfjährigen Reisenden verliehen würde, hätte sie sich ihres heute verdient.) Wir warteten nur ein paar Minuten, bevor uns ein Nachbar der Hughes mitnahm. Aber bei der Ankunft war die Familie nicht da, und mein Brief, der das Datum unserer Ankunft ankündigte, lag ganz oben auf ihrem Stapel Post. Doch sie wurden zum Tee zurückerwartet, und ihr liebenswürdiger alter Diener tat für uns alles, was er konnte.

Ich steckte Rachel sofort in ein heißes Bad, kochte eine Sicherheitsnadel und eine Schere aus, punktierte den drohenden gelben Ballon, drückte einen Becher voll Eiter heraus, schnitt zentimeterweise entzündete, tote Haut weg und sah mich mit einer wirklich entsetzlichen Geschichte konfrontiert. Ich hatte nicht die leiseste Ahnung, was ich als nächstes tun sollte und desinfizierte und verband nur die Wunde. Zu diesem Zeitpunkt beruhigte mich Rachel, indem sie verkündete, daß sie einen Bärenhunger habe. Sie fügte hinzu, daß sich ihr Fuß jetzt gut anfühlte, wenn er auch ein wenig empfindlich sei. Und nachdem sie eine Riesenmahlzeit verspeist hatte, ging sie um fünf Uhr ins Bett und hat sich seitdem nicht mehr gerührt. (Es ist jetzt halb elf.) Aber sie braucht natürlich ärztliche Betreuung. Jane sagte mir, daß sie uns morgen früh gleich als erstes ins 16 Kilometer entfernte Krankenhaus von Ammathi fahren wird, um Dr. Asrani, einen in den USA ausgebildeten Arzt, aufzusuchen, zu dem jeder vollstes Vertrauen hat.

10. Januar. Green Hills, in der Nähe von Virajpet
Jeder hat recht, was die genialen Fähigkeiten von Dr. Asrani betrifft, aber das minderte den Schock nicht, als er sagte, daß Rachel heute nachmittag eine Vollnarkose bekommen müsse, damit er den Fuß vollständig untersuchen, ihn gründlich säubern und gut verbinden könne. Wir beide leiden noch immer unter den Nachwirkungen unserer Infektion von Weihnachten, und er gab zu, daß er es vorgezogen hätte, sie nicht mit einer teilweise verstopften Nase zu behandeln, aber dies wäre das kleinere von zwei Übeln. An diesem Punkt versagten meine Nerven, obwohl ich mich, was ärztliche oder chirurgische Eingriffe angeht, für eine vergleichsweise unerschütterliche Mutter halte. Ich hoffe, daß ich vor der Allgemeinheit einigermaßen Haltung bewahrt habe, aber Rachel spürte meine innere Panik sofort und wurde davon angesteckt. Sie selbst hatte vor der Betäubung überhaupt keine Angst, weil sie zuvor bereits zweimal in der Augenklinik von Moorfields operiert worden war. Doch in dem Moment, wo ihre Antenne die mütterliche Angst registrierte, verlor sie die Kontrolle, und wir alle hatten einen aufreibenden Vormittag.

Da die Patientin um neun Uhr herzhaft gefrühstückt hatte, konnte sie nicht vor zwei Uhr nachmittags behandelt werden. Jane bot daher an, uns nach Mylatpur zurückzubringen, uns nach dem Mittagessen wieder nach Ammathi zu fahren, und zu veranlassen, daß ein Auto von Green Hills uns dort wieder abhole. Sie ist mir heute eine unschätzbare Freundin gewesen, und ich danke Gott, daß wir sie getroffen haben. Nachdem sie mir in schneller Folge ein Getränk nachgeschenkt hatte, das sie »Betäubung für Mütter« nannte (Rum und Limonensaft), begann ich, Rachels Überlebenschancen ziemlich optimistisch einzuschätzen und über das Glück zu staunen, das uns unerwarteterweise solch einen fähigen Arzt in dieser Gegend beschert hatte.

Es ist nicht Dr. Asranis Fehler, daß die örtlichen Techniken zur Betäubung ziemlich primitiv sind. Als es darauf ankam, mußte ich Rachel festhalten, während ein junger Mann ohne

Bart schnell eine schwarze Maske über ihr Gesicht hielt. Ich flehte sie an, einzuatmen. Es wurde weder ein Fremdkörper in der Wunde gefunden noch produzierte sie mehr Eiter. Insgeheim war ich ziemlich stolz auf meine eigenständige Operation. (Wäre ich keine Schriftstellerin, wäre ich gerne Chirurgin geworden, und ich nehme gerne Gelegenheiten wahr, Leute in kleinem Umfang aufzuschneiden.)

Zu meiner Erleichterung schlug Dr. Asrani keine Behandlung mit Antibiotika vor, sondern riet mir, den Fuß zweimal am Tag in sehr heißem, salzigem Wasser zu baden, ihn mit trockenem Mull zu verbinden und allem anderen seinen natürlichen Lauf zu lassen. Er ist so geschickt, daß Rachel genau acht Minuten, nachdem der Verband angelegt war, in unheimlich fröhlicher und gesprächiger Stimmung wieder zu sich kam. Eine halbe Stunde später war sie wieder ganz sie selbst, und wir machten uns auf den Weg nach Green Hills. Dort fand ich, wie zur Entschädigung für die Unannehmlichkeiten des Vormittags, das erste Bündel Post seit unserer Abreise vor. Es waren 97 Briefe, wenn man Rechnungen, Werbung, einen Spendenaufruf des Lesbischen Befreiungsfonds und eine Bitte um Rat, wie man mit dem Fahrrad durch die Antarktis fährt, mitzählt.

Zwölftes Kapitel

Verehrung der Vorfahren in Devangeri

11. Januar. Devangeri
Es ist bemerkenswert, wie leicht Vergangenheit und Gegenwart in Coorg verschmelzen. Als wir heute morgen nach Devangeri fuhren, bemerkte ich, daß auf dem Rücksitz von Dr. Chengappas Auto ein Stethoskop und ein alter, schwerer Dolch, der zum Aufschlagen von Kokosnüssen dient, nebeneinander lagen. Jeden Freitagmorgen fährt der Arzt zu seinem *Ain Mane* (Haus der Vorfahren), um seine Vorväter zu ehren, indem er im Gebetszimmer vor der heiligen Wandlampe aus Messing sechs Kokosnüsse knackt und mit großem Zeremoniell die Milch verschüttet, während er die entsprechenden *Mantras* singt. Danach kehrt er in seine Klinik nach Virajpet zurück und widmet sich den Scharen von Patienten, die das Glück haben, von seinen erstklassigen ärztlichen Fähigkeiten, die sich auf dem neuesten Stand befinden, zu profitieren. Dabei bemerkt man keinen Konflikt zwischen seiner Rolle als *Karavokara* und seiner Rolle als wichtigster Arzt von Süd-Coorg.

Dr. Chengappa, einer von Tims ältesten Freunden, ist unser Vermieter in Devangeri beziehungsweise unser abwesender Gastgeber, da niemand in Coorg von einem Fremden Miete annehmen würde. Er ist groß und gutaussehend und besitzt eine Ausstrahlung soldatischer Autorität, die selbst diejenigen in Coorg kennzeichnet, die ihr Leben lang Zivilisten gewesen sind. Er hat sich sehr großzügig dazu bereiterklärt, uns zwei Zimmer in dem leerstehenden Haus seines Familienverbandes zu überlassen, das sechs Kilometer von Virajpet entfernt liegt. In dem Augenblick, in dem ich das Haus sah, wußte ich, daß es genau das Richtige für uns war. Tim hatte diejenigen ignoriert, die sagen, daß Ausländer *unbedingt* fließendes Wasser und

Elektrizität benötigen, und damit bewiesen, daß er ein Mann mit phantasievollem Verständnis ist.

Fünf Kilometer von Virajpet entfernt gabelt sich die Straße neben einer kleinen Reismühle. Wenn man die linke Straße nimmt, geht man ungefähr noch einmal eineinhalb Kilometer, bis ein unbefestigter Weg nach rechts abzweigt. Diesem folgt man, einen leichten Abhang hinunter, zwischen niedrigen Steinwänden hindurch und an hohen Tamarinden und Palmen entlang, bis man auf eine weite, sauber gefegte Fläche leicht rosafarbener Erde vor einem imponierenden, zweistöckigen Haus mit braunen Dachziegeln stößt. Das Haus ist gerade frisch mit weißer Farbe gestrichen worden, die Säulen, Balkongeländer und Fensterrahmen sind mit Grünspan bedeckt. Wenn man näherkommt, sieht man auf der linken Seite zwei solide gebaute Kornspeicher. Auf der rechten Seite befindet sich der Brunnen, der ungefähr 24 Meter tief ist, und dahinter stehen drei weißgetünchte, strohgedeckte Hütten, in denen die Feldarbeiter, Harijans, leben. Geht man um das Haus herum zum Seiteneingang, der diesen Hütten gegenüber liegt, sieht man geräumige Viehställe aus Stein und zwei Dreschböden, die man jetzt vor großen, leuchtenden Schobern von Reisstroh kaum erkennt. Und um das ganze Haus herum stehen in einiger Entfernung majestätische Bäume, die Hunderte von Jahre alt sein müssen. Einige tragen enorme cremefarbene, wächserne Blüten, die in der Dämmerung die Luft mit einem starken Duft erfüllen.

Das Haus ist, wie alle Gebäude in Coorg, nach Osten ausgerichtet. Daher erwärmt es sich nach einer kühlen Nacht, wie sie in den Bergen herrscht, rasch, und wird an tropischen Nachmittagen niemals zu heiß. Ein langes Tal mit Reisfeldern erstreckt sich links vom Haus, wenn man aus dem Haupteingang schaut. Es wird in der Ferne von hohen, bewaldeten Hügelketten begrenzt. Um diese Jahreszeit ist es ein Meer von blaßgoldenen Stoppeln, auf dem das Vieh, allerdings wenig erfolgreich, grasen darf.

Weil in Coorg der Verehrung der Vorfahren große Bedeutung beigemessen wird, ist der Stammsitz zugleich Haupttempel der Familie. Abgesehen von der obligatorischen Heimkehr anläßlich des *Huthri*-Festes (die nicht nur für Familienmitglieder und Dienstpersonal gilt, sondern auch für das Vieh, das sich auf weit entferntem Weideland befindet), ist das *Ain Mane* Schauplatz jedes wichtigen geistigen und gesellschaftlichen Ereignisses im Leben eines Coorgianers. Traditionelle *Ain*-Häuser liegen normalerweise auf einer Anhöhe mit Blick über die Reisfelder der Familie. Da die meisten von den Autostraßen aus nicht zu sehen sind, glauben fast alle Durchreisenden, daß in dieser Gegend kaum Menschen leben.

Das *Ain Mane* der Chengappas wurde 1873 erbaut und folgt nicht genau dem traditionellen Muster. Vom Eingang tritt man in ein langes Wohnzimmer mit einer hohen Decke, das von Portraitfotografien beherrscht wird, die herrlich gekleidete Vorfahren zeigen – alle sahen gut aus, schauten stolz und interessiert drein. Dahinter liegt ein noch längeres, aber fensterloses Eßzimmer, das die heilige Wandlampe enthält. Das Zimmer hat fünf Türen, von denen eine in die Küche führt. Am anderen Ende, auf der rechten Seite, wenn man vom Wohnzimmer aus eintritt, befindet sich eine steile Treppe, die aus zwei Leitern besteht. Die rechte Leiter führt in einen weiteren Raum mit einer hohen Decke, ungefähr 12 mal 4,5 Meter groß, der vollkommen leer war, als wir von Dr. Chengappa hinaufbegleitet wurden. Es ist eine ganz herrliche Wohnung, die von fünf hohen, breiten Fenstern erhellt wird, die sich nach innen öffnen und teilweise Scheiben aus rotem, grünem und gelbem Glas haben, die sich nach keinem bestimmten Muster mit klaren Scheiben abwechseln. Draußen liegt direkt darunter das abschüssige Ziegeldach des Eingangs, und jedes Fenster wird durch eine Reihe senkrechter Eisenstäbe geschützt. Auf der anderen Seite des Raums, gegenüber der Treppe, befindet sich eine sehr ansprechende Flügeltür mit einem georgianischen Oberlicht, das aussieht, als wäre es direkt aus Dublin importiert. Sie führt zu unserem Schlafzimmer mit einem klapprigen Bett in einer Ecke, komplett mit Vorrichtung für ein Moskitonetz. In einer anderen Ecke steht ein hübsches drehbares Bücherregal aus Rosenholz, das alle Ausgaben von *The Gentleman's Magazine* des Jahres 1882 enthält. Das große Bogenfenster weist ebenfalls mehrere farbige Scheiben auf, die in Devangeri vor einem Jahrhundert das höchste Statussymbol gewesen sein müssen. Der auseinanderfallende Schrank enthält zahlreiche Bündel mit Briefen, die an einen der Chengappas adressiert sind und in den neunziger Jahren des 19. Jahrhunderts in Cambridge aufgegeben wurden. Die Decken sind aus Holz; die Wände aus Gips sind vor kurzem in einem kühlen Türkis gestrichen worden, und der Fußboden aus festgetretener Erde ist dunkelrot poliert. Das ganze Haus ist wunderbar instandgehalten, da die Familie Personal beschäftigt, das sich ständig um das Haus kümmert. Im Moment besteht es aus einem tuberkulosen, pockennarbigen, kleinen Mann namens Subaya, seiner attraktiven achtzehnjährigen Tochter Shanti und seinem lustlosen neunjährigen Sohn, der nicht größer ist als Rachel. Keiner der Familie spricht Englisch, nur Kodagu (die Sprache von Coorg), Kannada (die Sprache des Staates Karnataka) und etwas Hindi (das weder Kodagu noch Kannada ähnelt und eine ganz andere Schrift hat).

Als Tim und Dr. Chengappa abgefahren waren, möblierte Subaya unser Wohnzimmer. Er trug einen kleinen Tisch, drei Campingstühle aus Holz und zwei winzige Schemel (als Küchenmöbel) nach oben. Um zu unserer Toilette und unserem Waschraum zu gelangen, klettert man die Leiter hinunter, geht durch die Küche nach draußen in den Hof. Aber glücklicherweise ist das, was ich als »Küche« bezeichnet habe, in Wirklichkeit so etwas wie eine kombinierte Speisekammer-Küche. Wäre es das wahrhaftige innere Heiligtum Küche gewesen, wo das Feuer brennt und wo gekocht wird, hätte ich nicht hindurchgehen können, ohne eine verheerende Beschmutzung zu verursachen. Die Coorgianer beten die Sonne an und damit logischerweise auch das Feuer, und das Küchenfeuer gilt als heilig. Ihrem Glauben nach symbolisiert es wie die Wandlampe die Macht, Einheit und Kraft der Familie, und wenn ein Coorgianer stirbt, muß sein Scheiterhaufen mit der Glut seines Küchenfeuers angezündet werden.

Hier brennt das Feuer in einem niedrigen Ofen aus Lehm, der zwei Öffnungen für Kochtöpfe hat, eine hinter der anderen. Er wird mit ziemlich dünnen Ästen befeuert, die auf dem Boden liegen und immer weiter hineingeschoben werden, je mehr sie verbrennen, oder die wieder herausgezogen werden, sollte es nötig sein, die Hitze zu verringern. All dies beobachtete ich heute morgen, als ich draußen vor der Küchentür stand und Shanti zusah, wie sie Wasser kochte, um darin Rachels Fuß zu baden. Da es nicht meine Absicht ist, die Hausmeister als Dienstboten zu mißbrauchen (falls sie sich überhaupt dazu herablassen würden, *Mlecchas* zu bedienen, was ich bezweifle), wurde mir sofort klar, daß ich mir aufgrund der oben erwähnten Verunreinigungskomplikationen wohl doch einen eigenen kleinen Kerosinherd zulegen muß.

Für Rachel ist es sicher frustrierend, daß sie nicht herumrennen und unser neues Heim auskundschaften kann. Aber mit ihrer gewohnten stoischen Gelassenheit paßte sie sich klaglos der Situation an, Halbinvalidin zu sein. Sie hatte nichts dagegen, heute morgen allein gelassen zu werden, während ich nach Virajpet ging, um einzukaufen. Dr. Chengappa hatte mir die Fahrzeiten des örtlichen Busses gesagt. (Die Bushaltestelle ist eineinhalb Kilometer entfernt, dort, wo unsere Straße auf die Straße nach Virajpet stößt, der Punkt heißt Mill Point.) Ich beschloß, für die Hinfahrt den Bus um 11 Uhr und für die Rückfahrt den Bus um 13 Uhr zu nehmen.

Zwischen unserem Haus und Mill Point befinden sich zwei lange, flache und solide Gebäude, die etwa 200 Meter weit auseinander liegen. Es handelt sich um die Devangeri Middle School und die Devangeri High School. Erstere wurde vor 70 Jahren von Dr. Chengappas Großvater gebaut, letztere von Dr. Chengappa (der die Hälfte der Kosten übernahm) und einer Gruppe von anderen Farmern in Devangeri. Die Coorgianer hielten nie viel davon, darauf zu warten, daß ihnen eine Verwaltung von außen oder eine zentrale Regierung das gab, was sie brauchten. Sie kümmerten sich lieber selbst darum. Und der Geist dieser leidenschaftlichen Unabhängigkeit ist selbst an der Art und Weise erkennbar, wie sie gehen, sprechen und sich benehmen.

Am Mill Point wartete ich nicht, ich wußte, daß der Bus überall anhalten würde, um mich mitzunehmen. Aber glücklicherweise kam kein Bus. Die kleine Straße verlief bergauf und bergab durch dunkelgrüne Kaffeeplantagen, goldene Reistäler, grau-braunes Gestrüpp und Waldflecken. Ab und zu kam ich an einem weißgetünchten Haus mit Ziegeldach vorbei, das von Plantainbananen und Palmen geschützt war. Und gewöhnlich waren die blaßblauen Berge in nicht allzuweiter Entfernung vor einem kobaltblauen Himmel sichtbar. Coorg sieht jetzt herbstlich aus: Die Kaffeebohnen werden rot, und im Wald sind die Blätter rosa, gelb, purpurrot, braun oder orange gefärbt, obwohl hier grün immer die vorherrschende Farbe bleibt. Es wehte eine frische Brise, ein paar runde, weiße Wolken trieben nach Süden, und die Stille wurde nur durchbrochen von ein paar Vogelrufen und dem gelegentlichen Quietschen eines Ochsenkarrens, der Reis zur Mühle oder Stroh zum Markt brachte. Als ich die Straße entlangging, freute ich mich bei dem Gedanken, daß ich nicht länger nur durch diese herrliche Region hindurchfahre, sondern für einige Zeit eine Bewohnerin bin, der jede Biegung dieser Landschaft bald vertraut vorkommen wird.

Virajpet erstreckt sich reizvoll am Fuß des Maletambiran Hill, einem auffälligem Miniberg, der kilometerweit zu sehen ist. Der vollständige Name der Stadt lautet Virajendrapet. Sie wurde erst 1792 von Dodda Virarajendra gegründet, zum Gedenken an das Treffen zwischen ihm und General Abercromby während des ersten Feldzugs gegen Tippu Sultan im Jahre 1791.

Eine etwas störend wirkende römisch-katholische Kirche in gotisch-barockem Stil ist schon von weitem sichtbar, wenn man sich Virajpet nähert. Seit ihrer Gründung hat die Stadt eine Kolonie von mehreren Tausend Katholiken gehabt. Die meisten von ihnen sprechen Tamilisch, Majalam oder Konkani. Doch die Radschas von Lingayat haben sich wenigstens keiner religiösen Bigotterie schuldig gemacht, und als Tippu Sultan begann, seine christlichen Untertanen zu verfolgen, flohen sie nach Coorg. Dort bekamen sie Land geschenkt. In seiner Korrespondenz mit dem katholischen Klerus über dieses Thema bezeichnete er den Bischof von Bombay als »Ihr Hoher Priester«. Unter den Briten wurden die Ländereien der Kirche in den Steuerberichten unter dem Namen des »Hauptgottes der Christen« registriert.

Mein Kerosinherd kostete mich 10 Rupien. Wie die meisten indischen Fabrikerzeugnisse sieht er so aus, als wäre er nicht mit besonderer Sorgfalt hergestellt worden, aber zwei Monate wird er vermutlich halten. Zucker ist rationiert und kostet den Gegenwert von 12 Pence pro Kilo oder 22 Pence auf dem Schwarzmarkt. Das bedeutet, daß ihn sich nur die Reichen leisten können, selbst zum legalen Preis. Andere Kilopreise sind: Daal 15 Pence, Kaffee 45 Pence, Hammelfleisch 60 Pence, Honig 40 Pence, Brot vom Bäcker 16 Pence. Kleine Eier kosten 3 Pence pro Stück (ich kann mich noch daran erinnern, als sie vor zehn Jahren in Nordindien einen halben alten Penny gekostet haben). Nußöl für Salat kostet 45 Pence pro Liter, minderwertiger Joghurt 4 Pence pro Liter und stark verwässerte Milch, die zu dieser Jahreszeit nicht immer erhältlich ist, 10 Pence pro Liter. Lediglich frisches Obst und Gemüse sind relativ billig – für uns, nicht für die armen Inder –, und für ein Kilo köstlicher Tomaten bezahlte ich nur 2,5 Pence.

Ich kam kurz nach drei Uhr nachmittags mit ziemlich müden Armen zu Hause an. Der Bus, mit dem ich gerechnet hatte, war wieder nicht gekommen. Rachel wirkte aber ziemlich entspannt, trotz des Umstandes, daß sie mehr als vier Stunden in fremder Umgebung allein gelassen worden war. Ich vermute, sie vertieft sich so sehr in ihre eigenen Angelegenheiten, die ihrer Phantasie entspringen, daß sie darüber die Zeit vergißt. Als ich die Leiter hochkletterte, sagte sie: »Mir gefallen die Geräusche hier« – und ich weiß genau, was sie meint. In der Stadt verschmelzen Geräusche zu einem erschreckenden, verschwommenen Lärm. Auf dem Land aber ist jedes Geräusch unterschiedlich, unverwechselbar und verständlich – der sanfte Trab der Viehhufe auf dem Staub, das Schütteln von Reis auf Weidentabletts, das Krähen eines Hahns, das Quietschen des Flaschenzugs, wenn Wasser aus dem Brunnen hochgeholt wird, die barschen Streitigkeiten der Sittiche, das Rufen der Männer, die die Ochsen um den Dreschboden herum antreiben, das Bellen eines Hundes, das Mahlen von Getreide in steinernen Handmühlen, das Gelächter von Kindern, das dumpfe Geräusch, wenn eine Kokosnuß herunterfällt – und nun, um acht Uhr abends, während ich dies schreibe, das schauerliche Heulen der Schakale.

Auf dem Weg von Virajpet nach Hause traf ich einen älteren, etwas altväterlich wirkenden Herrn, der sich als Mr. A. Machiah vorstellte. Er war der Ehemann einer Cousine Dr. Chengappas. Später kamen er und seine Frau vorbei, um sicherzugehen, daß es uns an »nichts Wichtigem mangele«. Mir wurde rasch klar, daß wir mit Sicherheit keinen Mangel an guten Nachbarn litten. Mrs. Machiah ist groß, schlank, auf lebhafte Weise freundlich und eine solch geübte Großmutter, daß Rachel sie auf den ersten Blick vergötterte. Sie nahm unseren Haushalt prüfend in Augenschein und sagte dann, sie würde uns einen Putzeimer, eine Schüssel, einen Krug, einen großen Löffel und zwei Kochtöpfe leihen. Dieses Paar ist mir richtig sympathisch geworden, sie haben uns eingeladen, sie morgen zu besuchen. Als sie die Leiter hinunterkletterten, hielt Mr. Machiah inne, strahlte mich von unten an und meinte: »Alles, was Sie zusätzlich zu dem haben, was Sie brauchen, ist Luxus!«

12. Januar
Ich wachte um halb sieben auf, nur um in der Dämmerung einen exotischen Chor von Vögeln aus dem Dschungel zu hören und einen silbernen Himmel zu sehen, der hinter den Bäumen langsam blau wurde. Dicker Nebel lag über dem Reistal, und die Feuchtigkeit tropfte von den Blättern der riesig hohen Palmen wie langsamer Regen auf die Erde.

Rachel ist inzwischen richtig süchtig nach Tee im Bett. Ich warf also den Herd an und machte mangels Teekanne einen ausgezeichneten Tee im Topf, ganz nach Art der Teehäuser. Zur Zeit ist meine einzige Sorge die verdünnte Milch. In Indien erwartet man, daß sie verdünnt ist. Eine Reihe verzweifelter Maßnahmen der Regierung, die Verdünnung von Milch zu unterbinden, haben lediglich neue und bessere Gelegenheiten für Bestechung und Korruption zur Folge. Aber wenn unsere Lieferanten, die am Rand der Siedlung leben, den halben Liter für die Murphys mit ungekochtem Wasser aus dem Brunnen verdünnen, haben wir bald ernsthafte Probleme, denn Rachel weigert sich, gekochte Milch zu trinken. Ich habe ihnen versichert, daß ich ihnen für einen Viertelliter reiner Milch genausoviel bezahlen werde wie für einen halben Liter Milch mit Wasser. Ich fürchte aber, daß die Gewohnheit, zu verdünnen, so tief in ihnen steckt, daß sie diese nicht von heute auf morgen ablegen.

Wenn ich die Wahl hätte, würde ich zu Hause nicht ständig auf jeglichen modernen Komfort verzichten wollen, aber jetzt genieße ich eindeutig eine Weile das einfache Leben. Das braucht man, um nicht zu vergessen, wie die Wirklichkeit für den überwiegenden Teil der Menschheit aussieht. Es ist außerdem lohnend, wiederzuentdecken, wie überflüssig, wenn auch zeitsparend, die meisten unserer Besitztümer sind, und es schockiert einen, zu erkennen, wieviel wir verschwenden. Hier wird jede Bananenschale von einer vorbeikommmenden knochigen Kuh verschlungen, jede weggeworfene Seite Zeitungspapier findet Verwendung, jede leere Dose, jede Flasche und jeder Karton wird gehortet.

Rachel ist mittlerweile wieder in der Lage, mit Höchstgeschwindigkeit in unseren Zimmern herumzuhumpeln. Doch bis ihre Wunde verheilt ist, muß sie infizierten Staub meiden, daher nahm ich sie heute morgen huckepack, als wir die Machias besuchten. Wir wurden von einer kleinen alten Harijan-Frau, die in unserer Siedlung lebt, dorthin geführt. Ihre Zähne sind vom lebenslangen Betelkauen zerstört und schwarz verfärbt. Sie macht Besorgungen für jeden, der ihr ein paar Paisa gibt, und Mrs. Machiah hatte sie angewiesen, uns den Weg zu zeigen.

Wir überquerten den Hof hinter dem Haus und kamen zum Maidan von Devangeri, danach zu einem holprigen, staubigen und hügeligen Pfad, der drei Kilometer weit durch Reisfelder, Gestrüpp und Wald nach Westen führte. Er gabelt sich an einer Siedlung der Moslems mit soliden Hütten, Scheunen und Viehunterständen. In Coorg gibt es offenbar keine slumartigen Schuppen oder sonstige Bruchbuden. Biegt man hier rechts ab, geht man abwärts und kommt auf eine ebene Stoppelfläche, hinter der sich eine steile Bergkette erhebt. Auf dieser steht das Haus der Machias, umringt von stark duftenden Rosenbüschen, einer Vielfalt blühender Sträucher, Papaya-, Orangen- und *supporta*-Bäumen, um die sich Reben mit schwarzem Pfeffer und Luffa winden. Die Macchias haben fast ihr ganzes Arbeitsleben in Bombay verbracht, wo Mr. Machiah als leitender Beamter bei der Eisenbahn beschäftigt war. Ich habe selten ein Paar getroffen, das seinen Ruhestand so begeistert genießt.

Während wir auf der Veranda saßen und unser *Nimbu Pane* tranken, erklärte uns Mr. Machiah die genaue Bedeutung der heiligen Wandlampen aus Messing in Coorg. Alle wichtigen Entscheidungen und Ereignisse, die die Familie betreffen, müssen vor der Lampe stattfinden. Alle Vereinbarungen, die getroffen werden, oder Darlehen, die in Gegenwart der Lampe gewährt oder empfangen werden, benötigen kein unterschriebenes Schriftstück oder eine andere Formalität. Denn es wäre eine unverzeihliche Sünde, ein Versprechen nicht einzuhalten, bei dem die Lampe »Zeuge« gewesen ist. In jedem Haushalt muß die Lampe morgens und abends angezündet werden. Es bringt Unglück zu sagen: »Die Lampe ist ausgegangen.« Stattdessen sagt man: »Laß die Lampe mehr brennen.« Der Gebetsraum darf niemals verunreinigt werden, daher müssen wir immer die Schuhe ausziehen, wenn wir ihn in Devangeri durchqueren.

Mrs. Machiah lud uns ein, zum Mittagessen zu bleiben, aber ich entschuldigte uns damit, daß wir nach Virajpet gehen müßten. Ich hoffe nämlich, daß wir eine zwanglose Beziehung einführen können, bei der man sich gegenseitig besucht, so wie in Irland. Doch sie ließen uns nicht gehen, ohne uns mit noch sonnenwarmen Früchten zu beladen: einer gewaltigen Papaya, einer Handvoll Bananen und einem Dutzend *supportas*.

Butter und Käse sind hier praktisch unbekannt, aber wir sind beide zu Sklaven des berühmten Honigs von Coorg geworden. Er schmeckt wahrlich wie Götternahrung, was nicht überraschend ist, bedenkt man die Vielzahl blühender Bäume, von denen sich die Bienen bedienen.

Heute nachmittag hat mir in Virajpet ein begeisterter junger Mann von der Honiggenossenschaft von Süd-Coorg erzählt, daß es mehr als 16000 Imker in Coorg gibt. Die Imkerei stellt hier die größte Heimindustrie dar. Aber er klagte, daß der durchschnittliche Ertrag nur zwischen 10 und 15 Pfund Honig per Bienenstock läge, im Vergleich zu 50 Pfund in den Vereinigten Staaten. »Machen Sie sich nichts draus«, sagte ich (die absolut nichts von Bienenzucht versteht), »vielleicht kann man nicht beides haben: Quantität und Qualität.«

Der junge Mann seufzte. »Glauben Sie nicht? Dann ist es besser, Quantität zu haben und mehr Geld zu bekommen – stimmen Sie da nicht mit mir überein?« Er war verblüfft, als ich kalt erwiderte, daß ich nicht mit ihm übereinstimme.

Ich werde schon jetzt behandelt, als würde ich zu Devangeri gehören. Auf dem Weg nach Hause hielten mich mehrere Fremde an, um sich zu erkundigen, wie es Rachels Fuß heute gehe, und um zu erfahren, wie lange wir bleiben würden und warum mir Coorg so gut gefiele. Die Coorgianer scheinen immer bereitwillig für ein Schwätzchen anzuhalten, ganz im Gegensatz zu so vielen Indern, die einen mißtrauisch anstarren oder sich umdrehen, um hinter vorgehaltener Hand über einen zu lachen.

Heute abend habe ich einen wunden Zahn – die Strafe für übertriebene Sparsamkeit. Im Bazar hatte ich die billigste Sorte *Daal* gekauft, die mit so viel feinem Kies vermischt war, daß ich glücklich sein kann, überhaupt noch Zähne im Mund zu haben. Morgen werde ich Shanti den Rest *Daal* geben, sie ist zweifellos geschickter als ich, die Körner vom Kies zu trennen.

13. Januar

Ein ereignisloser Tag voller Schönheit und Zufriedenheit. Heute morgen machten wir einen dreistündigen Spaziergang durch den herrlich unberührten Wald nördlich von Devangeri und kamen – weil heute Sonntag ist – an mehreren Jägern vorbei, die Gewehre trugen und hofften, einen Hirsch, einen wilden Eber oder wenigstens ein Kaninchen mit nach Hause zu nehmen. Ich hätte nicht gedacht, daß es in Indien Kaninchen gibt, aber die Einheimischen versichern mir, daß es sie gibt. Vielleicht sind sie von den Briten in bestimmte Regionen eingeführt worden. Da die Coorgianer nie den Bestimmungen des Indian Arms Act (des indischen Waffengesetzes) unterlagen, sind sie noch immer leidenschaftliche *Shikaris*. Das erklärt auch, warum es in diesen Wäldern keine Affen gibt. Im Gegensatz zu den meisten Hindus sind für die Coorgianer Affen keine heiligen Tiere, sondern eine Plage, die die Ernte vernichtet; außerdem geben sie eine gute Mahlzeit ab.

Die wenigen Leute, die wir trafen, wollten alle wissen, warum ich in der Tageshitze mit einem großen Kind auf dem Rücken forsch nach nirgendwohin ging. Als ich erklärte, daß ich nur zum Vergnügen wanderte, um die Landschaft zu genießen, glaubten sie mir entweder einfach nicht oder dachten, daß ich an fortgeschrittener geistiger Umnachtung leiden würde.

Auf dem Nachhauseweg kamen wir an drei *Ain Manes* vorbei, und als wir sie erforschten, wurden wir natürlich beobachtet und zu einem Kaffee oder einem *Nimbu Pane* eingeladen. Ein typisches *Ain Mane* erreicht man auf einem langen, gewundenen Weg, einem *Oni*, der tief durch das rötliche Erdreich einer Kaffeeplantage führt und zwei Meter hohe Böschungen hat. Am Ende dieses *Oni* befinden sich solide Viehställe und Nebengebäude mit roten Ziegeldächern – oft 200 Jahre alt, aber in perfektem Zustand. Danach folgen ein gepflasterter Dreschhof mit einer dünnen Steinsäule in der Mitte sowie Mangobäume und *flame-of-the-forest trees* drumherum. Ein halbes Dutzend Steinstufen führen vom Hof auf eine lange, breite Veranda, die *Kayyale,* die für die Familienältesten reserviert ist, die sich dort entspannen, schwatzen, Karten spielen, beraten, trinken, zu Entscheidungen finden und Gäste empfangen. Normalerweise sind die robusten Holzsäulen der Veranda verschwenderisch mit geschnitzten Göttern, Kühen, Vögeln, Fischen, Eidechsen, Schlangen, Elefanten und Blumen geschmückt.

Das traditionelle *Ain Mane* ist ein schöner, massiver Bau mit vier Flügeln. In längst vergangenen Tagen diente es oft als Festung, wie beispielsweise die Nair-Häuser in Kerala. Vor einem halben Jahrhundert, bevor die Familien so zersplittert wurden, war es nicht ungewöhnlich, daß ein *Ain*-Haus 70 oder 80 Menschen Unterkunft bot, die vielleicht fünf Generationen angehörten. Es war normal, daß 40 oder 50 Familienmitglieder ständig unter einem Dach lebten. Doch der Prozeß der Zersplitterung begann vor langer Zeit, unter den Radschas von Lingayat, die die Macht einiger Familien fürchteten, welche reicher waren und mehr Initiative zeigten. Diese Radschas ermutigten die Coorgianer, die durch Heirat zu Besitz gekommen oder aus irgendeinem Grund gezwungen waren, das *Nad* der Vorfahren zu verlassen, aktiv zu sein und getrennte Haushalte zu gründen. Die Anwesenheit der Briten und die Entwicklung der Kaffeeplantagen unterstützten diese Tendenz.

Bei dem ersten *Ain Mane*, an dem wir zufällig vorbeikamen, bat uns unsere Gastgeberin herein, damit wir die allgemein übliche Aufteilung eines solchen Hauses sehen konnten. »Herein« ist allerdings nicht ganz das richtige Wort, denn wenn man durch die schwere, mit komplizierten Schnitzereien geschmückte Haupteingangstür geht, kommt man in die *Nadu Mane.* Es handelt sich dabei um eine ungeheuer große, quadratische Halle, die in der Mitte nach oben offen ist. In einer großen Vertiefung stehen an jeder Ecke vier Säulen – das Ganze ähnelt einem leeren Schwimmbecken. Die Halle ist während der Hochzeitsfeierlichkeiten von großer Bedeutung. Früher wurde die *Nadu Mane* als Schlafsaal für die jungen, unverheirateten Männer der Familie genutzt. Von ihm gingen sowohl die Küche, die Schlafzimmer der verheirateten Paare, die Gästezimmer, die Kinderzimmer als auch der Gebetsraum ab. Die meisten Zimmer sind klein, haben hohe Decken mit Dachsparren und Fußböden aus festgetretener Erde. Und obwohl sie peinlich sauber gehalten werden, sind sie schlecht belüftet und nur schwach beleuchtet.

Jedes *Ain Mane* besitzt entweder ein *Karona Kala* oder ein *Kaimata* ziemlich dicht beim Haus. Ersteres ist ein erhöhtes Podium aus Erde, das rund um einen Baum, der einen milchänlichen Saft absondert und darum verehrt wird, gebaut und mit Steinen verstärkt wurde, so ungefähr wie die Rastplätze für Träger in Nepal. Hier jedoch dient das Podium der Verehrung der Vorfahren. Der auf ihm errichtete Schrein ist nach Osten ausgerichtet, da der Sonnenkult sehr stark mit dem religiösen Leben der Coorgianer verwoben ist. Die *Kaimatas* sind offenbar eine relativ neue Weiterentwicklung dieser alten *Karona Kalas*. Es sind solide »Kapellen« mit nur einem Raum, die bestimmten Vorfahren gewidmet sind, die tapfer im Kampf fielen oder sich auf eine andere Art ausgezeichnet haben. Sie beherbergen oft Grabsteine wie im Islam, obwohl die betreffenden Vorväter normalerweise verbrannt und ihre Asche auf dem Wasser ausgestreut wurde. In den meisten *Kaimatas* stellen grob behauene Grabsteine die Vorfahren dar. Zu allen wichtigen Anlässen wird ihnen ein wenig Fleischcurry, Reis und Arrak auf einem Plantainbananenblatt dargeboten. Es gibt außerdem einen Tag der Versöhnung, er heißt *Karona Barani*. An diesem Tag werden speziell Opfergaben in Form von Essen und Alkohol gebracht. Und als ob das alles nicht genug wäre, haben einige Familien, wie die Chengappas, ihre eigenen, ganz speziellen Formen der *Karona*-Verehrung entwickelt. Sie sind dem individuellen Charakter, bemerkenswerten Taten oder den möglichen, gegenwärtigen Bedürfnissen ihrer Vorfahren angepaßt.

Wir verbrachten den Spätnachmittag damit, in unserem Hinterhof zu sitzen und durch eine Wolke von goldenem Staub den

Dreschern zuzusehen. Nichts könnte primitiver sein als ihre Methoden. Jede Reisgarbe wird auf einen langen, flachen Stein geschlagen, genau wie ein *Dhobi* beim Waschen Kleider schlägt. Wenn die Körner zu Boden gefallen sind, werden sie mit einem Besen aus Gras aufgefegt und in einen Sack geschaufelt. Wegen des Dreschens ist unser Hof in diesen Tagen stärker bevölkert als es normalerweise der Fall ist, und wir stellen eine wunderbare, zusätzliche Attraktion dar, so etwas wie eine Nebenvorstellung im Zirkus. Ständig kommen Leute herauf zu unserer Wohnung, um die merkwürdigen Angewohnheiten der Ausländer zu beobachten. Aber sie bleiben nie lange und berühren auch nichts. Sie schauen uns nur schüchtern von der obersten Stufe der Leiter aus zu.

Zu den Reizen von Coorg kommt noch hinzu, daß es in diesem Haus keine Insekten gibt, außer gelegentlich eine Hausfliege. Es gibt weder Stechmücken, Ameisen, Flöhe, Wanzen, Küchenschaben, Spinnen, Läuse, noch andere unaussprechliche Insekten, die mich in meinem Haus in Nepal heimsuchten, wenn ich, wie jetzt hier, bei Kerzenlicht in der Nähe eines kaputten Fensters schrieb. Draußen gibt es natürlich verschiedene Arten von großen und bösartigen Ameisen. Die roten Baumameisen haben den vielleicht scheußlichsten Biß. Heute morgen habe ich mich geistesabwesend auf eine gesetzt, als ich mich im Wald ausruhte. Die Folge davon ist, daß es mir jetzt sehr schwer fällt, mich irgendwo hinzusetzen.

14. Januar
Die Tatsache, daß mir nicht vor der sonderbar anglisierten Atmosphäre von Coorg graut, muß zumindest teilweise an der ungewöhnlichen historischen Entwicklung liegen, die Coorg den Briten untertan gemacht hat. Es unterlag niemals den Gesetzen der indischen Regierung, es sei denn, sie waren speziell auf Coorg zugeschnitten worden. Der Radscha, den man zum Bleiben aufgefordert hatte, ist weise genug gewesen, dem Grundsatz »Coorg den Coorgianern« treu zu folgen. Er vergab die meisten

der untergeordneten Tätigkeiten im Dienst der Regierung an die Nachkommen alter coorgianischer Familien. (Die leitenden Posten standen den Indern selbstverständlich nie offen, wie fähig sie auch immer gewesen sein mochten.) Daher ist die hier vorherrschende britische Denkweise derjenigen, die in Ooty oder Simla anzutreffen ist, sehr unähnlich. Und dies, obwohl die Coorgianer in der zweiten Hälfte des 19. Jahrhunderts begeistert das englische Schulsystem übernommen haben, und, nicht zu vergessen, Hockey, Kricket und Whisky.

In der Novemberausgabe des *Blackwoods* von 1922 schrieb Hilton Brown, ein Beamter des I.C.S.: »Es gibt nur ein beunruhigendes Charakteristikum bei den Coorgianern, und das ist ihre Bereitwilligkeit, sich von Außenseitern beherrschen zu lassen ... Das eigene Bekenntnis verweist genau auf das Gegenteil, aber die Tatsache bleibt bestehen ... Es ist sehr verwirrend, weil man genau das *nicht* erwartet ... Der Coorgianer kann für sich selbst denken, und das sollte er auch, aber er tut es nicht oft genug.« Ich frage mich allerdings, ob Mr. Brown damit tatsächlich völlig recht hatte. Man könnte auch behaupten, daß die Coorgianer in ihrer Geschichte von Außenseitern beherrscht wurden, nicht, weil sie dazu neigten, sich zu unterwerfen, sondern weil sie nie in der Lage waren, sich wirksam zum Wohl ihres Landes zusammenzuschließen. Bis zu Beginn des 17. Jahrhunderts ist diese winzige Region nie von einer einzigen Dynastie regiert worden, sondern von zahlreichen kleinen Fürsten und Oberhäuptern, die größeren Mächten von außerhalb die Treue geschworen hatten.

Mein alter Bekannter, der *Gazetteer,* betont die Vorteile, die der Radscha Coorg verschafft hat. Doch während der unruhigen zwanziger Jahre dieses Jahrhunderts wurde der Verband der Grundbesitzer von Coorg gegründet, um – erfolglos – einen größeren Anteil an der Regierung der Provinz zu erlangen. Im Jahre 1940 schließlich wurde Coorg im Rahmen einer Wirtschaftskampagne der Regierung »eine eigenständige Einheit mit allen Behörden auf eigenem Gebiet und regiert von einem ständigen leitenden Regierungskommissar«.

Der Boden für viel politische Agitation nach der Unabhängigkeit war damit in einer Provinz vorbereitet, in der eine mächtige coorgianische Minderheit wünschte, daß ihr Land »eine eigenständige Einheit« bliebe, während viele in der weniger einflußreichen Mehrheit der Nicht-Coorgianer einem Zusammenschluß mit dem Staat Mysore (heute Karnataka) den Vorzug gab. Vom März 1952 bis zum November 1956 hatte die Provinz eine sogenannte »Populäre Volksregierung« mit einem Ministerium, das aus zwei Mitgliedern bestand. Aber es stellte sich heraus, daß der Zusatz »populär« überhaupt nicht paßte. 1956 schließlich waren viele der vorher überzeugten Separatisten aufgrund der Unfähigkeit und Korruption ihrer eigenen coorgianischen Politiker so desillusioniert, daß auch sie den Zusammenschluß befürworteten.

Doch die meisten Coorgianer lehnen den Verlust ihrer Unabhängigkeit noch immer verbittert ab. Als ich heute morgen nach Virajpet ging, traf ich nicht weniger als drei Männer, die mir gegenüber betonten, was für ein guter Ort dies einmal war, als er noch nicht von den Bürokraten aus Karnataka für eigene Interessen manipuliert wurde. Ein Mann mittleren Alters, in geflickten Hosen und einem fadenscheinigen Hemd, zitierte mit finsterer Miene Abraham Lincoln: »Man kann die Schwachen nicht stärken, indem man die Starken schwächt.« Ich weiß nicht, wie zutreffend die Klagen der Einwohner tatsächlich sind, aber man sieht viele Anzeichen für einen vor kurzem eingetretenen Rückgang des traditionell ortsüblichen Wohlstands. 17 Jahre lang hat die Staatsregierung durch Steuern einen beträchtlichen Anteil von Coorgs Einkommen abgeschöpft. Die Coorgianer behaupten, daß es äußerst ungerecht sei, von ihnen zu erwarten, daß sie die Regionen unterstützen, denen es weniger gut ginge. Auf den ersten Blick wirkt diese Abneigung, ihren Reichtum zu teilen, kleinlich, aber auf den zweiten Blick erkennt man, daß Lincoln recht hatte. Wendet man sein Prinzip auf die gewaltige Größe des Staates Karnataka an, dann macht das Bächlein des Reichtums, das genügen würde, Coorg gesund und am Leben zu erhalten, keinen größeren Unterschied, wohingegen seine Ableitung von Coorg bereits fühlbare negative Auswirkungen gezeigt hat.

Man ist sich hier in Devangeri der Tatsache sehr bewußt, Zeuge einer Gesellschaft im Umbruch zu sein. Heute abend brachte Dr. Chengappa seine 18 Jahre alte Tochter mit. Als ältestes Mädchen der Familie ist es ihre Pflicht, die Lagerung der diesjährigen Ernte einzuleiten, indem sie einen Korb mit Reis auf ihrem Kopf vom Dreschhof zum Kornspeicher trägt. Sie ist eine äußerst kultivierte junge Frau, die fehlerloses Englisch spricht. Als ich auf einem Fenstersims saß und der eleganten Gestalt zusah, die mit der ungewohnten Last feierlich den Hof überquerte, fragte ich mich, ob wohl zu gegebener Zeit wiederum ihre Tochter das Gleiche tun würde, oder ob sie die letzte Generation in Coorg repräsentiert, die die Traditionen bewahrt.

15. Januar
Wir haben heute bei den Machiahs zu Mittag gegessen. Bei unserer Ankunft nähte Mrs. Machiah gerade große Säcke mit Reis zu, um sie an ihre drei verheirateten Söhne in Bombay zu schicken. Eine der Schwiegertöchter ist eine Christin aus Cochin, aber die Machiahs mögen sie offenbar genauso gern wie die beiden Mädchen aus Coorg, die sie selbst ausgesucht haben. Obwohl die Coorgianer so stolz darauf sind, eine besondere Rasse zu sein, sind sie in gesellschaftlicher Hinsicht aufgeschlossener als die meisten Inder. Zweifellos sind sie insgeheim traurig, wenn ihre Kinder niemanden aus Coorg heiraten, aber die Mehrzahl heißt Außenseiter in ihrer kleinen Gemeinschaft herzlich willkommen. Derartige Hochzeiten werden jetzt immer verbreiteter, und es besteht damit die Gefahr, daß irgendwann die ungefähr 80 000 Coorgianer ihre Identität inmitten mehrerer Hundert Millionen Inder verlieren.

Das Mittagessen, das Mrs. Machiah selbst zubereitet hatte, war vorzüglich. Alles, was auf den Tisch kam, stammte aus eigener Produktion: gedämpfter Reis, gebratenes Hühnchen,

Kohl, der so raffiniert gekocht war, daß er in keinster Weise an das erinnert, was wir gekochten Kohl nennen, Ei- und Tomatensalat, Reisbrot, fein gewürzte Kartoffelkuchen (speziell zu Ehren der Iren zubereitet), Obstsalat und Kaffee. Im Gegensatz zu den meisten Südindern machen sich die Coorgianer nichts aus zu scharf gewürztem Essen. Sie sind solch gute Köche, daß ich fürchte, meine altersbedingte Fülle wird hier völlig außer Kontrolle geraten.

Zu meinem Ärger – und zur großen Freude der Zuschauer – komme ich mit der alten Pumpe im Hof überhaupt nicht zurecht. Daher muß jemand anders meinen Eimer füllen, damit die große irdene Wasserkanne in der Toilette nachfüllt werden kann. Wegen der Kastengesetze ist dies eine etwas komplizierte Situation. Kein Harijan darf aus unserer Quelle Wasser holen, und niemand, der kein Harijan ist, würde unsere Toilette betreten. Deshalb muß ich selbst den Toilettenbehälter nachfüllen, mit Wasser, das von Subaya oder Shanti geholt und von ihnen in den großen Messingkrug aus dem Waschraum geschüttet worden ist, und von mir dann zum Toilettenbehälter gebracht wird. Es wäre nur zu einfach, unbewußt etwas schrecklich »Schmutziges« zu tun, wie zum Beispiel ein Kochgefäß aus der Küche zu leihen. Das würde für die Familie eine komplizierte und teure Reinigungszeremonie nach sich ziehen. Ich bin aus diesem Grund ständig auf der Hut und halte Ausschau nach mißbilligenden Blicken.

16. Januar
Mir wurde heute klar, daß ich bisher Devangeri gar nicht angemessen beschrieben habe. Es ist ein typisches coorgianisches Dorf, das aber eigentlich keines ist: Es besteht aus unserem Haus, dem Gutshof sozusagen, den beiden bereits erwähnten Schulen und ein paar Dutzend Heimstätten und strohgedeckten Arbeiterhütten, die über ein Gebiet von sieben bis acht Quadratkilometern verstreut sind. Hinter unserem Haus befin-

det sich ein langes, zweistöckiges Gebäude mit einer Außentreppe an einer Giebelwand, die zu den Büros und Lagerräumen der Genossenschaft führt. Das Erdgeschoß dieses Gebäudes beherbergt die winzige Post, die nur kurz und zu unregelmäßigen Zeiten öffnet, außerdem die Werkstatt des Dorfschneiders und ein klitzekleines Teehaus, wo sich die Kartenspieler versammeln, sowie einen dämmrigen Gemischtwarenladen, der so klein ist, daß nicht mehr als ein Kunde zur Zeit hineinpaßt. Jeder, der einen Brief erwartet, schlendert im Laufe des Vormittags vorbei, um ihn in Empfang zu nehmen, oder man schickt einen Diener, um ihn abzuholen. Bis jetzt habe ich keine Beschwerden gehört, obwohl der zerbeulte und rostige Metallkasten, dem man seine ausgehende Post anvertraut, sich dort bestimmt schon seit der Regierungszeit von Königin Viktoria befindet. Nur mein Kerosin (eine Rupie für einen Liter in einer Arrakflasche) kaufe ich im Laden, sonst nichts. Die Händler im Dorf verlangen mindestens 20 Prozent mehr als die Händler im Bazar. Außerdem verfälschen sie selbst Artikel, von denen man es nicht erwarten würde, wie zum Beispiel Seife und Kerzen, die wahrscheinlich schon, bevor sie ihre jeweiligen Fabriken verlassen haben, manipuliert worden sind.

In einiger Entfernung vom Genossenschaftsgebäude, am Rand des Waldes, steht unsere »Dorfkneipe«, eine baufällige Hütte. Hier holt Subaya jeden Morgen für 50 Paisa in einer weiteren Arrakflasche meinen Liter Palm-Toddy zum Frühstück. (Wo sonst bekommt man heutzutage einen Liter Bier für 2,5 Pence?) Dieses Getränk wird während der Dämmerung von der Toddypalme abgezapft, und zwar in einem Tonkrug, der von einem Zapfer am Abend zuvor an der Spitze des Baumes angebracht wurde. Es fermentiert sozusagen im Fluge und erreicht unser Zimmer gemeinsam mit zahlreichen toten Ameisen, die fast den Flaschenhals verstopfen. Wenn man es nicht innerhalb von ein paar Stunden trinkt, soll das Bier angeblich in den Eingeweiden Schreckliches anrichten. Ich habe also eine gute Entschuldigung, wenn ich es zum Frühstück trinke. Es ist sehr erfrischend, hat eine weißliche Farbe und einen geringen, wenn auch fühlbaren Alkoholgehalt. Die Coorgianer glauben, es sei so gesund, daß es sogar zu den Gewohnheiten älterer, weiblicher Säulen des Anstandes gehört, vor dem Frühstück ein Glas (aber zugegeben keinen Liter) zu trinken.

Den ganzen Tag über kann man die Alkoholiker von Devangeri auf den Bänken vor der Kneipe sitzen sehen, wie sie Becherglaäser mit purem, unter Umständen tödlichem, selbstgebranntem Arrak umklammern. Den heiligen Gesetzen der Hindus zufolge ist der Konsum von Alkohol eine sehr große Sünde. Die orthodoxe Buße dafür ist Selbstmord durch Trinken von kochendem Branntwein. Doch es ist wohl eher unwahrscheinlich, daß jemand, der so ehrfuchtslos ist, absichtlich Alkohol zu trinken, hinterher reumütig genug ist, sich das Leben zu nehmen. Jedenfalls haben die Coorgianer dieses Verbot nie beachtet, und der übermäßige Alkoholkonsum ist ihr schwerwiegendster Kollektivfehler. Oft wanken um die Mittagszeit Männer nach Hause, die sich ohne Hilfe schon nicht mehr aufrecht halten können. Die Reaktion der Anwohner auf diesen Anblick erinnert mich sehr an Irland. Die Leute sind leicht amüsiert, schelten liebevoll, machen derbe Witze oder sind gelegentlich etwas ungeduldig – aber nie kritisieren sie. (Natürlich mit Ausnahme der mehr verantwortungsbewußten Mitglieder der Gemeinschaft, die an Frau und Kinder des Trinkers denken.)

Heute abend amüsierte mich ein Abschnitt über die Prohibition im *Coorg Gazetteer* von 1965. Es lohnt sich, einige Passagen zu zitieren. Der Leser sollte jedoch bedenken, daß die Prohibitionsgesetze inzwischen keine Anwendung mehr finden. »Es ist in der Verfassung als Weisungsprinzip der Staatspolitik niedergelegt worden, daß der Staat bestrebt ist, den Konsum von berauschenden Getränken und Arzneimitteln, die die Gesundheit gefährden – außer für medizinische Zwecke – zu verbieten. Im großen und ganzen war der Genuß von Alkohol verantwortlich für Armut und Kummer der Menschen, indem er sie immer tiefer in die Abgründe von Gefahr und Verzweiflung sinken ließ. Es kann nicht geleugnet werden, daß Prohibition sowohl eine gesellschaftliche als auch eine wirtschaftliche Notwendigkeit darstellt, und sie ist Angelpunkt und Stärke unseres Wirtschaftsprogramms zur Besserung der Gesellschaft ... Obwohl die Prohibition offiziell am 2. April 1956 eingeführt wurde, begann die Durchführung erst am 25. April 1956, um den Verbrauchern genug Zeit zu geben, sich auf die veränderten Verhältnisse einzustellen. ...« (und andere Vorbereitungen zu treffen) »... Die Erlaubnis für den Besitz und den Genuß von Alkohol wurde nur in Ausnahmefällen erteilt. Sie wurde denjenigen erteilt, (i) die gewohnheitsmäßig Alkohol zu sich nahmen, (ii) an Clubs ohne Eigentümer, damit sie ihn an diejenigen ihrer Mitglieder ausschenken konnten, die eine Erlaubnis hatten, und (iii) für Sakramentszwecke an Befugte der Kirche ... Die Regierung hat durch die Einführung der Prohibition im Bezirk einen Verlust von ungefähr 12 Lakhs jährlich erlitten ... Wie erwartet, brachte die Prohibition die Schwarzbrennerei mit sich ... Die Häufigkeit der Fälle, die mit Schwarzbrennerei zu tun hatten, war 1962 sehr hoch. Allein in diesem Jahr wurden 1 846 Fälle [im winzigen Coorg!] aufgedeckt.

Die Einführung der Prohibition hat bereits bei den Menschen, die einmal an Alkohol gewöhnt waren, eine Veränderung in ihrer Einstellung zur Gesellschaft bewirkt. Es hat ihrem Zuhause Frieden gebracht und ihnen geholfen, Geld zu sparen, alte Schulden abzuzahlen, neue Kleidung zu kaufen, besseres Essen zu haben und ein gesünderes Leben zu führen ... In der Öffentlichkeit bestand jedoch weiterhin der Eindruck, daß ... auf breiter Ebene gegen das Prohibitionsgesetz verstoßen werde und der Prozentsatz der Verurteilungen sehr niedrig sei ... Es muß zugegeben werden, daß die Anzahl der ausgestellten Erlaubnisscheine offenbar sehr groß ist. Es werden Schritte unternommen, die Zahl auf bedürftige Fälle zu beschränken.«

Aber zum Leidwesen der Prohibitionisten stellten diese »bedürftigen Fälle« bald die Mehrheit der Bevölkerung von Coorg dar. Schließlich wurde stillschweigend anerkannt, daß das verrückte, wenn auch gutgemeinte Experiment nichts mehr war als ein Nährboden für Bestechung und Korruption. Es wäre gut möglich, daß etwas Ähnliches in Irland passieren würde, sollte dort jemand versuchen, die Prohibition durchzusetzen.

Zurück zu den Hindus und ihren heiligen Gesetzen, die den Alkoholkonsum betreffen: Jahrelang habe ich mich gefragt, warum sie so fanatisch waren (egal wie man dazu steht, Selbstmord als Buße geht ein bißchen zu weit); am Cape Comorin lieferte mir dann ein alter brahmanischer Gelehrter, mit dem zusammen ich den Sonnenuntergang betrachtete, eine plausible Erklärung. Offenbar war das Volk der Arier, als es Indien erreichte, erklärtermaßen abhängig von *Soma*. Da sie annahmen, daß auch ihre Götter dieses bewußtseinserweiternde Getränk genießen würden, bereiteten sie ihnen anständigerweise *Soma* bei jeder Opferzeremonie. Gegen Ende der Wedischen Periode beherrschte dann der Genuß von *Soma* ihre religiösen Feierlichkeiten. Die Schärfe der Anti-Alkohol-Gesetze war Teil eines erfolgreichen Versuchs, *Soma* durch harmlosen Rhabarbersaft zu ersetzen. Die meisten Experten nehmen mittlerweile an, daß *Soma* aus dem Saft des außerordentlich gefährlichen, halluzinogenen Pilzes mit rotem Hut gewonnen wurde. Unverdünnter *Soma* ist ein tödliches Gift, aber vermischt mit Honig, Milch und Wasser wird er genießbar. Die Abhängigen waren offensichtlich nicht besonders kleinlich, was den Geschmack betraf, denn Laien sammelten für den eigenen Konsum häufig den Urin von *Soma*-trinkenden Priestern.

Die Post von Virajpet ist das älteste Gebäude von Coorg, und so sieht es auch aus. Als ich es heute morgen zum ersten Mal aufsuchte, geriet der Beamte angesichts der Aussicht, vier eingeschriebene Luftpostbriefe nach Irland bearbeiten zu müssen, völlig aus dem Häuschen. Das ungebärdige Verhalten um mich herum trug nicht gerade dazu bei, daß er seine Fassung wiedergewann. Es hatte eine Viertelstunde gedauert, bis ich mich für die Transaktion an der Spitze der Menschenmenge in Stellung gebracht hatte. Um diesen Vorteil zu halten, mußte ich mich am Schaltertresen vor mir festklammern, andernfalls wäre ich aus Reich- und Sichtweite des Beamten gedrängt worden. Unterdessen mußte der arme Mann, der hinter seinem Maschendraht Ähnlichkeit mit einem gequälten Kaninchen hatte, zwei schmutzige Bände durchblättern und komplizierte Rechnungen auf seinen Notizblöcken anstellen, bevor er zu einem plausiblen Resultat bezüglich meiner Briefe gelangte. Während er so seine Pflicht tat, mußte er wüste Beschimpfungen von Wartenden aus der Menge ertragen, die mehr randalierten als andere, und verlangten, daß er ihnen Briefmarken zu 15 Paisa geben sollte, und zwar *sofort*. Es war leicht, ihre Gedanken nachzuvollziehen. *Sie* wollten jeder nur eine Briefmarke, für die sie das Kleingeld passend in der Hand hielten. *Ich* hingegen wollte eine unendlich komplizierte Sache erledigen, was unter Umständen Stunden dauern würde. (Tatsächlich dauerte es genau 43 Minuten.) Um sie zu beruhigen, schob der Beamte in regelmäßigen Abständen ein paar Briefmarken zu 15 Paisa über den Schaltertresen. Das hatte natürlich ein erneutes hartnäckiges Gedränge um mich herum zur Folge. Es müssen mindestens 50 drängelnde, brüllende Männer auf der Veranda gewesen sein, als plötzlich ein älterer Coorgianer auftauchte und ein paar scharfe Worte sagte. Augenblicklich wich die Menge zurück, wurde still und trat nicht wieder vor, bis ich meine Angelegenheiten erledigt hatte. Ich weiß nicht, wer dieser Herr war. Aber es hätte kein eindruckvolleres Beispiel für das Volk von Coorg geben können – auch wenn es eine Minderheit darstellt – oder für die noch existierenden feudalen Strukturen der Gesellschaft von Coorg.

17. Januar
Heute morgen verkündete Rachel plötzlich: »Ich glaube, ich kann heute wieder richtig laufen.« Das konnte sie tatsächlich, obwohl sie an ihrem verletzten Fuß nur einen Strumpf über dem dicken Verband trug.

Nach dem Mittagessen gingen wir zu den Machiahs, auf der Suche nach Eiern, denn Mrs. Machiah hatte sich bereit erklärt, uns damit zu versorgen. Aber heute gab es keine, weil in den letzten paar Nächten ein Mungo und ein Schakal das Hühnervolk unter sich aufgeteilt und dezimiert haben. Heute am frühen Morgen hat Mr. Machiah den Schakal erschossen und ihn einem exzentrischen Ausgestoßenen im Dorf gegeben, der das Fleisch des Schakals liebt – eine seltene Vorliebe, selbst unter Ausgestoßenen. Es ist nicht gerade leicht, einen Mungo zu erwischen, aber diese hübschen kleinen Geschöpfe töten so viele Schlangen und Ratten, daß sie gelegentlich ein Bankett mit Hühnern verdient haben. Wir haben heute nachmittag einen gesehen, als er in der Nähe vom Haus der Machiahs den Pfad überquerte. Sicher war er der Übeltäter.

Die häusliche Aufregung von heute stellt der Erwerb von 20 großen Sardinen zum Preis von einer Rupie dar. Ich erstand sie bei einem zerlumpten jungen Mann, den wir auf der Hintertreppe sitzend vorfanden. Sie waren zweifellos frisch. Hätte ich jedoch vorher gewußt, daß ich eine Stunde und 40 Minuten brauchen würde, um die verflixten Dinger zu säubern, wäre ich wohl weniger begeistert gewesen. Die winzigen Schuppen entpuppten sich als äußerst klebrig, erst klebten sie an ihrem Besitzer und dann an allem, was sich in der Küchenecke unseres Wohnzimmers befand. Und wenn ich sie nicht ganz vorsichtig ausnahm, zerfielen sie mir, und ihre vielen Flossen verlangten eine ebenso sorgfältige Behandlung. Am Ende dieser Sitzung hatte ich genug vom einfachen Leben. Mir leuchtete nachhaltig ein, warum man Sardinen in Dosen kaufen sollte.

Insgesamt gesehen gefällt mir der Tagesrhythmus von Devangeri jedoch außerordentlich gut. Es passiert hier nicht viel, und es ist unwahrscheinlich, daß je viel passieren wird. Wenn man nicht genug zu lesen und zu schreiben hätte, würde man sich bestimmt langweilen, aber für mich ist das Leben ideal. Wenn ich höre, daß Subaya nach Sonnenuntergang alles abgeschlossen hat und schlafen gegangen ist, wo immer er und seine Familie schlafen, stelle ich mir vor, daß hier nur noch die Murphys und die Vorfahren der Chengappas wohnen. Und wenn ich dem »Gefühl« trauen kann, das ich in diesem riesigen stillen Haus habe, wenn es nur von den beiden Kerzen erleuchtet wird, die auf meinem Tisch flackern, sind diese Vorfahren sehr liebenswürdig und einladend. Ich besitze ganz und gar keine übersinnliche Wahrnehmung und bin auch nicht besonders beeinflußbar, aber auf eine höchst seltsame und angenehme Art bin ich mir bewußt, daß wir hier nicht allein sind. Es ist ein freundliches Haus, belassen wir es dabei.

19. Januar
Heute nachmittag nahm uns Mrs. Machiah mit, um uns ihren Cousins und Cousinen vorzustellen. Sie wohnen nur ein Stück die Straße hinauf, sind aber in den letzten Wochen nicht daheim gewesen. Die Familie besteht aus Oberstleutnant (pensioniert und seit ein paar Jahren Kaffeepflanzer) und Mrs. Ayyappa, ihrer 20 Jahre alten Tochter Shirley und einem vierzehnjährigen Sohn, der jetzt in Ooty zur Schule geht. Der neue Bungalow der Ayyappas ist sehr schön, mit Fußboden aus Teak und Decken aus Rosenholz. Er steht neben ihrem alten *Ain Mane*, liegt jedoch tiefer als dieser, weil kein Gebäude das Haus der Vorfahren überschatten darf. Mrs. Ayyappa ist eine begeisterte Gärtnerin, die mit nacktem Boden angefangen und etwas geschaffen hat, was nicht anders als eine Miniausgabe der Kew Gardens* beschrieben werden kann. Sowohl sie als auch Shirley sind ziemlich schüchtern und sehr liebenswürdig. Wir sind eingeladen, vorbeizukommen, wann immer wir Lust haben.

Während wir unseren Kaffee tranken, drehte sich die Unterhaltung um Inflation, Bürgerunruhen, die Verfälschung von Nahrungsmitteln und die Ölkrise. Oberst Ayyappa zeigte mir einen Absatz aus dem *Deccan Herald* von heute, in dem der indische Verteidigungsminister Jagjivan Ram zitiert wird, der gesagt hat: »Das indische Strafgesetzbuch sieht die Todesstrafe bei Mord durch körperliche Gewalt oder Waffen vor. Aber diejenigen, die Menschen dadurch töten, daß sie Medizin oder Nahrungsmittel verfälschen, werden praktisch nicht belangt.

* Berühmte botanische Gärten in London (Anm. der Übers.)

Doch der letztere Fall stellt ein weitaus schwereres Verbrechen dar und rechtfertigt eine entsprechende Bestrafung.« Das gibt einem zu denken, wenn man mit seinem Einkaufskorb in den Bazar geht. Meine einzige wirkliche Angst gilt pulverisiertem Glas im Zucker. Dies ist nicht unüblich, weil es einigen Händlern nichts ausmacht, Kunden umzubringen, wenn sie dabei ein paar Rupien extra verdienen. Einige (Hindu-)Freunde haben mir strengstens geraten, in Virajpet nur bei Moplah(Moslem)-Händlern zu kaufen.

Als ich Rachel heute abend ihre Gute-Nacht-Geschichten vorlas (aus *Die Helden* und *Die Arabischen Nächte*), kam mir der Gedanke, daß ihr in Zukunft diese Geschichten viel realer vorkommen werden. Das Mahlen der Tagesration Mehl, das Wasserholen aus dem Brunnen, der Gang in den Wald, um Feuerholz zu holen, damit man das Abendessen kochen kann, das Holen der Stoffballen aus dem Bazar, die man auf dem Kopf nach Hause trägt, das Einspannen der Ochsen ins Joch, das Formen und Brennen der Ziegel für den Hausbau, die Jagd nach Fleisch, das Kürzen der Lampendochte bei Sonnenuntergang, das Darbringen von Opfergaben für die Götter – all dies sind hier Alltäglichkeiten. Für westliche Kinder aus dem Zeitalter der Technik sind sie allerdings seltsamer als die Raumfahrt.

Dreizehntes Kapitel

Die Kasten von Coorg

21. Januar
Letzte Nacht las ich in dem Brief eines Botschafters, der gerade in Indien angekommen war und nach Hause schrieb, folgende Bemerkung: »Niemandem«, schrieb er, »wird erlaubt, außerhalb seiner eigenen Kaste zu heiraten, einer Berufung zu folgen oder eine Kunst auszuüben, die nicht der seiner eigenen Kaste entspricht.« Dieser Botschafter war der berühmte Megasthenes, den vor ungefähr 2300 Jahren Seleukos zu seinem Gesandten am maurischen Hof von Chandragupta bestimmt hatte. Ich mußte heute nachmittag wieder an ihn denken, als Rachel mit Tränen der Verwirrung in den Augen oben auf der Leiter erschien. Sie schluchzte, daß Subaya sehr böse sei, weil sie versucht hatte, ihre Freunde, die Harijans waren, zu überreden, mit nach oben zu kommen, damit sie mit ihrem Spielzeug spielen konnten.

Rachel ist nicht leicht zum Weinen zu bringen. Ich kann daher nur annehmen, daß sie etwas erschreckt hat, was sie nicht verstehen konnte – wie Subayas Empörung und Wut allein bei dem Gedanken daran, daß Kinder von Unberührbaren einen Fuß über seine Schwelle setzten. Rachel war verletzt aufgrund seines Tadels, der in ihren Augen ungerechtfertigt war. Sie ist schließlich so erzogen worden, daß sie jeden zu sich nach Hause einladen darf, den sie will. Ich hätte sie warnen sollen, daß es in Indien anders ist.

In indischen Städten kann ein Ausländer heutzutage wochenlang unter westlich geprägten Hindus leben und nicht einmal merken, daß es so etwas wie das Kastensystem gibt. Doch man kann keine zwölf Stunden im ländlichen Indien zubringen, ohne sich darauf einstellen zu müssen. Und in den Städten ist dies lediglich gemäßigt – aber nicht abgeschafft. Es gibt wenige

»wiedergeborene« Hindus, die sich vollkommen wohl fühlen würden, wenn sie im Bus neben jemandem säßen, der Toiletten sauber macht. Dabei spielt es keine Rolle, wie sehr sie behaupten, westlich beeinflußt, sozialistisch und liberal zu sein.

Wenn sie beschuldigt wurden, daß sie Rassenschranken aufrecht erhielten, wiesen in ihrer Ehre verletzte Sahibs immer darauf hin, daß die Barrieren zwischen den Rassen in Indien zuerst von den Hindus errichtet worden sind. (Obwohl die Briten auf ihre Art tatsächlich gesellschaftlich genauso exklusiv wurden wie die Brahmanen.) Was ich Rachel heute zu vermitteln versuchte, ist die merkwürdige Tatsache, daß die meisten Hindus dem Kastensystem genauso hohen Wert beimessen wie wir im Westen dem Ideal der sozialen Gleichheit. Das Kastensystem ist kein Leid, das sie hilflos ertragen, sondern eine Institution, die ihrer einzigartigen und sonst disparaten Gesellschaft den absolut notwendigen Zusammenhalt gibt. Aus diesem Grund kann es wenig mehr als ein formeller Salut an eine ausländische Vorstellung sein, die Unberührbarkeit für illegal zu erklären. Viele haben Gandhi kritisiert, daß er nur die Unberührbarkeit abschaffen wollte und die restliche Kasteneinteilung unangetastet ließ. Doch der Mahatma wußte sehr wohl, daß das Kastensystem ohne die Grundlage der Unberührbaren nicht weiterexistieren konnte. Denn sie sind es, die Unreinheiten auf sich nehmen, die andernfalls die ganze Gesellschaft beschmutzen würden.

Obwohl der Hinduismus dafür bekannt ist, daß er fremde Einflüsse integrieren und diese mehr verändern kann, als die fremden Einflüsse wiederum in der Lage sind, den Hinduismus zu verändern, scheint jetzt ein Höhepunkt erreicht zu sein, an dem das Assimilationstalent des Hinduismus nicht länger wirksam ist. Richard Lannoy hat den Begriff »institutionalisierte Ungleichheit« als eine Definition des Kastensystems vorgeschlagen. Es ist schwer vorstellbar, wie die soziale Gleichheit, die die offizielle Politik der indischen Regierung propagiert, entweder vom Hinduismus aufgenommen oder auf demokratische Weise mehreren hundert Millionen Bürgern aufgezwungen werden soll, die eine Abneigung dagegen haben. Etwas muß nachgeben, und diesmal könnte es der Hinduismus sein. Aber jetzt noch nicht.

Gegenwärtig bestimmt besonders in Südindien eher die Kastenzugehörigkeit als die persönliche Begabung eines Menschen das Maß an politischem Einfluß, das er erreichen kann. Das hat verheerende Auswirkungen auf die nationale Moral. Indiens parlamentarische Demokratie hat natürlich den ungebildeten, aber zahlenmäßig einflußreicheren Unterkasten die vorher nie dagewesene Chance gegeben, bei sich vor Ort die Macht zu ergreifen. Doch diese Chance wird oft vertan, weil die Kastenzugehörigkeit noch immer mehr bedeutet als die Interessen oder Meinungen der einzelnen Wähler.

Wie viele andere auch, hat Gandhi den Standpunkt vertreten, daß die Verse der heiligen Schriften der Hindus, die normalerweise zur Rechtfertigung der Unberührbarkeit zitiert werden, Einfügungen oder Verfälschungen seien. Er hatte damit wahrscheinlich recht. Man kann sich nur schwer eine heilige Schrift vorstellen, die die Erniedrigung und Ausbeutung von Millionen vorschreibt. Aber es ist jetzt zu spät, sich der tagtäglichen Arbeit des Kastensystems mit wissenschaftlichen Argumenten entgegenzustellen. Unsere Nachbarn hier in Devangeri kümmern sich nicht um die Autorität der Weda oder um die Kompromisse, die vor drei Jahrtausenden die Könige der Arier und die Hohepriester der Harappas untereinander geschlossen haben. Für sie ist der magisch-religiöse Kodex wichtig, den sie auf dem Schoß ihrer Mütter gelernt haben. Er beinhaltet die Lektionen, daß Verunreinigung durch Fäkalien eine geistige und gesellschaftliche Katastrophe erster Güte darstellt, genau wie auch nur die geringste Berührung einer Frau, die gerade ihre Periode hat, oder das Berühren eines Ausgestoßenen. Den Kindern der Harijans wird ziemlich nachdrücklich beigebracht, den Kontakt mit Angehörigen der Hindu-Kaste zu meiden. Viele indische Mütter drohen ihren Kindern ständig mit Hexen, Geistern und Dämonen oder mit Kali, der schwarzen Göttin der Zerstörung, oder aber sie drohen mit der Verunreinigung durch einen Unberührbaren, was auf diese Weise schon im Kleinkindalter mit den schlimmsten vorstellbaren Schrecken gleichgesetzt wird.

Im Lauf der Geschichte hat eine grundlegende Furcht vor Verunreinigung viele Völker beeinflußt, doch kein Volk war so radikal davon betroffen wie das der Hindus. Und weil es unmöglich ist, auch nur zu versuchen, das Kastensystem zu verstehen, ohne dies zu berücksichtigen, muß ich betonen, daß die Vorstellungen, die Hindus von Verschmutzung haben, nicht durch Gesetze der Hygiene bestimmt werden. Unreinheit wird normalerweise mit physischem Schmutz gleichgesetzt, aber hier ist es viel mehr als das. Mary Douglas merkt in ihrem Buch *Reinheit und Gefährdung* (Frankfurt 1987) folgendes zum System an, das den Regeln der Verunreinigung unterliegt: »Verunreinigung ist nie ein isoliertes Ereignis. Sie kann nicht vorkommen, es sei denn, man betrachtet sie im Zusammenhang mit einer systematischen Anordnung von Ideen. Daher ist jede stückweise Interpretation der Verschmutzungsregeln einer anderen Kultur zum Scheitern verurteilt. Die einzige Art und Weise, wie die Vorstellung von Verunreinigung einen Sinn ergibt, ist die, einen Bezug zur vollständigen Gedankenstruktur herzustellen, deren Grundpfeiler, Grenzen, Spielräume und innere Linien durch die Rituale der Trennung in Beziehung stehen.« Es faszinierte mich, zu entdecken, daß Mrs. Douglas die Coorgianer als ein typisches Beispiel für »eine geschlossene Gruppe, die Angst vor den Kasten hat« benutzt, obwohl diese selbst oft und energisch beteuern, daß die Tabus der Kasten ihnen viel weniger bedeuten als den meisten Hindus. Vielleicht protestieren diese Herren zu heftig ...

Hindus stimmen mit Juvenal darin überein, daß *mens sana in corpore sano* wünschenswert sei. Aber die populären Theorien der Hindus, die vorschreiben, wie ein Körper gesund zu halten sei, sind komisch bis tragisch. Es gibt den weitverbreiteten Glauben, daß Männer Sperma sparen sollten, weil es eine für sie lebensnotwendige Substanz sei. Sie würde im Kopf aus Blut hergestellt und sorge sowohl für die körperliche als auch für die geistige Gesundheit, während sie dort aufbewahrt wird. Dieser Unsinn hat sicherlich zu noch mehr Anspannung und häuslicher Unzufriedenheit beigetragen als die traditionellen Lehren der katholischen Kirche über die Sexualmoral. Er hat unter anderem auch dazu geführt, den Status der Frauen zu senken, die angeblich viel lüsterner sind als Männer und eine ständige Bedrohung für das allgemeine Wohlbefinden ihrer Ehemänner darstellen. Viele Hindus glauben, daß sexuell unbefriedigte Frauen zu Hexen werden und sich auf schrecklichste Art und Weise an der gesamten Männerwelt rächen. Aus diesen Gründen muß ein Mann, der Enthaltsamkeit übt, nicht nur unerschrocken, sondern auch selbstbeherrscht sein. Die Geburtenrate zeigt, daß solche Männer selten sind.

Diese eigenartigen, biologisch falschen Annahmen sind ebenfalls verantwortlich für die Zwangsvorstellungen der orthodoxen wiedergeborenen Hindus in Bezug darauf, was und wo sie essen: Weil das Blut, mit dem das Sperma gebildet wird, wiederum aus dem entsteht, was man zu sich nimmt, verunreinigt alles Verschmutzte, das durch den Mund in den Magen gelangt, die lebensnotwendige Substanz des Mannes.

All dies deutet scheinbar darauf hin, daß die »institutionalisierte Ungleichheit« relativ leicht durch einfachen wissenschaftlichen Unterricht abgeschafft werden könnte. Aber ich habe nur eine der vielen Facetten des Kastensystems erwähnt. Es ist keineswegs schwierig, Hindu-Ärzte und namhafte Hindu-Wissenschaftler zu finden, die einige grundlegende Tabus genauso streng befolgen wie irgendein Bauer, der nicht lesen und nicht schreiben kann. Sie werden nicht fürchten, daß sich ihre Frauen in Hexen verwandeln, aber sie werden auch keine Unberührbaren in ihr Haus lassen. Es gibt natürlich inzwischen auch viele gebildete Hindus, die in den meisten Fällen die Kastengesetze und Verunreinigungsgesetze nicht beachten, aber sie bilden nur eine kleine Minderheit.

Nachdem ich Rachel beruhigt und mein Bestes getan hatte, Subaya zu besänftigen, der immer noch wütend vor sich hin murmelte, setzte ich mich heute nachmittag draußen vor die

Hintertür in die Sonne und putzte Bohnen für das Abendessen. Da ihre Harijan-Freunde nicht mit nach oben kommen durften, brachte Rachel ihre Spielsachen mit in den Hof. Nach einer Weile trat einer der kleinen Jungen an die Hintertür, rief nach Subayas kleinem Sohn und bat ihn um etwas Wasser. Dies wurde ihm sofort in einem Trinkgefäß aus Messing gebracht. Der kleine Junge, der einer Kaste angehörte, wies den kleinen Jungen, der zu den Ausgestoßenen gehörte, an, die Hälfte einer Kokosnußschale vom staubigen Boden aufzuheben und sie ihm hinzuhalten, damit er sie füllen könne. Als er das Wasser ausgetrunken hatte, nahm der Harijan, sechs Jahre alt, die Schale mit zum Rand des Hofes und warf sie sorgsam ins Gebüsch, wo sie niemanden beschmutzen konnte. Die beiden Jungen sind innerhalb der Grenzen, die von den Kasten bestimmt werden, eindeutig gute Freunde. Diese Grenzen haben beide seit dem Alter von zwei oder drei Jahren erkannt und akzeptiert.

Erst wenn man die soziale Leiter hinaufklettert, wird die gegenwärtige Kastensituation etwas verworren, weil einzelne oder Familien sich in verschiedenen, fein unterschiedenen Stadien der »Befreiung« befinden. Weil sie die meiste Zeit ihres Lebens in Bombay verbracht haben, kümmern sich die Machiahs zum Beispiel viel weniger um Verschmutzung. Sie erlauben den Harijan-Nachbarn, ihren Brunnen zu benutzen, das ist ein enormes Zugeständnis. Sie beschäftigen sogar einige von ihnen im Haus, allerdings nicht in der Küche. Und doch führte mir Mrs. Machiah neulich deutlich die Unvorhersehbarkeit der Einstellungen bei Angelegenheiten, die die Kasten betreffen, vor Augen. Sie, Rachel und ich kamen vom Haus der Ayyappas zurück. Auf der Straße vor uns sah Rachel eine ihrer Lieblingsspielkameradinnen. Es handelte sich um eine entzückende Fünfjährige, ein Harijan-Mädchen, das zugegebenermaßen immer schmutzig ist. Rachel lief sofort zu ihr und hakte sich bei ihr ein. Sie liefen weiter und hüpften zusammen, offenbar in Fortsetzung eines Spiels, das sie morgens begonnen hatten. Ich drehte mich zu Mrs. Machiah um und wollte gerade eine Bemerkung über den Charme des Mädchens machen, als mich der

Gesichtsausdruck meiner Begleiterin verstummen ließ. Sie rief nach Rachel, und ich zögerte. Ich befand mich in der Zwickmühle: Einerseits wollte ich die Gefühle unserer Freundin nicht verletzen, andererseits lief ich Gefahr, meine Tochter mit dem Kastenbewußtsein anzustecken. Bevor ich mein Dilemma lösen konnte, nahm die Situation noch eine letzte komplizierte Wendung. Plötzlich tauchte die Mutter des kleinen Mädchens mit einem Bündel Feuerholz auf dem Kopf aus dem Wald auf und schrie ihr Kind böse an, daß sie die *Mleccha* nicht berühren solle. Warum nicht? Mit Sicherheit ist selbst dem uninformiertesten Harijan bewußt, daß *Mlecchas* keinen Platz in der Welt der Kasten haben, sie zählen nicht, nicht einmal als Ausgestoßene. (Eine Tatsache, die dem Ausländer in Indien ein seltsames, unterschwelliges Gefühl der geistigen Isolation vermitteln kann.)

Ich wollte mit Mrs. Machiah unbedingt über all dies reden, aber das ganze Thema der Unberührbarkeit ist so delikat, daß man es, wenn überhaupt, mit sehr viel Taktgefühl angehen muß. Und der Moment war nicht gerade günstig. Die meisten gebildeten Inder sind heute bei Angelegenheiten, die Kasten betreffen, übersensibel. Sie sind es nicht unbedingt, weil sie sich selbst der Institution schämen, sondern weil sie meinen, daß alle Ausländer diese verachten. Oft wird ein Inder aus gutem Grund einen Ausländer beschuldigen, daß er das Kastensystem vereinfacht und falsch auslegt. Und dann wird er selbst das Feuer der Fehlinterpretation weiter schüren und verteidigend fragen: »Haben Sie nicht Ihr eigenes Kastensystem? Nur mit dem Unterschied, daß Sie es *Klasse* nennen! Wo schicken Sie Ihre Kinder zur Schule? Wen wünschen Sie sich als Schwiegertochter oder als Schwiegersohn? Wen laden Sie zum Essen in Ihr Haus ein? In welchem Teil der Stadt wohnen Sie?«

Zuerst ist man um eine Antwort verlegen. Doch die Ähnlichkeit zwischen den sich ständig verändernden gesellschaftlichen Klassen bei uns und den vollkommen getrennten Einheiten, die die Gesellschaft in Indien ausmachen, ist gering. Die Portugiesen stellten dies auf den ersten Blick fest, als sie im

16. Jahrhundert in Indien ankamen. Sie waren es, die das Wort *castas* (abgeleitet vom lateinischen *castus*) einführten, um das komplizierte Netz von unzähligen *Jatis* (Unterkasten) zu beschreiben, das sich in der Hindu-Gesellschaft seit dem 6. Jahrhundert vor Christus entwickelt hatte.

Es ist irreführend, von »den vier Kasten« zu sprechen. Das Leben in Indien würde ganz anders aussehen, wenn jeder der 354 Millionen Hindus einer von nur vier Gruppen angehören würde. Wirklich entscheidend ist die *Jati* (das Wort bedeutet »Geburt«), der man angehört. Sie wird von der speziellen, erblichen Tätigkeit bestimmt. Daß zwei Menschen derselben Hauptkaste oder *Varna* angehören, bedeutet noch lange nicht, daß sie heiraten oder gemeinsam essen können. *Varna* – das Sanskrit-Wort für Kaste – bedeutet wörtlich »Farbe«. Selbst heute wird ein häßlicher, schlecht gebauter, hellhäutiger Inder als unvergleichlich besser aussehend eingestuft werden als jemand, der gut aussieht und wohlgebaut ist, aber dunkle Haut hat.

Es gibt eine augenfällige Parallele zwischen der Situation und dem Verhalten der Arier, als sie gerade in Indien angekommen waren, und dem der Europäer im heutigen Südafrika. Die arischen Eroberer in Indien waren in drei grundsätzlich nicht vererbbare gesellschaftliche Klassen unterteilt: in Krieger, Priester und das gemeine Volk. Es gab keine Tabus, die die Heirat untereinander oder das Einnehmen gemeinsamer Mahlzeiten verboten. Aber sie waren eine winzige Minderheit unter den eroberten *Dasas*, jenen einheimischen, dunkelhäutigen Landbesitzern mit flachen Zügen, die das Land bestellten. (Das Wort *Dasa* nahm später die Bedeutung von »Sklave« an, was das Schicksal dieses Volkes ausreichend beschreibt.) Weil der Instinkt der *Dasas*, die Identität ihrer Rasse zu bewahren, sehr stark war, erließen sie strenge Gesetze, die die Heirat der verschiedenen Rassen untereinander verbot und damit für die Rassentrennung sorgte. Sie sind von den weißen Südafrikanern fast ganz genau kopiert worden. Es gab natürlich sehr viele Mischlingsgeburten, bevor das Kastensystem weit genug entwickelt war, daß dies psychologisch unmöglich gemacht wurde. Die Mischlinge wurden zusammen mit den Dasas entschieden in die vierte Kaste (die *Shudras*) verwiesen, die niemals an den Weda-Ritualen teilnehmen konnte. Ihr wurde nur erlaubt, ihre eigenen primitiven, animistischen Geister zu ehren – was sie heute noch in ganz Indien tut.

22. Januar
Heute fuhren wir mit dem Bus nach Mercara, um Bücher aus der öffentlichen Bücherei zu entleihen. Die 41 Kilometer lange Fahrt dauerte zwei Stunden und 15 Minuten. Neben uns saß ein Nachbar aus Devangeri, ein schlanker, gepflegter kleiner Mann, der kürzlich vom Staatsdienst in den Ruhestand versetzt wurde und zu seinem *Ain Mane* zurückgekehrt ist. Er erzählte mir, daß Apfelsinen, nach Reis und Kaffee, das drittwichtigste Anbauprodukt in Coorg darstellten. Die süßen Mandarinen aus Coorg mit ihrer lockeren Schale seien in ganz Südindien berühmt. Aber es sähe so aus, als ob die Farmer in Coorg, deren traditionelle Anbaumethoden für Reis so wissenschaftlich sind, nicht so tüchtig sind, wenn es darum geht, Apfelsinen anzubauen. Die Hauptsaison läge zwischen Dezember und März, und der größte Teil der Ernte würde per Lastwagen nach Mysore, Bangalore und in andere Städte transportiert. Pfeffer, so sagte er, sei ein weiteres wichtiges Nebenprodukt, verlange aber sehr viel Pflege. Das Pflücken der Schoten sei eine behutsame und arbeitsintensive Angelegenheit, aber aufgrund seiner Bedeutung für die Beschaffung von Dollars würde der Anbau offiziell angeregt. (Der Ertrag lag in Coorg in den sechziger Jahren ungefähr bei 120 Tonnen im Jahr – eine Menge Pfeffer.) Kardamom bringt ebenfalls Dollars. Es wächst wild in den immergrünen Wäldern entlang der Ghats, und die Farmer, die Plantagen anlegen wollen, erhalten Regierungsdarlehen.

Als wir Mercara zum ersten Mal sahen, machte es den Eindruck eines entzückenden, kleinen Provinznests. Aber als wir heute frisch aus unserem Schlupfwinkel im Wald hier ankamen, fühlte ich mich in eine geschäftige Weltstadt versetzt. Zu unserer großen Freude trafen wir eine Gruppe älterer Tibetaner aus Bylekuppa, die im Rahmen ihrer regelmäßigen Handelsreisen hierher gekommen waren. Wir aßen alle zusammen im Restaurant am Busbahnhof zu Mittag. Ich hatte die Absicht gehabt, sie einzuladen, aber zu meinem Unbehagen bestand der charmante alte Herr, der anscheinend ihr Leiter war, darauf, daß die *Ferenghis* seine Gäste seien.

Wir fuhren mit demselben Bus und derselben Gruppe nach Mill Point zurück, und mir fiel auf, daß ich als zeitweilige »Einheimische« nicht aufgefordert werde, für Rachel zu bezahlen. Diesesmal brauchten wir für die Fahrt drei Stunden, weil während der Dreschzeit jeder Coorgianer, der unterwegs ist, Säcke voll Reis dabei hat. Die Reichen befördern sie per Auto oder Jeep (aus der Ferne betrachtet wirkt ein mit Säcken überladener Jeep wie ein prähistorisches Tier, das durch die Landschaft trampelt), aber die weniger Reichen transportieren sie per Bus. Und wenn alle paar Kilometer ein halbes Dutzend Passagiere wartet, jeder mit ein paar Säcken, die alle sorgfältig auf dem Dach verstaut werden und dann sechs oder sieben Kilometer weiter wieder heruntergereicht werden müssen – nun, dann benötigt man natürlich drei Stunden für 41 Kilometer.

26. Januar

Tag der Republik in Indien. Ich denke zehn Jahre zurück, als ich der großartig organisierten, triumphalen Parade in Neu-Delhi beiwohnte und Pandit Nehru und Lord Mountbatten zusah, wie sie den Rajpath hinunterfuhren. Das war vier Monate vor dem Tod des Premierministers gewesen. Heute war alles ganz anders. In ganz Indien waren die Feiern entweder abgesagt oder drastisch gekürzt worden. Dies geschah mit Rücksicht auf die Ölkrise und die einheimische Wirtschaftskrise. Beides hat dazu geführt, daß die Polizei in den einzelnen Staaten viele Menschen getötet hat, die Lebensmittelgeschäfte geplündert haben; und das in Staaten, in denen Millionen Menschen am

Verhungern und dadurch gewaltbereit sind. Nächsten Montag haben die Schulen und Colleges in Kerala frei, denn für diesen Tag ist eine Massendemonstration gegen die Nahrungsmittelpolitik der Regierung organisiert worden, was zu weiteren ernsten Unruhen – und Todesfällen – führen könnte.

Der Tag der Republik hat in Devangeri keinen Eindruck hinterlassen. Eine Ausnahme bildet die formelle Feier an der örtlichen Schule, zu der Rachel und ich eingeladen wurden. Zu meinem großen Entsetzen fand ich heraus, daß nicht nur von mir erwartet wurde, daß ich bei der Eröffnung der Feier die Nationalflagge hißte, sondern auch, daß ich eine Rede hielt. Rachel war jedoch begeistert – besonders, als ich endlich das richtige Ende des Seils zu fassen bekam und sie sah, wie ein Blütenregen aus bunten Waldblumen herunterflatterte und meinen Kopf und meine Schultern bedeckte, als sich die Fahne entrollte.

Ich fühlte mich nach meinen Versuchen, mich mit den jungen Lehrern zu verständigen, von denen keiner befähigt ist, Englisch zu unterrichten, ziemlich erschöpft. Und doch ist Englisch eine der drei Sprachen, die die Schulkinder von Devangeri pro forma lernen müssen. (Die beiden anderen Sprachen sind Hindi und Kannada.)

Das Sprachenproblem in Indien erscheint fast so kompliziert wie das Kastensystem und sehr viel kontroverser. 1961 wurde von der Konferenz, an der die leitenden Minister der verschiedenen indischen Staaten teilnahmen, das »Drei-Sprachen-Programm« angenommen. Demzufolge müssen Kinder in Regionen, in denen kein Hindi gesprochen wird, außer ihrer Muttersprache und Englisch auch Hindi lernen. Es gibt über 133 Millionen Menschen, die Hindi sprechen; das bedeutet, daß mehr Inder diese Sprache sprechen als eine andere. Doch in einer Bevölkerung von 560 Millionen kann man sie nicht als die Sprache der Mehrheit bezeichnen, denn dies behaupten ebenso häufig die 37 Millionen, die Bengali sprechen, die 30 Millionen, die Tamilisch sprechen, die 17 Millionen, die Malajalam sprechen, die 17 Millionen, die Kannada sprechen, die 15 Millionen, die

Oriya sprechen, die 10 Millionen, die Pandschabi sprechen – und so weiter und so weiter – bis hin zu den 142 003, die Bhumji sprechen und den 109 401, die Parji sprechen.

Die Volkszählung von 1971 zeigt, daß die Rate derjenigen, die lesen und schreiben können, seit 1951 von 16,6 Prozent auf 29,45 Prozent gestiegen ist. Doch da nur 39,45 Prozent der Männer und 18,7 Prozent der Frauen in irgendeiner Sprache lesen und schreiben können, erscheint es mir doch ein wenig verfrüht, wenn man versuchte, indischen Schulkindern drei Sprachen beizubringen, jede mit einer anderen Schrift.

Das offizielle 19-Punkte-Programm für die »Verbreitung, Entwicklung und Bereicherung von Hindi« wirkt ausgesprochen künstlich. Es ist ein weiteres, selbst auferlegtes Kreuz, das Indien tragen muß. Die Südinder wünschen natürlich, daß die Gelder und Energien, die jetzt für Hindi aufgewendet werden, umgeleitet werden könnten, um für eine kostenlose Grundschulausbildung in den Gebieten zu sorgen, in denen es noch keine gibt, oder um das vernünftig geplante »Functional Literacy Programme« (Zweckgebundenes Alphabetisierungs-Programm) für Farmer auszuweiten, durch das bereits 80 000 erwachsene Bauern leichter an Informationen gekommen sind, wie sie die Nahrungsmittelproduktion steigern können.

Die Stellung der englischen Sprache löst eine ganze Reihe komplexerer Diskussionen aus, obwohl die beiden Kontroversen sich überschneiden, wenn die Gegner von Hindi behaupten, daß Englisch – oder »Indisch«, wie das indisch geprägte Englisch oft genannt wird – eindeutig die *Lingua franca* für Indien sei. Eine zunehmende Anzahl gebildeter Inder sehnt sich danach, die eigene Kultur zurückzugewinnen. Sie glauben nicht, daß das möglich sein wird, solange das intellektuelle Leben in Indien von einer englisch sprechenden, englisch lesenden und daher englisch *denkenden* Elite beherrscht wird. Seit Jahrhunderten ist die indische Kultur, abgesehen von Musik und Tanz, zum Aussterben verurteilt. Erst wurde sie von den Mughals erstickt, dann von der Flutwelle englischen Einflusses, die als ein Resultat von Thomas Babington Macaulays historischem Memorandum vom 2. Februar 1835 das Land überschwemmte.

Macaulay sah »eine Klasse von Menschen« voraus, »die als Vermittler zwischen uns und den Millionen dienen können, die wir regieren: Sie sollten englisch sein, was Geschmack, Meinungen, Moral und Intellekt betrifft«. Ziemlich bald hatte Indien, was Macauley wollte. Der damalige Generalgouverneur, Lord William Bentick, hatte selbst sechs Jahre zuvor »von der britischen Sprache als Schlüssel zu allen Verbesserungen« gesprochen. Am 7. März 1835 erklärte er mit der Unterstützung von Macauley und Ram Mohan Roy, dem Führer der mehr progressiven intellektuellen Bengalen, Englisch zur Amtssprache des Subkontinents – anstelle von Persisch, der Sprache, die am Hof der Mughals gesprochen wurde.

Seitdem hat die Tatsache, daß man Englisch spricht und seine Kinder in englische Mittelschulen schickt, einen etwas absurden snobistischen Wert angenommen. Diejenigen, die ausreichend Mittel und Muße haben, sich selbst den Künsten widmen zu können oder kreative Inder praktisch zu unterstützen, finden es heute oft notwendig, ihre eigene Kultur zu verachten. Außerdem sind die Bildungsziele etwas durcheinander geraten: Studenten legen mehr wert auf die englische Sprache selbst anstatt auf die Fächer, die sie mit Hilfe des Mediums Englisch beherrschen sollen. Noch wichtiger ist allerdings die Tatsache, daß so viele der regierenden Klassen in ihrer eigenen kulturellen Welt leben und dadurch eine unrealistische Einschätzung der grundlegendsten Probleme in Indien erhalten.

1971 erklärte der indische Schriftstellerkongreß in Simla: »Es besteht die unausweichliche Tatsache, daß Englisch weiterhin die einzige, zweckdienliche Sprache in ganz Indien bleibt.« Das ist richtig, aber es ist nötig zuzugeben, daß es eine Sprache der Minderheit bleiben muß – auch wenn das bedeuten würde, sich in den Universitäten auf indische Sprachen umzustellen. Gegenwärtig wird von 11 Millionen, das entspricht 2 Prozent der Bevölkerung, gesagt, daß sie Englisch »können«. Aber ich bin gewarnt worden, daß es einen gravierenden Unterschied gibt zwischen Englisch »können« und Englisch »sprechen«. Ersteres bezieht sich auf diejenigen in den Statistiken, die Englisch in der Schule gelernt haben, letzteres auf die rund eine halbe Million Inder, die die Sprache sehr viel fließender und präziser sprechen als der Durchschnittsengländer.

Es wäre die glücklichste Lösung, wenn Englisch in Indien den Status erhielte, den Französisch in England hat, und dies als ein Vorteil betrachtet würde, der zwar wertvoll ist, aber nicht wesentlich für jedermanns intellektuelles Wohlergehen. Der Mangel an Englischkenntnissen sollte bei niemandem einen Minderwertigkeitskomplex hervorrufen, noch sollte er kreative indische Denker und Schriftsteller davon abhalten, ihre eigenen alten Sprachen zu benutzen. Diese haben immerhin hochentwickelte, philosophische Konzepte formuliert, als die Europäer noch in Erdlöchern grunzten.

27. Januar

Jeden Tag verliebe ich mich ernsthafter in Coorg. Abgesehen von meiner eigenen kleinen Ecke in Irland ist dies die einzige Region, in der ich mir vorstellen könnte, glücklich zu sein, wenn ich ständig hier leben würde. Mehrere unserer Nachbarn haben mich verwundert gefragt: »Wird es Ihnen nicht langweilig, wenn Sie soviel durch die Reisfelder und den Wald laufen?« Und sie sehen gleichermaßen erfreut und verblüfft aus, wenn ich ihnen versichere, daß ich, weit entfernt davon, mich zu langweilen, ihr schönes Land jeden Tag mehr genieße. Wohin man auch schaut: überall ist es schön, nicht spektakulär, wild oder dramatisch, aber alles zutiefst befriedigend. Das Licht hat diese erfrischende Klarheit, die man erst in sehr viel größeren Höhen erwartet, die Farben strahlen in magischer Lebendigkeit, und die Luft selbst schmeckt gut. Dann ist da noch der herzliche Empfang der Coorgianer, bei dem man sich fühlt, als würde man mit Zufriedenheit durchtränkt, genau wie das Land selbst mit goldenem Sonnenschein durchtränkt wird.

Die Frauen von Coorg haben traditionellerweise ein freieres und aktiveres Leben geführt als die meisten hochkastigen Hindu-Damen. Die Sekretärin und Buchhalterin der Genossenschaft von Coorg ist eine kompetente, elegante junge Frau namens Jagi Chinnappa. Sie lebt ungefähr drei Kilometer entfernt von uns mit ihrer verwitweten Mutter, ihrem älteren Bruder und ihrer neunjährigen Schwester zusammen. Wir waren eingeladen worden, den heutigen Tag bei den Chinnappas zu verbringen und brachen heute morgen nach dem Frühstück auf. 800 Meter hinter Mill Point bogen wir in einen dieser schmalen *Onis* ein, die einem vorkommen wie Pfade, die zu einem geheimen Paradies führen: Sie winden sich zwischen hohen Böschungen aus roter Erde, im Schatten von Mango-, Pipal-, Jackfrucht-, *nellige*-Bäumen und Palmen entlang. Wenn man die Autostraße verläßt, um zu einem der vereinzelten Dörfer von Devangeri zu kommen, deutet nichts darauf hin, daß man sich im Jahr 1974 und nicht im Jahr 1874 befindet.

Wir begrüßten zuerst Jagis Mutter, die kein Englisch spricht und in deren Augen große Traurigkeit liegt; man fühlt, daß sie noch immer um ihren Ehemann trauert, der vor sechs Jahren starb, als ihr jüngstes Kind erst drei Jahre alt war. Dann führte uns Jagi zu vier weiteren Heimstätten in der Nähe, die alle von ihren Onkeln und Tanten bewohnt werden. Weil gerade die Saison der Kaffee-Ernte begonnen hat, waren nur die älteren Frauen und die ganz kleinen Kinder zu Hause. Vor jedem Haus war ein Teppich aus roten Beeren ausgebreitet, sie müssen neun oder zehn Tage in der Sonne liegen, um braun zu werden, bevor sie verkauft werden. Die Ernten der Hauptanbauprodukte ergänzen sich auf angenehme Art und Weise: Das Reisdreschen ist gerade beendet, wenn mit dem Pflücken der Kaffeebeeren begonnen werden muß.

Die Gastfreundschaft in Coorg ist offenbar nicht einfach eine gesellschaftliche Verpflichtung, sondern Teil der Religion der Menschen. Auf jeder Veranda mußten wir Kaffee und Kekse zu uns nehmen sowie delikate Kleinigkeiten mit unaussprechlichen Namen, extra für uns vom Baum geschlagene Papayas, gelbe, rote und grüne Bananen, *supportas,* köstliche *bull's hearts,* die genauso aussehen wie *ox-hearts* und süßes, sahniges Fruchtfleisch und viele flache, schwarzglänzende Kerne haben, – über uns unzählige Fotografien der Vorfahren. Gegen Ende fragte ich mich, wie ich danach noch ein indisches Mittagessen für einen Ehrengast unterbringen sollte, aber als ich das Mahl sah und roch, wurde mein Appetit wiederbelebt. Es gab zwei Sorten Reis – gebraten und gekocht –, Sardinencurry, gesalzenen rohen Hai, Omelette mit Zwiebeln und exotischen Gewürzen, eingelegte Orangen, Daal, *Dhosies* (leckere Pfannkuchen aus Reismehl) und gebratenen Kohl. Jagis Mutter wich uns nicht von der Seite, während wir aßen, sie saß offensichtlich wie auf glühenden Kohlen, in der Befürchtung, daß ihre Bemühungen die Gäste vielleicht nicht zufriedenstellen könnten. Ich fühlte mich bemüßigt, sowohl aus Höflichkeit als auch aus Appetit übermäßig viel zu essen. Ich befand mich halb im Koma, als ich unter der Mittagssonne keuchend den steilen Abhang erklomm, um den Bus nach Virajpet zu erreichen. Zu meinem geheimen Bedauern hatte Jagi arrangiert, daß wir den Nachmittag im Kino verbringen sollten.

Der Technicolor-Film auf Hindi begann um zwei Uhr in einem vollbesetzten »Palas«. Indien hat eine der vier größten Filmindustrien der Welt, und ins Kino zu gehen stellt die bei weitem beliebteste Form der Unterhaltung für die 70 Prozent der Bevölkerung dar, die weder lesen noch schreiben können. Das verschafft Filmstars großes Ansehen. In Bombay, dem Zentrum der Filmindustrie, haben sie bei einigen Gelegenheiten den Ausgang von Wahlen in hohem Maße beeinflußt. Sie bringen außerdem bei Überflutungs- oder Hungerkatastrophen durch öffentliche Appelle riesige Summen für Hilfsmaßnahmen zusammen, und es ist bekannt, daß sie es geschafft haben, hysterische Menschenmengen zu beruhigen, die kurz davor waren, gewalttätig zu werden.

Der dreieinhalbstündige Film war Rachels erste Begegnung mit dem Kino, und sie genoß jede Minute. Anschließend fragte ich Jagi, ob die seit langem andauernde, landesweite Debatte über das Küssen auf der Leinwand inzwischen offiziell beendet sei. Daraufhin errötete sie, was ihr außerordentlich gut stand, blickte mit leicht hochgezogenen Augenbrauen auf ihre kleine Schwester und Rachel, und sagte »nein« in einem Ton, der andeutete, daß hiermit die Diskussion beendet sei. Sie gehört also offensichtlich nicht zu den »Progressiven«, die eine Änderung des Gesetzes befürworten. Manche Leute glauben, daß es geradezu scheinheilig sei, daß es in Indien, wo viele Formen von unnatürlichen Lastern in und um Andachtsstätten plastisch dargestellt werden, gesetzeswidrig sei, auf der Leinwand in einer unschuldigen Einstellung zu zeigen, wie ein Junge und ein Mädchen sich küssen. Doch die einfache Mehrheit findet die stilisierte Bildhauerkunst im Tempel ganz und gar nicht erotisch. Und weil sie es noch immer für unanständig halten, im Bus neben ihren Ehepartnern zu sitzen, würden Liebesszenen im Film zweifellos bei ihnen Anstoß erregen. 1968 setzte die Regierung unter der Leitung von Richter Khosla einen Ausschuß ein, um die Filmzensur zu untersuchen. Der Ausschuß beschloß, daß Küssen auf der Leinwand dann erlaubt sein sollte, wenn es »aus künstlerischen oder gesellschaftlichen« Gründen gerechtfertigt sei – wie auch immer diese Gründe aussehen mögen. Aber die Traditionalisten wollen nicht nachgeben, und bis jetzt ist das Gesetz nicht geändert worden.

Jagi hatte vereinbart, daß wir in einem Jeep abgeholt würden, den einer ihrer Cousins ausleihen könnte – jeder Cousin in Coorg hat zahlreiche Verwendungszwecke –, und auf dem Rückweg überholten wir Tim und Sita, die sich gerade zu den Murphys fahren ließen, um sie zu besuchen.

Es tat gut, die beiden wiederzusehen, und es hat mich außerordentlich amüsiert zu hören, was sie bereits über unsere Angewohnheiten und Gepflogenheiten gehört hatten, obwohl sie erst gestern aus Madras zurückgekehrt sind. Sie hatten bis ins letzte Detail alles über unser Verhalten erfahren, seitdem wir uns hier niedergelassen haben: wann wir mit wem zu Mittag gegessen haben, wie lange wir geblieben waren, wovon wir am meisten gegessen hatten, wie weit wir spazieren gehen, zu welchen Tageszeiten ich lese und schreibe, wo wir im Bazar einkaufen, wie oft ich meine *Dhobi*-Arbeit verrichte, wann und wie wir nach Mercara gingen und wen wir dort trafen, woher mein Palm-Toddy stammt und wer uns auf einen Drink besucht hat. Was mich erstaunt, ist die fehlerlose Genauigkeit des Buschtelegrafen. Trotz des weitverbreiteten Klatsches, für den wir gesorgt haben, ist offenkundig nicht ein Detail verdreht oder übertrieben worden. Das einzige, was Tim nicht hat herausfinden können, sind die genauen Zutaten für einen M.C.C. (Murphys-Coorg-Cocktail). Diese Mischung aus Arrak, Honig und frischem Limonensaft hat verdientermaßen (auch wenn ich es selbst sage) in der ganzen Gegend Berühmtheit erlangt. Denn er zeichnet sich durch angenehmen Geschmack und noch angenehmere Nachwirkungen aus, die Tim und ich beide genossen, als Sita die Party aufhob, damit sie rechtzeitig zum Abendessen in Green Hills zurück waren.

3. Februar
Da heute Freitag ist, kam Dr. Chengappa um Viertel nach sieben, um seinen Vorfahren wie jede Woche Opfergaben zu bringen.

Während ich mir die Zähne putzte, konnte ich im Zimmer unter mir seine gemurmelten *Mantras* und das unverwechselbare gedämpfte Geräusch hören, als das scharfe, schwere Messer die haarigen Kokosnüsse in zwei Hälften teilte, und dann das Verspritzen der Milch, immer gefolgt von der traumhaften Schärfe des Weihrauchs, dessen Duft die Treppen heraufdrang.

Die Beschäftigung der Coorgianer mit der Verehrung ihrer Vorfahren deutet, neben ihrer relativen Unabhängigkeit von der Priesterkaste, darauf hin, daß ihr religiöser Glaube sich seit der wedischen Periode weniger verändert hat als der der meisten anderen Inder. Eine der herrlichsten Passagen aus dem *Rig-Weda* ist die Rede an den Geist eines toten Mannes, die gehalten wird, während sein Körper auf dem Scheiterhaufen verbrennt. Noch bevor diese wunderbaren Hymnen verfaßt worden waren, hatte die Verehrung, die die Indo-Arier für ihre Vorfahren empfanden, schon eine lange Tradition. Sie besaßen bereits einen reichen Mythenschatz, als sie vor ungefähr 3500 Jahren in Indien eindrangen – und die Menschen des Indus-Tales in Angst und Schrecken versetzten, die zwar sehr viel zivilisierter waren, aber noch nie von Streitwagen gehört hatten, welche von Pferden gezogen wurden. Diese Mythen und die mehr vergeistigte Religion der Brahmanen, die zur Zeit der ersten Invasionen der Arier im Indus-Tal zu erblühen begonnen hatte, haben seitdem aufeinander eingewirkt. Einige Ergebnisse dieser Verschmelzung sind völlig irrational – so vor allem der gescheiterte Versuch, trotz der Entwicklung solcher Dogmen wie *Karma* und *Samsara* und eines auf Erblichkeit beruhenden Kastensystems die Verehrung der Vorfahren abzuschaffen. *Karma* ist nicht erblich: Die Auswirkungen der Taten, die man in seinem Leben begangen hat, haben keine Auswirkungen auf die eigenen Kinder. Der Doktrin des *Samsara* zufolge kann ein tugendhafter Mensch in seinem nächsten Leben in eine höhere oder ein schlechter Mensch in eine niedrigere Kaste hineingeboren werden. Natürlich kann der Glaube an eine himmlische Welt voll unsterblicher Familiengeister selbst durch größte geistige Verrenkungen nicht mit *Samsara* in Einklang gebracht werden. Und doch haben sich Millionen von Hindus jahrhundertelang an beide Glaubensrichtungen gleichzeitig gehalten.

Solche Dinge treiben den logischen Verstand von Menschen aus dem Westen an den äußersten Rand intellektuellen Unbehagens, während die Inder damit offenbar überhaupt keine Probleme haben. Derart grundlegende Doppeldeutigkeiten, die sich so gut in die Hindu-Kultur einfügen, daß sie nur wenigen Indern überhaupt auffallen, tragen sehr zu den Schwierigkeiten bei, die Europäer in Indien haben. Zu oft wird das gegenseitige Verständnis, an dem man gearbeitet hat und das endlich in greifbare Nähe zu rücken scheint, durch irgendeinen unerwarteten Windstoß, der irgendwo an der Oberfläche des indischen Geistes wirbelt, außer Sichtweite befördert.

Vierzehntes Kapitel

Begräbnis im Wald

28. Januar
Die gesellschaftlichen Verpflichtungen von heute führten uns in einen Ort, der außerhalb der Gemeinde von Coorg liegt. Wir wollten mit einem jungen Paar zu Mittag essen, das ungefähr zehn Kilometer von uns entfernt wohnt, letzte Woche hier einen Abend verbracht und M.C.C. probiert hatte. Der Ehemann, ein Wissenschaftler, hat acht Jahre im Ausland studiert und gehört einer reichen, ziemlich orthodoxen Hindu-Familie an, die aus einer anderen Gegend Südindiens stammt. Seine Frau ist Europäerin. Als wir uns zum ersten Mal auf einer Straße in Virajpet trafen, sagte sie als Begrüßung zu mir: »Ich *hasse* Indien!« Und als ich an diesem Tag in das angespannte kleine Gesicht ihres Ehemanns blickte, verließ mich der Mut angesichts der Situation, die sich hier offenbarte und die wegen ihrer Häufigkeit nicht weniger tragisch ist: Ein gutaussehender, glänzender indischer Junge trifft ein empfängliches, naives europäisches Mädchen, dessen Kenntnisse über Indien gleich Null sind. Und vielleicht bekommen sie in Europa ihr erstes Kind, kehren aber dann nach Indien zurück, wo der schneidige, exotische indische Bräutigam wieder in die Familie aufgenommen und zum gebieterischen Hindu-Ehemann wird. Für die meisten dieser Ehefrauen, die vielleicht viele Kilometer von anderen Europäern entfernt sind und vor ihrer Verpflanzung nach Indien nicht ausreichend darauf vorbereitet wurden, ist es fast unmöglich, sich diesem Land anzupassen.

Nennen wir sie Ram und Mary. Sie leben in einem sehr komfortablen Haus in coorgianischem Stil mit reichlich Angestellten. Für Mary ist es allerdings nicht besser als eine jungsteinzeitliche Behausung, da es keine Elektrizität gibt. Ihre beiden

Söhne im Alter von drei und fünf Jahren sind gesund und reizend, aber Mary hat ihre eigenen Vorstellungen, was Kindererziehung betrifft, und diese stimmen natürlich nicht mit denen von Ram überein. Doch als wir das erste Mal einen gemeinsamen Abend in Green Hills verbrachten und erneut, als sie letzte Woche nach Devangeri kamen, gaben sie die passable Vorstellung eines liebevollen, jung verheirateten Paars westlichen Stils ab. Erst heute, als ich sie in ihrem eigenen Zuhause sah, wurde mir bewußt, welch eine Gratwanderung solche Beziehungen darstellen – und welcher ständigen Gefahr sie ausgesetzt sind, durch ein Wort oder einen Blick in einen einsamen Abgrund des Mißverständnisses zu fallen.

Ram ist außerordentlich intelligent – und schon jetzt jemand, mit dem man in seinem Berufsstand rechnen muß. Er ist außerdem ein hingebungsvoller Humanist, ein ausgesprochener Gegner des traditionellen Hinduismus' in all seinen Erscheinungsformen, und zieht besonders leidenschaftlich gegen den priesterlichen Aberglauben zu Felde. Doch auf der häuslichen Bühne bricht seine alte Natur auf fast unheimliche Weise wieder durch. Man hat das Gefühl, Mächte, die stärker sind als er, haben sich seiner bemächtigt. Er kommandiert Mary herum, als ob sie ein dummes Kind sei und erweist ihr nicht einmal das übliche Maß an Höflichkeit, das Frauen aus dem Westen erwarten. Er ist jedoch aufrichtig liebenswürdig, und ich habe den Verdacht, sein Verhalten ist zum Teil eine Reaktion darauf, daß Mary von Geburt an die Freiheit besaß, die er – ein liberaler Agnostiker und junger Wissenschaftler – einem Hindu-Mädchen freiwillig gewährt hätte. Es wäre wahrscheinlich leichter für ihn gewesen, seinen Idealen gerecht zu werden, hätte er eine Frau geheiratet, die denselben Hintergrund hätte wie er: eine gebildete, intelligente junge Hindu-Frau, der er hätte erlauben können, ein freiheitliches Leben zu führen, ohne daß sie jemals eine Herausforderung seiner männlichen Autorität darstellte, die eine europäische Frau unweigerlich immer bedeutet. Mary ist längst nicht so intelligent wie Ram, aber das hält sie nicht davon ab, energisch ihre eigene Meinung zu vertreten.

Und die Lage wird durch ihre törichte Kritik an der indischen Zivilisation sicherlich noch beträchtlich verschärft.

29. Januar
Die Anwesenheit von Rachel gibt mir Gelegenheit, die grundlegenden Unterschiede zwischen der indischen und der westlichen Kindererziehung in Nahaufnahme zu betrachten. Dies wiederum hilft mir, mehr Verständnis für Menschen wie Ram zu haben. Vielen Indern mit orthodoxem Hintergrund, die versuchen, über die statischen Formen des Hinduismus hinauszuwachsen, wird ein Strich durch die Rechnung gemacht, weil Vorstellungen und Ansichten, die noch aus ihrer Kindheit stammen, so eng mit ihrer Persönlichkeit verwoben sind, daß sie sie niemals ganz ablegen können.

Heute nachmittag kam ein Nachbar vorbei, um uns einen riesigen Korb Plantainbananen zu schenken. Rachel beeilte sich, ihm, wie es ihre Angewohnheit ist, das Bild eines Krokodils zu zeigen, das sie gerade fertiggemalt hatte. Er lachte nachsichtig und sagte: »Aber Krokodile haben in Wirklichkeit nicht solche großen Zähne. Und seine Beine sind zu lang. Und die Farbe ist ganz falsch. Komm – gibt mir deine Stifte und ich zeige dir, wie man ein richtiges Krokodil malt.«

Rachels Kinn zitterte. »Aber so stelle ich mir ein Krokodil *vor*«, sagte sie unglücklich. »So sieht es in meiner *Vorstellung* aus, wenn ich an ein Krokodil *denke*.« Später, als unser Freund gegangen war, fragte sie mich klagend: »Warum gefallen den Indern meine Bilder nie? Du hast gesagt, du magst das Krokodil. Wissen sie nicht, daß ich erst *fünf* bin?«

Ich versuchte, ihr zu erklären, daß Europäer und Inder in dieser Gegend sehr unterschiedliche Vorstellungen haben. Wenn indische Kinder sich in einer Fähigkeit der Erwachsenen versuchen, werden ihre Bemühungen selten als die von kleinen Kindern bewertet. Statt dessen wird unvernünftigerweise von ihnen erwartet, daß sie den Anforderungen genügen, die man an Erwachsene stellt, und sie werden nicht einfach nur dafür gelobt, daß sie es *versucht* haben. Zeichnen, Malen oder Modellieren werden nicht als Ausdruck von kreativem Spiel gewertet, sondern als Mißerfolge. Das kommt ohne Zweifel daher, daß sie einer Gesellschaft angehören, in der die wirtschaftliche Notwendigkeit die meisten Kinder zwingt, so früh wie möglich Fähigkeiten der Erwachsenen zu beherrschen. Aber aus welchem Grund auch immer, es hat den unbestreitbaren Effekt, die kindliche Entwicklung hinauszuzögern, Selbstsicherheit verkümmern zu lassen und den Versuchs- und Forscherinstinkt stark zu entmutigen. Es ist unwahrscheinlich, daß ein Kind etwas Neues ausprobieren wird, wenn es weiß, daß es bei Versagen nur Spott erntet, und Erfolg nur anerkannt wird, wenn etwas hundertprozentig gelungen ist. In einer Gruppe von europäischen Fünfjährigen wirkt Rachel wie ein Kind von durchschnittlicher Intelligenz, inmitten einer Gruppe von indischen Fünfjährigen wirkt sie herausragend.

Rachel war heute abend gerade zu Bett gegangen, als die Chengappas vorbeikamen – Vater, Mutter und jüngere Tochter.
  Mrs. Chengappa ist auch Ärztin. Sie ist ebenfalls eine dieser coorgianischen Mütter mit jugendlichem Aussehen, die eine erwachsene Familie haben, und die einem gleichermaßen mit ihrer Intelligenz, Schönheit und Grazie, ihrem Humor und ihrer Charakterstärke beeindrucken. Aber besonders sie erinnert mich an einen der Lieblingssätze meiner Großmutter, den ich seit Jahren nicht mehr gehört habe: »Dies ist eine Frau mit großer Ausstrahlung.«
  Dr. Chengappa war mitten bei seinem M.C.C., als er selbst auf das Thema der örtlichen Harijans zu sprechen kam. Daher nahm ich mir die Freiheit, ihn zu fragen, warum sie solch eine Abneigung dagegen haben, die Schule zu besuchen. Seit der Unabhängigkeit hat die indische Regierung alles mögliche getan, um das Los der »Planmäßigen Kasten« zu verbessern. Harijan-Kindern werden kostenlos Schuluniformen und Bücher und selbst Hockeyschläger zur Verfügung gestellt, um sie dazu zu bewegen, zur Schule zu gehen. In manchen Gegenden sind

sowohl die Lehrer als auch die Eltern der Hindu-Kaste strengstens dagegen, daß Harijans Schulen der Regierung besuchen. Aber ich weiß, daß das hier nicht der Fall ist, weil ich mehrere Male gesehen habe, wie Lehrer versucht haben, Harijan-Eltern von den Vorteilen der Schulbildung zu überzeugen.

Doch, wie Dr. Chengappa sagt, ist die Vorstellung von Ausbildung für diese Gemeinde so neu und hat möglicherweise solch zerstörerische Auswirkungen auf ihr einfaches Wirtschaftssystem, daß sich in Coorg nur wenige durch Versprechen von langfristigen Vorteilen überzeugen lassen. Sie müssen hier selten Hunger leiden und sind daran gewöhnt, daß die Kinder immer verfügbar sind, um bestimmte, wichtige Tätigkeiten zu erledigen, während sie arbeiten, um Geld zu verdienen. Darüber hinaus sind viele wahrscheinlich gar nicht in der Lage, die Tragweite der Veränderung zu begreifen, die in den letzten Jahrzehnten offiziell ihren Teil der Bevölkerung eingeholt hat. Vielleicht ist das auch gut so, wenn in diesem Stadium der Entwicklung in Indien nicht noch Scharen von stellungslosen, auf dem College ausgebildeten Harijans zu den Millionen von jungen Indern hinzukommen, die ohnehin schon durch die Städte ziehen, auf der Suche nach Arbeit, die es nicht gibt.

31. Januar
Es herrscht eine irische Gelassenheit im gesellschaftlichen Leben von Devangeri, was mir natürlich gefällt. Wenn Leute sagen: »Sie können jederzeit vorbeikommen«, meinen sie das wirklich und halten es selbst so. Ich frönte heute morgen noch meinem üblichen Lesevergnügen vor dem Frühstück – Rachel war noch nicht auf die Welt losgelassen –, als Mr. Machiah die Leiter heraufgesprungen kam. (Er muß an die 70 Jahre alt sein, aber er ist solch ein Fitneß-Enthusiast, daß er immer noch springt, sogar unsere Leiter hinauf.) Rachel war natürlich begeistert, als sie hörte, daß die Besuchszeit des Tages schon so früh begonnen hatte und spazierte nackt aus dem Schlafzimmer, grinsend von einem Ohr zum andern. Ich kochte Kaffee

und wir diskutierten über den Tourismus in Südindien. Anschließend verabschiedete sich Mr. Machiah, um sich seinen Reisgeschäften in der Siedlung zu widmen.

Eine halbe Stunde später kam Mrs. Ayyappa auf einen Schwatz vorbei und blieb bis elf Uhr, als sie nach Hause mußte, um die Zubereitung des Mittagessens für neun Harijan-Arbeiter zu überwachen, die 6,5 Kilometer vom Haus entfernt Reis dreschen. Sechs Wochen lang werden jeden Tag neun große Mittagessen aus Reis und Gemüsecurry (mit allen Beilagen) einzeln in Plantainbananenblätter gewickelt und mit Fäden aus Pfefferreben zusammengebunden. Ein Dienstmädchen wird dann mit einem Korb auf dem Kopf zum Dreschgelände geschickt. Einige Arbeitgeber zahlen mehr Lohn anstatt sie mit Essen zu versorgen, aber wie Mrs. Ayyappa schon sagt: »Was nützt hungrigen Arbeitern das Geld, wenn sie 11 Kilometer vom nächsten Gasthaus entfernt sind? Sie würden nur selbstgebrannten Alkohol kaufen und den Nachmittag verschlafen, anstatt zu arbeiten.«

In Coorg, wo die einzigen leicht verfügbaren Vergnügungen aus Lesen, Kartenspielen und Gesprächen bestehen, wird einem bewußt, wie unabhängig man im Westen von seinen Nachbarn geworden ist, was Unterhaltung betrifft. Ich vermute, es ist nur ein weiterer Meilenstein entlang der Straße der Menschheit, die in eine völlig entmenschlichte Existenz führt. Wenn ich recht darüber nachdenke – so wie heute beim Zwiebelschälen, als Mrs. Ayyappa weg war –, finde ich es zutiefst beunruhigend, daß so viele von uns sich anstrengen müssen, aufgrund der vielen »Ereignisse«, die den gegenwärtigen gesellschaftlichen Konkurrenzkampf ausmachen, »andere noch einzuschieben« (selbst enge Freunde). In zunehmendem Maße neigen wir dazu, uns gegenseitig für unfähig zu halten, einen Abend oder wenigstens eine Stunde lang für Unterhaltung zu sorgen. Der einzelne wird immer weniger wichtig, im Vergleich zu den Gelegenheiten, zu denen Menschen zusammenkommen, sei es eine Cocktailparty, eine Rennveranstaltung, ein Theaterbesuch, Golfspielen, ein Konzertbesuch, Skilaufen in den Alpen oder einfach nur Fernsehen. Man fragt sich, was sich langfristig daraus entwickelt, daß wir der Bedeutung, die andere Menschen für unser Leben haben, einen solch geringen Stellenwert beimessen, daß wir sie lediglich als freundliches Beiwerk einer Veranstaltung anstatt als eigentliche Quelle der Unterhaltung betrachten, als Menschen, die es wert sind, daß man mit ihnen um ihrer selbst willen zusammen ist. Die meisten unserer Beziehungen in Coorg werden nur kurz sein, aber schon jetzt haben sie ein Gewicht, das sie vor einem städtischen Hintergrund nie bekommen hätten.

2. Februar

Gestern morgen saßen wir im Bus nach Mercara neben der Frau eines Cousins ersten Grades von Dr. Chengappa. Sie lud uns zu einer Hochzeit Ende des Monats in Coorg ein. Es würde keine große Sache werden, erklärte sie. Aufgrund der Inflation kämen wahrscheinlich nicht mehr als 1000 Gäste.

Wegen der Ölkrise sieht man gelegentlich teuer angezogene coorgianische Frauen in den örtlichen Bussen, die ganz bestimmt vorher noch nie Bus gefahren sind. Sie bequemen sich langsam in den Bus, halten ihre Saris dicht um ihre Beine gewickelt und sehen dabei auf komische Art gequält aus. Oft werden sie begleitet von ihrem Nachwuchs, der Busfahrten als amüsanten Blick darauf versteht, wie die andere Hälfte der Gesellschaft reist. Wenn kein Platz mehr frei ist, wird der Schaffner respektvoll dafür sorgen, daß einer frei wird – natürlich nicht, weil die Neuankömmlinge Frauen sind, sondern weil es sich um Damen handelt.

Nachdem wir in der Bücherei von Mercara unsere Bücher abgegeben und neue geholt hatten, machten wir uns zu Fuß auf den Weg, und gingen die sehr schöne Bergstraße hinunter. Wir wollten den Bus im Vorbeikommen anhalten. Aber schon bald wurden wir von zwei Cousins der Ayyappas aus Andanipura mitgenommen, die uns am Mill Point absetzten. Ich war gerade ein paar Schritte in Richtung unseres Zuhauses gelaufen, als der Ameisenbiß an meiner rechten Ferse ziemlich scheußlich aufplatzte. Er hatte sich entzündet und die ganze gestrige Nacht gepocht, seitdem bemitleide ich mich selbst mehr als nur ein bißchen.

Heute morgen sehnte ich mich, nach der zweiten ruhelos verbrachten Nacht, nach ein wenig Erholung ohne Tochter. Als Rachel daher wehmütig sagte, daß sie wünschte, jemand würde sie zu den Machiahs bringen, schlug ich spontan vor: »Warum gehst du nicht allein? Allmählich solltest du dich in Süd-Coorg auskennen.« Ich war etwas entsetzt über mich selbst, als ich mich so reden hörte – und noch viel mehr, als Rachels Gesicht sich aufhellte und sie sagte: »Oh, *toll*! Darf ich wirklich allein gehen?«

»Natürlich«, sagte ich und bewahrte schnell meine Fassung. »Warum nicht? Es gibt hier keinen Autoverkehr. Aber bleib nicht zum Mittagessen, sei um ein Uhr zurück. Und bleib auf dem Weg, lauf nicht durch das Gebüsch.«

»Tschüß!« rief Rachel und verschwand die Leiter hinunter, um sich in den tiefen Wald voller Schlangen zu stürzen.

Mir fiel sofort ein Artikel ein, den ich in einer neuen Ausgabe des Wochenmagazins *The Illustrated Weekly of India* gelesen hatte und der eine Statistik von Todesfällen durch Schlangenbisse aufführte: Der Landesdurchschnitt liegt bei 3000 pro Jahr. Dann machte ich mir klar, daß 3000 von 550 Millionen sehr sehr wenig ist – und die Statistiken waren wahrscheinlich ohnehin ungenau. Dorfbewohner vergiften manchmal ihre Feinde und machen Schlangen dafür verantwortlich. Bei diesem tröstenden Gedanken machte ich mich daran, Kohl für einen Salat kleinzuschneiden.

Die Tatsache bleibt jedoch bestehen, daß Coorg mehr Schlangen pro Quadratmeter aufweist als der Landesdurchschnitt ... Nachdem ich den Salat zubereitet hatte, legte ich mich hin, um mein pochendes Bein zu schonen und wollte mich in Frasers Buch *Account of Coorg and the Coorgs under the Vila Rajas*, 1796 in London erschienen, vertiefen. Aber ich fand Mr. Fraser geradezu unsympathisch, da er es vorzog, mich auf Seite drei darüber zu informieren, »daß sieben Arten von Giftschlangen in Coorg vorkommen«. Als nächstes schrieb ich zwei ziemlich unzusammenhängende Briefe und trank dabei meinen Liter Toddy, der heute spät eintraf. Dann goß ich einen Arrak hinterher – um 10 Uhr 30, wie ich errötend festhalte. Danach las ich den Schlangenartikel noch einmal und stellte fest, daß 62 Prozent von Indiens Schlangen nicht giftig sind. Ich machte mir einen sehr starken schwarzen Kaffee, gab einen Schuß Rum hinein und sagte mir, wie froh ich sein könne, daß ich ein Kind habe, das sich so wenig anklammert, so selbständig und kontaktfreudig ist. Ich trank den Kaffee, schrieb einen weiteren, noch unzusammenhängenderen Brief, den ich gerade fertig hatte, als Subaya erschien, um mir mitzuteilen, daß Thimmiah Sahib gegen 12 Uhr vorbeikommen wolle. Ich sprang auf. Rachel liebt Tim sehr und wäre bitter enttäuscht, wenn sie ihn verpassen würde. Deshalb mußte ich mich beeilen, sie zurückzuholen, schmerzender Fuß hin oder her. Ich übertreibe nur wenig, wenn ich sage, daß man mich aufgrund der Staubwolke zwischen hier und den Machiahs nicht hätte sehen können.

Rachel saß auf der Veranda und »half« Onkel Machiah, Betelnüsse zu hacken. Sie war nicht gerade begeistert über meine Ankunft. »Ich dachte, du wolltest deinen Fuß ausruhen«, sagte sie kühl. »Was machst du hier?«

Ich erklärte es ihr.

»Oh«, sagte Rachel, »Onkel Tim möchte ich schrecklich gerne sehen. Aber geh du schon vor. Ich komme allein nach – ich kenne den Weg.«

Als ich nach Hause humpelte und mir meines Fußes schmerzhaft bewußt war, nachdem die Betäubung durch die Angst wieder nachgelassen hatte, erkannte ich, daß mein übertriebenes Aufhebens wegen der Schlangen nur der Deckmantel für etwas viel Komplizierteres gewesen war. Wenn man fünf Jahre und drei Monate lang eine wesentliche Stütze gewesen ist, ist es ein leichter Schlag für die *amour propre*, wenn diese Stütze plötzlich weggeworfen wird. Aber ich fühle, daß wir das Schlimmste hinter uns haben. Ich kann mir nicht vorstellen, daß ich mich noch einmal ohne triftigen Grund in solch eine helle Aufregung hineinsteigern werde.

5. Februar

Heute nahmen wir mittags den Bus nach Virajpet. Er war voller Stammesangehöriger, die als Wanderarbeiter Kaffee pflückten. Sie waren schmutzig, zerlumpt und äußerst ungehobelt, trugen primitiven Schmuck, hatten offene Wunden, fast schwarze Haut, waren sehr klein von Statur und beladen mit Babys. (Es sah so aus, als ob nicht mehr als zehn Monate zwischen den unzähligen Kindern lagen, aber ich wage die Vermutung, daß es sich hierbei um eine optische Täuschung handelte.) Bevor die Umstände sie aus ihrem Dschungel vertrieben, lebten diese Menschen glücklich und gesund; heutzutage sind die meisten trotz all der offiziellen Vergünstigungen und Zugeständnisse auf die unterste Stufe der Erniedrigung gesunken.

In Virajpet aßen wir mit einem pensionierten Lehrer zu Mittag, der in einem baufälligen kleinen Bungalow auf halber Höhe des Berges lebt. Er hatte uns ein paarmal in der Stadt getroffen und uns angefleht, ihn zu Hause zu besuchen. Seine Frau war vor kurzem gestorben, und er fühlt sich offensichtlich noch sehr einsam.

Wie die meisten älteren Coorgianer spricht Mr. M. bemerkenswert gut Englisch – präzise, ohne dabei pedantisch zu sein –, und er beklagt die gegenwärtigen Verhältnisse an den Schulen des Landes. Er ist, wie ich finde aus gutem Grund, skeptisch, was die scheinbar verringerte Analphabetenquote betrifft. Seiner Meinung nach hat die indische Regierung von Anfang an falsche Prioritäten gesetzt. In den vergangenen zwanzig Jahren sind Tausende von Schulen und Colleges gebaut worden, die eine beeindruckende Statistik liefern, wenn man nicht weiß, daß die meisten Schulen kein entsprechend ausgebildetes Personal und nicht die nötige Ausrüstung besitzen. Indiens Zukunft würde heute sicherlich besser aussehen, wenn das Geld, das für die Gebäude verschwendet wurde, dazu benutzt worden wäre, bessere Lehrer anzulocken. Heutzutage können selbst die am höchsten qualifizierten und engagiertesten Lehrer sich nicht vollkommen ihren schulischen Verpflichtungen widmen. Um ihre Familien ernähren zu können, müssen sie zusätzlich noch Überstunden als Privatlehrer machen. Ich versicherte Mr. M., daß die Qualität der Ausbildung überall auf der Welt ein Problem sei, selbst in entwickelten westlichen Ländern. Darauf erwiderte er: »Jedes Problem ist in Indien schlimmer als irgendwo anders. Und wir können uns weder Fehler noch Eitelkeit oder wichtigtuerisches Gehabe leisten. Wir haben keinen Spielraum für Fehler. Es darf keine kleinen Ausrutscher unserer Regierung geben – sie führen geradewegs in die Katastrophe.«

Es ist seltsam, wieviele Inder Überempfindlichkeit bei Kritik von Fremden mit einer Sucht verbinden, sich ständig mit ihren nationalen Fehlern zu befassen – ja sich geradezu daran zu weiden. Sie scheinen auf eine fehlgeleitete Art und Weise fast stolz darauf zu sein, zu Korruption zu neigen. Eine »seltsame Geschichte«, die derzeit die Runde macht und die mir in den vergangenen zwei Tagen dreimal erzählt worden ist, wurde als Nachricht im *Deccan Herald* gedruckt. Sie betrifft einen jungen Dozenten der Universität Bombay, der letzte Woche erfolglos versucht hatte, sich umzubringen, weil er aufgrund der unverhohlenen und (in Städten) weitverbreiteten Verfälschung von Nahrungsmitteln allen Lebensmut verloren hatte. Als man seinen Mageninhalt untersuchte, stellte man fest, daß man ihm Gift verkauft hatte, das allerdings so sehr verdünnt worden war, daß es nicht einmal eine Maus getötet hätte ...

7. Februar
Heute haben wir bei den Hughes zu Mittag gegessen. Während wir am Mill Point auf den Bus warteten und uns mit Onkel Machiah unterhielten (der wegen irgendwelcher *Aruva*-Geschäfte unterwegs war), sagte Rachel plötzlich: »Mir tut mein Auge so weh.«

Ich sah es mir an und antwortete in meiner herzlosen Art: »Es sieht aber nicht so *aus*, als ob es dir weh tun müßte.« Doch glücklicherweise hatte Onkel Machiah mehr Mitleid und fand im linken oberen Lid zwischen den Wimpern eine Zecke eingebettet.

Er ist bei solchen Gelegenheiten wundervoll – eigentlich bei allen Gelegenheiten. »Das passiert ziemlich oft«, meinte er ruhig. »Aber sie sollte so schnell wie möglich entfernt werden. Aber was könnte günstiger sein? Ihr kommt auf dem Weg nach Sidapur am Krankenhaus von Ammathi vorbei. Steigt dort aus, und Dr. Asrani wird das Ganze in zehn Minuten erledigen. Man braucht nur einen Tropfen Glyzerin oder Paraffin auf das Lid zu tröpfeln. Wenn sich die Zecke gelöst hat, kann man sie mit einer Pinzette entfernen – also kein Problem!«

Als wir endlich am Krankenhaus ankamen, war das Lid deutlich angeschwollen, und wir hatten ein Problem, weil Dr. Asrani vierzehn Tage frei genommen hatte und sein sehr junger tamilischer Vertreter sich als haarsträubend unfähig herausstellte. Man sah deutlich, daß es seit den zehn Tagen, die Dr. Asrani weg war, mit dem Krankenhaus rapide bergab gegangen und es in absolute Ineffektivität versunken war. Es war ein gutes Beispiel dafür, wie sehr diese kleinen ländlichen Einrichtungen von den Fähigkeiten eines Mannes abhängen.

Es fing damit an, daß Dr. P. ein Gerstenkorn anstelle einer Zecke diagnostizierte. Als ich ihn schroff verbessert hatte – und innerlich Gott für Onkel Machiah dankte –, schaute er völlig verblüfft drein, bis ich Glyzerin oder flüssiges Paraffin vorschlug. Eine Suche ergab, daß keines von beidem verfügbar war, daher gaben wir uns mit Vaseline zufrieden, die mit Watte aufgetragen werden sollte. Wir begaben uns in das Behandlungszimmer, wo sich Rachel gehorsam auf die Couch legte. Dann drehte sich Dr. P. zu mir um und sagte lebhaft: »Sie warten bitte draußen. Sie können hereinkommen, wenn ich fertig bin. Eltern sind hier drinnen niemals erlaubt.«

»Bei Dr. Asrani schon«, gab ich zurück. Ich fühlte, wie meine Körpertemperatur um mehrere Grad anstieg. »Und ich versichere Ihnen, daß ich diesen Raum nicht vor meiner Tochter verlassen werde.«

Dr. P. verschlug es den Atem. »Sie waren schon einmal hier?« fragte er.

»Ja«, erwiderte ich, »war ich.«

Während dieses Wortwechsels lag Rachel ruhig auf der Couch, ihre Hand in meiner. Sie wußte sehr wohl, daß ich sie niemals im Stich lassen würde. Ganz offensichtlich genoß sie den Streit der Erwachsenen. Sie fragte nun: »Wann entfernt der Doktor die Zecke?« Ich sah Dr. P. fragend an.

Im nachhinein sehe ich, daß das, was folgte, auch seine komische Seite hatte, aber zu dem betreffenden Zeitpunkt kochte ich vor Wut. Die Krankenschwester konnte weder Baumwolle und Pinzette noch eine Zange finden, die kleiner war als ein Wagenheber. Schließlich brachte eine Putzfrau eine Zange, die geeigneter zu sein schien, trug sie aber mit bloßen Händen. Dr. P. sah inzwischen vollkommen entmutigt aus. Er gehorchte beleidigt, als ich ihm befahl, die Zange in meiner Gegenwart zu sterilisieren, bevor er damit auch nur in die Nähe von Rachels Auge kam – eine Verzögerung, die vielleicht ganz gut war, weil sie der Vaseline mehr Zeit gab zu wirken. Als die »Operation« endlich begann, stellte sich der »Chirurg« fürchterlich an, obwohl seine Patientin sich auf mütterliche Anweisung hin unerschrockener verhielt, als ich es für möglich gehalten hätte. Doch ich kann vielleicht von Glück sagen, daß die Zecke beim fünften Versuch in einem Stück herauskam, und sollte mich nicht weiter beklagen. Wie gewöhnlich erholte sich Rachel rasch von ihrer Qual – obwohl ihr Augenlid immer noch sehr wund ist – und wir kamen rechtzeitig in Mylatpur an, um vor dem Mittagessen mehrere *eisgekühlte* Biere (ein vergessener Luxus) zu trinken.

Um halb vier fuhr uns Jane nach Ammathi, damit wir von dort den Bus nach Hause nehmen konnten, aber er war aus Mercara überpünktlich angekommen und zehn Minuten früher abgefahren als sonst. Wir beschlossen daher zu trampen. In Coorg halten viele Leute an, um einen unaufgefordert mitzunehmen, aber im großen und ganzen herrscht wenig Verkehr. Heute nachmittag sahen wir auf unserem elf Kilometer langen Marsch von Ammathi nach Devangeri nicht einmal ein Fahrrad mit Hilfsmotor.

Als wir uns Vontiangadi näherten, war die arme Rachel ziemlich erschöpft – sie war heute morgen schon über fünf Kilometer gelaufen. Da ich aber 50 Eier trug, die ich in Mylatpur bei einem Großhändler billig erstanden hatte, konnte ich sie nicht huckepack tragen. Doch als die Luft sich gegen sechs Uhr abkühlte, wurde sie wieder munter und beendete den Marsch im Galopp. Es war eine unvergeßliche Wanderung durch die schönsten Gebiete dieser schönen Region. Die Straße stieg gerade an der richtigen Stelle steil an, um uns einen ungehinderten Blick auf einen überwältigenden, rotglühenden Sonnenuntergang hinter der dunkelblauen Pracht der Ghats zu gewähren. Danach folgte ein überirdisch rosafarbenes Glühen, das über der ganzen stillen Welt des Waldes und des Reistals lag, und Rachel war so bewegt, daß sie ins Schwärmen geriet: »Es sieht so aus, als hätte ein Riese seine rosa Farbe über alles gegossen!«

8. Februar

Da heute Freitag ist, kam um halb acht Dr. Chengappa. Er brachte die traurige Nachricht, daß gestern abend die sechsunddreißigjährige Frau unseres Schneiders im Krankenhaus von Virajpet gestorben ist. Das älteste der drei Kinder, ein intelligentes Mädchen, die im ersten Jahr an der Universität von Bangalore studiert, wird jetzt ihr Studium aufgeben müssen, um auf ihre beiden neun und dreizehn Jahre alten Brüder aufzupassen.

Wir kennen den Schneider Ponappa recht gut. Rachel besucht oft seine Werkstatt und kommt mit großen Stauden fingerdicker Bananen zurück. Wir begleiteten daher Dr. Chengappa und Onkel Machiah, als sie das Haus der Trauernden besuchten. Draußen vor dem sauberen, soliden, typisch coorgianischen Haus spielte ein halbes Dutzend Musiker unter den Plantain- und Papayabäumen traurige Musik – wie schon die ganze Nacht. Viele Nachbarn unterhielten sich leise in Gruppen, etwas vom Haus entfernt. Ponappa selbst stand auf der Veranda, ganz in weiß gekleidet, und nahm Beileidsbekundungen entgegen. Als ich ihm unser Beileid aussprach, erwiderte er ausdruckslos: »Es ist mein Schicksal.« Er hatte eine bestimmte Würde an sich, die mich bewegte, und doch verwiesen diese fünf Silben unbewußt die indischen Frauen auf ihren Platz. *Ihr* Tod im Alter von 36 Jahren war *sein* Schicksal ...

Der Leichnam war in der Nacht von Virajpet hierher gebracht worden und ruhte unter einem Baldachin aus weißem Stoff auf einer Liege aus Korbgeflecht im Zimmer, das von der Veranda abging. Sie trug einen prächtigen Sari, ihre Lippen waren unbeholfen scharlachrot bemalt. Rachel hatte vermutet, daß dies ein »besonderer Anlaß« für sie wäre, und ich mußte sie warnen, um ihr unbekümmertes Interesse an Toten zu unterdrücken. Aber als sie die von Kummer überwältigte Tochter sah, die sich weinend über ihre Mutter beugte und die Wangen der toten Frau streichelte, umklammerte sie meine Hand plötzlich ganz fest und sagte: »Ich bin traurig. Ich hoffe, du stirbst nicht, bevor ich verheiratet bin.« Die beiden Söhne saßen im Schneidersitz auf einer Bank an der Wand, ihrer Mutter gegenüber. Sie sahen völlig benommen aus, wimmerten und stöhnten und wiegten sich vor und zurück. Neben der Liege saß die ältere Schwester der Toten, schwang einen Fächer aus Sagopalmblättern, um Fliegen abzuhalten, und kümmerte sich um das Licht in einer Schale. Als Dr. Chengappa den Raum betrat, berührte er erst die Brust der Toten mit seinem Handrücken und dann die eigene, um zu zeigen, daß der schmerzliche Verlust ihm das Herz bricht. Aber weil ein toter Körper als eines der Wesen betrachtet wird, die alles am stärksten verunreinigen, mußte Onkel Machiah draußen auf der Veranda bleiben und seine rituelle Geste der Trauer auf später verschieben. Er war um zehn Uhr in Virajpet mit jemandem verabredet, offenbar war dies Teil der unermüdlichen Runden im Rahmen seiner

Aruva-Verpflichtungen. Er konnte daher nicht nach Hause zurückkehren, um ein reinigendes Bad zu nehmen und seine Kleider zu wechseln, was dringend notwendig gewesen wäre, hätte er die Schwelle des Totenzimmers überschritten.

Beim Gehen sagte ich zu Ponappa, daß ich heute nachmittag an der Beerdigung teilnehmen würde. Als wir wieder im Auto des Doktors saßen, meinte Rachel, daß sie auch gerne daran teilnehmen wollte. Aber Onkel Machiah erklärte ihr, daß es nicht üblich wäre, daß Kinder – mit Ausnahme der engsten Verwandten – bei der Verbrennung zugegen seien. Die arme Rachel war wütend vor Enttäuschung. »Aber ich wollte wissen«, heulte sie, »ob das Verbrennen von Menschen so riecht, wie wenn man Fleisch kocht.«

Vor ein paar Tagen waren wir eingeladen, Onkel Machiah zu seinem morgendlichen *Aruva*-Treffen zu begleiten, das anscheinend eine Art »Brunch« beinhaltete. Als wir Richtung Virajpet fuhren, bemerkte ich eine noch nie dagewesene Verlegenheit in seinem Verhalten, die mich für einen Moment vor ein Rätsel stellte. Aber glücklicherweise erinnerte ich mich rechtzeitig an unseren verunreinigten Zustand, bevor unser unglücklicher Freund gezwungen war, deutlich zu werden und die Verabredung zurückzuziehen.

Wir waren zu Fuß nach Hause gegangen. Ich bereitete gerade das Mittagessen vor, als eine der Schwägerinnen von Dr. Chengappa im Hof erschien, um ihren Teil der diesjährigen Ernte abzuholen. Sie ist Witwe und lebt ungefähr zehn Kilometer Richtung Vontiangadi entfernt. Sie rief uns einen Gruß zu, und ich ging an ein Fenster und bat sie auf einen Kaffee oder einen Drink herauf. Aber sie lehnte ab. »Ich kann nicht ins Haus kommen«, erklärte sie, »ich war gerade bei den Ponappas.«

Es ist unmöglich abzuschätzen, wie ernst jeder einzelne die Verunreinigungstabus nimmt. Ich kochte daher Kaffee und nahm ihn mit in den Hof und hoffte, daß sie ihn dort trinken würde. Aber nein: Sie würde weder essen noch trinken, bis sie ihre Reinigungszeremonien vollendet hätte.

Um drei Uhr machte ich mich auf den Weg zur Einäscherung mit Rachels Anweisung im Ohr: »Erzähl mir, wie es riecht!« Tatsächlich war es mir nicht bestimmt, dies herauszufinden, weil Frauen gehen müssen, bevor der Scheiterhaufen angezündet wird. Die Sitte rührt daher, daß trauernde Frauen vor Trauer (oder aus Furcht vor dem Witwendasein) so aus dem Gleichgewicht geraten waren, daß sie dazu neigten, sich spontan in das Feuer zu stürzen, obwohl sie ursprünglich nicht vorhatten, *Satis* zu werden. Doch diese Bestimmung wird nicht immer streng genug gehandhabt, um Witwen davor zu schützen, sich selbst zu opfern. In Rajasthan sind in den letzten sechs Monaten mindestens vier Frauen freiwillig den Leichen ihrer Ehemänner auf den Scheiterhaufen gefolgt und zu Tode verbrannt. Hinzu kommt, daß es in einem Fall mehr als 70 000 Augenzeugen gab, von denen es nicht einer für nötig gehalten hatte, einzugreifen.

Die Einäscherung von Mrs. Ponappa sollte nicht weit entfernt von der moslemischen Siedlung stattfinden, die auf dem Weg zu den Machiahs lag, und zwar unter einem der außergewöhnlichen »Doppelbäume«, die man in Coorg oft sieht. Es ist eine alte Tradition der Gegend, zwei heilige Bäume dicht beieinander zu pflanzen. Sie werden als junge Bäume dazu gebracht, zusammenzuwachsen und dann mit viel Prunk und verschwenderischen Darbietungen »verheiratet«, um damit die Vereinigung von Eshwara und seiner Gattin Parvati zu symbolisieren. Dieses Paar aus Devangeri muß vor Jahrhunderten geheiratet haben, denn jeder Partner hat eine ungeheure Höhe und einen außerordentlichen Umfang erreicht. Das rot-grüne Dach ihrer vermischten Blätter bietet einer riesigen Fläche Schatten, inklusive der Stelle, die für die Einäscherung ausgewählt worden war.

Bei meiner Ankunft waren erst zwei junge Männer aus dem Dorf unter den Bäumen dabei, sich um das Feuer zu kümmern, mit dem der Scheiterhaufen angezündet werden würde. Aber die sonst übliche nachmittägliche Stille des Waldes war langsamen Trommelschlägen aus der Ferne gewichen, die von dem schwermütigen Heulen der coorgianischen Hörner begleitet wurde. Wenn ich einen Blick durch das Gewirr des Gebüschs warf, konnte ich weit entfernt die kleine Beerdigungsprozession erkennen, die sich über die blaßgoldenen Stoppeln eines Reistales näherte. Es wäre unmöglich, einen schöneren Platz für diese ergreifende Zeremonie zu finden: Die königsblauen Berge sind zwischen den schlanken, silbergrauen Stämmen der Arekapalmen sichtbar; die hohen Hecken mit Weihnachtssternen bilden einen Farbenregen um die moslemische Siedlung herum; die dichten, burgunderroten Blätter der Weihrauchbäume glänzen über den unzähligen Grünschattierungen des Unterholzes und der dunkelroten Erde, und die blattlosen, kantig erscheinenden Baumwollpflanzen tragen ihre blutroten Blüten vor einem kobaltblauen Himmel wie Kelche zur Schau.

Viele der coorgianischen Bräuche sind in den letzten 50 Jahren abgelegt oder durch den Fortschritt überholt worden, aber die meisten, die mit denen in Zusammenhang stehen, die Anthropologen »Riten des Übergangs« nennen, werden noch beibehalten. Als ich letzte Nacht kurz vor dem Einschlafen zwei entfernte Gewehrschüsse hörte, hatte ich mich gefragt, ob Onkel Machiah wohl noch immer versuchte, diesen Mungo zu erschießen. Inzwischen habe ich erfahren, daß damit dem Dorf ein Trauerfall bekanntgegeben wurde. Wären diese Schüsse am Tag abgefeuert worden, und sei es mitten beim Pflügen oder Ernten gewesen, hätte jeder Coorgianer sofort die Arbeit niedergelegt und wäre zum Haus des Trauernden geeilt, um nicht nur sein Beileid auszusprechen, sondern auch um praktische Hilfe anzubieten. Ihre Diener wären außerdem zu anderen Heimstätten des *Nads* geschickt worden, die außer Hörweite lagen, um dort die Nachricht zu verbreiten und Hilfe zu holen. Das ganze Essen, das in Ponappas Haus während der nächsten elf Tage benötigt wird, kochen die Nachbarsfrauen, und alle Arbeiten auf der Farm werden von Männern aus der Nachbarschaft erledigt. Das wertvolle Feuerholz für den Scheiterhaufen wurde ihm heute geschenkt – etwas von jeder Familie des Dorfes – als Ausdruck von Mitgefühl und Solidarität. In diesem

Punkt ist allerdings Vorsicht geboten: Jeder Zweig, der speziell für eine Einäscherung abgeschnitten wurde, muß auch verwendet werden, weil man glaubt, daß die Götter jedes überschüssige Holz als Einladung auffassen würden, noch jemandem aus der Familie des Verstorbenen das Leben zu nehmen.

Gegen vier Uhr hatte sich eine beträchtliche Menschenmenge im Schatten des Doppelbaumes versammelt, auch Onkel Machiah und Dr. Chengappa waren anwesend. Schließlich kam durch das dichte Gestrüpp die Beerdigungskapelle in Sicht. Zwei Männer trugen einen gespaltenen Bambusstock, der als Halter für eine halbe Kokosnußschale diente. Diese war mit Öl gefüllt, um als Lampe zu dienen, die während der ganzen Zeremonie brennen mußte. Als nächstes folgte die Bahre – die Liege aus Korbgeflecht von vorhin –, die von Ponappa und drei weiteren, männlichen Verwandten getragen wurde. Unter den Trauernden, die der Verstorbenen am nächsten standen, waren auch ein Dutzend Frauen, die ganz in weiß gekleidet waren, was unserer schwarzen Trauerkleidung entspricht. Eine von ihnen, die der Familie von Ponappas *Aruva* angehörte, trug auf einem Stück Plantainblatt das *Sameya*: eine Mischung aus Kokosnuß, Puffreis, Reis mit Hammelfleisch oder Eiercurry, mit Kurkuma gewürztem Reis und in Öl fritiertem Gemüse. Dieses Mahl muß, wenn es sich um eine Frau handelt, von jemandem zubereitet werden, der der unmittelbaren Familie der Verstorbenen angehört, oder, wenn es sich um einen Mann handelt, der der Familie der Mutter des Verstorbenen angehört. Bevor man die Asche zum Abkühlen allein läßt, wird dieses Mahl neben sie gestellt, um den Geist bei seiner Reise zu stärken.

Als der Leichnam dreimal um das Gerüst für den Scheiterhaufen – eine quadratische Konstruktion aus roh behauenen, mit Blättern geschmückten Scheiten – herumgetragen worden war, wurde er in der Nähe auf den Boden gelegt, der Kopf war nach Süden ausgerichtet. Ponappa zog sich bis auf die Hose aus. Das weiße Gewand, das er getragen hatte, diente jetzt als Baldachin, unter dem er und die Frau des Bruders seines Vaters die ihnen am nächsten stehenden Trauernden dreimal um den

Scheiterhaufen führten. Die älteren Frauen streuten Reis und kleine Münzen aus einem flachen Korb. Als nächstes liefen der Witwer, seine Tochter und sein ältester Sohn einzeln hintereinander dreimal um den Scheiterhaufen herum. Jeder trug dabei einen Fingerring aus heiligem *Kusha*-Gras. Ponappa balancierte auf seinem Kopf ein irdenes Gefäß mit Wasser, das er auf den Boden träufelte. Seine Tochter umfaßte einen kleinen Messingkrug mit einer Tülle, einen *Kindi*, den ihr Ehemann getragen hätte, wäre sie verheiratet gewesen, und ihr Bruder hielt eine Kokosnuß auf seinem Kopf. Nach der ersten Runde trat der Familien-*Aruva* vor und stieß mit der scharfen Spitze seines schweren Messers ein Loch in Ponappas Gefäß, so daß Wasser sein Gesicht hinunterrann, als er weiterging. Es symbolisiert den unaufhaltsamen Strom der Zeit, der uns jeden Augenblick dem Tode näher bringt. Man könnte denken, daß diese komplizierten Rituale eine unnötige Belastung für die tieftraurige Familie darstellen, aber sie verlangen solche Konzentration auf Aktivitäten und Details, daß die therapeutische Wirkung beträchtlich ist.

Als nächstes stellte sich Ponappa an das Kopfende des Leichnams, sein Sohn an das Fußende und seine Tochter auf die rechte Seite. Dann nahm Ponappa den Krug von seinem Kopf, tat zweimal so, als wolle er ihn am Bein der Liege zerschlagen. Beim dritten Mal zerschlug er ihn wirklich, schob die Scherben unter die Liege, dann knackte sein Sohn die Kokosnuß und schob die beiden Hälften darunter, ebenso wie seine Tochter ihren *Kindi*, als sie ihn geleert hatte. Die ganze Zeit lag die tote Frau da und sah sehr schön aus und sehr jung. Auf ihren gefalteten Händen lag ein Spiegel und auf ihrem Leichentuch viele frische Waldblüten. Eine ältere Tante fächelte hingebungsvoll, um die Fliegen abzuhalten.

Anschließend legte Ponappa eine kleine Münze in einen winzigen Beutel und knotete ihn an eine Ecke des Saris seiner Frau. Das war das Zeichen für jeden Anwesenden, der Toten die letzte Ehre zu erweisen und ein wenig Geld auf eine Schale in der Nähe zu legen, um bei den Kosten der Bestattung zu helfen. Die meisten befeuchteten die Lippen der toten Frau mit Wasser, bevor sie ihre Brust in einer letzten Geste des Abschieds und der Trauer berührten. Während aller Schmuck und jedes Kleidungsstück bis auf einen dünnen Sari vom Leichnam entfernt wurden, begannen sich die weiblichen Trauergäste zurückzuziehen. Die Kleider und das blutbefleckte Leichentuch wurden den Harijan-Musikern ausgehändigt, da diese die Sachen nicht als verunreinigend betrachteten. Schließlich wurde ein neues weißes Baumwolltuch, das sogar das Gesicht bedeckte, über den Körper gebreitet und von Ponappa mit dem Saft von Mangoblättern bespritzt.

Bis hierhin war die Zeremonie mit sehr viel Würde abgelaufen, die Stille wurde nur von der traditionellen Musik durchbrochen. Aber als das Gesicht bedeckt war und sich alle Frauen etwas zurückgezogen hatten, brach die unglückliche Tochter plötzlich zusammen und verfiel in lautes Klagen, schüttelte die Verwandten ab, die sie zurückhalten wollten, und lief zum Leichnam zurück, um das Laken wegzuziehen, auf daß sie noch einmal ihre Mutter ansehen konnte.

Sofort ließen alle Frauen und eine Reihe von Männern ihren Gefühlen freien Lauf, als wäre ein Damm gebrochen. Die haarsträubende Szene, die nun folgte, konnte unmöglich mit dem Ritual einer »Beisetzung« verwechselt werden. Doch die Ordnung wurde schließlich wieder hergestellt, die Frauen zogen sich erneut zurück, diesmal außer Sichtweite, und die makabre Handlung des Tages begann. Aus einem außergewöhnlichen Grund verlangt der Brauch, daß der Leichnam bis dahin mit geraden Beinen ausgestreckt liegt, auf dem Scheiterhaufen aber mit überkreuzten Beinen sitzt. Fast 24 Stunden nach Eintritt des Todes ist das natürlich problematisch. Dann wird der Leichnam in einer sitzenden Position gehalten, während um ihn herum der Scheiterhaufen aufgeschichtet wird, bis nur noch der Kopf sichtbar ist. Zu diesem Zeitpunkt muß der dem oder der Toten am nächsten stehende männliche Trauernde vortreten und die letzten Holzstücke hinzufügen, die den Kopf bedecken. Der älteste Sohn trägt dann ein brennendes Stück Holz heran, das wiederum am heimischen Herd des oder der Verstorbenen angezündet worden ist, und schiebt es in den Spalt zwischen Scheiterhaufen und Boden. In diesem Moment mußte ich mich zurückziehen, weil ich eine Frau bin und vermeiden wollte, daß ich schwer gegen das örtliche Feingefühl verstoße.

Stundenlang war der blasse, blaue Rauch, der durch die majestätischen Äste dieses Doppelbaumes stieg, über ganz Devangeri sichtbar. Ich wußte, daß wenigstens ein Vertreter jeder Familie des Dorfes bei dem Scheiterhaufen saß, um sicherzugehen, daß der Körper bis zur Nacht vollständig verbrannt war. Morgen wird in der Dämmerung die Asche entfernt, um sie im heiligen Fluß Cauvery zu versenken. Der Verbrennungsort wird reichlich gewässert und mit Reis bepflanzt. Wenn die Samen keimen, sei der Geist glücklich und ruhe in Frieden, so sagt der Glaube.

Ich bin immer für eine Beerdigung (ohne Sarg) gewesen, aber die Zeremonie von heute nachmittag hat mich fast zur Verbrennung bekehrt – wenn es möglich wäre, in einem Wald von Coorg verbrannt zu werden. Vom ästhetischen Standpunkt aus ist es sicher vorzuziehen, von Flammen verzehrt zu werden als von Würmern. Feuer ist so schön, glühend und endgültig.

Fünfzehntes Kapitel

Eine Taufe und eine Hochzeit

7. Februar
Heute aßen wir bei der Schwägerin von Tante Machiah zu Mittag. Deren älteste Tochter hatte vor drei Wochen in Dr. Chengappas Entbindungsheim in Virajpet ihr erstes Kind bekommen. Wie alle Hindu-Frauen kehren auch die Mädchen von Coorg für das, was als Qual ihrer ersten Entbindung bezeichnet wird, in ihr Elternhaus zurück – egal, wie lang die Reise auch sein mag. Es ist ein Brauch, der auf der vernünftigen Annahme basiert, daß ein Kind kommt, bevor die Frau Zeit genug gehabt hat, sich an einen neuen Haushalt zu gewöhnen.

In Coorg wird jedoch die junge Mutter übertrieben verhätschelt. Sie bleibt bei ihrer eigenen Familie, bis die 60 Tage der Verunreinigung verstrichen sind, die der Geburt folgen. Während dieser Zeit muß sie mit ihrem Baby in einem Zimmer bleiben und darf das Bett nicht verlassen. Es wird für sorgfältig ausgewählte, kräftigende Nahrung gesorgt, sie bekommt täglich von besonders ausgebildeten Dienerinnen eine kräftige Massage mit Öl und nimmt ein heißes Bad. Onkel Machiah versichert mir, daß dies die gleiche Wirkung habe wie normale Bewegung. Aber ich glaube immer noch, daß solch paranoides Verwöhnen entsetzlich schädlich sein muß. Wir besuchten die junge Mutter zuletzt im Krankenhaus, Stunden nach ihrer Entbindung, und ich fand, sie sah weitaus gesünder aus als heute. Doch sie genießt es offenbar vollkommen, nur dazuliegen und von ihrer Mutter, den jüngeren Schwestern, der Dienerschaft und einem Strom von Besuchern unterhalten zu werden. Die Unterhaltung der Gäste findet jetzt überwiegend im Zimmer der jungen Mutter statt, um keine Langeweile aufkommen zu lassen. Das bedeutet, daß um das Baby in jeder wachen Minute viel Aufhebens gemacht wird, es geknuddelt und angesprochen wird. In dieser Familie ist die Tante des Kleinkindes, deren Heirat Onkel Machiah heute arrangiert hat, nachdem sie die Universität von Madras mit Auszeichnung in den Fächern Wirtschaft und politischer Wissenschaft abgeschlossen hat, die Verwöhnung in Person. Sie hat sich ebenfalls in den Kopf gesetzt, Rachel zu verwöhnen, und als wir gingen, schenkte sie ihr ein prachtvolles handbesticktes Kleid und eine Halskette aus Silber.

10. Februar
Ich wachte heute morgen mit einem mehr als seltsamen Gefühl auf. Gestern hatte ich mit einem Herrn zu Mittag gegessen, dessen Gastfreundschaft sein Urteilsvermögen bei weitem übertrifft. Unsere Party begann um 11 Uhr vormittags mit Bier und wurde bis zum Nachmittag mit Whisky und Arrak fortgesetzt. Den langen Nachmittag verbrachten wir auf der Veranda mit kleinen Tassen Kaffee und großen Gläsern mit (echtem) Cognac. Um fünf Uhr nachmittags konnten mein Gastgeber und ich uns nicht einmal gegenseitig länger davon überzeugen, daß es »nach dem Mittagessen« war. Eine Stunde, bevor die Zeit für den »Abendtrunk« gekommen war, standen die Murphys auf und gingen. Ich hatte heute morgen also kein Mitleid verdient und bekam auch keines. Rachel warf mir einen Blick zu, als ich mich in die Senkrechte begeben hatte, und fragte boshaft: »Hast du einen Kater?«

»Natürlich nicht«, erwiderte ich ärgerlich und suchte nach dem Alka-Seltzer.

»Warum siehst du dann so gespenstisch und benebelt aus?« forderte mich Rachel heraus. Mir gefiel diese Kombination von Adjektiven so sehr, daß ich sofort meine gute Laune wiedergewann. Manchmal sind Töchter wirklich nützlich.

Ich mußte heute morgen rasch wieder in Form kommen, weil wir zu einer Taufe in Byrambada eingeladen waren, die ungefähr 10 Kilometer entfernt stattfand, ganz in der Nähe vom Ort der gestrigen Ausschweifungen.

Ungefähr 100 Gäste hatten sich schon eingefunden, als wir

gegen halb zehn Uhr eintrafen: ungefähr 70 Frauen im Haus und 25 oder 30 Männer draußen auf der Veranda. Normalerweise wohnen außer den engen Verwandten nicht sehr viele Männer einer Taufe bei, und nur Frauen nehmen an der *Ganga Puja* (Wasserverehrung) teil. Früher wurden Kinder 12 Tage nach ihrer Geburt, nach dem ersten Abschnitt der Verunreinigungsperiode, während der die Familienmitglieder von der Teilnahme an Dorffesten oder *Pujas* ausgeschlossen sind, getauft und in die Wiege gelegt. Heutzutage ist es allerdings eher üblich, die Taufzeremonie mit der *Ganga Puja* zu kombinieren, die 60 Tage nach der Geburt stattfindet und die Rückkehr der Mutter in das normale Leben kennzeichnet. Nachdem sie ein Bad genommen hat, kleidet sie sich wie eine Braut, und der enorm große Kessel, in dem während der letzten zwei Monate ihr Badewasser erhitzt wurde, wird aus dem Waschraum entfernt und von einer Frau mit kaltem Wasser gefüllt, die intoniert: »Möge dein Bauch so kühl sein wie dieser Kupferkessel.«

Unsere erste Pflicht war – Privileg und Freude zugleich –, den Grund der heutigen Aufregungen zu bewundern: ein zierliches Töchterchen, das noch nicht in eine Wiege gelegt worden war, sondern schlafend in einem Weidenkorb lag, der mit einem Musselinnetz bedeckt auf einem Doppelbett stand. Es machte sich nichts aus der Prozession von stolz strahlenden weiblichen Verwandten, die im Alter von zwei bis 88 Jahren durch das Zimmer liefen. Unter der Wiege sah ich das Messer liegen, mit dem die Nabelschnur durchtrennt worden war. Es ist eine gefährliche Waffe, über der alle Babys in Coorg schlafen, bis sie getauft sind. Kurz nach unserer Ankunft mußte das Kind geweckt werden, blieb aber orientalisch ruhig, als Rachel mit mehr Eifer als Können half, ihr die Windel zu wechseln. (Die Windel war natürlich trocken, weil gut erzogene indische Babys, egal wie klein, offenbar nur in ihren Topf machen.)

Die kurze Tauf- und Wiegezeremonie, an der nur Frauen teilnahmen, fand im Hauptraum des Hauses statt. Die Großmutter väterlicherseits hielt das Kind über einen Kessel mit glühendem Weihrauch, während Tante Machiah, stellvertretend für die verstorbene Großmutter mütterlicherseits, schwarzen Faden um seine Hand- und Fußgelenke band. (Wäre es ein Junge gewesen, wäre auch ein Faden um die Taille gebunden worden.) Dann legten Tante Machiah und zwei andere Frauen dreimal einen Schleifstein in die Wiege und hoben ihn wieder heraus, während sie »lebe so lange wie ein Stein!« sangen und das erste Mal das Kind beim Namen nannten. Erst dann legten sie es in die Wiege. Dieses kleine Mädchen wurde einfach Cauvery getauft, nach dem heiligsten Fluß Coorgs. Aber viele Namen in Coorg sind anschaulicher: Belliappa (silberner Vater), Ponappa (goldener Vater), Maidanna (Bruder des Dorfangers), Puvakka (Blumenschwester), Muttakka (Perlenschwester), Chinnava (goldene Mutter), und so weiter in diesem ziemlich ausschmückenden Stil.

Als nächstes rief die Großmutter väterlicherseits: »Cauvery, steh auf und iß Reis mit Milch!« Und zu Cauverys sichtlichem Widerwillen wurde sie gezwungen, winzige Portionen Joghurt, Reis und Honig von einer Goldmünze zu essen. Sie spuckte diese Mischung mit der wohlbekannten Entschlossenheit coorgianischer Frauen sofort wieder aus, aber machte ihren kriegerischen Vorfahren keine Schande, indem sie weinte oder gar wimmerte.

Als die Männer wieder zu uns gestoßen waren, begrüßte jeder Cauvery formell und ließ einen Umschlag, der ein paar Rupien enthielt, in die Wiege fallen. Um auf ihre Gesundheit anzustoßen, erhielten die Frauen ein Glas äußerst starken hausgemachten Wein, das jede, wie es hier Sitte ist, in einem Zug leerte. Mir fiel auch auf, daß nicht alle abgeneigt waren, ein zweites Glas zu trinken, obwohl in den meisten Gegenden eine hochstehende Hindu-Frau lieber draußen nackt herumliefe, als Alkohol zu trinken.

Gegen Mittag erschien Chinnava, die Mutter des Babys, zum *Ganga Puja* in einem schimmernden, blaßrosafarbenen Sari, der mit goldenen Pailletten besetzt war; außerdem trug sie glitzernden Gold- und Silberschmuck. Sie gab mir ein Zeichen, ihr zum Brunnen zu folgen, wo Tante Machiah wiederum eine wesentliche Rolle zu spielen hatte. Sie und die Großmutter väterlicherseits reichten Chinnava die rituelle Kokosnuß, drei Betelblätter, drei Arekanüsse und etwas Reis. Zunächst sagte Chinnava Gebete, während sie die Kokosnuß über dem Brunnen aufschlug und sie ins Wasser warf, danach folgten die Blätter und die Nüsse. Anschließend zog sie ein Gefäß mit Wasser herauf und trank drei kleine Schlucke aus ihrer Handfläche, bevor sie zwei kleine antike Silberkrüge füllte. Diese stellte sie übereinander auf ihren Kopf. In der Zwischenzeit hatte Tante Machiah zwei weitere Krüge gefüllt, die von zwei Nichten Chinnavas, sechs und zehn Jahre alt, getragen wurden. Sehr langsam, in einer Atmosphäre freudiger Feierlichkeit, bewegte sich die kleine Prozession durch einen Garten voll strahlend bunter Saris und Blumen in gelb, hochrot, tiefblau, weiß und blaßrosa, zurück ins Haus. Das Wasser wurde in der Küche zurückgelassen, und Chinnava ging in die Eingangshalle, wo die heilige Wandlampe angezündet worden war, und sagte still ihre Gebete; gleichzeitig streute sie Reis in die Flamme. Schließlich drehte sie sich um, um den Segen der älteren Frauen entgegenzunehmen, verbeugte sich tief vor ihnen und berührte dreimal ihre Füße, während sie ihre Hände sanft auf ihr glänzendes, rabenschwarzes Haar legten. Und eine alte Dame neben mir rief: »Was für ein wundervolles Mädchen! Wußten Sie, daß sie eine der besten Nuklearwissenschaftlerinnen von ganz Indien ist?« Das Leben im modernen Coorg ist voll von solchen Überraschungen.

Das Festessen war im Garten unter einem provisorischen Dach aus frisch geschnittenen Ästen auf langen Tischen angerichtet, die mit schneeweißer Baumwolle drapiert waren. Die engsten Familienangehörigen von Chinnava bedienten uns und brachten große Kessel mit köstlichem Essen: gedämpfter Reis; gebratener Reis; Hammelcurry; Hühnchen und Schweinefleisch; lockere *Idlis*; weiche Pfannkuchen aus Reismehl; frisches Kokosnuß-Chutney; *Sambhar*, herrlich aromatisch durch Tamarinde; frischer Joghurt; gewürzter Kohl mit geriebener Kokosnuß; Kartoffel-Curry und Bohnen mit hartgekochten

Eiern. In großen Gläsern gab es Pudding, der aus einer delikaten Flüssigkeit zubereitet wird, die aus gemahlenem Reis, Jaggery und Milch besteht, und der duftender Kardamom hinzugegeben wird. Verziert wird das Ganze schließlich mit knusprigen Cashewnüssen. Zum Nachtisch gab es Bananen, Apfelsinen, Weintrauben und frische Ananasstücke. Schließlich erhoben wir uns alle, wuschen uns die Hände und begaben uns langsam nach drinnen, um *Pan* und Betelnüsse zu kauen, während sich Bedienstete scharenweise auf die Tische stürzten und sie für das Menü mit frischen Plantainblättern deckten.

Für die Coorgianer haben Betelblätter und Arekanüsse eine sehr feierliche und vielversprechende Bedeutung, und die Mischung hilft auf jeden Fall bei der Verdauung. Bei allen wichtigen religiösen Feierlichkeiten und gesellschaftlichen Anlässen ist das Kauen von Blättern und Nüssen ein wesentlicher Bestandteil. Es wird so eng in Zusammenhang mit Glück und Zufriedenheit gebracht, daß während einer Trauerzeit die Abstinenz von Betel verlangt wird. Das feierliche Aushändigen von Betelblättern wird als angemessener Gegenwert für Geld oder Waren angesehen. Bei einer gegenseitigen Vereinbarung, die auf Vertrauen basiert, ist der Austausch von Betelblättern bindender als irgendein anderes unterschriebenes oder bezeugtes rechtliches Dokument. Ganz offensichtlich stammt dieses Relikt noch aus den Tagen, als die Coorgianer, deren eigene Sprache keine Schrift kennt, noch nicht lesen und nicht schreiben konnten.

Gegen halb fünf begann sich die Gesellschaft aufzulösen, und nach einer ausgedehnten Suche fand ich Rachel in dem nahegelegenen Wald mit ungefähr 20 anderen kleinen Gästen, die von meiner Tochter zum hemmungslosen Toben verleitet worden waren, was ihren feinen Kleidern nicht gerade gut bekam. Auf dem Nachhauseweg fragte ich Rachel, welches Spiel sie gespielt hätten. »Oh«, meinte sie unbekümmert, »wir haben eine Kokosnuß in den Brunnen geworfen und sie wieder herausgefischt.« Diese Antwort erschreckte mich ziemlich, da viele Brunnen über 24 Meter tief sind.

Übrigens hat Tante Machiah heute wortlos ihre Mißbilligung zum Ausdruck gebracht, als sie Rachel sah, die zu dem heutigen Anlaß ihr madrassisches Kostüm trug, das ihr der Schneiderlehrling in Ittamozhi genäht hatte. Das erstaunte mich, bis ich herausfand, daß dieses Kostüm typisch für die kleinen Harijan-Mädchen und die Mädchen niederer Kasten ist, und zwar nicht nur in Tamil Nadu, sondern auch hier in Coorg. Kleine Mädchen, die höheren Kasten angehören, tragen Kleidung in europäischem Stil, die normalerweise von der Mutter, Tante oder Großmutter wunderbar geschneidert wird, die sich aber ganz genau an der Kinderkleidung der englischen Kaufhauskette Marks und Spencer orientiert. Wenn sie dann die Pubertät erreichen, sind sie alt genug, um Saris zu tragen. Deshalb war also der Sonntagsstaat der armen Rachel, auf den sie so stolz ist und in dem sie so entzückend aussieht, ein Fauxpas allererster Güte.

18. Februar
In jedem Haushalt von Coorg, vom großartigsten bis zum einfachsten, findet man ein Foto oder einen Öldruck von Tala Cauvery, der Quelle von Coorgs heiligem Fluß. Jeder Coorgianer behandelt diese Bilder mit solcher Ehrfurcht, als wären sie Götterstatuen. Daher war ich sehr erfreut, als ich heute eingeladen wurde, mit Tim und Sita nach Tala Cauvery zu fahren.

Es war unausweichlich, daß ich während der 31 Kilometer langen Fahrt, die uns zur Spitze eines steilen, bewaldeten Berges führte, unruhig wurde. Aber als wir aus dem Auto stiegen, stellte ich fest, daß sich die Fahrt gelohnt hatte. Aus dieser einsamen Höhe übersahen wir das ganze Süd-Coorg, das sich in drei Richtungen erstreckte.

Unglücklicherweise befindet sich Tala Cauvery selbst auf dem besten Weg zur Modernisierung. Rohe Betonwände umgeben den alten, heiligen Wasserspeicher aus Stein, der sich neben der noch heiligeren Quelle befindet, die von einem kleinen Schrein gekrönt wird, dem Ursprung von Mutter Cauvery. Ein weiterer, ebenfalls sehr alter und schöner Schrein steht unweit davon. Er war umgeben von einem überdachten Würfel aus Wellblech, der aussah, als hätte man schnell eine öffentliche Behelfstoilette auf einem Gelände aufgestellt, wo gerade ein Erdbeben stattgefunden hatte. (Dies ist das erste Stück Wellblech, das ich in Coorg gesehen habe.) Neben dem Tempel werden außer einer weiteren »Behelfstoilette« noch mehrere andere Gebäude, deren Verwendung nicht ersichtlich und deren Häßlichkeit bestürzend ist, errichtet. Und man kann diesen alles zerstörenden Prozeß nicht aufhalten. Es ist, wie Tim sagt: »Damals kamen Tausende von mittellosen Pilgern zu Fuß aus ganz Süd- und Zentralindien nach Tala Cauvery. Heutzutage rauschen außerdem Schwarzhändler und korrupte Regierungsbeamte in ihren illegal importierten Mercedeswagen die neue Straße herauf und versuchen, ihre verdorbenen Seelen dadurch zu retten, daß sie den Brahmanen Hunderttausende von Rupien zahlen. Nur deshalb kann es sich die Tempelverwaltung erlauben, diesen Ort mit all diesem Unsinn zu ruinieren.«

Kurz nach unserer Ankunft kam ein älterer Priester mit nacktem Oberkörper keuchend den Berg herauf. Tim hatte an der schönen bronzenen Tempelglocke nach ihm geläutet. Im Gegensatz zu den meisten Priestern eines Tempels war er nicht fettleibig – vielleicht, weil er regelmäßig einen steilen Abhang hinaufspurten muß. Doch hätte er gewußt, wer an diesem Morgen anwesend war, hätte er sich möglicherweise nicht die Mühe gemacht, herbeizueilen, denn Tim folgte den Gepflogenheiten seiner Vorfahren und hatte unerschütterliche Ansichten, was die Rolle betraf, die Geld bei religiösen Zeremonien zu spielen hatte. Er ist ein Mensch, der in seinem Leben großzügig Geld für Schulen und Krankenhäuser gespendet hat, aber heute gab er lediglich fünf Rupien für sein *Puja* aus.

Die Tatsache, daß Tim als einfacher Pilger nach Tala Cauvery fährt, macht unseren Besuch für mich unvergeßlich. Während Sita in der Nähe herumlief und Fotos machte, standen Rachel und ich neben dem kleinen Schrein über der Quelle und beobachteten den Pilger und den Priester. Und während wir zusahen, löste sich die Verwirrung, die der Hinduismus in westlichen Gedanken hervorruft, plötzlich genauso auf wie der Morgennebel in Devangeri, wenn die Sonne über die Palmen geklettert ist. Ein guter Mensch betete und glaubte. Ich sah in das klare frische Wasser des Quellenbrunnens, in dem Rosenblätter, Kokosnußschalen, rotes Pulver und Mangoblätter auf der Oberfläche schwammen, und alles erschien wunderbar einfach. Dann sah Tim plötzlich auf, als ob er meine Gedanken lesen könnte und bedeutete mir, daß ich zu ihm kommen solle, wenn ich wollte. Auf diese Weise bekamen wir von dem Priester ebenfalls etwas reinigendes Brunnenwasser, tranken es, hielten unsere Hände über die heilige Kampferflamme der Leuchte in der Schale, folgten Tim, als er dreimal im Uhrzeigersinn um den kleinen Schrein lief. Und ich wußte, daß er wußte, daß ich dieses *Puja* nicht aus Höflichkeit oder als Schaunummer darbrachte, genausowenig wie ich vorgab, ein Hindu zu sein.

Wir nahmen zurück nach Green Hills eine andere Straße – einen schmalen Pfad aus zentimeterdickem Staub –, die kilometerlang durch Wälder zu einer riesigen Kaffeeplantage zurückführte, die Tims *Ain Mane* umgab. Dieses großartige Haus ist gegen Ende des 18. Jahrhunderts gebaut worden und das eindrucksvollste *Ain Mane*, das ich bisher gesehen habe; seine Holzschnitzereien sind von einer unwahrscheinlichen Zartheit und Feinheit. Drei junge Männer begrüßten uns: Es waren alles vergleichsweise arme Verwandte, denen ein guter Start in eine berufliche Karriere ermöglicht worden war (Jura, Militär, Universitätsdozent), weil Tim einen Teil seines Einkommens, das sein Anwesen abwirft, dazu benutzt, einen ganzen Stamm von Verwandten zu unterstützen. Der Rest wird für die Erhaltung des *Ain Mane* aufgewendet, das zur Zeit unauffällig modernisiert wird.

Obwohl wir völlig unerwartet hier erschienen, verbat uns das Gesetz von Coorg, wieder abzufahren, ohne etwas zu essen und zu trinken. Während also die Frauen ihren Notfallplan in die Tat umsetzten, gingen wir im Schatten von riesigen Ebenholz- und Sandelholzbäumen einen langen *Oni* entlang, um uns respektvoll die Gräber von einigen der glorreicheren Vorfahren von Tim aus dem 18. Jahrhundert anzusehen. Sita erklärte, daß nicht alle Coorgianer verbrannt würden, sondern daß auch Beerdigungen häufiger vorkämen und daß Kinder und junge Unverheiratete immer bestattet würden, normalerweise auf dem Anwesen der Familie.

Hier war die Wand der Veranda wie üblich mit den Fotos der Familie übersät, einige waren augenscheinlich gleichzeitig mit der Erfindung der Fotografie entstanden. Als wir uns die dicken, quadratischen, süßen Omeletts schmecken ließen, wurde mein Blick wiederholt von einem vergrößerten und erstaunlich klaren Porträt von Tims Großmutter angezogen. Diese großartige, aber sichtlich furchterregende alte Dame organisierte hier bereits erfolgreich Mädchenschulen, als die Sufragetten in Großbritannien noch eine Neuheit darstellten. Sie ist zum großen Teil dafür verantwortlich, daß ungefähr 73 Prozent der Frauen von Coorg lesen und schreiben können, und das seit Generationen. Der Durchschnitt liegt in ganz Indien für Frauen bei 18 Prozent, steigt in Kerala bis auf 54 Prozent und fällt in dichtbesiedelten Staaten wie Uttar Pradesh und Bihar bis auf 8 Prozent.

Morgen müssen wir spätestens um acht Uhr morgens bei den Machiahs sein, damit ich in einen coorgianischen Sari gekleidet werden kann, bevor wir uns alle zusammen auf den Weg zum *Kodava Samaj* machen – einem großen, ziemlich eintönigen Gebäude am Rand von Virajpet. Es wurde vor einigen Jahren speziell für Trauungen und Hochzeitsfeiern gebaut und hat mittlerweile das schäbige Aussehen angenommen, das die meisten neueren, öffentlichen Gebäude in Indien kennzeichnet. Ein solches Gebäude für die komplizierte und großzügige Bewirtung von 1000 oder mehr Gästen zur Verfügung zu haben, spart sicherlich Arbeit. Aber die ältere Generation klagt, daß die Tatsache, daß man sein eigenes Haus für solche Gelegenheiten verläßt, zur Folge hat, daß bedauerlicherweise traditionelle Rituale verändert werden.

Im Arrangieren von Hochzeiten spielen die *Aruvas* der Familie eine wichtige Rolle. Wenn beide Elternpaare sich inoffiziell geeinigt haben, bittet der *Aruva* des Mädchens um das Horoskop des Jungen oder geht, wenn es keines gibt, von Mitgliedern beider Familien begleitet, zum Tempel, um Gottes Segen für diese Verbindung zu erbitten. Ein Götzenbild wird mit weißen und roten Blumen geschmückt, und wenn während der Zeremonie eine weiße Blume herunterfällt, wird das als besonders vielversprechend betrachtet, besonders, wenn sie von der rechten Seite des Bildes herabfällt. Löst sich jedoch eine rote Blume, werden manche Familien noch heutzutage aufgrund der unheilträchtigen Verheißung die Verbindung lösen. Andere Familien konsultieren einen Astrologen, anstatt ein *Puja* im Tempel zu bringen, und lassen sich von seinen Erkenntnissen stark beeinflussen. Ein Astrologe wird in jedem Fall während der Verlobungsfeier im Hause des Mädchens befragt, um den vielversprechendsten Tag und Zeitpunkt für die *Muhurtham* (Hochzeit) zu bestimmen. Während der Verlobungsfeierlichkeiten spielen die *Aruvas* eine führende Rolle, weil der *Aruva* des Mädchens für ihre Sicherheit bis zum Hochzeitstag garantiert und vom *Aruva* des Jungen ein Schmuckstück erhält, das die Verlobung besiegelt. Am Tag vor der Hochzeit vervollständigen die *Aruvas* alle Vorbereitungen für die *Muhurtham*, überwachen die Generalproben der Zeremonien (deren Proben Teil der Zeremonie sind) und organisieren das Festmahl für die Nachbarn aus dem Dorf.

An mehreren Stellen weichen die coorgianischen Ehegesetze und -traditionen von denen der meisten Hindus ab. Eine Scheidung ist immer schon leicht möglich gewesen, wenn vor dem Dorf-*Panchayat* der Verlust der Kaste, die Unvereinbarkeit der Veranlagung beider Partner oder der Ehebruch der Ehefrau nachgewiesen werden konnte. Aber selbstverständlich kann die Ehefrau weder etwas tun, wenn ihr Ehemann Ehebruch begangen hat, noch kann sie ihn ohne seine Einwilligung verlassen. Eine geschiedene Frau darf keines ihrer Kinder, das älter als drei Jahre ist, behalten, und Babys und Kleinkinder, die sie bei sich hat, wenn sie geht, müssen an ihrem dritten Geburtstag wieder zu ihrem Vater zurückgebracht werden. Sollte es der Mutter in einem außergewöhnlichen Fall gelungen sein, das ständige Sorgerecht für die Kinder zu erhalten, wird die Verbindung zu ihrem Vater formell abgebrochen, und sie verwirken das Recht an ihrem Anteil des Familienbesitzes. Doch Scheidung ist genau wie die Vielehe unter Coorgianern eher selten, auch wenn ein Mann ohne Sohn aus erster Ehe eine zweite Frau heiraten darf. Er hat auch die Möglichkeit, den Ehemann der ältesten Tochter zu adoptieren (genau wie in Tibet), wenn der Mann bereit ist, auf den Anteil am Vermögen seiner eigenen Familie zu verzichten.

Hochzeiten unter Kindern waren hier nie üblich, und Witwen und geschiedenen Frauen ist immer erlaubt worden, wieder zu heiraten, entweder ein Jahr nach dem Tod des Ehemanns oder sechs Monate nach der Scheidung. Bevor die Briten kamen, wurde manchmal Vielmännerei praktiziert, aber die seltsamste Form der sechs verschiedenen Möglichkeiten, in der eine coorgianische Frau heiraten kann, ist das *Panchadak Nadapad*. Es handelt sich hierbei um eine Ehe auf Zeit, die heutzutage selten ist, auf die aber zurückgegriffen wird, wenn sich aus einem unerfindlichen Grund kein geeigneter Ehemann finden läßt, der eine Erbin heiratet. Die einzige Pflicht des jungen Mannes besteht darin, ein Kind zu zeugen. Damit behält er das Recht auf seinen Familienbesitz bei, erhält aber keinen Anteil an dem Besitz seiner Frau – von Nahrung und Kleidung während der Zeit, die er bei ihr verbringt, abgesehen. Außerdem steht es ihm frei, wenn er möchte, jederzeit ein anderes Mädchen zu heiraten. Die Kinder aus solchen Ehen können nur das Recht am mütterlichen Besitz erlangen. Eine andere merkwürdige Form der »Heirat« ist die *Paithandek Alepa Mangala*, eine besondere Zeremonie zu Ehren einer Frau, die zehn gesunde Kinder zur Welt gebracht hat. (Früher bestand bei den Coorgianern eine ideale Familie aus fünf Söhnen und fünf Töchtern, heute sind es ein Sohn und eine Tochter.)

Viele coorgianische Frauen, die studiert haben, arbeiten nach der Hochzeit weiter, wenn sie vorher bereits ein unabhängiges

Leben geführt haben, und viele andere nehmen ihre Arbeit als Lehrerin, Ärztin usw. wieder auf, wenn ihre Kinder in die Schule kommen und damit aus dem Haus gehen. Außerdem sind die Frauen von weniger reichen Familien oft Mitglied im örtlichen *Panchayat*-Kommitee, wo sie sich lebhaft an Debatten über alle Aspekte ländlicher Entwicklung beteiligen.

19. Februar
Wir kamen um halb zehn in einem gemieteten Jeep vor dem *Kodava Samaj* an. Rachel trug Rock und Bluse, beides sehr schick und von Tante Machiah speziell für sie genäht. Ich war mit fremden Federn wundervoll geschmückt und mit geliehenem Schmuck beladen. Der Bräutigam wurde nicht vor Viertel nach zehn erwartet, wir hatten daher Zeit, uns alles anzusehen, bevor die Gäste eintrafen.

Die freie Fläche vor dem *Kodava Samaj* war mit einer Markise aus Bambusmatten und getrockneten Palmwedeln überdacht worden, unter der 500 Klappstühle aus Metall auf 500 männliche Gäste warteten. Innerhalb des Gebäudes standen noch einmal 500 für ebensoviele weibliche Gäste. Am anderen Ende der langen Haupthalle befand sich, vom Haupteingang aus gesehen, rechts eine kleine, mit Teppich ausgelegte Bühne unter einem Baldachin aus rotem und weißem Stoff. Der Baldachin wurde von vier großen Plantainpalmenstümpfen gestützt, die mit Kokosnüssen, Mangogirlanden, Jasminblüten und anderen stark duftenden, cremefarbenen Blüten geschmückt waren. In der Mitte der Bühne standen zwei niedrige, dreibeinige Hocker, neben ihnen jeweils ein großer, flacher, runder Weidenkorb. Wenn man Richtung Halle blickte, stand links von den Hockern eine ungefähr einen Meter hohe Lampe aus Rosenholz und Messing mit Sockel. Sie würde bald mit einer Flamme der heiligen Wandlampe aus dem *Ain Mane* des Bräutigams angezündet werden. Eine Tür in der Nähe der Bühne führte zu einem kleinen Raum, möbliert mit zwei Einzelbetten und zwei Stühlen. Hier würden der Bräutigam und seine engsten Freunde ungestört ihr Mittagessen einnehmen und sich am Nachmittag ausruhen können. Am anderen Ende der Halle gab es ein ähnliches Zimmer für die Braut und ihre Begleiterinnen. Eine weitere Tür dem Haupteingang gegenüber führte zum Speisesaal, in dem 400 Menschen Platz hatten, und dahinter stießen wir auf die riesige Küchenhalle. Dort türmten sich um zehn Uhr morgens überall Berge von kleingeschnittenem Gemüse und rohem Fleisch, und es gab kolossal große Kessel, die reihenweise auf gewaltigen Öfen aus Lehm dampften und um die sich Legionen von Bediensteten kümmerten.

»Es ist wie bei den Hexen in meinem Buch!« rief Rachel mit großen Augen. »Sind Braut und Bräutigam sehr reich?«

Ich hatte mich dasselbe gefragt, aber Tatsache ist, daß keine der beiden Familien besonders viel Geld hat. Der Vater der Braut ist ein pensionierter Major und der Vater des Bräutigams ein pensionierter Realschullehrer. Aus diesem Grund wurde kein Alkohol ausgeschenkt: Alkoholische Getränke für 1000 Gäste hätten die Familien lebenslang verschulden können. Diejenigen, die sich vor dem Mittagessen selbst mit einem Drink versorgten, waren aufgefordert, dies zu tun, ohne dadurch Anstoß zu erregen.

Als wir aus der Küche zurückkamen, standen wir in der Tür und sahen uns in der riesigen Halle um, die durch das klare goldene Sonnenlicht, das hereinströmte, leuchtete. Ich habe bereits an anderer Stelle die einfache Pracht des *Kupya*, des Kostüms der männlichen Coorgianer, beschrieben, aber wir hatten bisher noch keine Ansammlung von Frauen in all ihrer traditionellen Herrlichkeit gesehen. Es war ein solch überwältigender Anblick, daß es selbst Rachel eine halbe Minute lang die Sprache verschlug. Hier gab es Hunderte von glänzenden, rabenschwarzen Köpfen und goldfarbenen Armen und Gesichtern, schimmernden Gewändern und flatternden Schleiern, und glitzernden, glänzenden, schimmernden Schmuckstücken aus Gold und Silber, die mit Rubinen, Smaragden oder Diamanten besetzt waren. Ich stand in der Tür und war fasziniert von den sich ständig verändernden Mustern aus Saris und Juwelen, die sich mischten oder voneinander abhoben, als kleine Gruppen die Halle auf und ab liefen oder beieinander standen und sich angeregt unterhielten. Es gab überaus viele prächtige Stoffe in unzähligen Schattierungen: hellblau, zartrosa, altgold, türkis, silbergrau, hellgrün, blaßgelb, feuerrot, dunkelviolett, hier und da das Reinweiß eines Witwensaris, das einen wirkungsvollen Hauch eleganter Schlichtheit hinzufügte.

Aufgrund ihres coorgianischen Schleiers, der nicht mehr jeden Tag getragen wird, erkannte ich mehrere ältere Nachbarn nicht. Bei dem Schleier handelt es sich um ein großes Kopftuch, dessen eines Ende die Stirn umschließt, die beiden anderen Enden sind im Nacken zusammengebunden, so daß der Rest gefällig auf die Schultern fällt. Die feinen Gesichtszüge, mit denen die Natur oder Mutter Cauvery die meisten Coorgianer ausgestattet hat, werden auf diese Weise betont, und man fragt sich, warum ein solches Hilfsmittel der Schönheit unmodern geworden ist.

Um Viertel nach zehn kündigte entferntes Trommelgeräusch die bevorstehende Ankunft von Ponappa, dem Bräutigam, an. (Hier gibt es den Namen Ponappa so häufig wie Sand am Meer und wie Murphy in Irland.) Ich eilte nach draußen, um der Prozession zuzuschauen und sah, daß Rachel sich, ganz aus dem Häuschen vor Aufregung, einer Gruppe von Ponappas Nichten angeschlossen hatte und begeistert in der Mitte der Straße tanzte, sehr zum großen Vergnügen der zusehenden Menschenmenge. Und in der Tat bot der Bräutigam einen so romantischen Anblick, daß er jedem irischen Mädchen den Kopf verdreht hätte. Er trug einen blendend weißen *Kupya*, eine breite, rote Schärpe aus Seide, einen abgeflachten weiß-goldenen Turban, einen kurzen Dolch mit Elfenbeingriff, der in einer mit Silber und Gold verzierten Scheide steckte, ein schweres Schwert in einer goldenen Scheide, einen Armreif aus Gold, und eine Halskette, in der sich Perlen aus Gold und Koralle abwechselten. In seiner rechten Hand trug er einen langen Stab aus Rosenholz mit komplizierten Schnitzereien und mit silbernen Ringen und Glöckchen verziert, einen sogenannten *Gejje Thandu*.

Früher wurde dieser Stab als Ersatz für den Bräutigam akzeptiert, wenn dieser in letzter Minute erkrankt war und die Zeremonie ohne ihn durchgeführt werden mußte. Um das Bild noch zu vervollkommnen, hielt Ponappas Trauzeuge einen weißen Schirm mit roten und goldenen Troddeln über ihn, als er langsam die Straße heraufkam.

Ein mit rotem Stoff drapierter Stuhl war in die Mitte der Straße gestellt worden – Hochzeiten haben Vorrang vor dem Straßenverkehr. Und am Straßenrand waren ein Dutzend 1,20 Meter hohe Plantainpalmenstümpfe, jeder mit einer Blume geschmückt, in den Boden gesteckt worden. Als der Bräutigam sich gesetzt hatte und von fröhlich spielenden Musikern umringt worden war, bot sein *Aruva* einer kleinen Gruppe von Verwandten und engen Freunden, die in alten Zeiten Fleisch, Reis, Plantainbananen sowie eigene Trommler und Trompeter mitgebracht hätten, klares Wasser aus einem Krug an. Anschließend übergab der *Aruva* das Schwert des Bräutigams an einen Mann dieser Gruppe, der jeden Plantainpalmenstumpf mit einem einzigen Hieb zerteilen sollte, während er ein Gebet an den Gott des Dorfes richtete. (Es gelang ihm lediglich, vier Stümpfe klar durchzuschneiden, offenbar sind Coorgianer auch nicht mehr das, was sie einmal waren.) Diese Sitte stammt angeblich von den *Kshatrias* und soll symbolisieren, daß man eine Braut durch große physische Kraft, Können und Mut gewinnt.

Als wir für das *Dampathi Muhurtham* zur Halle zurückkehrten, waren auf der Bühne die Lampe mit Podest sowie mehrere Leuchter in einer Schale angezündet worden, und ein großer Korb für den Segen stand neben den Hockern. Zuerst wurde der Bräutigam zum rechten Schemel geführt, erst dann nahm die Braut Nalini, die durch einen Seiteneingang gekommen war, während wir dem Schneiden der Plantainpalmenstümpfe zugesehen hatten, ihren Platz an seiner Seite ein. Sie war ganz in rot gekleidet, und das arme Mädchen sah sehr blaß und angespannt aus. Jetzt war der Zeitpunkt gekommen, daß alle Gäste einzeln auf die Bühne gingen, Reis auf das Paar streuten, es segneten und ein paar Rupien in einen der Körbe warfen. Dieser Teil der Feierlichkeiten wird von der Mutter der Braut eingeleitet. Sie steht vor dem Bräutigam, wirft eine Handvoll mit glückverheißendem Reis über seinen Kopf und seine Schultern und erbittet Gottes Segen, während sie ihm Milch aus einem Silberkrug mit Tülle zu trinken gibt und ihm die *Pombana* überreicht. Die *Pombana* ist eine Goldmünze, die, weil sie das Geschenk der Mutter ist, als besonders wertvoll gilt und die dem Paar ein Leben lang sehr viel bedeutet. Die weiblichen Gäste gehen zuerst auf die Bühne. Dann, wenn die Männer sich in eine lange Schlange einreihen – die einzige ordentliche Schlange, die ich in Indien bis dahin gesehen habe –, gehen die Frauen in den Speisesaal, um ihr Mittagessen einzunehmen.

Mir war geraten worden, bei der ersten Schicht mitzuessen, weil ich andernfalls das *Sambanda-Kodupa*-Ritual verpassen würde, das direkt anschließend auf das *Dampathi Muhurtham* folgte. Von meinem Platz dicht bei der Tür sah ich zahlreiche Familienmitglieder die langen, weiß gedeckten Tische auf- und abgehen und mit einer Geschwindigkeit und Tüchtigkeit das Essen servieren, die ihre äußere Ruhe Lügen strafte. Als jeder Gast einen gehäuften Blatt-Teller vor sich hatte, rief jemand: »*Ungana*?« (Können wir mit dem Essen anfangen?), und das Festessen begann. Es gilt als sehr unhöflich, wenn man zu essen anfängt, bevor jeder bedient worden ist. Wie bei jedem coorgianischen Bankett bestand das Hauptgericht aus Schweinefleisch-Curry, dazu gab es heute eine üppige Auswahl an weiteren, unwiderstehlich köstlichen Gerichten.

Es gilt ebenfalls als sehr unhöflich, aufzustehen, bevor jeder fertig ist, aber für mich wurde eine Ausnahme gemacht, als Onkel Machiah mir von der Tür aus zuwinkte und rief, daß das *Dampathi Muhurtham* fast vorbei sei. Als ich in die Halle zurück eilte, gab das Oberhaupt der Gesellschaft des Bräutigams – der immer als letzter die Bühne betritt – gerade seinen Segen und überreichte seine Geschenke. Danach erhob sich der Bräutigam, um sich dreimal von seinem Trauzeugen um die heilige Lampe führen zu lassen, der ihn daraufhin der Braut, die noch saß, übergab. Nachdem er Reis über Nalini gestreut hatte, gab ihr Ponappa eine Goldmünze, die sie mit beiden Händen in Empfang nahm. Sie behielt sie in der linken Hand und legte ihre rechte in die ausgestreckte rechte Hand des Bräutigams und stand auf. Als nächstes knotete ihre Brautjungfer die Münze, die ihr Ponappa gegeben hatte, in einen Zipfel ihres Saris, und das junge Paar erhob sich und trat für das *Sambanda Kodupa* von der Bühne herunter.

Diese Zeremonie könnte man als den rechtsverbindlichen Teil der Heirat beschreiben, jedenfalls nach traditionellem Recht. Sie beinhaltet die formelle Übergabe der Braut in die Familie des Bräutigams und überträgt ihr damit alle Rechte und Pflichten dieser Familie. Während des Sambanda steht das junge Paar ein wenig von der Bühne des *Muhurtham* entfernt. Der *Aruva* der Braut und zwei ihrer Verwandten stehen neben dem Bräutigam und der *Aruva* des Bräutigams und zwei seiner Verwandten neben der Braut. Verwandte und Freunde haben sich in der Nähe versammelt, um zuzuhören. Einer Übersetzung zufolge, die ich später am Nachmittag erhielt, lautet der wichtigste Teil des Dialogs zwischen den *Aruvas* folgendermaßen:

Aruva der Braut: »Die Menschen beider *Nads*, Männer der Häuser, Verwandte und Freunde der Familie, stehen sie in Reihen?«

Aruva des Bräutigams: »Ja, stehen sie.«

Aruva der Braut: »Gibst du unserem Kind der Familie Ponappa, Nalini, das wir dir geben, um dein Kind der Familie Subbiah, Ponappa, zu heiraten, das *Sambanda* des *Okka* (Reistäler) des Bräutigams? Wirst du ihr die Anteile an zehn Weiden, am Viehbestand, an zehn Paar Ochsen, am Haus, am Garten, an zehn Milchkühen, am Bambusgefäß, das zum Melken benutzt wird, an den Viehställen, an den Misthaufen, an den Äxten, Schwertern und Messern, am Reis im Kornspeicher, am Gefäß aus Glockenmetall, das an der Wand lehnt, an der Wandlampe, am Salzvorrat in der Vorratskammer der Küche, an den versteckten Schätzen, am Vorrat von Fäden und Nadeln und an allem überlassen, egal, ob es eins oder hundert davon gibt?«

Aruva des Bräutigams: »Überlassen wir.«

Aruva der Braut: »Bei der Heirat unseres Kindes in deine Familie werden unsere Diener Waren, wertvolle Güter und Bargeld in einem Kasten auf ihren Köpfen tragen. Wer ist für den Verlust verantwortlich, wenn sie verloren gehen sollten?«

Aruva des Bräutigams: »Ich bin verantwortlich.«

Aruva der Braut: »Dann nimm diese zwölf Goldstücke.« (Tatsächlich werden an dieser Stelle dem *Aruva* elf kleine Kiesel überreicht.)

Aruva des Bräutigams: »Ich habe die Goldstücke erhalten. Wenn dein unschuldiges Kind, das unserem Jungen zur Ehe gegeben wird, sich im Haus des Bräutigams beschwert, daß der gekochte Reis zu heiß sei, das Curry zu scharf, der Schwiegervater zu beleidigend, die Schwiegermutter gemein, der Ehemann unfähig, und sie nicht bereit sei, bei ihm zu bleiben, oder sie sich beklagt, daß seine Familie zu arm sei und zu ihrer eigenen Familie zurückkehrt und dort bleibt: wer ist derjenige, der verantwortlich dafür ist, ihr einen entsprechenden Rat zu geben und sie wieder zu uns zurückzuschicken, und dafür zu sorgen, daß Diener als Begleitung mitgehen und ihr mit Fackeln den Weg leuchten?«

Aruva der Braut: »Das bin ich.«

Aruva des Bräutigams: »Dann nimm dieses Geld als Zeugnis.« (Er gibt ihm zum Zeichen dafür eine Münze.)

Aruva der Braut: »Falls unser Kind ein unvorhergesehenes Unglück ereilt (damit ist der Verlust des Ehemannes gemeint, bevor sie schwanger geworden ist): wer ist dann verantwortlich dafür, sie zu ihrer eigenen Familie zurückzuschicken, mit Dienerschaft als Begleitung und Fackeln für den Weg?«

Aruva des Bräutigams: »Das bin ich.«

Aruva der Braut: »Dann nimm dieses Geld als Zeugnis.« (Er gibt ihm zum Zeichen dafür eine Münze.)

So endet das *Sambanda*-Ritual. Als ich mich über das ziemlich rätselhafte Überreichen der elf Kieselsteine erkundigte, wurde mir erzählt, daß zwölf Kiesel (stellvertretend für die Goldstücke) die Anzahl der Rechte symbolisieren, die ein einzelner innerhalb des Familienverbandes besitzt. Wenn der *Aruva* der Braut dem des Bräutigams also elf Steine gibt, bedeutet dies, daß das Mädchen die meisten Rechte, die sie in ihrer eigenen Familie hatte, im Austausch für die in ihrer angeheirateten Familie verloren hat. Doch wird ein Kiesel zurückbehalten, weil sie das Recht hat, zu ihrer eigenen Familie zurückzukehren, sollte sie geschieden werden oder verwitwet sein.

Es war inzwischen 14 Uhr 30, und die meisten Leute gingen. Es blieben nur ungefähr 100 Verwandte, um dem *Ganga Puja* beizuwohnen und an der anschließenden »Tanztortur« teilzunehmen. Nalini und Ponappa, die beide vollkommen erledigt aussahen, hatten sich in ihre Zimmer zurückgezogen. Ich ging davon aus, daß die Türen den ganzen Nachmittag über fest geschlossen bleiben würden. Aber als ich nach einem Einkaufsbummel in Virajpet zur Halle zurückkehrte – wo mein Erscheinen in einem coorgianischen Sari viele entzückte Kommentare erntete –, sah ich, wie ständig Leute in beiden Zimmern ein- und ausgingen. Und ich war herzlich eingeladen, mich anzuschließen. Von der Tür zu Ponappas Zimmer aus beobachtete ich, wie der arme Kerl lang ausgestreckt auf dem Bett lag und unter einem Haufen übereinander kletternder kleiner Kinder begraben wurde – von denen eines, wie ich zugeben muß – helles Haar hatte ... In dem Versuch, seine Qualen etwas zu lindern, bat ich Rachel, mit mir zu kommen, um den alten Schmuck der Braut zu bewundern, aber meine Tochter ließ in ihrer Turnerei nur solange nach, um sagen zu können: »Ich bleibe lieber beim Bräutigam.« Taktvolle Ausflüchte waren noch nie ihre Stärke.

In Nalinis Zimmer wurde vom Bruder der Braut sorgfältig das Geld, das während des *Dampathi Muhurtham* gesammelt worden war, gezählt, gebündelt und in einer Blechdose verstaut. Es sah nach sehr viel aus, aber es waren überwiegend Scheine zu einer oder zwei Rupien. Die Gesamtsumme würde kaum ein Viertel der Kosten für das Festmahl decken. Nalini sprach mit drei indischen Nonnen von der Klosterschule von

Ammathi – eine von ihnen war die einzige aus Coorg, die jemals zum Christentum übergetreten ist. Ich setzte mich auf das Bett, um den Brautschmuck genau zu betrachten. Besonders gut gefiel mir ihr silberner *Kausara* – die Ringe an jedem Finger werden durch Silberketten, die über den Handrücken laufen, mit einem schweren Silberarmband verbunden. Nicht weniger schön war ihr *Kasara* – eine ähnliche Anordnung von Ringen an den Zehen, die mit einem Reif am Knöchel verbunden sind. Die meisten verheirateten Frauen in Coorg tragen gewöhnlich einen Silberring – einen *Kamoira* – am zweiten Zeh ihres linken Fußes und einen schlichten, goldenen Ehering am Ringfinger der linken Hand. Am hübschesten von allem aber war ihre *Kakkethathi*, eine Halskette aus goldenen Perlen, von der ein großer, halbmondförmiger Anhänger hing, der mit Rubinen übersät und mit vielen kleinen Perlen eingefaßt war.

Die nächste Zeremonie, das *Ganga Puja*, fand kurz nach 16 Uhr 30 am Brunnen hinter dem *Kodava Samaj* statt. Dafür wurde Nalini von ihren beiden Brautjungfern (ihren Cousinen ersten Grades) und einer kleinen Gruppe älterer Verwandter begleitet. Am Brunnenrand waren ein Handtuch, eine Kokosnuß, eine Handvoll Plantainbananen, eine Schale mit Reis, eine Limone, Betelblätter und Nüsse, *Vibhuthi* (ein farbiges Pulver, mit dem man die Stirn einreibt) und das verzierte Messer des Bräutigams ausgelegt. Nachdem sie Gesicht, Hände und Füße gewaschen und sich, während sie ein Gebet sprach, die Stirn eingerieben hatte, streute die Braut als Gruß an Ganga, die Göttin des Wassers, glückbringenden Reis in den Brunnen. Dann legte sie drei Arekanüsse auf drei Betelblätter und ließ sie vorsichtig ins Wasser gleiten, so daß sie nicht umkippten. Als nächstes schälte sie die Bananen zur Hälfte und ließ sie auf dem Brunnenrand liegen, während sie die Kokosnuß mit dem *Peechekathi* ihres Ehemannes knackte und alle Milch in den Brunnen goß. Sie kaute Betel – ein Genuß, der unverheirateten Frauen nicht erlaubt war – und füllte dabei zwei Messingkrüge mit Wasser, balancierte beide übereinander auf ihrem Kopf, und dann begann ihre Qual.

Die Qual wird *Battethadpa* (Versperren des Wegs) genannt und ist ein weiterer coorgianischer Heiratsbrauch, der von den *Kshatrias* stammt. Wenn die Braut, gefolgt von ihren Begleiterinnen, den Brunnen verläßt, um die Krüge um das Haus herum in die Küche zu tragen, findet sie den Weg durch schwungvoll tanzende Männer blockiert, die zur Familie des Bräutigams gehören. Dieses Tollen dauert normalerweise vier bis fünf Stunden, manchmal aber auch die ganze Nacht. Natürlich wird der bereits erschöpften Braut damit eine starke Belastung auferlegt. Sie wird von ihren vielen neuen Verwandten genau beobachtet, während sie unbeweglich dasteht und zwei schwere Wasserkrüge balanciert. Nur gelegentlich darf sie ein paar Schritte weitergehen. Vielleicht ist es angemessen, daß eine kriegerische Rasse ihre Frauen so behandelt und damit prüft, ob sie als Mütter für die nächste Generation von Kriegern taugen, aber Nalini tat mir heute nachmittag wirklich leid.

In dem Augenblick, in dem die Mitglieder begannen, Tanzmusik zu spielen, kam Rachel von irgendwoher angesprungen. Sie hatte Major Ponappa bei der Hand gepackt (sie scheinen inzwischen dicke Freunde zu sein) und fuhr fort, mit ihm ein höchst kompliziertes Pas de deux auszuführen. Nachdem sie es beendet hatten, tanzte sie vor der Braut ohne Pause eine Stunde und 40 Minuten lang weiter. Und obwohl eigentlich nur Männer an dem *Battethadpa* teilnehmen dürfen, wurde sie von ihren Mittänzern ständig angefeuert.

Die Coorgianer mischen auf merkwürdige und zugleich wunderbare Weise Traditionelles und etwas, was man mit unkonventionell beschreiben könnte. Sie sind offenbar immer bereit, Zugeständnisse bei Bräuchen, Launen und Kapricen anderer zu machen. Und so sehr sie auch ihre eigenen alten Zeremonien schätzen, beharren sie nicht fanatisch auf jedem Detail, wenn es aus irgendeinem Grund wünschenswert ist, zu improvisieren oder Veränderungen vorzunehmen.

Als wir das *Kodava Samaj* gehen 17 Uhr 30 verließen, als die Braut gerade die Küche betrat, hatte ich Bedenken, daß Rachel nach solch lebhaftem Tanzen nicht mehr in der Lage sein würde, die fünf Kilometer nach Hause zu laufen. Aber sie sprang vor mir her, als sie sich überaus aufgeregt die Ereignisse des Tages ins Gedächtnis rief. Unter anderem war ihr erlaubt worden, mit dem Schwert des Bräutigams zu spielen – mir brach der kalte Schweiß aus, denn die Schwerter in Coorg werden gut gepflegt, damit man sie jederzeit benutzen kann.

Auf unserem Nachhauseweg schien die Sonne die Saris des *Kodava Samaj* in Erinnerung rufen zu wollen. Zuerst breitete sich am Himmel ein rosafarbenes und goldenes Wolkenband aus, vor dem sich die allgegenwärtigen Ghats scharf abzeichneten – die Schatten, die sie warfen, hatten eine zarte mauvefarbene Tönung –, und jenseits eines Reisfeldes, das aussah wie poliert, standen die dunklen Silhouetten der Palmen- und Plantainstämme und aller anderen stattlichen Bäume des Waldes. Aber bald wurden die Wolken dunkler und nahmen eine rote Färbung an, während der klare Himmel darüber von hellblau zu blaugrün wechselte und schließlich zu dem unvergleichlichen Königsblau der Dämmerung, wie man es nur in den Tropen findet. Jetzt hatten die Wolken über den lilafarbenen Bergen die Farbe eines seltenen Brauns mit einem Hauch von Rosa angenommen. Augenblicke später glänzten über uns die ersten Sterne – Splitter aus Gold –, Dschungel-Fledermäuse, die größer waren als Krähen, stürzten piepsend aus den Bäumen herab, und in der Ferne begann ein Schakal sein verlorenes, unheimliches Solo.

Sechzehntes Kapitel

Beten und Tanzen

20. Februar
Heute trafen sechs *Banjaras* – die Generationen von Briten als »*brinjarries*« bekannt sind – mit drei Planwagen in Devangeri ein und eröffneten ihr Geschäft auf dem Maidan hinter unserem Haus. Diese Händler fahren mit großen Planwagen, die von zwei prachtvollen, weißen mysorischen Ochsen gezogen werden, kreuz und quer durch Südindien. Diese Ochsen sind Hydar Ali zufolge »im Vergleich zu allen anderen Ochsen das, was arabische Pferde im Vergleich zu allen anderen Pferden sind«. (In Coorg, wo es keine Pferde gibt, entwickelt man einen Blick dafür, was einen guten Ochsen ausmacht.) Die meisten *Banjaras* sehen außerordentlich unzivilisiert, zerlumpt und ungepflegt aus, sind aber fröhlich, freundlich und bedingungslos ehrlich. Sie verbringen in jedem Dorf fünf oder sechs Tage und tauschen Produkte ihrer Felder, die in der Nähe von Mysore liegen, gegen überschüssigen Reis, der wiederum in Gegenden gebracht wird, wo er knapp und teuer ist. Als ich fragte, warum die Coorgianer ihr überschüssiges Getreide nicht behielten und später selbst verkauften, sagte man mir, daß die Kosten für den Transport von kleinen Mengen so hoch sei, daß es sich nicht lohnen würde. Es sei wirtschaftlicher, es jetzt gegen einen Vorrat an Kartoffeln, Zwiebeln und Hülsenfrüchten einzutauschen, deren Preise in Monsunzeiten stark ansteigen würden.

Es tut gut zu sehen, daß solche Einrichtungen noch heute, im Jahr 1974, florieren. Heute nachmittag tauschte ich unseren überschüssigen Reis – Tim hatte uns genug für 20 Iren gegeben – gegen Kartoffeln und Zwiebeln, die kürzlich im Bazar sehr teuer geworden sind. Und während ich zusah, wie mein kleiner Beutel auf einer alten Waage sorgfältig gewogen wurde, erinnerte ich mich an einen Brief, den Arthur Wellesley vor der

Schlacht von Assaye nach Bombay geschrieben hatte: »Die *brinjarries* sind eine Sorte von Händlern, die die Armee mit Getreide und anderen Vorräten aufsuchen, die sie im Bazar verkaufen. Normalerweise suchen sie nach den Vorräten, die am billigsten verkauft werden und transportieren sie dann auf ihren Ochsen zur Armee ... Hauptmann Barclay hat auf meine Anweisung an den *Gomashta* (Vertreter) der *brinjarries* geschrieben, ... um ihn darüber zu informieren, daß alle *brinjarries* von Karnatak, Mysore und den abgetretenen Bezirken sofort benötigt würden, und daß sie packen und sich der Armee anschließen sollten.« Das war 1803, und die *brinjarries* waren bereits die Triebfeder der britischen Feldzüge durch Süd- und Zentralindien geworden. Damals wurden beim Militär noch keine Rationen ausgeteilt und es gab noch keine Versorgungskompanie. Die Truppen der Marathen und Franzosen hatten einfach von dem gelebt, was das Land hergab, und auf ihrem Weg durch die verschiedenen Regionen geplündert. Bei den Einwohnern hatten sie sich damit natürlich nicht gerade beliebt gemacht. Als daher die Briten ihre Vorräte zu den geltenden Marktpreisen bei den *binjarries* erstanden, hinterließen sie einen guten Eindruck, der in Südindien bis heute angehalten hat.

Als ich heute abend gerade Rachel ihre Gute-Nacht-Geschichte vorlas, kam der Schneider Ponappa vorbei, der, dessen Frau vor ein paar Wochen gestorben ist. Mir war nicht sofort klar, daß der arme Mann auf einer Sauftour gewesen war, und ein M.C.C. ließ ihn für eineinhalb Stunden in rührselige Klagen verfallen. Er war hauptsächlich von der erniedrigenden Tatsache besessen, daß die Medikamente, die seine Frau bei ihrer letzten Krankheit einnehmen mußte, ihre Haut hatten dunkler werden lassen. Vorher sei »sie hell wie eine Europäerin« gewesen und ich hätte sie daher nie gesehen, als »sie so schön wie eine blühende Jasminblüte« war. Er fragte mich ängstlich, ob ich ihm glauben würde, und versicherte mir wiederholt, daß er nie ein Mädchen »mit soviel Dunkelheit an ihr« hätte heiraten können. Nachdem ich ihm drei Becher starken, schwarzen Kaffees gemacht hatte, gelang es mir schließlich, ihn sanft, aber bestimmt die Leiter hinunter zu begleiten – bei Kerzenlicht keine einfache Sache – und ihn auf den Nachhauseweg zu bringen. Aber ich vermute, er wird zu unserer »Kneipe« zurückgestolpert sein, sobald ich mich umgedreht hatte.

Während ich dies schreibe, feiert im Hof eine Gruppe von Jungen und Männern beim Licht der Fackeln: Sie tanzen, springen, rufen, trommeln, spielen Flöte und Horn – und dünsten dabei solch durchdringende Wolken von Arrak aus, daß ich heute abend wohl kaum noch einen M.C.C. brauche. Ich nehme an, sie feiern genau wie Ponappa ein jährlich stattfindendes Hindu-Fest, das den Coorgianern besonders gut gefällt, weil es so unbeschwert ist. Der Gott Krishna soll angeblich heute nacht fest schlafen, und die Tradition erlaubt daher kleinere Diebstähle. Es ist üblich, daß Hausbesitzer diese herumziehenden Gruppen hereinlassen, damit sie sich mit Essen, Getränken und kleinen Münzen versorgen. Sie spielen außerdem der Dorfgemeinschaft Streiche, indem sie beispielsweise etwas Ungenießbares (aber nichts Verunreinigendes) in den öffentlichen Brunnen werfen, Bäume fällen, um Straßen zu blockieren, und die Benzintanks der Busse oder Autos mit Wasser füllen. Subaya sagt ganz richtig, daß wir sie in dieses Haus nicht hereinlassen dürfen, weil seine Besitzer nicht da sind. Aber ich glaube, es ist besser, daß ich hinuntergehe und ihnen ein Trinkgeld aushändige, bevor sie Rachel aufwecken. Sie geben auf jeden Fall ein fröhliches Bild ab, bei dem flackernden Licht von Plantainstümpfen, die sie nicht mehr gerade halten können. Die Musiker sind allerdings schon so betrunken, daß ihr Spiel nicht mehr melodisch ist.

24. Februar
Heute wurden wir von den Chengappas in Virajpet mittags zu einem Abschiedsessen eingeladen. Da heute Sonntag ist, beschloß ich, zum Gottesdienst in der katholischen Kirche zu gehen. Das große Gebäude war voller Menschen, meistens Frauen und Kinder, und jeder sang aus voller Kehle, wenn auch unme-

lodisch. Das bei weitem Schönste im Innern war der schlichte, den Gläubigen zugewandte Altar aus poliertem Teakholz.

Als wir die Kirche verließen, wurden wir von einem dünnen, zerbrechlich wirkenden, kleinen Mann, der vielleicht 35 Jahre alt war und die Kollekte eingesammelt hatte, angehalten. Er fragte Rachel nach ihrem Namen und rief dann aus: »Rachel! Das ist ja ein Zufall! In diesem Augenblick wird meine Tochter ebenfalls Rachel getauft. Sie müssen mitkommen und dabei sein, wenn sie ihren Namen bekommt!«

Wir drehten uns um und folgten dem stolzen Vater zurück in die Kirche, und ich fragte mich, wie solch ein zartes Geschöpf je ein Kind gezeugt haben konnte. Dann nahmen wir unseren Platz neben dem Taufbecken ein, wo ein 40 Tage altes Baby von einer älteren Frau gehalten wurde, von der ich annahm, daß sie eine Taufpatin sei, die der Generation der Großmutter entstammte. Inzwischen hatten die meisten aus der Gemeinde die Kirche verlassen, doch mir fiel auf, daß auf einer Bank in der Nähe des Taufbeckens eine ganze Reihe Kinder unterschiedlichen Alters saßen, die ein reges Interesse an dem Vorgehen zeigten.

Am Ende der zwanzigminütigen Zeremonie drehte sich der Vater von Rachel II zu der älteren »Taufpatin« um und stellte sie uns als seine Frau vor. Anschließend deutete er auf die Gruppe in der Kirchenbank und stellte sie als »seine anderen Kinder« vor.

»Wie viele?« fragte ich schwach. Es hatte mich derart umgehauen, daß ich außerstande war, selbst zu zählen.

»Dreizehn mit Rachel«, erwiderte der dünne, kleine Mann glücklich. »Deshalb müssen wir jetzt schnell noch eins bekommen, weil 13 eine Unglückszahl ist.« Er strahlte seine ausgezehrte Frau an. »Vielleicht bekommen wir die volle Anzahl, die runde Zahl von 20 – meine Frau ist erst 34 Jahre alt –, da haben wir noch Zeit.«

Bei den Chengappas sagte Rachel ausnahmsweise einmal das Richtige: Sie machte die Bemerkung, daß sie gerne immer hier leben würde. Ich kann gut verstehen, warum. Niemand stellt sich wegen der Gefahren des Straßenverkehrs an oder sorgt sich, daß es zu heiß, zu kalt oder zu naß sei. Sie kann den ganzen Tag nackt durch den Wald oder die Reistäler laufen, in so viele Flüsse oder Teiche hinein und wieder heraus springen, wie sie will. Heute morgen war sie mit Freunden von acht bis halb elf unterwegs und bis zu den Ohren mit Schlamm bedeckt, als sie zurückkam, offensichtlich hatten sie sich in einem Büffelloch prima amüsiert. Ich mußte am Brunnen mehrere Eimer Wasser über sie schütten, bevor wir zum Mittagessen gehen konnten.

Während der Mahlzeit sprachen wir über die Probleme, gut ausgebildete indische Mädchen als Nachwuchs für den Beruf der Krankenschwester zu gewinnen, von dem viele aufgrund der Verunreinigungskomplikationen noch immer denken, daß er nur für die unterste Kaste geeignet sei. Mrs. Chengappa erklärte, daß wenig Hoffnung bestünde, daß sich etwas ändere, bis sich die Lebensbedingungen für Schwesternschülerinnen verbessert hätten. Der Wunsch der jüngeren Tochter der Chengappas, Krankenschwester zu werden, wird von ihren Eltern grundsätzlich unterstützt. Aber praktisch fühlen sie sich verpflichtet, sie davon abzubringen, weil es Schwesternschülerinnen nicht erlaubt ist, eine Wohnung zu mieten, und die Zustände im Krankenhaus sich als unerträglich für das Mädchen herausstellen würden. Doch die Krankenpflege wird erst gesellschaftlich akzeptiert werden, *nachdem* eine Gruppe von Mädchen aus den oberen Kasten Pionierarbeit geleistet hat. Hier hat Indien also einen weiteren Teufelskreis.

25. Februar
Am dritten März werden wir Coorg verlassen, um nach Nordindien zu fahren. Es bleiben uns daher nur noch sechs Nächte in Devangeri. Zufällig wird an unserem letzten Abend hier auf dem Maidan ein coorgianischer Volkstanz bei Fackellicht aufgeführt. Er ist Teil des alljährlich stattfindenden Treffens der Städte Mercara und Darien (Connecticut), und diese Festivitä-

ten können vielleicht die gedrückte Stimmung heben, die mich angesichts des Gedankens, Devangeri verlassen zu müssen, bereits überkommen hat. Wir sind eingeladen, am 2. März die Nacht bei den Machiahs zu verbringen, am nächsten Morgen nehmen wir dann den Bus nach Bangalore.

Inzwischen sind die Mittagsstunden fühlbar heißer geworden – wenn auch nie unangenehm, da es zunehmend mehr Wolken und leichten Wind gibt. Bald werden die schweren »Blütenregenfälle« des März kommen. Ich wünschte so sehr, ich könnte noch bleiben, um mitzuerleben, wie sich die Plantagen in ein weißes Meer aus stark duftenden Blüten verwandeln und die grau-braunen Maidans grün werden! Diese Regengüsse im März sind lebensnotwendig für den Kaffee vom kommenden Jahr. Wenn sie nicht ausreichen, ist die Ernte verdorben, ganz egal, wie gut die späteren Monsunregenfälle auch sein mögen. Und es ist auch nicht immer leicht, die reifen Beeren vor den Regenfällen zu ernten, die sie verderben würden. Wir konnten deshalb letzte Woche in den Plantagen sehr geschäftiges Treiben beobachten.

Rachel war heute abend gerade eingeschlafen, als ein fremdes Auto im Hof auftauchte. Ich sah, wie einer unserer Freunde, ein Händler aus Virajpet, zusammen mit seiner Frau und zwei kleinen Söhnen aus dem Auto stieg, die sich von uns verabschieden wollten und uns Abschiedsgeschenke – Sandelholz und teure englische Schokolade – brachten. Der Vater von Mr. Kusum hat auf Kannada eine Geschichte von Coorg verfaßt, und er selbst besitzt neben seiner florierenden Gemischtwarenhandlung in Virajpet eine Druckerpresse in Mercara. Er ist also nach indischem Verständnis ein Verleger.

Als ich Mr. Kusum zu Beginn fragte: »Welcher Bevölkerungsgruppe gehören Sie an?« antwortete er stolz: »Ich gehöre zur selben Bevölkerungsgruppe wie Indira Gandhi – ich bin ein Brahmane aus Kaschmir.« Aber die Familie ist vor 80 Jahren von Goa nach Coorg gezogen, und es ist Generationen her, daß sie Kaschmir verlassen haben. Sie sind jedoch strenge Vegetarier, Antialkoholiker und Nichtraucher geblieben – keine einfachen Gäste für die Murphys.

Mr. Kusums Bericht über den Status indischer Autoren ließ mir die Haare zu Berge stehen. Er versicherte mir, daß ein Autor mit nicht mehr als 15 oder 20 englischen Pfund für ein Buch rechnen kann, von dem 2000 oder 3000 Exemplare verkauft werden. Darüber hinaus bekommen Rezensenten von den Zeitungen keine Bezahlung – das kostenlose Rezensionsexemplar ist ihr Honorar. Sie seien daher für Bestechungen durch Autoren oder durch deren Feinde empfänglich. Wahrscheinlich, fügte Mr. Kusum hinzu, durch die Feinde, denn wenn der Autor den Druck des Buches und das dafür nötige Papier bezahlt hätte, sei es unwahrscheinlich, daß er sich noch eine Bestechung leisten könne. Mir gefror das berufliche Blut in den Adern, als mir die literarische Szene Indiens in all ihren schrecklichen Einzelheiten offenbart wurde. Kein Wunder, daß die Inder ungläubig reagieren, wenn sie durch hartnäckige Fragen erfahren, daß ich erstens eine Schriftstellerin bin und zweitens weder von der irischen Regierung noch von einer Universität, einer Firma oder sonst irgend jemandem einen Reisekostenzuschuß erhalte. Sie können sich einfach nicht vorstellen, wie es sich ein bescheidener *Schriftsteller* leisten kann, im Ausland zu reisen.

26. Februar
Auf der Hochzeit letzte Woche hatten uns die Nonnen des Guten Hirten, die ebenfalls dort Gäste waren, zu ihrer Schule in Ammathi eingeladen, um ihre betagte englische Gründerin kennenzulernen. Diese Schule hat über 300 Schüler im Alter von 4 bis 13 Jahren. Sie wurde gebaut und wird geleitet ohne die erhoffte Unterstützung der Regierung – diese mangelnde Unterstützung wird als ein Zeichen der offiziellen, anti-christlichen Einstellung gewertet. Doch der Orden des Guten Hirten in Indien ist außerordentlich reich, er wurde vor 130 Jahren gegründet, und die coorgianischen Familien, an die er sich hauptsächlich wendet, können es sich sehr wohl leisten, hohe Schulgebühren zu bezahlen. Die wenigen Schüler, die keine Gebühren bezahlen, sind »verdienstvolle Fälle« aus armen Fa-

milien in Ammathi. Ich nehme an, sie sind hauptsächlich der Form halber aufgenommen worden, da der Orden ursprünglich nicht gegründet worden war, um die Reichen weiterzubilden, sondern um sich um die Armen zu kümmern – und dabei besonders die Seelen von unverheirateten Müttern und Prostituierten wieder einzufangen.

Nach einem Rundgang durch die gut ausgestatteten Klassenräume wurde ich Mutter Christine vorgestellt, einer 79jährigen Engländerin, die die Schule gegründet hat. Vor 60 Jahren hat sie den katholischen Glauben angenommen, sehr zum Entsetzen ihres hitzköpfigen alten Vaters, eines Oberst der Armee. Ein Jahr später trat sie dem Orden des Guten Hirten in Bangalore bei, ihre Vorväter waren über zwei Jahrhunderte Soldaten in Indien gewesen. Mir gefiel ihr Bericht, wie sie im Alter von 70 Jahren nach Ammathi kam, mit nur einer 73jährigen Begleiterin, und forsch eine neue Schule bauen ließ, von der die örtlichen indischen Behörden eigentlich nichts hielten. Es ist wunderbar ironisch, daß dieses archaische Aufflackern von britischem Imperialismus in einer Angelegenheit stattfand, die die Vorväter von Mutter Christine verabscheut hätten.

Egal, welche Maßstäbe man anlegt, Mutter Christine ist eine unvergeßliche Persönlichkeit: ein zartes Geschöpf, das mir kaum bis zur Schulter reicht, aber noch immer voller Energie und Intelligenz, mit einem Sinn für Humor und Entschlossenheit. Und all dem zugrunde liegen Liebenswürdigkeit, Mitgefühl und Weisheit. Wir saßen in einem kleinen, sonnendurchfluteten, frisch gestrichenen Salon, tranken unzählige Tassen Tee, und mir fiel wieder einmal der Unterschied zwischen der Einstellung von römisch-katholischen Missionaren und der von Protestanten gegenüber Nicht-Christen auf. Theoretisch ist die römisch-katholische Kirche eine der unflexibelsten, tatsächlich ist jedoch die Mehrzahl ihrer Vertreter auffallend tolerant und aufmerksam in ihren Beziehungen zu Nicht-Christen.

Gegen Mittag, als wir uns erhoben, um uns von Mutter Christine zu verabschieden, begleitete sie uns auf den Balkon, sah die Kinder an, die aus ihren Klassenzimmern strömten und rief plötzlich: »Ich liebe Indien!«. Dann drehte sie sich zu mir um und sagte: »Vielleicht haben die Hippies recht – vielleicht wird in Zukunft die seelische Rettung der Menschheit hier ihren Anfang nehmen. Haben Sie je darüber nachgedacht, daß dies das Land ist, wo am meisten auf der Welt gebetet wird?«

27. Februar
Im Wald bei Jagis Dorf liegt ein alter Tempel, zu dem für bestimmte Feste Pilger aus ganz Südwestindien kommen. Mir gefällt seine besondere Gestalt ausnehmend gut, er fügt sich so unauffällig in die Landschaft, daß man an ihm vorbeigehen würde, ohne ihn zu bemerken, wenn nicht vor dem Eingang ein großer, schwarzer Nandi läge. Der rechteckige, grobe Bau ist aus dunkelgrauen Steinblöcken errichtet, die ungeschickt verputzt wurden, und die Fassade weist nur einige unbeholfene Schnitzereien von mythologischen Figuren auf, die im Laufe der Zeit fast verwittert sind. Solch ein Tempel könnte leicht 1000 Jahre alt sein oder älter. Niemand hat eine Vorstellung davon, wann er erbaut wurde, auch wenn sich alle über sein außerordentlich hohes Alter einig sind. Die Tür bleibt verschlossen, und nur der örtliche brahmanische Priester, der in der Nähe lebt, darf den Schrein tatsächlich betreten. Aber gestern schlug Jagi vor, daß ich heute morgen an dem *Puja* teilnehmen solle, um anschließend ein Abschiedsfrühstück bei ihr zu Hause einzunehmen. Sie fügte hinzu, daß ich wahrscheinlich mit dem Brahmanen allein sein würde, weil die Dorfbewohner in Coorg keine großen Tempelgänger seien.

Wir machten uns heute morgen schon früh auf den Weg, noch bevor die Sonne den nächtlichen Nebel über Coorg aufgelöst hatte, und gingen wie verzaubert durch eine Welt aus Grün und Silber, die erfüllt war vom Gesang der Vögel. Als wir uns Jagis Haus näherten, drang plötzlich warmes, goldenes Sonnenlicht zwischen den Bäumen hindurch und verfing sich in den kräftig blühenden Weihnachsssternen, die entlang dieses *Oni* wachsen.

Ich ließ Rachel bei Jagi und ging allein weiter. An der kleinen

Öffnung der niedrigen Steinmauer, die das grasbewachsene Gelände des Tempels eingrenzte, zog ich meine Schuhe aus. Der Priester war noch nicht gekommen, daher war ich mit Nandi allein im Schatten der riesigen *nellige-*, Pipal-, Jack-, Mangobäume und Palmen. Der Himmel über diesen hohen, sich kreuzenden Ästen besaß das klare, frische Blau des Morgens, mit türkisgrünen Blitzen der Sittiche, die hin und her flogen. Es war ungeheuer friedlich.

Dann erschien der Brahmane: ein hochgewachsener, dünner, älterer Mann mit strengem Gesichtsausdruck, der gebeugt ging und nur ein *Lunghi* trug. Wahrscheinlich lehnt er *Mlecchas* auf dem Tempelgelände ab – aber ich muß betonen, daß dies eine reine Vermutung ist. Nichts, was er sagte oder tat, ließ mich spüren, daß ich nicht willkommen sei. Ich wurde im Gegenteil so vollkommen ignoriert, daß ich nach einer Stunde daran zu zweifeln begann, ob ich wirklich existierte. Und doch hatte ich Verständnis für seine Einstellung: Auf eine gewisse unnahbare, unpersönliche Art fand ich ihn sogar sympathisch. Er war eindeutig ein Mann der Götter.

Inmitten des Tumults in einem großen Tempel, oder selbst in einem kleinen Tempel einer Stadt, ist für den nicht Eingeweihten alles erstaunlich und verwirrend, und man begreift nicht ganz, was vor sich geht. Aber heute morgen, allein mit dem Brahmanen in der Stille des Waldes, konnte ich von dem Moment an, als er in der kleinen Hütte aus Stein neben dem Tempel das Feuer für das Opfer entfachte, jede Einzelheit beobachten. Während ich an der offenen Tür stand und in die kleinen Flammen schaute, die im Halbdunkel tanzten und größer wurden, stellten sie für mich – was nicht zu abwegig war – die Verbindung zu den *Garhapatya*-Feuern der ersten Arier in Indien her. Die Arier hatten keine Tempel oder irgendwelche heiligen Bezirke, sondern zündeten ihre heiligen Feuer auf einer ebenen Grasfläche an und beteten freudig unter freiem Himmel.

Während er ununterbrochen Verse auf Sanskrit murmelte – denn am Anfang war das Wort –, trug der Priester seinen Messingkrug zum Brunnen in der Nähe des Nandi und holte Wasser, um darin seinen Opferreis zu kochen. Während der Reis vor sich hin kochte, schälte der Priester eine Kokosnuß, schälte ein paar Plantainbananen bis zur Hälfte, bereitete seinen Leuchter in einer Schale mit Kampfer und seinen Weihrauchbrenner vor, zog ein paar duftende Girlanden aus Waldblumen auf und zerrieb zwischen zwei Steinen Antimon, um eine rote Paste herzustellen – das Symbol für Glück. Mit dieser Paste würde er Schiwa, Ganesh, Nandi und den *Lingam*-Stein salben, der unter einem heiligen Baum hinter dem Tempel steht.

Als er mit seinem beladenen Messingtablett zur Tür kam, trat ich zur Seite und folgte ihm zum Eingang des Tempels, den er auf dem Weg zum Brunnen geöffnet hatte. Im Innern zeichneten sich dicht beim Eingang drohend zwei uralte Standbilder ab: der vierarmige Schiwa, der auf dem ausgestreckten Körper des Dämons der Illusion tanzte, und Rachels geliebter elefantenköpfiger, spitzbäuchiger Ganesh, der Sohn von Schiwa und seiner Gemahlin Parvati, der Berggöttin. Ich stand am Fuß der sechs ausgetretenen Stufen, die zum Schrein führten und war kaum 1,80 Meter von dem Brahmanen entfernt, als er sich mit gekreuzten Beinen vor seine Götter setzte und begann, die Rituale zu vollziehen, die schon alt waren, als Christus geboren wurde.

Gelegentlich ist man in Indien einfach von dem Gewicht der Tradition überwältigt, und die westliche Vorstellung von Zeit wird bedeutungslos – eine beunruhigende und erhebende Erfahrung, die einen Blick auf Möglichkeiten eröffnet, die von der logischen und modernen Wissenschaft nicht berücksichtigt werden, wohl aber von der uralten Intuition der Menschheit. Und so war es heute morgen, als ich zusah, wie der Brahmane seine Opfer brachte, seine Glocke läutete, Weihrauch schwenkte, Girlanden darbot, seine hohlen Hände über die Flamme der Leuchte in der Schale hielt und ernst die Gebetsformel auf Sanskrit rezitierte, deren Worte er verstanden haben mag oder auch nicht.

Ich scheitere bei dem Versuch, denjenigen, die es nie gesehen haben, zu beschreiben, wie anmutig die Handbewegungen eines Hindu-Priesters sind, während er betet. Alle Opfer und Rezitationen werden von diesen komplizierten, stilisierten, fließenden Gesten begleitet, die ihn symbolisch mit dem Objekt seiner Anbetung vereinigen und von unvergleichlicher Schönheit sind. Am Ende des heutigen morgendlichen *Puja*, als der Brahmane sich aus dem Tempel zurückzogen hatte – und an der *Mleccha* mit gesenktem Blick vorbeigegangen war –, fiel es mir schwer, aus diesem erhebenden Zustand, in den er mich unbewußt versetzt hatte, wieder auf den Boden der Tatsachen zurückzukehren.

2. März
Die Ayyappas hatten großmütig angeboten, sich heute um Rachel zu kümmern, während ich mit Aufräumen, Packen und Saubermachen beschäftigt war. Aber am frühen Nachmittag vernahm ich am Fuß der Leiter das unterdrückte Schluchzen eines Kindes, das sich ziemlich weh getan hatte. Beim Toben mit ihren *Harijan*-Freunden war sie von einer 1,50 Meter hohen Mauer auf einen Haufen zersplitterter Steine gefallen. Sie hat Glück gehabt, daß sie mit ein paar kleineren Schnittwunden am linken Oberarm und dem, was nach einem schlimm verstauchten rechten Handgelenk aussieht, davongekommen ist. Nachdem ich ihre Schnittwunden ausgewaschen und ihr als Narkose drei Kapitel aus *Alice* vorgelesen hatte, sagte sie munter: »Tante Ayyappa hat uns beide zum Tee eingeladen. Ich glaube, wir machen uns besser auf den Weg.« Das taten wir dann auch, und sie hüpfte vor mir her wie ein Osterlamm. Doch als Dr. Chengappa und seine Familie um sechs Uhr kamen, um die letzten Vorbereitungen für den Tanz zu überprüfen, war ihr rechter Unterarm deutlich angeschwollen, und der Arzt sagte, sie solle ihn in einer Schlinge tragen.

Bei Sonnenuntergang hatte sich ganz Devangeri auf dem Maidan versammelt. Eine Reihe Stühle stand für das Dutzend Gäste aus Darien bereit, die von Mercara hierher gefahren wurden. Tim winkte mir, ich solle mich neben ihn setzen. Ich hätte wissen müssen, daß er der Präsident der Mercara-Darien-Vereinigung ist. Er erzählte mir, daß Devangeri eines der wenigen Dörfer ist, wo der Frauentanz wiederbelebt wird. In der Zeit vor der Lingayat-Dynastie hatten coorgianische Frauen an allen Veranstaltungen der Gemeinde teilgenommen, bei Dorffesten getanzt und sich ihren Männern bei den längeren Gesängen angeschlossen, die einen wichtigen Teil der Zeremonien bei Beerdigungen, Hochzeiten und den *Huthri*-Feierlichkeiten darstellen.

In der Mitte des Maidans stand die *Kuthimbolicha*, eine hohe Messinglampe mit Sockel, um die die Tänzer sich drehen. Gegen 7 Uhr 15 waren die Gäste eingetroffen, die Lampe war angezündet, und Rachel saß bequem auf dem Schoß des berühmtesten Mannes in ganz Coorg, General K. M. Cariappa, der pensionierte Oberbefehlshaber der indischen Armee. Bei den beiden war es eindeutig Liebe auf den ersten Blick gewesen. Das erstaunte mich zuerst. Später erfuhr ich, daß der General auf drei Kontinenten berühmt dafür ist, daß Kinder sich unwiderstehlich von ihm angezogen fühlen.

Es gab drei Gruppen von Tänzern, und das Programm wurde von 20 schlanken, schüchternen und anmutigen Schulmädchen eröffnet, die ihre Vorstellung mit großer Sicherheit und großem Können absolvierten. Als nächstes kamen die Frauen, die bereits mehrere Male zu den Feierlichkeiten anläßlich des Tages der Republik in Neu-Delhi eingeladen worden waren. Sie tanzen zur Musik eines Beckens und singen ernste Lieder, während sie Kreise um die flackernde Lampe ziehen und sich dabei biegen, hin und her bewegen und sich drehen. Sie heben und senken rhythmisch die Arme, ihr Schmuck klingelt und blitzt dabei, und ihre seidenen Saris wogen im Licht der Fackeln wie ein Meer aus Farbe.

Dann erschienen die Männer mit Turban und nackten Füßen. Sie trugen untadelige *Kupyas*, und jeder war mit seinem glänzenden Schwert bewaffnet, bereit, den berühmten und anstrengenden *Balakata* – einen coorgianischen Kriegstanz – zu tanzen, dessen hohes Alter unbestimmt ist. Mich berührten diese

Söhne von Kriegern tief, die die Götter des Krieges anriefen, während sie rannten, Pirouetten drehten und ihre Schwerter schwangen, als ob sie den nächststehenden Mann köpfen wollten. Im Lauf des Tanzes ließ sich jeder zunehmend von den dargestellten Gefühlen anstecken, und der Kreis drehte sich schneller und schneller, während die Schwerter immer kühner geschwungen wurden, der Staub von stolz stampfenden Füßen aufgewirbelt wurde und die dunklen Augen unter den vergoldeten Turbanen glänzten. Dann breitete sich die Erregung aus und mit typisch coorgianischer Spontaneität drängten viele auf den Maidan, um ihre eigene Vorstellung zu geben – einschließlich General Cariappa und Rachel. Die beiden stampften und sprangen Hand in Hand durch die Staubwolken, strahlten einander an und beantworteten die Beifallsrufe der entzückten Menge mit fröhlichem Winken. Ich werde das kontrastreiche Bild nicht so schnell vergessen, das die hochgewachsene, schlanke, militärische Gestalt des Generals mit der kleinen, stämmigen, sonnengebräunten Gestalt meiner Tochter ergab, während sie zusammen – so unwahrscheinlich es sein mag – im Licht der großen Fackeln aus Plantainstümpfen herumtollten, die von einem Dutzend lachender Jugendlicher am Rand der Menschenmenge hochgehalten wurden und in der nächtlichen Brise rosa Funken sprühten.

Eine Stunde später, als wir mit den Machiahs durch die Stille eines schwarzen, silbrigen Waldes liefen, der vom Mondlicht erhellt wurde, konnten wir hinter uns das Singen, Rufen und die Beckenschläge der Dorfbewohner von Devangeri hören, die noch für einen improvisierten Tanz zusammengeblieben waren, der wahrscheinlich nicht vor dem Morgengrauen enden würde.

Epilog

Unsere Bahnfahrt von Bangalore nach Delhi dauerte 49 Stunden. Glücklicherweise hatten wir jedoch einen liebenswürdigen Schaffner, der nicht auf ein Trinkgeld und noch weniger auf eine Bestechung aus war. Er gab sich große Mühe und besorgte uns schließlich halbwegs geeignete Schlafkojen. (Es handelte sich dabei um schmale Holzbretter, die wie Regale übereinander lagen. Am Tag waren sie zu dicht unter der Decke, um sich darin wohlfühlen zu können, aber wir haben beide nachts gut geschlafen.) Nur beim Bahnfahren hat man als Frau in Indien uneingeschränkte Vorteile. Die Wagen der dritten Klasse für Frauen sind normalerweise nicht so überfüllt und schmutzig wie die anderen; Männer, die mit Frauen zusammen reisen, mit denen sie verwandt sind, benutzen diese ebenso.

In Madras mußten wir umsteigen und hatten nur 40 Minuten Zeit, um unsere reservierten Plätze zu finden. Die Menschenmassen, die besorgt zu ihren Zügen drängten, waren so undurchdringlich, daß ich Gewalt anwenden mußte, um vorwärtszukommen, und Rachel fand das Ganze verständlicherweise etwas beängstigend. Da durchaus Gefahr bestand, daß ihr in der Menge etwas passierte, verfrachtete ich sie in einen günstig gelegenen Wagen für Frauen und ließ sie in Gesellschaft einer liebenswürdigen europäischen Nonne zurück, um auf unsere Sachen aufzupassen. Dann nahm ich meine Suche wieder auf, aber aufgrund der erstaunlichen Verwandlung, die der Name Murphy durch den Stift eines Bahnbeamten erfahren hatte, war es zu spät, Rachel noch umzusetzen, als ich den richtigen Wagen endlich gefunden hatte.

Die Nonne war eine Italienerin, die 20 Jahre als ärztliche Missionarin in Indien gewesen war. Sie erwähnte, daß sie jetzt als Frauenärztin in Kerala praktizierte. Da erinnerte ich mich an einen Namen, den mir Jill Buxton in London genannt hatte, bevor wir nach Bombay flogen.

»Kennen Sie eine Schwester namens Dr. Alberoni?« fragte

ich. »Sie arbeitet im Nirmala-Krankenhaus, in der Nähe von Caldicot.«

Die Nonne sah mich einen Augenblick lang seltsam an und erwiderte dann: »*Ich* bin Schwester Alberoni!«

Eine lange, ununterbrochene Bahnfahrt ist ein nahezu unverzichtbarer Bestandteil einer Reise durch Indien, denn sie läßt den Reisenden *fühlen*, wie riesig dieses Land ist. Nördlich von Madras City fuhren wir kilometerlang durch eine flache, ausgetrocknete und menschenleere Landschaft, die kein Ende zu nehmen schien, und in der man sich daran erinnerte, daß Indien im Vergleich zu seiner Größe ganz und gar nicht überbevölkert ist. Der Boden war rissig und grau und ausgelaugt, und die grau-braunen, staubigen, ausgefransten Blätter, die in der stehenden Hitze an den verkümmerten Bäumen hingen, sahen aus wie die grau-braunen, staubigen, zerlumpten Kleider der Bauern, die sich an den Bahnhöfen drängten und gelassen den Zug anstarrten. Obwohl viele Ausländer, ich eingeschlossen, vielleicht die herrliche Einfachheit des Landlebens in Indien romantisieren, ist das Leben, das die Mehrzahl in Maharashtra, Gujarat, Uttar Pradesh oder Bihar zur Zeit führt, weder herrlich noch einfach.

Die ganz Armen trifft man verständlicherweise selten im Zug, obwohl mein Fahrschein von Bangalore nach Delhi nur 62 Rupien gekostet hat. Doch in der Nähe von Wardha stieg eine Familie ein, bei deren Anblick man Gewissensbisse bekommen konnte. Sie bestand aus einer Mutter mit fünf Kindern. Das Mittagessen, das sie dabei hatten, war in ein Blatt eingewickelt und bestand aus zwei dünnen *Chapattis* und etwas Chilisauce, die gerade den Boden eines Blechbechers bedeckte. Sie saßen uns in einer Reihe gegenüber, wie eine Werbung für Oxfam, und als die beiden Chapattis durch sechs geteilt waren, blieben für jeden nur ein paar Bissen übrig. Man sah ihnen an, daß sie sich in ihrem Leben noch nicht einmal sattgegessen hatten, und das ist das Schicksal von Hunderten von Millionen Indern – die grausame Wirklichkeit, der wir uns in Coorg entzogen hatten. Als ich jedem von ihnen eine Banane gab, starrten sie mich einen Moment lang mit furchtbarem Unverständnis an, schälten hastig die Bananen und stopften sie sich in den Mund, als hätten sie Angst gehabt, daß ich sie ihnen wieder wegnehmen würde. Es gab kein versuchtes Lächeln oder ein Nicken als Zeichen der Dankbarkeit. Für diese Menschen ist selbst die geringste Großzügigkeit so ungewönlich, daß sie eher ungläubig als dankbar angenommen wird.

Einige »Personen ohne Fahrschein« machten mehrere Versuche, auf den Zug zu springen. Sie sind immer verdächtig, obwohl sie vielleicht wirklich nichts weiter wollen als eine kostenlose Bahnfahrt. Ein jüngerer Mann mit verfilztem Bart und einem nicht unliebenswürdigen Gesichtsausdruck wurde in einen scheußlichen Vorfall verwickelt. Er versuchte aufzuspringen, als wir aus einem kleinen Bahnhof fuhren, und ich saß zufällig an einem offenen Fenster neben der verschlossenen Tür, mit der er kämpfte. Dann kam ein Wächter vorbei, und anstatt ihn nur zu zwingen, loszulassen, öffnete er die Tür, zog ihn an Bord und schlug ihn mit einem Schlagstock so zusammen, daß er vor der Toilettentür bewußtlos zusammenbrach – dort lag er dann drei Stunden lang mit blutendem Kopf. Er war noch nicht lange wieder zu sich gekommen, als der Zug mitten im Nirgendwo hielt (das tat er aus unerfindlichen Gründen öfter) und der Wärter wieder die Tür öffnete und den Mann in eine heiße, karge, zerklüftete Wildnis stieß.

In Delhi waren wir eingeladen, in Crystal Rogers Heim für Tiere zu übernachten. Diese Einrichtung besteht aus einem riesigen, staubigen Gelände mit vielen großzügigen Gehegen für Tiere und einem äußerst ungemütlichen Bungalow für Menschen – das ist zumindest die Theorie. Tatsächlich hätte der Bungalow Mr. Doolittle gehören können. Er ist so voller Hunde, Katzen, Meerschweinchen, Kaninchen, Affen, Mäuse, Papageien und Hirtenstare, daß wir draußen auf *Charpois* übernachten mußten. Rachel war entzückt, daß sie in einem Zimmer zu Abend aß, indem gleichzeitig zwei zahme Affen Ball spielten. Es vergingen nur Augenblicke nach unserer Ankunft, bis ein Wurf von Welpen drei der wichtigsten Gurte meines Rucksacks durchgekaut hatte. Eine halbe Stunde später brach ich mir fast den Schädel, als ich mich in der Sitzbadewanne aufrichten wollte, in der ich mich mit vier Litern Wasser zu waschen versucht hatte, und dabei an den Käfig mit zwei unflätigen Papageien stieß. Bei den Mahlzeiten versuchten räuberische Katzen das Essen auf dem Weg zwischen Teller und Mund abzufangen. Draußen lagen unzählige andere Katzen und Hunde, mehrere verletzte Bullen, Ochsen und Pferde herum und sahen zufrieden aus. Für schwer verletzte oder ernsthaft kranke, große Tiere gibt es großzügige Gehege, die von einem Gitternetz umgeben sind, damit sie vor Rabenkrähen geschützt sind, die ihnen sonst die Augen auspicken würden. Jede Woche müssen einige Patienten abgelehnt werden, aber jedes, bei dem Hoffnung auf Heilung besteht, bekommt die bestmögliche Behandlung. Hinzu kommt, daß jedes Tier, vom riesigen weißen Bullen mit Höcker bis zur winzigen weißen Maus, geliebt wird und sich entsprechend verhält. Alles in dieser Einrichtung wird durch Spenden finanziert, die Miss Rogers selbst gesammelt hat.

Am 13. März, ein paar Stunden, bevor unser Zug nach Bombay abfuhr, entdeckte ich, daß unsere Rückflugscheine fehlten: Vielleicht hatte sie ein Affe oder eine Maus verspeist. Es sah nach einer größeren Katastrophe aus, da unser verbilligter Tarif am 15. März ungültig wurde. Bezeichnenderweise wurden wir jedoch von einem Coorgianer gerettet – von P. M. Ayyappa, einem der drei Söhne der Machiahs, der Pilot bei der Air India ist und in Bombay lebte. Seine Eltern hatten arrangiert, daß wir in unserer letzten Nacht in Indien bei ihm übernachteten. Er brachte uns zum Flughafen, um ein Flugzeug zu nehmen, für das wir keine Flugscheine hatten und bemühte sich sehr, jemanden in London zu erreichen und seinen Einfluß geltend zu machen, bis wir schließlich die Bestätigung erhielten, daß wir an Bord der 9 Uhr 30 Maschine der British Airways von Bombay gehen durften.

Beim Abflug sah ich Rachel an, die auf die »zersplitterte«

Umgebung von Bombay herunterschaute, und mir wurde plötzlich klar, daß Fünfjährige nicht sehr viel weniger rätselhaft sind als Hindus. Was hatten die letzten Monate ihr bedeutet? Ich konnte nur von mir aus sagen, daß sie eine der bestmöglichen Reisebegleitungen gewesen ist – interessiert, anpassungsfähig und geduldig. Dann drehte sie sich plötzlich um und sagte traurig: »Mir gefällt es nicht besonders, daß wir Indien verlassen!« Und mit der Bemerkung war ich zufrieden.

Danksagung

Mein Dank gilt vielen unterschiedlichen Menschen:

A.C. Thimmiah und Dr. Chengappa aus Virajpet, die ermöglichten, daß wir uns in Coorg niederlassen konnten;

den Bernstorffs aus New Ross, die uns drei Monate beherbergten, damit ich dieses Buch schreiben konnte, und die eine ideale Atmosphäre voll einfühlsamer Ermutigung schufen;

Alison Mills und Karen Davenport, die tapfer ein fast unlesbares Manuskript ohne Murren und Fehler abtippten;

Diana Murray, die taktvoll, aber unbarmherzig viele Glanzstellen etwas weniger glänzen ließ, die mich unendlich inspirierte und die mir in den schlimmsten Stunden der Überarbeitung beistand;

Jane Boulenger und John Gibbins, die halfen, ein chaotisches Typoskript für den Druck vorzubereiten;

Patsy Truell, die half, das Register zu erstellen und die Fahnenabzüge zu korrigieren;

und den Herausgebern des *Blackwood's Magazine* und der *The Lish Times*, in denen einige Auszüge erstmals erschienen.

Glossar

Ahimsa: Gewaltlosigkeit, Achtung vor dem Leben (Gandhi)
Ain Mane: Haus der Vorfahren, Familienstammsitz
Avidya: Unwissenheit
Arier: indoeuropäisches Hirtenvolk, kam 1500 v. Chr. nach Indien
Aruva: Familienältester

Balakata: coorgianischer Kriegstanz
Bandar: Rhesusaffe
Banjaras (auch *Brinjarries*): fahrende Händler
Battethadpa: Hochzeitsritual, »Versperren des Wegs«
Bhakti: liebende Hingabe, Selbstentäußerung, Einswerden mit dem Göttlichen
Brahmane: Angehöriger der obersten Kaste, der geistlich-geistige Stand
Burka: umhüllendes Gewand für moslemische Frauen

Chang: Wein oder Bier aus Reis, Hirse, Gerste oder Mais
Chapatti: Fladen aus Vollkornmehl und Wasser
Charpoi: leichtes Bett mit einer Matratze aus gespannten Gurten
Chowkidar: Wachmann
Curzon, Lord: englischer Staatsmann, 1898–1905 Vizekönig von Indien

Daal: Linsen(brei), Grundnahrungsmittel
Dak-Bungalow: Unterkunft für reisende Regierungsbeamte, aber auch für zahlende Gäste
Dalai-Lama: weltliches Oberhaupt des Lamaismus
Dampathi Muhurtham: Hochzeitsritual
Dasa: Sklave
Devadasi: tanzendes Mädchen oder Tempelprostituierte, die früher zu einem Hindu-Tempel gehörte
Dewan: Premierminister eines indischen Staates
Dharma: Gesetz, Lehre in den indischen Religionen und der indischen Philosophie, besonders die ewige Lehre Buddhas
Dhobi: Wäscher (gehört einer niedrigen Kaste an); Wäsche
Dhosi: Pfannkuchen aus Reismehl

Elakki Puttu: besonderer Teig, der beim *Huthri*-Fest bereitet wird

Feni: alkoholisches Getränk aus destillierten Cashewnüssen
Ferenghi: indisches Wort für Europäer

Ganesh: Sohn des Schiwa und seiner Gattin Parvati
Ganga Puja: Wasserverehrung, Zeremonie bei einer Taufe

Gejje Thandu: Stab aus Rosenholz, den der Bräutigam bei der Hochzeit trägt
Ghats: religiöse Stätten für Zeremonien, Ufertreppen, Wasch- oder Verbrennungsplätze
Gomashta: Stellvertreter
Gopura: Torbogen, Eingang
Grama: verstreut liegende Ländereien eines Familienverbandes

Harijans: Bezeichnung Gandhis für die Unberührbaren (»Kinder Gottes«)
Holeyas: Arbeiter
Huthri: Erntedankfest

I.C.S.: Indian Civil Service (Öffentlicher Dienst in Indien)
Idli: Reiskuchen oder -kloß

Jaggery: dunkler Rohzucker aus dem Saft bestimmter Palmen
Jati: Kaste (»Geburt«), es gibt über 3000, den einzelnen Berufen zugeordnete Kasten
Jivanmukta: ein Mensch, der sich von den Fesseln der Zeit befreien kann

Kaimata: Kapelle eines *Ain Mane*
Kali: zehnarmige Göttin des Kampfes, die dunkle Seite der *Parvati*
Kamoira: Silberring, den verheiratete Frauen am zweiten Zeh ihres linken Fußes tragen
Karavokara: Oberhaupt der Familie
Karma: Vorstellung, daß die Taten des eigenen Lebens keinen Einfluß auf die Kinder haben
Karona: Ahne der Familie
Karona Barani: Tag der Versöhnung
Karona Kala: Podium mit einem Schrein zur Verehrung der Vorfahren (bei einem *Ain Mane*)
Kasara: Zehenschmuck
Kathakali: religiöser Tanz («Geschichtenstück«)
Kausara: Fingerschmuck
Kayyale: lange, breite Veranda
Kindi: Messingkrug mit Tülle
Kshatria: Angehöriger der zweitobersten Kaste, Landbesitzer
Kupya: Mantel, Kostüm der Männer von Coorg
Kuthimbolicha: Messinglampe mit Sockel

Lakshmi: Göttin des Wohlstands, Gefährtin *Vishnus*
Lama: tibetanischer Priester oder Mönch
Languren: Gattung der Schlankaffenart

Lingam: phallisches Symbol, als Sinnbild des indischen Gottes der Zeugungskraft (Schiwa)
Lunghi: Lendentuch

Maddalam: Trommel mit zwei Schlagflächen
Maharadscha: indischer Großfürst
Maharani: Frau eines Maharadschas
Mahut: Elefantenführer
Maidan: städtischer Platz, meist mit Gras bewachsen
Maja: Erscheinungswelt in der indischen Philosophie
Mantra: (gesungenes) Gebet, wirkungskräftiger religiöser Spruch, magische Formel der Inder
Memsahib: europäische Frau
Mleccha: Ausländer
Moplah: Moslem
Muhurtham: Hochzeit

Nad: mehrere *Gramas*
Nadu Mane: große, quadratische Halle in einem *Ain Mane*
Nandi: Büffelstier, Transportmittel von *Schiwa*
Nellaki Nadubade: innere Halle eines Hauses (Familienkapelle)
Nimbu Pane: Wasser mit Limone oder Zitrone

Odikathi: schweres, gebogenes Messer
Okka: Reistäler
Oni: langer, gewundener Weg (zu einem *Ain Mane*)
Oxfam: britische caritative Organisation zur Hungerhilfe

Paithandek Alepa Mangala: Zeremonie zu Ehren einer Frau, die zehn gesunde Kinder geboren hat
Palankin: Sänfte, indischer Tragsessel
Pan: Mischung aus Betel und Gewürzen, wird zum Abschluß einer Mahlzeit gekaut, verursacht rote Zähne
Panchadak Nadapad: Ehe auf Zeit
Parvati: Gattin des *Schiwa,* Tochter des Himalaja
Peace Corps: amerikanische Hilfsorganisation (gegr. 1961) zur Unterstützung und Ausbildungsförderung in unterentwickelten Ländern
Peechekathi: kurzer Dolch
Pitcairn: Insel, wo die Meuterer der Bounty ankamen
Poludu Kuthu: besonderes Holzgefäß, das beim *Huthri*-Fest benutzt wird
Pombana: Goldmünze
Puja: Opfer, Gebetsritual

Purana: »alte Erzählungen« (Sanskrit), mystisch-religiöse Schriften des Hinduismus
Purdah: Vorhang vor den Frauengemächern
Putt: Ort der Qual

Radscha: indischer Fürst
Ragi: Getreide, aus dem Bier gebraut wird
Rig-Weda: bekanntester und meistzitierter Teil der *Weden*
Rikscha: zweirädriger Wagen zur Beförderung von Personen, von einem Menschen gezogen

Sadhu: Hindu-Asket, indischer Wandermönch («guter Mann, Heiliger«)
Sahib: indische Bezeichnung für »Herr«, auch Anrede für Europäer
Sambanda Kodupa: Hochzeitsritual
Sambhar: Linsensuppe mit Gemüse
Sameya: Mahl für die Verstorbenen
Samsara: Vorstellung, daß ein guter Mensch bei der Wiedergeburt in einer höheren Kaste und ein schlechter Mensch in einer niedrigeren Kaste geboren wird
Sanyasi: heiliger Bettler
Sati: Witwenverbrennung
Schiwa: ein Hauptgott des Hinduismus
Shikari: (einheimischer) Jäger, der auch als Führer dient
Shilling: Ein englischer Schilling (bis 1971 in Umlauf) entsprach 5 (neuen) Pence oder $1/20$ eines Pfund Sterling
Shudra: unterste (vierte) Kaste (Diener, Hilfskräfte)
Soma: halluzinogenes Getränk
Stupa: buddhistischer, indischer Kultbau, halbkugelförmig, mit Steinen angefüllt, beherbergt meist einen Kasten mit Reliquien

Toddy: Palmwein

Varna: Kaste (»Farbe«)
Vibuthi: farbiges Pulver, mit dem man die Stirn einreibt
Vishnu: neben *Schiwa* der Hauptgott des Hinduismus, der Erhalter

Wallah: Mann (»Mädchen für alles«), wird in vielen Zusammensetzungen gebraucht
Weda: heilige Schrift der alten Inder

Yoga: indisches philosophisches System mit körperlichen Übungen, durch deren Beherrschung der Geist befreit werden soll
Yuga: Zeitalter